国家自然科学基金重点项目
（项目批准号：70233003）

中国人力资本投资与劳动力市场管理研究

姚先国　张俊森　主　编
赖普清　张海峰　副主编

中国劳动社会保障出版社

图书在版编目(CIP)数据

中国人力资本投资与劳动力市场管理研究/姚先国、张俊森主编. —北京：中国劳动社会保障出版社，2010

人力资本投资研究丛书

ISBN 978-7-5045-8156-3

Ⅰ. 中…　Ⅱ. ①姚…②张…　Ⅲ. ①人力资本-人力投资-研究-中国②劳动市场-市场管理-研究-中国　Ⅳ. F249.21

中国版本图书馆 CIP 数据核字(2010)第 012284 号

中国劳动社会保障出版社出版发行

(北京市惠新东街 1 号　邮政编码：100029)

出 版 人：张梦欣

*

北京市朝阳展望印刷厂印刷装订　新华书店经销

787 毫米×1092 毫米　16 开本　22.25 印张　386 千字

2010 年 2 月第 1 版　2010 年 2 月第 1 次印刷

定价：46.00 元

读者服务部电话：010-64929211

发行部电话：010-64927085

出版社网址：http：//www.class.com.cn

课题组成员名单

课题负责人	姚先国				
子课题负责人	张俊森	李宏彬	陈　凌	赖德胜	朱柏铭
主要研究人员	钱雪亚	郭继强	金汝斌	陈诗达	涂　林
	龚晓东	周　礼	潘思思	谭　岚	张　原
	张昭时	黄志岭	易君健	王光新	赖普清
	郭东杰	李　敏	韩　军	田永坡	孟大虎
	费菊瑛	方阳春	高　峄	吉　利	来　君
	乐君杰	黎　煦	李晓华	任洲麒	盛　乐
	孙百才	温伟祥	翁　杰	谢嗣胜	张海峰
	赵宏斌	赵丽秋			
参与研究人员	陈玎玎	陈建奇	代　华	董华英	杜　诚
	辜晓红	何芦苇	江　燕	厉春雷	林晓权
	刘　冰	楼静波	罗鹏飞	逯　岩	马端华
	毛　军	苗　青	牟立煜	乔明睿	曲兆鹏
	盛　艳	石　松	斯　雯	孙景蔚	孙　健
	王国祥	王其峰	王梧力	吴克明	武向荣
	谢联瑞	熊艳艳	杨丹妮	叶鑫潮	张文玲
	赵立卫	郑　洁	郑勤华	周明海	周铭华
	朱好好				

前　言

呈现在读者面前的这本著作，是国家自然科学基金重点课题《中国人力资本投资与劳动力市场管理研究》的总结性成果，是课题组成员集体智慧的结晶。

该课题是国家自然科学基金管理科学学部首个关于劳动力市场管理的重点课题。由浙江大学、香港中文大学、北京师范大学、浙江省劳动和社会保障厅联合组成的课题组荣幸地承担了该项目的研究。自 2002 年立项，2003 年正式启动以来，课题组诸位同仁刻苦努力，齐心协力，各司其职，各显其能，进行了卓有成效的研究，取得了一大批优秀成果。课题于 2007 年结题时，总计在国内外发表论文 98 篇，其中列入 SSCI 的国际重要期刊 7 篇，国内核心刊物 77 篇，其中《经济研究》《中国社会科学》《管理世界》等顶级刊物 5 篇，有近 20 篇被《新华文摘》《中国社会科学文摘》《人大报刊复印资料》转载。不少论文被广泛引用，还有数篇论文获省部级科研奖励，有些政策建议得到了领导批示或采纳。另有在国内外学术会议论文集发表的论文 17 篇，已出版专著 5 部。研究成果得到了基金委评审专家的高度评价，课题结题评审总体为优秀，这是对我们的极大鼓舞。

按照课题立项的要求，本项目旨在运用现代劳动经济学、人力资本和劳动力市场管理的前沿理论，研究如何通过加强人力资本投资，改善劳动供给，促进劳动力市场供求均衡和制度变革，建立规范有序的劳动力市场运行机制，合理配置与高效使用劳动力资源，增强中国经济活力，实现和谐社会构建的宏伟目标。需要研究解决的重点问题有：人力资本投资回报与投资决策、人力资本产权与劳资关系、教育市场与劳动力市场的有效衔接、义务教育与财政制度、产业结构与就业结构变动等。课题下设 5 个子课题，即中国人力资本投资回报率与家庭教育决策研究，多层次教育培训的投资融资方式、教育市场竞争和制度环境研究，中国及其六省市经济发展中的产业一职业结构长期变动与就业管理研究，人力资本产权改革与劳动力市场整合研究，当前政府劳动力市场和就业管理的政策框架与重点，分别由张俊森、赖德胜、陈凌、郭继强、钱雪亚负责，其中有的子课题研究成果已单独成书，如赖德胜教授的《中国大学毕业生失业问题研究》（中国劳动社会保障出版社，2008年5月第1版）、陈凌教授的《中国的产业结构——职业结构变动研究》（中国劳动社会保障出版社，2008年6月第1版）、郭继强教授的《工资就业与劳动供给》、费菊瑛副教授的《改善义务教育投融资体制研究》。但许多重要成果均散见于单篇论文，查阅不易，也难以反映整个课题研究的全貌。有鉴于此，我们决定以课题研究框架为依据，吸取课题组成员相关研究成果的精华，进行梳理和加工，汇编成本书。因此，本书既是课题研究成果的集萃，又是一部具有学理逻辑和内在联系的专著，不同于一般的论文汇编。凡书中内容来自或涉及课题组成员研究论著的，都将明确注明，以尊重和保护研究者的知识产权。

可喜的是，本项研究不仅产生了令人满意的研究成果，顺利实现了预定目标，而且产生了一系列正的“外部效应”，取得了一些额外的却也是重要的收获。

一是培养了大批优秀青年人才。本课题研究历时四年多，先后有70多位教师、博士后、博士生、硕士生参与研究，还有一些实际部门的领导、专家参加。研究的过程也是学习、提高的过程，是人才培养的过程。一批才华横溢的青年学者脱颖而出，成为学术骨干甚至学术带头人，如浙江大学的郭继强在课题研究过程中晋升为教授、博士生导师，陈凌、钱雪亚成为博士生导师，还走上了领导岗位，担任学院副院长、院长。香港中文大学的李宏彬博士在短短几年内连续破格晋升为副教授、教授，后又被清华大学引进。参与研究的博士生中有22位的论文选题与本项目直接相关，课题研究期间有15位完成学业，获得了博士学位，另有26位研究生获得了硕士学位。

二是促进了学术交流与学科建设。课题研究期间，我们多次举办国内外学术研讨会，定期邀请国内外专家前来讲学交流。课题组成员也频繁出席国际、国内学术会议，6次应邀作大会主题报告。广泛的学术交流开拓了研究人员的视野，了解了学术研究的前沿动态，掌握了先进的理论和方法，提升了研究能力与研究质量，同时也促进了学科建设。近几年浙江大学和北京师范大学的劳动经济学、劳动保障专业排名都位居前列。浙江大学劳动保障与公共政策研究中心于2006年被列为浙江省哲学社会科学首批重点研究基地。

三是加强了相关研究单位的合作，形成了网络式的研究团队。参与研究的高校教师和劳动部门专家密切合作、共同调研、定期研讨、资源共享，不仅在学术研究上相互启迪，取长补短，共同提高，而且结下了深厚的友谊，形成了校际合作的学术网络和研究团队。不同学校和单位的交流与合作，使大家开阔了视野，了解到理论发展和实际经济运行的最新信息，提升了研究能力。尤其是张俊森教授、李宏彬教授在共同研究过程中运用他们的智慧和知识，对青年教师和博士生、硕士生给以指导和训练。他们不仅贡献了多篇高水平论文，还带来了先进的学术思想和研究方法，使整个研究团队受益匪浅。在本项目结题后，我们又继续合作，成功申请了教育部重大招标课题《构建城乡一体化的劳动力市场，促进城乡劳动者平等就业研究》，即将结题。2009年我再次牵头申请国家自科基金重点项目《中国劳动力市场整合机理与实现机制研究》，仍由浙江大学、香港中文大学、北京师范大学和浙江省劳动和社会保障科学研究院的专家学者组成课题组，几乎是本项目的原班人马。还增加了著名劳动经济、收入分配研究专家李实教授及其团队，使我们对完成研究任务更加充满信心。我们希望并且相信，通过新项目的合作研究，既有的学术合作网络将进一步强化，研究团队的实力与水平得到进一步提升，取得更优异的成果，为我国劳动保障体制完善和劳动力市场有效运行作出贡献。

本课题研究的顺利完成，归功于课题组全体成员的共同努力。作为课题负责人，我衷心感谢各位老师和同学为课题研究所付出的辛勤劳动和作出的贡献！感谢赖普清、张海峰两位年轻博士为本书编撰所作的大量艰苦、细致的工作！感谢周其仁教授和 Mark Rosenzweig 教授的指导！衷心感谢国家自然科学基金委的信任和资助！尤其是感谢管理科学部陈晓田、黄海军、张维、李一军、汪寿阳、杨列勋等部处领导和评审专家给予的大力支持！参加课题中期检查和结题评审的汪同三、李善同、任若恩、杨宜勇、赵曼、杨河清、袁志刚等各位著名学者，对我们的研究工作既给予了充分肯定和热情鼓励，又提出了宝贵建议和意见，他们的真知灼见使我们深受启迪。我还要真诚感谢国家统计局、浙江统计局、浙江省劳动与社会保障厅、省总工会等单位在实际调研、数据获取与加工等方面给予的热情支持！衷心感谢中国劳动社会保障出版社领导和编辑人员长期以来对我们的关注与帮助，并给予我们高度信任，提供各种极好的条件与机会，让我深为感动。但令人汗颜的是，我常常不能及时交稿，愧对朋友的信赖，包括本书交稿时间一拖再拖。在此，除了感激之情，还要向出版社领导和朋友表示真诚歉意！

在课题调研中还得到了许多单位和个人的帮助，也得到了不少学界朋友的指点。尽管在此未能一一列出名单，但对所有帮助支持过我们的友人，我们都心存感激，不敢忘怀。

课题虽已顺利结题，但仍有不足与遗憾。申请书中有些内容由于各种原因，尤其是客观数据条件制约未能完成，如网络教育投资、各种人力资本投资效率的比较及优化序列选择等，研究成果在支持政府决策方面作用还不够强，等等。我们希望在后续的研究中能够不断改进。本书内容中的不当之处，也请各位专家和读者朋友教正。

姚先国

2010年1月

目录

第二篇　劳动力市场的供给与需求

第三篇 劳动力市场流动与分割

第四篇　劳资关系整合

导　论

一、中国人力资本投资与劳动力市场问题的重要性

中国是世界第一人口大国，劳动人口规模是世界上最庞大的。根据世界银行的统计，1999 年我国总劳动力人口为 7.51 亿人，占世界总量的 26%，相当于高收入国家劳动人口总量（4.35 亿人）的 1.73 倍，相当于美国劳动人口总量（1.43 亿人）的 5.3 倍，相当于欧盟国家总劳动力人口（1.36 亿人）的 5.5 倍（World Bank，2001）。而中国的各种资源极为贫乏，与美国不可同日而语。根据胡鞍钢等的计算，中美两国的资源占有对比情况见表 1（胡鞍钢、门洪华，2002）。

表 1　　中美两国资源占有量占世界总量的比重（1998）　　%

	中国	美国
劳动力	26	5
自然资源	9.6	16.02
资本资源	9.4	31.1
知识技术资源	1.85	34.93
国际资源	1.83	24.24

而 2005 年中国的劳动力总量已上升到 7.78 亿人，到 2030 年，中国人口总量达到高峰，预计为 16 亿人，劳动年龄人口超过 9 亿人。在这样的资源条件下，如何开发这一宝贵的人力资源，进行有效率的人力资本投资以及如何为这一庞大人力资源创造就业机会，无疑是中国面临的最大挑战。

中国的经济改革是从计划经济走向市场经济的过程，劳动力市场的培育是改革的中心环节。改革的目的是要创造出一种新的制度环境，以解决资源的有效配置和经济发展的激励机制问题。人是经济发展的主体，制度规则只有通过改变经济行为才能促进经济发展。

中国改革发展过程中所遇到的许多深层次问题，诸如经济竞争力欠佳、产业结构调整困难、失业、地区差距和城乡收入差距、环境退化和国家管理能力下降等问题都与人力资源质量有关。人力资源质量的提升已经成为中国

社会经济进一步高速发展的关键所在。我国政府高瞻远瞩，早就提出了以“科教兴国”为口号的发展战略，强调了经济发展方式应该及时从粗放型转化为集约型，从技术引进和模仿转化为知识创新和可持续发展，然而这一战略转变要得以实现必须依赖于各种利益主体（如个人、家庭、企业和各级政府）的行为转变，本书的分析思路就是从这些分散的个人行为出发，研究其在相关教育市场和劳动力市场上的行为，并将对这些个人决策的分析与宏观经济分析结合起来，从教育市场和劳动力市场的有效衔接和动态转换，以及市场化改革与政府职能转换之间的相互作用等方面展开，研究我国人力资本投资与劳动力市场管理问题。

二、中国劳动力市场改革的起点：城乡隔绝的中国式计划经济管理体制

众所周知，改革开放前的中国经济，既非前苏联、东欧式的计划经济，又非刘易斯描述的发展中国家的二元经济，而是一种独一无二的城乡隔绝的行政命令经济。20世纪五六十年代建立的户籍制度、劳动制度以及相关的其他制度，如粮食购销、农产品定价制度等，造成了人口和劳动力的城乡分割、区域分割。由此造成了城市与乡村、企业职工与农民在身份、经济社会地位上的巨大差异。人们常常用“大锅饭，铁饭碗”来形容中国的旧体制。实际上，这种旧体制只覆盖了仅占总人口中不到20%比例的少数城市劳动力。他们一方面享有比农村劳动力优越得多的生活、工作条件，“生老病死有保障”，而且被誉为领导阶级，政治上享有很高地位。另一方面，又同时受到“统包统配”制度的禁锢，不能挑选工作岗位，不能自由流动，跨单位、跨地区调动难如上青天，有的夫妻两地分居几十年，到退休才能团聚。更令人不满的是工资水平低，而且长期停滞不前。从1957年到1976年，长达20年的时间里，中国职工工资水平几乎没有任何上涨，扣除物价水平，实际工资还下降了0.33%（姚先国，1992）。而农民的情况更为悲惨，他们只能终身在本地参加集体生产劳动和收入分配。由于人口增长导致人均耕地面积不断减少，同时集体生产制度导致生产积极性下降，农业产出水平停滞不前，大多数农民仅能勉强解决温饱问题，有相当部分农民要靠国家救济才能生存。“文化大革命”期间，由于城市无法安排中学生就业，把1 500万名知识青年以“接受贫下中农再教育”的名义送到农村，这种反向的劳动力流动更加剧了农村劳动力的富余。

这种城乡隔绝的经济体制从两方面造成效率损失。一方面是国有部门人浮于事，冗员过多，估计占全部职工人数20%～30%的劳动者属于“在职剩余劳动力”。而一旦进入国有部门，就捧上了“铁饭碗”，单位不能解雇。

分配上的平均主义，造成“干与不干一个样，干多干少一个样”，劳动者的积极性不断下降，造成国有企业的劳动就业制度成为“养懒汉的制度”。据调查，改革开放初期，国有企业的制度工时为每天 8 小时，而实际工作时间只有 6 小时左右，有效工时只有 4 小时。97.5%的企业领导人和 97.3%的职工认为职工劳动积极性不高（符钢战，1992）。这就使国有企业大量的人力资本和物质资本得不到有效利用。另一方面，农村劳动力被隔离在国家工业化的进程之外，30%以上的农村过剩劳动人口不能及时转移到非农产业，由此带来极大的浪费。从 1960 年到 1978 年，农业剩余劳动力不能转移造成的总产出损失相当于 20%～60%的 GDP，最高时几乎与整个 GDP 相当（胡鞍钢，2002）。

三、中国劳动力市场的渐进改革：努力与进步

正是由于中国国情的特殊性，1978 年开始的劳动就业体制改革一开始就具有两种不同的思路和目标：对城市而言，改革的目的是要“治懒”，要在城市国营企业中引入竞争性就业体制和激励性分配体制，以消除冗员，调动职工的生产积极性。对农村而言，则是要“治贫”，要通过放松管制，允许农民自由生产、自主投资、自行择业，转移剩余劳动力，找到增产增收的致富门路。在这一过程中，逐步打破城乡隔绝的旧体制。

中国的经济改革是在共产党的领导下，由政府自上而下逐步推开的，是一个渐进的过程。劳动力市场改革同样如此。自 1978 年以来，中央政府、部门和立法机构颁布了数以千计的各种法律、法规和文件（仅 1995 年《劳动法》颁布后由劳动部政策法规司编印的《实用劳动法规全书》中就收录了相关法律 60 多件，各种行政规章和规范性文件 500 多件，并废止与《劳动法》相抵触的法规文件 130 多件），从不同方面对劳动力市场的形成予以推动，并对改革中出现的各种问题进行规范。其中最重要的里程碑是 1994 年颁布、1995 年起实施的《劳动法》，这一法律所规范的对象包括了不同所有制的企事业单位中的雇佣关系，从法律上规定了所有劳动者的平等权利，其规定的劳动者权益，比之国际上的 SA 8000 标准也毫不逊色。近十年来，根据《劳动法》的实施要求和经济运行中出现的新情况，国家又出台了一系列新的法规、文件，尤其是从 2005 年开始，《劳动合同法》《促进就业法》《劳动争议处理法》和《企业工资条例》等立法工作先后进入正式立法程序，《社会保障法》等重要法规也正在进行论证和起草。

分别而言，对城市和农村劳动力市场形成具有重要意义的改革措施如下：

（一）城市

1. 扩大企业自主权

国务院于1980年发布了《关于扩大国营工业企业经营自主权的若干规定》，1984年又发布了《关于进一步扩大国营工业企业自主权的暂行规定》，赋予企业包括工资分配在内的10项自主权，从而恢复了“文化大革命”期间终止的奖金、加班工资等激励手段，并使企业的工资增长开始进入正常状态。

2. 实行劳动合同制

劳动人事部1983年发出《关于积极试行劳动合同制的通知》，1986年7月国务院正式颁布了《国营企业实行劳动合同制的暂行规定》，在国有企业全面推行劳动合同制，打破了国营企业职工能进不能出的“铁饭碗”制度，开始实施企业—职工双向选择的劳动制度，并开始接纳来自农村的农民工。

3. 国有企业产权改革

1994年11月，国务院召开全国建立现代化企业制度试点工作会议，根据1993年通过的中共中央《关于建立社会主义市场经济体制若干问题的决定》的精神，开始国有企业改制，即股份化、公司化改造的试点。此后从试点到全面推行。国有企业职工的“生产资料主人公”身份在改制中发生根本转变，有的获得股份成为股东，有的成为下岗工人，在岗的也成为与其他工人一样的普通员工，工作岗位成为竞争才能获得的稀缺资源。至此，国有企业劳动力的市场化配置基本实现。由此引起的下岗、失业浪潮也对社会造成冲击，先后有3 000多万名国企职工下岗。为了缓解这一矛盾，中共中央、国务院于1998年召开国企下岗职工生活保障和再就业工作会议，部署实施“再就业工程”。

4. 企业保险制度改革

改革前国有企业职工的退休养老、医疗保险等保障名义上是国家实施，实际上都由所在单位负责，是一种企业保险制度。随着改制的深入，有很多企业亏损、倒闭，或者破产、兼并，已无力实施保障功能，这就迫使政府改革社会保障制度，把企业保险社会化。在试点探索的基础上，国务院先后颁发了《关于建立统一的企业职工基本养老保险制度的决定》（1997），《关于建立城镇职工基本医疗保险制度的决定》（1998），《失业保险条例》（1999），以及其他一些行政法规。1997年国务院又发布了《关于建立城市居民最低生活保障制度的通知》，形成了城镇社会保障体系的基本框架。

（二）农村

1. 实行联产承包责任制，赋予农民的生产经营自主权

1978年安徽凤阳小岗村农民自发秘密签订协议分田到户、分户承包经

营，得到省委领导的支持。后来得到中央的正式认可。1982 年在中共中央下发的一号文件中宣布已有 90%的生产队实行了这一制度。但鉴于粮食问题的重要性，粮食生产还是继续进行管理，直到后来才逐步取消管制。

2. 允许创办乡镇企业和私营企业

1980 年国务院就颁发了《加速社队工业发展的决定》，后来在一系列文件中都鼓励乡镇企业和股份合作制企业发展。1986 年，《中华人民共和国私营企业暂行条例》颁布，农民投资创业的法律地位得到了认可。

3. 农民进城务工的权利

1981 年，国务院发布了《关于严格控制农村劳动力进城务工和农业人口转为非农业人口的通知》，但鉴于城市对农民工的客观需要，不久就改变了政策导向。1986 年国务院颁布《国营企业招用工人暂行规定》，允许国企从农村招工。1991 年颁布的《全民所有制企业招用农民合同制工人的规定》中则进一步明确不仅可以招收农民工，而且“农民工在企业工作期间，与所在企业其他职工享有同等的权利”。

4. 户籍管制逐步放松

户籍制度是城乡隔绝的基本手段和突出标志，尽管至今尚未消除，但已逐步放宽限制。1984 年国务院发布了《关于农村进入集镇落户的通知》，2001 年批转公安部《关于推进小城镇户籍管理制度改革的意见》，正式认可农民向小城镇迁徙。虽然农民进入大中城市的权利并未得到正式承认，但一些大城市如上海、北京等均颁布了农民进城的户口管理规定，至少部分认可其进城的实际权利。从 2005 年起，已有江苏、辽宁等 12 个省市自治区宣布取消城乡户籍差别。

从以上措施可以看到，政府在破除城乡隔绝的二元体制方面已做了不少努力，使中国的劳动力市场从无到有逐步发育。从中国劳动就业的结构变化可以看到，这种努力应该说取得了积极的成效。就业的市场化、多元化正在成为现实，城镇就业、非农产业就业比重已有较大增长。

需要指出的是，劳动力市场化改革对中国经济增长起了十分重要的，甚至是决定性的作用。人力资源是经济发展最重要的资源，中国改革开放前的旧体制的最大弊端是窒息了劳动者的积极性和创造性，阻碍了劳动力资源的合理配置和充分利用。劳动就业体制的改革过程，就是被束缚的生产力得以释放的过程。改革是渐进的，生产力的释放也是逐步的。这也许就是中国高速经济增长能持续 20 多年的奥妙所在。

劳动力市场改革对经济增长的推动作用，具体表现在以下方面：

第一，改善了劳动力的配置效率。据估算，中国城镇从业人员的比重提高一个百分点就能够使 GDP 增加近 2 个百分点。每 1%的农村劳动力转移到非农产业，将使 GDP 增加 0.5～0.85 个百分点。每 1%的乡村人口转移到城镇，将使中国居民消费总额提高 0.19～0.34 个百分点（蔡昉，2006）。世界银行（1998）估计劳动力部门转移可以解释大约 16%的 GDP 增长，蔡昉和王德文（1999）的估计更高，他们认为劳动力转移对 GDP 增长的贡献率为 20%。

第二，降低了企业成本，提升了经济竞争力。中国已成为制造大国，中国的制造业主要依靠低价竞争优势，而制造业工人的主体是农民工。这一亿多农民工辛勤劳作、加班加点，工资却十分低。正是因为他们的贡献，才有了中国产品的低成本优势。2002 年一些国家和地区的制造业相对工资水平，如果以美国为 100 的话，墨西哥为 11.2，巴西为 12.0，韩国为 42.9，中国台湾为 25.4，中国香港为 27.3，新加坡为 34.1。而同年中国正规部门的工资水平仅为美国的 2.9%，非正规部门的工资则更低，仅为美国的 1.9%左右。

第三，提高了国有企业的经营效率。国有企业职工劳动生产率低、积极性差，脑体倒挂现象在劳动力市场化配置后迅速改变。科技人员、管理人员的人力资本定价机制开始趋于正常，使其创造能力、创新能力得以发挥。国企改革后的赢利能力比改革前大为提高，可兹证明。

第四，涌现出一大批企业家。允许工人和农民自由创业、自主创业，使其潜在的企业家精神得以发挥。中国数以百万计的民营企业就是靠他们发展起来的。浙江作为民营经济最发达的省份，1 800 万名农民中有 600 多万名是企业家、个体户或投资者。100 多家企业跻身全国民营企业 500 强，有些已蜚声国内外，而企业主就是以前被束缚在土地上的普通农民。如果没有市场化改革这根“魔杖”，很难想象出他们身上蕴涵着这样巨大的潜能。

四、中国人力资本投资的复苏

我国改革开放二十余年的最大成就之一，就是原本属于个人的人力资本投资的决策权从各级政府劳动力计划又回到当事人自己手里，并且由本人获得投资成功的回报，或者承担投资失败的损失。对我们的研究对象来说，教育市场和劳动力市场始终是相互影响、相互衔接的，这两个市场的条件变化会直接影响公民的个人行为，从而影响中国宏观经济层面的投资、消费行为，影响其本人和家庭成员的就业就学行为。

人力资本投资对宏观经济健康发展的重要性早已得到经济学家的强调和证明。这些研究从技术进步对宏观经济的促进影响，人力资本、教育和经济增长，到这些因素共同作用下所形成的报酬递增现象。罗默（Romer，1986，1990）在他的增长模型中证明，可积累性的技术创新是经济增长的一个重要因素，而非竞争性、可部分排他的 R&D 投入成为决定经济增长速度的关键。他的结论是，人均资本报酬增长率取决于一国 R&D 中人力资本的投入量，与人力资本在 R&D 中的边际报酬率成正比，与表示时间偏好的贴现率成反比。卢卡斯（Lucas，1988）也证明，平均人力资本存量越高的国家，越能够获得较高的经济增长率。

国内外的社会科学研究者非常关心中国经济发展不同时期的人力资本投资收益率的估计，并将这些收益率的大小及其变化看成制定相关政策的重要理论依据。以往许多经典的研究，如舒尔茨（Schultz T.，1960）、贝克尔（Becker G.，1975）、明塞尔（Mincer J.，1958，1974）的模型都证实了人力资本积累，特别是教育与收入之间的积极关系。虽然人力资本收益率的研究很重要，但是针对中国的这方面的研究很少，而且由于中国近几年社会经济的迅速发展，许多过去的研究结论很快就会过时或者被最新的发展所证伪。总体说来，研究者发现中国的教育收益率比一般发展中国家要低，而且存在较明显的地区和性别差异；随着改革开放的不断推进，教育收益率似乎在不断增加。应该说，现在做教育的投资收益率估计的客观条件应该比过去更好，我们可以得到更长时间的统计或调查数据，而且各个地区的差别日益增加的情况下，人们可以通过地区比较来研究人力资本投资、收入与经济增长之间的关系。

五、全书内容与安排

本书主体分为四篇共十六章：第一篇为中国人力资本投资及其回报，第二篇为劳动力市场的供给与需求，第三篇为劳动力市场流动与分割，第四篇为劳资关系整合。

第一篇第一章对中国城镇教育回报率的长期变动趋势作出了一个细致的估计，并结合中国经济转型这一背景，对变动趋势作出了较为合理的解释，即经济改革特别是劳动力市场制度改革大大提高了对受过良好教育劳动力的相对需求，这一点从教育回报率的上升趋势中可以得到验证。该时期（1988—2001）教育回报率显示出一定程度的波动也与对应时期发生的改革事件相吻合。如 1997—1999 年，回报率的波动与国企重组导致数百万职工下岗的背景相吻合。第二章使用目前中国第一套信息丰富的双胞胎微观数据集进一步对中国城镇教育回报率作出估计。利用该数据的好处在于能够有效地识别能力等未被观察到的因素对估计造成的偏误，在很大程度上可以解决教育的内生性问题。第三章研究了技术进步与人力资本形成的动态关系，揭示了技术进步对人力资本投资的诱导作用，以及与人力资本形成之间的互动关系，探讨了企业技术进步与员工和企业人力资本投资决策的内在联系，以及对技能结构变化、收入不均等、员工工资水平决定的影响，并提出了相应的促进技术进步与人力资本形成良性互动的政策建议。第四章运用中国健康和营养调查（CHNS）数据（1997 年、2000 年和 2004 年三年的纵向追踪数据）检验健康人力资本投资对我国城乡居民收入的影响。结果证明了个人健康人力资本是决定收入的重要因素之一。通过对城市人口和农村人口分组进行回归，还发现健康的收入效应表现出了显著的城乡差异。这些发现为加强我国农村人口健康人力资本投资的政策提供了理论支持。

第二篇第五章考察分析研究转型期间中国妇女劳动参与率下降的影响因素。通过 1988—2002 年城调队数据的实证研究，发现女性劳动供给参与决策中丈夫收入增长并没有起到预期的作用，教育的作用却日益显现出来，这说明我国女性劳动参与率的下降并非因家庭收入提高进行的家庭分工选择，而是为严峻的就业形势所迫。第六章分析中国城市次级劳动力市场中农民工劳动供给行为。在传统劳动供给理论的基础上，引入了最低必需支出约束概念，从而导出向右下方倾斜的劳动供给理论，丰富和扩展了古典劳动供给理论。运用 1995 年“上海流动人口数据”和 2002 年“城调队数据”两套数据证实了这段劳动供给曲线。从理论和实证层面证明了农民工的保留工资一般低于最低生存必需支出所需的工资，再加上劳动过剩，导致了农民工实际工资长期停滞乃至负增长的现象。第七章分析高校扩招背景下的中国大学生就业失业问题。研究发现当前出现的“知识失业”现象主要是由劳动力市场的制度性分割引起的。在分割的劳动力市场中，由于额外工作转换成本的存在，使得大学毕业生的保留工资上升；同时，单位的用人成本也由于某些制度安排而被提高，从而导致其劳动力雇佣量少于市场均衡时的最优量，这些都增加了大学毕业生的就业难度。第八章实证分析中国及其六省市产业就业结构的演变。产业变动效应在就业结构变迁中起了主导作用，我国目前就业结构的变动很大程度上由产业变动效应所决定，尤其是在工业化发展较快的东南沿海地区，这一现象更加明显。职业结构变迁所具有的特殊性和相对独立性在就业结构变迁中的作用不可忽视，它会加强或抵消产业变动效应。全国的实证分析表明，随着工业化过程的加深，职业变动效应的相对重要性日益显现，尤其是对于进入退工业化阶段的较发达城市和正处于结构调整和整顿期的老工业基地，职业结构起主导作用。

第三篇第九章考察了转型中国劳动力市场分割的两重性特征。中国劳动力市场的演化既出现了类似于发达国家存在的“内部—外部劳动力市场的二元性”，也存在因农村劳动力向城镇流动所形成的具有中国特色的“城乡二元性”，两重“二元性”在城镇劳动力市场中交织在一起，形成了一个非常复杂的局面。这既是劳动力资源市场化配置发展的结果，同时也是中国劳动力市场发展不完善的表现。如何有效地解决双重“二元性”，尤其是二级部分中存在的“城乡二元性”，实现统一的劳动力市场是摆在政府面前的一项重要任务。第十章分析中国劳动力市场中的性别歧视和职业分割。采用2002年城调队的数据，分析显示城镇居民的性别工资差异为31%左右。性别工资差异主要存在于职业内，这一比重达到80%，而职业间的工资差异较小；与传统的Blind—Oaxaca分解相比，考虑了职业分割后，性别歧视的结果更为严重，总体上未解释的性别工资差异达到72%，其中职业分割造成的未解释部分达到8%左右；与一些发达国家相比，不论是职业内未解释的部分还是总体中未解释的部分均较低，这也许与我国城镇中国有和集体经济占主导有关。第十一章以农民工和下岗工人为例，分析中国劳动力市场中的工作搜寻行为。我们发现，劳动力市场的进入成本、低效率的人力资本定价机制以及就业渠道的市场化程度过低是中国劳动力市场发育缓慢、职业匹配效率低下的主要原因。建立高效合理的人力资本定价机制和高度市场化的就业渠道是建立以市场为导向的就业机制的基础设施和关键环节。第十二章分析中国最低工资制度对劳动力市场的影响。从总体上来看我国的最低工资对就业并没有造成负面的影响，最低工资水平提高10%，总体就业水平上升0.4%～1.4%，平均上升0.584%；与男性相比，最低工资对我国女性的就业产生了轻微的负面影响；与集体企业相比，最低工资可能降低了非国有和集体企业就业的增长速度；另外最低工资对批发零售业的就业产生了轻微的负面影响。我国的最低工资水平较低、执行情况不太理想以及接近买方垄断的劳动力市场导致了我国的最低工资并没有对总体就业产生负面影响。

第四篇第十三章研究了中国劳资关系的城乡户籍差异。与以往的研究相比，我们全面地分析了农民工与城市工在经济福利上的差异，不仅研究城乡户籍的工资歧视，同时也考虑了两者在养老保险、医疗保险、失业保险、劳动合同签订以及工会参与等状况的差异。研究结果表明未解释部分的占劳资关系差异的20%～30%。除劳动合同方面外，农民工在工资、养老保险、医疗保险、失业保险以及工会参与等方面均遭到相当大的户籍歧视。若不考虑劳资关系的这些方面，仅仅关注工资收入歧视必将低估城乡工人在企业中的真实经济福利差异。第十四章分析经济转型过程中国有企业产权改革过程中劳资关系的变化与调整。我们发现，职工持股共同治理模式的分享制可以降低劳动契约的不完全程度，减少双边道德风险，改善劳动关系。我们运用企业调查数据证实了这一结论，但同时也发现职工持股模式不能从根本上解决劳动关系问题。第十五章对工会在劳资关系中的作用进行了详尽的分析。我们发现工会并非如一般认识那样形同虚设，而是确实有助于改善劳资关系。实证研究表明，资方也乐意设立工会以及给工会拨经费，因为工会可以改善劳资关系，增强企业凝聚力，从而提高生产效率。总体来看，教育和技能越高的企业越倾向于设立工会，而且员工覆盖率比较高。伴随着中国的经济转型，工会的职能正在发生重大变化。第十六章以浙江劳动力市场为例证考察了民营经济发展与劳资关系调整之间的相互作用。随着民营经济发展，劳资矛盾日益突出，从浙江省十几年来劳动争议案件的数量来看，呈上升的趋势。我们分析现阶段劳动力市场中劳资纠纷的特点及其社会后果。从劳资纠纷产生的内在机理中分析得出，除了雇佣制度外，我国特殊的劳动力市场、制度规范和民营企业在其中也起到了很大的作用。

第一篇

中国人力资本投资及其回报

第一章 改革期间中国城镇的教育投资回报率：1988—2001[①]

在有关人力资本的所有研究中，人力资本或教育投资回报率的估计最为重要。从经济学家的角度来看，人力资本与物质资本具有许多相同的特征。比如，家长在考虑是否给孩子进行教育投资和投资多少时，往往需要考虑该项教育投资的回报和机会成本。而从政府的角度来看，在决定教育支出时同样需要考虑教育的社会回报率以及不同教育水平的回报率。所以，不管是从家庭还是从政府的角度出发，准确地估计教育的投资回报率对其决策都具有重要意义。

学者们发现，自 20 世纪 80 年代中国实行改革开放以后的十几年内，与其他相同发展阶段的国家相比，中国的教育投资回报率不管是在以国有经济为主导的城镇中，还是在以家庭承包责任制为主导的农村中都低得不寻常。这种不寻常的现象在很大程度上是中国传统计划经济体制的一种反映。不过，随着市场化改革的不断推进，中国劳动力市场的性质从 90 年代以来发生了巨大的变化，这会不会带来人力资本投资、特别是教育投资回报率的显著上升呢？如果确实出现了人力资本投资回报的显著上升，这种上升的主要原因是什么呢？

在这一章中，我们首先回顾并评价中国人力资本投资回报率研究的文献以证实 20 世纪 80 年代末 90 年代初中国较低的教育投资回报率这一事实；其次，利用 1988—2001 年中国城镇的横截面资料估计工资方程，并表明了同期教育投资回报率得到了大幅度的上升，以及通过置入不同的控制变量以及对回归模型设定不同的敏感性分析表明上升的趋势均高度显著，同时对按照性别、工作经验、所有制性质以及区域划分的不同组别内的教育投资回报率的变化情况进行了进一步的分析，得到的结果将有助于更深入洞察中国劳动力市场转变的本质以及导致教育投资回报率上升的各种可能原因；最后，

---

① 本章主要内容基于 Junsen Zhang，Yaohui Zhao，Albert Park，Xiaoqing Song. Economic Returns to Schooling in Urban China，1988 to 2001，Journal of Comparative Economics. 33. 730-752，December 2005.

对供给与需求两方面的因素，特别是制度方面的因素对教育投资回报率上升的解释力度进行了相应评价。

一、中国城镇劳动力市场的制度背景

始于20世纪50年代中期的计划经济体系中，中国政府直接分配劳动力是其核心部分之一。为了快速工业化的最高目标，政府为了降低劳动成本，人为地将工人的工资水平定得很低，并且将工作分配的权利完全集中于政府之手。而低工资水平是通过政府补贴食品价格以及提供各种非工资形式收入来维持的，包括提供住房、托儿所、医疗保险以及退休金等。

在计划经济体制下，所有的工人和管理人员（雇主）都与政府劳动人事局所提供的工作岗位相匹配。终生雇佣制得到了保证，但是不管是地域之间还是职业之间，劳动力的流动几乎都是不允许的。从20世纪50年代末期到70年代末期，劳动人事部门通过一个等级系统来集中决定和控制城镇区域内所有工人的工资。工厂中的普通工人和技术工人严格地划分为8个等级，行政与管理工作人员分为24个等级。工资水平的提升主要基于资历而非劳动能力来决定。虽然工资等级制度允许在不同的教育水平之间存在工资差异，但是这种工资差异非常之小。同时，政府通过提供免费的大学教育和生活津贴的方式有效地排除了教育的私人直接成本。

直至20世纪70年代末期，政府计划对经济的过度控制导致了对工人的激励不足，并造成生产率降低、创新意愿被抑制以及普遍的资源配置错位。正是这一灾难性的局面引发了以邓小平为领导核心的政府从20世纪80年代初期开始推行经济改革。席卷全国的农村改革废除了集体合作社，将土地经营权归还给家庭承包经营。家庭承包责任制大大激发了农民的劳动积极性，提高了劳动生产率，也快速提高了农村家庭的收入。然而，一直到20世纪90年代中期，城市的改革步伐依然很缓慢，到90年代末期局面才有所改善，这是由于中央政府为了维持政治稳定，一直在提高经济效率与保持对城镇劳动者福利保障所做承诺之间谨慎权衡所致。

第一阶段的工资改革允许获利企业提高工人工资，并奖励生产率较高的工人，使得工人之间出现较大的收入差距。1984年10月，中共中央十二届三中全会通过了《中共中央关于经济体制改革的决定》，其中将工资总额定额制度改为浮动工资总额制度，在定额制度中所有企业的工资总额均为计划统一制订，而在改革后的浮动制度下，每个企业的工资水平反映了该企业的获利水平（戴园晨，1994）。

就业制度的改革最终导致了终生雇佣制的结束。随着1986年7月国务院发布了《国营企业实行劳动合同制暂行规定》，劳动力市场正式引入了劳动合同（Meng，2000）。在劳动合同制的试行阶段时，如1985年，合同工人仅占所有工人的4%；这一比例在1990年上升到13%，在1995年达到了39%。到1997年已经有1亿名雇员与其雇主签订了劳动合同。在实施过程中，劳动合同制对于在雇主和雇员的劳动关系的界定方面，更多的是在雇主与雇员之间形成劳动雇佣关系方面取得了成功，而不是在雇主与雇员之间解除劳动关系方面获得成功。企业能自由地挑选和招募合适的工人，但是在工人解除合约方面并没有得到充分保障。直至20世纪90年代末期政府才限制了企业无故解雇职员的权力。尽管如此，在雇佣方面更多的自由度提升了劳动者对提高自身生产能力以适应竞争的意愿。

国有企业在劳动力市场中竞争的程度很难估计。因为绝大多数在国营企业辞职的工人都“跳槽”到了非国有的机构。自20世纪90年代以来，非国有企业已经成为劳动力市场主要的需求者，其中包括外资企业、私营企业以及各种混合式所有制企业。通过与国有部门激烈的竞争，这些企业为劳动力市场注入了新的活力，并促使国有企业重组。

二、低水平的教育投资回报率

运用中国的微观资料，研究人员利用明塞尔（Mincer-type）收入方程进行了估计。其中Byron和Manaloto（1990）利用1986年对南京800个国有企业职工的调查资料估计出中国每增加一年教育，其投资回报率仅为1.4%。运用国有企业的资料，Meng和Kidd（1997）的估计结果比Byron和Manaloto（1990）的结果稍高，1981年与1987年分别为2.5%和2.7%，但总体说来仍然偏低。Fleisher和Wang（2004）运用1994年收集的资料发现，直至20世纪90年代，中国的教育投资回报率都未能从“文革”时期的低水平恢复过来。许多利用农村调查资料进行的研究发现了同样的低水平教育投资回报率①。由于回归方程的不同的设定以及不同的研究背景，以上研究中估计出来的数值很难直接比较，但是与Psacharopoulos（1992）相比，以上估计都一致地表明了中国的教育投资回报率极低。Psacharopoulos（1992）发现运用明塞尔方程估计发展中国家教育投资回报率的平均水平为

① deBrauw和Rozelle（2004）对中国农村的教育投资回报率方面的文献进行了精彩的综述。利用四个县的农户家庭调查资料，deBrauw和Rozelle（1991）发现仅有一个县的教育投资回报率显著为正。运用1991年收集的农村家庭住户调查资料，Yang（1994）的研究表明教育对农村收入的影响非常微弱。另外，非农部门教育投资的回报率在浙江省为2.6%，而在四川省这一系数完全不显著。Zhao（1995）对北京市郊区一个县1979—1986年的农户家庭收入所作的研究表明教育对农民与工人均无显著影响。Li和Zhang（1998）的研究发现在1997年集体合作社制度下，教育的投资回报率为零甚至为负，但是在1990年家庭承包责任制时期教育的投资回报率为3.3%。

8%，其中亚洲地区（中国除外）的平均水平为 11%。Fleisher 等把中国作为一个例外，因为与其他同等发展水平国家相比，中国的高速经济发展是与低水平的教育投资回报率同时存在的。

低水平的教育投资回报率并不意味着教育没有价值。如果支付给教育水平较高的工人的工资低于其边际生产力或者教育带有正面的外部影响，例如提高了其他工人的劳动生产率或者令管理变得更有效率，那么教育的社会回报率就会超过估计出来的私人投资回报率。运用企业层面的数据，Fleisher 和 Wang（2004）发现由于国有企业的垄断权利，支付给教育水平较高工人的工资低于其边际贡献。许多运用微观数据的经验分析同样支持教育投资的社会回报率高于其私人回报率的论点，例如 Fleisher（1997），Chen 和 Demurger（2001），以及 Chen 和 Feng（2000）。最后，虽然教育对工资水平的高低影响水平甚微，但教育在决定谁将被雇用方面起着重要的作用。Zhao（1997）发现对于农民而言教育能提高其进入收入较高的城市工作岗位的机会。

估计中国教育投资回报率应用最为广泛的住户数据来自 1988 年以及 1995 年两次中国住户收入调查（CHIP）。因为不同的研究人员设定了不同的回归方程，所以出现了许多不同的回归结果。Maurer-Fazio（1999）运用 1988 年 CHIP 数据中城镇的样本估计男性与女性的教育投资回报率分别为 2.9%和 4.5%。她同时发现年轻工人（年龄低于 30 岁）以及非国有部门工人的教育投资回报率高于平均水平，分别为 6.6%和 9%。但是，她的研究没有明确的证据支持“沿海发展地区的教育投资回报率高于内地不发达地区”这一论点。同样基于 1988 年 CHIP 资料，Johnson 和 Chow（1997）对城镇子样本、农村子样本以及混同（pooled）样本设定了不同的回归方程，包括置入或者不置入性别与教育的交叉项、性别与经验的交叉项等。他们估计的教育投资回报率在 2.8%～4.0%，但是对交叉项并不敏感，并且与其他国家相同的估量结果相比，中国的教育投资回报率相当低。使用 1988 年的 CHIP 数据，Liu（1998）表明中国的年教育投资回报率为 3.6%。然后 Liu 通过置入不同教育水平虚拟变量（没有接受过教育为基准水平）于回归方程，教育投资回报率估计的结果为：大学教育 37.5%、中学教育 19.1%、小学教育 7.5%。Liu（1998）同时分析了教育投资回报率在不同经验年限组与不同省份之间的差别，他的研究结果表明年龄较大的工人有着较低的回报率，另外，与其他省份相比，广东省的教育投资回报率最高。其他运用 1988 年 CHIP 资料的研究包括 Knight 和 Song（1991，1993，1995），他们对收入差距与工资结构做出分析；还有 Gustafsson 和 Li（2000）对性别工资差异进行分析。以上研究均估量出较低的教育投资回报率。

研究人员也在寻找教育投资回报率随着中国经济改革不断推进而上升的证据。比较 1988 年 CHIP 数据样本与 1992 年中国劳动力市场研究项目（CLMRP）数据样本，Maurer-Fazio（1999）发现同期男性工人与女性工人的教育投资回报率分别上升了 0.8%和 0.4%，但是对年龄低于 30 岁的工人而言，1992 年的回报率低于 1988 年的回报率。1995 年的 CHIP 资料引起了新一轮对教育投资回报率的估计。Gustafsson 和 Li（2000）研究发现男性工人的大学教育（4 年制）的投资回报率相对于高中教育而言有了较大幅度的上升，从 1988 年的 8.9%上升到 1995 年的 15.5%。利用相同的回归模型设定但是合并了男性与女性工人的样本，Knight 和 Song（2003）发现相对于高中程度，大学教育的投资回报率从 1988 年的 4.9%上升到 1995 年的 15.0%。Yang 认为，就平均水平而言，从 1988 年到 1995 年 7 年间城市的教育投资回报率从 3.1%上升到了 5.1%，并且其离散度显著上升。

与 1988 年 CHIP 数据相比，1995 年的 CHIP 数据提供了工作时间方面的数据，因此令研究员有机会去检验此前低水平的教育投资回报率是否由收入方面的测定性误差（measurement error）所导致。Li（2003）发现使用小时工资率估计的教育投资回报率较高，因为教育程度较高的工人平均工作时间较短，低估的范围仅在 10%之内。使用小时工资率的估量结果为 5.5%，而使用年收入水平的估计结果为 5.0%。

Li（2003）比较了不同组别之间的教育投资回报率，与使用 1988 年 CHIP 数据相同，他发现最年轻群体的教育投资回报率最高。他根据参加工作时间是早于改革（1979 年之前）、改革的早期（1980—1987 年）还是改革的较后阶段（1988—1995 年）将劳动者分为三个群体。对于 1979 年之前的群体、1980—1987 年群体和 1988—1995 年三个群体而言，大学教育的年平均投资回报率分别为 7.7%、14.1%和 14.8%。有趣的是，较为不发达地区如甘肃省的高中教育投资回报率高于经济发达地区如广东省。这一结论与 Liu（1998）运用 1988 年 CHIP 数据得出的结论相反。

因为绝大多数关于城镇教育投资回报率的研究都是基于单一年度资料，并且运用不同设定的回归方程，所以对以上研究结论进行直接比较是不合适的。而用可比较数据并且在不同年度中设定一致回归模型的现有研究，例如 Gustaffon 和 Li（2000）以及 Knight 和 Song（2003），并不是以教育投资回报率为主要研究目的。因此，很难对以上研究的稳健性（robustness）进行判断以及对不同组别之间的估计进行比较。更为重要的是，以上研究均仅使用两个时点的数据，因此对教育投资回报率趋势的推断可能带有短期干扰的影响。在本章中，我们运用了覆盖 1988—2001 年全部的年度资料来分析中国教育投资回报率的趋势。

三、教育水平分布

本章的数据来源于国家统计局从1988—2001年连续14年的年度住户调查①。这一期间中国城镇住户调查样本的缺陷是将居住在城镇的非城市户口家庭排除在外。然而，将流动者排除在外更有利于我们集中于一个相对固定的群体，使我们能更精确分析经济变革对工资制度的影响。

我们使用的数据来自北京、辽宁、浙江、四川、广东以及陕西六个省市，此六个省市的选择能够代表中国地区之间现有的差异。北京是中国北部一个高速发展的直辖市；广东省和浙江省是中国东南部沿海地区充满活力并高速发展的省份；辽宁省是东北的重工业省份；而四川省和陕西省则分别是位于中国西南和西北两个较为不发达的省份。表1—1报告了样本数据中各年度按省份的分布以及主要变量的统计性描述。样本中各年包括了大约6 000个观测值。

为了集中分析劳动力市场的工资机制，我们将样本限制于就业并有工资的职工。依惯例，雇主、自我雇用者、离退休者、学生以及家务劳动者排除在外（Coleman，1993；Mwabu和Schulz，1996）②。另外，由于中国《劳动法》规定的最低工作年龄为16岁，我们同样将年龄低于16岁的群体排除在外。因为绝大多数的劳动者于60岁或之前退休（60岁为国家规定之法定退休年龄），年龄大于60岁的群体同样排除在外。工资收入包括了四个主要部分，即基本工资、奖金、津贴以及其他与劳动相关的收入。表1—1显示，月平均工资水平从1988年的2 000元稳步上升到2001年的5 500元（1988为基准年），翻了一倍有余。同时与中国的人口结构变化趋势相一致的是劳动者的平均年龄从1988年的37.2岁上升到40.4岁，有2.8年的增幅。另外，女性占全部劳动者的比例从1988年的49%逐步下降到2001年的45%。

① 住户调查是由国家统计局城市社会经济调查总队（USO）组织的，覆盖146个城市以及80个城镇。城市、镇以及住户的选择是基于随机性和代表性的抽样原则。USO（2001）对数据提供了详细的描述。为了确定资料的代表性，我们将既在住户调查数据中也在国家统计年鉴中的许多变量进行了比较。就1988年而言，我们样本内家庭的平均规模、家庭中的平均劳动人数以及家庭的人均收入分别为3.7，2.2和1 352，相应的国家统计年鉴中平均值为3.6，1.8和1 192（中国国家统计局，1989，p732）。2001年以上三个指标在我们的数据中为3.2，1.8和7 763，而国家统计年鉴中的对应值分别为3.1，1.7和6 907（中国国家统计局，2002，p321）。因此，可见样本中的平均值与国家统计年鉴中报告的数字相当接近。

② 同样依照惯例，我们将收入低于最低工资一半水平的劳动者排除在外，因为根据假设此类劳动者视为非全职劳动者。利用各省1988—2001年官方的最低工资水平，我们得到各省各年最低工资水平与平均收入之间的比例。然后取各省各年比例的平均水平估计出所有省份所有年度中的最低工资，并且运用这一指标排除其相应的劳动者。

表 1—1　中国城镇抽样的样本量与分省的分布（1988—2001 年）

年份	观测值	北京（%）	辽宁（%）	浙江（%）	广东（%）	陕西（%）	四川（%）	年收入（1988=1）	男性（%）	年龄	国有企业（%）	集体企业（%）	非公有制企业（%）
1988	6 087	10.3	27.3	11.0	21.1	8.4	21.9	1 910.7	51.1	37.2	74.5	24.8	0.7
1989	5 615	8.9	26.2	11.0	23.6	8.5	21.9	1 868.2	51.8	37.4	75.2	23.8	1.0
1990	6 194	9.2	26.9	10.6	23.5	8.5	21.3	2 031.0	51.7	37.9	76.0	22.9	1.1
1991	6 225	9.5	25.4	10.8	24.2	8.4	21.7	2 186.2	52.1	37.8	77.2	21.8	1.1
1992	7 853	9.7	24.9	10.6	23.4	8.4	23.1	2 667.7	52.0	38.0	76.5	20.7	2.8
1993	7 017	9.5	24.7	10.4	24.7	8.0	22.7	2 942.7	52.2	38.3	76.1	20.4	3.5
1994	6 752	9.2	24.2	10.2	25.8	7.9	22.6	3 373.7	52.6	38.4	76.8	17.8	5.4
1995	6 830	8.6	22.5	9.9	29.1	7.8	22.1	3 606.4	52.6	38.6	78.0	15.4	6.6
1996	6 651	8.9	22.4	10.4	26.7	8.1	23.6	3 635.4	52.9	39.1	78.5	15.2	6.4
1997	6 641	9.0	23.8	11.2	29.3	8.7	17.9	3 910.8	52.9	39.4	77.4	14.9	7.7
1998	6 331	8.9	22.9	11.8	29.9	8.8	17.7	4 272.6	53.7	39.5	76.8	14.4	8.8
1999	6 094	9.1	21.6	11.9	31.3	8.6	17.6	4 837.3	53.6	39.6	74.0	14.0	12.0
2000	6 197	9.7	22.0	11.9	30.7	8.5	17.1	5 078.5	54.6	39.9	72.6	11.3	16.1
2001	5 404	10.0	22.4	11.9	30.4	9.2	16.1	5 510.0	55.0	40.4	70.2	10.9	19.0

其中差不多3/4的劳动者就业于国有部门。虽然这一比例在1988年到2001年期间变化不大，但是前半期呈现出上升趋势，1996年达到了78.5%，接着开始下降。国有企业就业量的收缩与国有企业重组以及国有部门大规模下岗发生在同一时期。与国有部门相比，集体企业就业量逐步下降的趋势就更为明显。集体企业就业职工占全体就业量的比例从1988年的24.8%下降到2001年的10.9%，下降了差不多一半。其他所有制企业包括私营企业、个体企业、外资企业以及脱胎于国有企业和集体企业的股份制企业，这些所有制企业的就业量得到了快速的增长，从1988年的不足1%上升到了2001年的19.0%。1991年是增长最快的一年，正好是邓小平为推动改革开放而进行南巡谈话的前一年。

表1—2显示，平均受教育年限从1988年的10.4年上升到了2001年的11.8年[①]。尽管受教育的年限上升较小，但是最明显的改变发生在教育的结构组成上。最为显著的是职工中拥有大学文凭所占的比例上升了一倍多，以及仅读了小学或者以下工人的人数下降了2/3。同期初中毕业的职工所占比

表1—2　按年份和教育程度划分的教育水平分布（1988—2001年）

年份	受教育年限（年）	大学及以上（%）	专科（%）	高中（%）	初中（%）	小学及以下（%）
1988	10.4	12.6	11.8	22.6	42.0	10.5
1989	10.5	13.2	12.0	24.5	40.1	9.7
1990	10.6	14.1	12.8	24.3	39.5	9.0
1991	10.7	15.6	12.4	24.7	37.4	9.6
1992	11.0	18.2	13.3	26.2	34.8	7.4
1993	11.1	18.3	13.2	26.7	35.3	6.4
1994	11.3	20.4	14.1	27.1	32.9	5.2
1995	11.3	21.6	13.3	28.8	30.7	5.4
1996	11.3	22.1	13.7	28.1	31.2	4.7
1997	11.4	22.8	13.0	28.9	31.1	4.1
1998	11.5	24.5	14.2	29.1	28.3	3.9
1999	11.7	26.3	14.5	29.3	26.4	3.5
2000	11.8	28.9	13.2	30.3	24.1	3.4
2001	11.8	28.1	13.1	30.7	25.1	2.9

① 因为调查数据只提供了受教育的水平，因此为了衡量受教育的年限，我们对不同教育水平的受教育年限做了如下假设：小学6年、初中9年、高中12年、专科15年、大学及以上16年。

例大幅度下降，从 1988 年的 42%下降到 2001 年的 25.1%。较低教育水平的职工所占比例下降主要是由于教育程度较低的、年龄较大的群体的退休以及受教育水平较高的年轻群体进入劳动力市场。

有关数据的局限性需要注意的两点是：首先，没有关于劳动时间方面的数据。因为不同教育水平的劳动力参与劳动的时间并不是平均分布的，如果教育水平较低的劳动力更有可能在一年中处于失业状态的时间更多，那么我们可能高估教育投资回报率上升的水平和比率。例如，来自 CHIP 数据估量结果表明，使用小时工资后，教育的投资回报率就提高了一些。其次，我们未能将非工资福利计入劳动收入，比如说住房补贴、健康保险以及养老保险。如果非工资福利与工资水平正相关，那么忽略非工资性福利将导致对教育投资回报率的低估；反之，如果负相关，那么将高估教育的投资回报率。

四、教育投资回报率的估量

沿袭明塞尔（1974）的方法，我们得出如下半对数形式的收入方程：

$$\ln w_i = \beta_0 + \beta_1 schooling_i + \beta_2 experience_i + \beta_3 experience_i^2 + \beta_4 gender_i + \beta_5 region_i + u_i \quad (1—1)$$

其中 w_i 为个人 i 的年收入；*schooling* 为受教育年限或者获得的最高教育水平，*experience* 是工人潜在的工作经验，为年龄减去受教育年限再减去 6；*gender* 是性别虚拟变量以衡量工资水平在男性与女性之间的差异；最后 *region* 为一组包括 5 个省份的虚拟变量。

表 1—3 报告了各年度普通最小二乘法（OLS）估计方程（1—1）的受教育年限以及教育水平的系数值。所有变量的详细回归结果请见附表 1—1，其中包括标准差、R^2 以及样本量。表 1—3 的第 2 列为受教育年限的回归系数。根据这一衡量标准，年均教育投资回报率从 1988 年的 4.0%上升到了 2001 年的 10.2%，增长了一倍多。这一期间后期的教育投资回报率与 Psacharopoulos（1994）总结其他发展中国家在 20 世纪 90 年代早期的回报率水平接近。运用年度时间序列，我们发现同一期间教育年限的系数并非呈线性增长方式。相反地，从 1988—1989 年上升了 0.6 个百分点，在 1989—1992 年期间停滞不前，然后在 1992—1994 年期间上升了 2.6 个百分点，在接下来的 3 年内呈下降趋势，在余下的 1997—2001 年期间又上升了 3.5 个百分点。

运用不同教育程度的虚拟变量，我们可以更清楚地看到教育投资回报率的非线性增长方式。表 1—3 报告了接受更高一个层次教育的边际回报率，比如说初中教育与小学教育及以下相比较的结果，高中教育与初中教育相比较的结果。其中我们将专业技术职业教育与高中教育相比较，因为部分专业技术职业学校也面向初中招生，因此也可以将专业技术职业教育与初中教育

表 1—3　　中国城镇教育投资回报率的估计（1988—2001 年）

年份	受教育年限（年）	大学及以上/高中（%）	专科/高中（%）	高中/初中（%）	初中/小学及以下（%）
1988	4.0	12.2	3.1	11.0	13.9
1989	4.6	14.4	5.8	11.6	17.3
1990	4.7	16.6	9.9	11.5	12.8
1991	4.3	15.9	8.0	9.7	13.4
1992	4.7	20.1	9.2	9.8	10.8
1993	5.2	20.4	7.0	11.5	13.6
1994	7.3	28.7	15.3	14.5	20.2
1995	6.7	24.4	12.0	15.3	18.9
1996	6.8	25.2	10.4	15.6	14.9
1997	6.7	22.3	12.0	17.3	10.9
1998	8.1	32.1	16.5	16.2	12.2
1999	9.9	38.1	17.0	21.0	14.8
2000	10.1	38.7	16.2	20.5	16.4
2001	10.2	37.3	17.8	21.4	13.8

注：①回归结果根据标准明塞尔方程，并包括性别和地区虚拟变量。
②按年份分别对方程进行回归。

相比较。我们发现，在 1988—2001 年期间，除了初中水平之外的其他教育水平的回报率都得到了大幅度的提高①。就高中教育而言，其投资回报率在 9.7％与 21.4％之间波动，其中 1994—2001 年期间上升较快。通过各教育程度之间的比较可以发现回报率上升最快的是专业技术与大学教育。对于高中毕业生而言，继续完成专科的回报率从 1988 年的 3.1％上升到了 2001 年的 17.8％。而相对于高中水平，大学教育的投资回报率从 1988 年的 12.2％增长到了 2001 年的 37.3％。

为了检验估计出来的教育投资回报率上升趋势的稳健性（robustness）以及进一步分析教育带来的工资溢价（wage premium）是发生在不同种类的工作之间还是同一种工作的内部，我们将所有制、职业以及行业变量代入明塞尔方程式来观察新增变量是否会改变所估计出来的教育投资回报率。一般而言，因为存在正选择效应，即受教育水平较高的劳动者将自主选择进入

① 与小学教育相比较，初中教育的投资回报率一直在 14％左右徘徊。

高薪行业或职业，那么将职业和行业变量加入工资方程式会降低估计出来的教育投资回报率。Zhao（2002）发现中国劳动力在选择进入不同所有制企业时存在着相似的正选择效应，即受教育水平较高的劳动者一般选择进入国有或者外资企业①。为了表达的方便，我们使用连续的教育变量。另外为了便于比较，表 1—4 的第 2 列重复了表 1—3 第 2 列中受教育年限的投资回报率。第 3、第 4、第 5 列报告了分别加入所有制、职业和行业虚拟变量之后的教育投资回报率，而第 6 列则同时加入了 3 个虚拟变量。

表 1—4　　教育投资回报率回归：设定不同的工资方程式
（1988—2001 年）

%

年份	标准明塞尔方程	加入所有制虚拟变量	加入职业虚拟变数	加入行业虚拟变数	加入所有虚拟变量
1988	4.0	3.3	2.6	4.0	2.3
1989	4.6	4.0	3.3	4.6	3.1
1990	4.7	3.8	3.0	4.4	2.7
1991	4.3	3.7	2.8	4.1	2.6
1992	4.7	4.1	2.8	4.5	2.5
1993	5.2	4.4	3.6	4.9	3.1
1994	7.3	6.3	4.8	6.3	4.0
1995	6.7	6.0	4.7	6.1	4.3
1996	6.8	6.0	4.9	6.0	4.4
1997	6.7	5.9	4.4	6.0	3.9
1998	8.1	7.3	5.5	6.9	4.9
1999	9.9	9.1	6.7	8.5	6.0
2000	10.1	9.4	6.9	8.8	6.6
2001	10.2	9.1	6.6	8.5	6.0

正如预期所料，加入了各种与工作相关的变量之后，教育的投资回报率明显下降。加入了“企业所有制”虚拟变量之后平均降低了一个百分点。加入“行业”虚拟变量对这一期间早期的教育投资回报率影响甚微，但是越接近这一期间的末期影响越大，降低了教育投资回报率 1.5 个百分点。可见，教育程度较高的劳动者被不断分配到高薪行业。职业对教育投资回报率的影

① Zhao，Yaohui. Earnings differentials between state and non _ state enterprises in urban china. *Pacific Economic Review* 7（1），2002：181-197.

响是 3 个变量中最大的，使教育投资回报率降低了 1/3 左右。最后，当我们将 3 个与工作相关的变量置入回归方程式，教育投资回报率在期初和期末都降低了大约 40%。然而，加入了与工作相关的变量之后，教育投资回报率在 1988—2001 年期间上升的趋势却是非常明显的。因此，我们认为教育投资回报率发生于许多特定种类工作内部，并反映了劳动力市场显著的变革。

我们运用明塞尔方程来分析教育投资回报率的上升在不同性别、工作经验、所有制性质和区域之间是否存在系统性的差异。这一分析能够证明教育投资回报率存在异质性，并有助于我们了解教育投资回报率上升的各种可能原因。表 1—5 报告了男性与女性的教育投资回报率，其回归结果是基于性别的分类。从运用 OLS 估计出来的收入方程中，我们发现整个期间，女性的教育投资回报率超过男性 60%左右。正如 Psacharopoulos（1994）所说，女性的教育投资回报率超过男性是一种很普遍的现象。运用 1988 年和 1995 年 CHIP 数据，Gustafsson 和 Li（2000）得出了相似的结论。Deolalikar（1993）认为男性在生理力量方面具有相对优势，所以教育相对于女性而言更为重要，因为女性更专注于技术型的工作。Li（2003）指出因为较少的女性受到更高的教育，所以降低了高技能女性的相对供应量。

女性具有更高教育投资回报率的另外一种可能的解释是相对于男性而言，女性在选择进入劳动力市场时具有更高的正选择效应，而男性的劳动参与率几乎是 100%。为了直接检验这一假设，我们利用经过 Heckman 选择修正的收入模型，加入了家庭人口特征变量以识别选择方程，其结果报告在表 1—5 的第 3 列和第 5 列①。就男性而言，除了 2001 年，控制了选择性偏差之后的估计值与 OLS 的估计值差距甚微。当控制了选择性偏差后，1997 年之后女性的教育投资回报率稍微有所下降，1997—2001 年期间平均下降了 0.8 个百分点。这一结论正如 Giles 等所声称，在经济重建时期随着年老妇女大量退出劳动力市场，女性选择进入劳动力市场的正选择效应不断增强。与这种选择假设保持一致的是，在选择方程中教育对预测就业的重要性就女性而言逐步上升，但是对男性来说却保持不变。表 1—5 第 6 列和第 7 列报告了平均教育年限的变化趋势，从中可以发现就业男性与女性平均教育年限之间的差距不断缩小，至 2001 年时已经没有差距。但是这一效应不足以完全解释女性在此期间一直存在的高教育投资回报率，因为即使控制了选择性偏差之后，在 1997 年之前性别之间的回报率差距一直存在。

① 为了识别模型所加入的变量包括：家庭总成员中小于 7 岁、7～15 岁以及大于 60 岁的成员分别所占的比例。

表 1—5　　教育投资回报率回归：按性别分类（1988—2001 年）

年份	男性（%）		女性（%）		受教育年限（年）	
	OLS	Heckman	OLS	Heckman	男性	女性
1988	2.9	2.8	5.2	5.2	10.8	10.0
1989	3.6	3.3	5.7	5.7	10.9	10.1
1990	3.6	3.5	5.9	6.0	11.0	10.3
1991	3.1	3.0	5.6	5.5	11.0	10.4
1992	3.7	3.7	5.9	5.8	11.3	10.7
1993	4.3	4.4	6.2	6.0	11.3	10.8
1994	6.2	6.2	8.9	8.8	11.5	11.0
1995	5.7	5.6	8.1	7.9	11.5	11.1
1996	5.9	5.8	8.0	8.2	11.5	11.1
1997	5.1	4.9	9.2	8.3	11.5	11.2
1998	6.6	6.4	10.3	9.2	11.6	11.4
1999	8.0	8.1	12.8	12.9	11.8	11.5
2000	8.6	8.6	12.5	10.9	11.8	11.7
2001	8.4	7.5	13.2	12.5	11.8	11.8

就趋势而言，男性与女性的教育投资回报率都经历了大幅度的上升。女性教育投资回报率上升的绝对值为 8 个百分点，高于男性的 5.5 个百分点。但是，相对于女性来说，男性的教育投资回报率增长相对较快，因为男性与女性的教育投资回报率从 1988 年的 0.56 上升到了 2001 年的 0.64。

表 1—6 报告了按潜在工作经验划分不同群体的教育投资回报率。总体而言，新进入劳动力市场者的回报率较高。离开学校的时间越长，其教育投资回报率越低。对这一差异的可能解释包括过时效应（vintage effect）、教育质量的上升或者年轻人具有更大的流动性，因为年轻人进行了较低的专用性人力资本投资。与此同时，年老群体更多的受到过去扭曲的工资结构（compressed wage structure）以及就业安排等其他约束。然而，当我们分析时间趋势时发现教育投资回报率的上升并不仅仅局限于年轻的群体。就所有的群体而言，教育投资回报率以几乎相同的速度在增长，对于最年轻的群体和最年老的群体来说回报率都上升了一倍多。

表 1—7 分析了按照企业所有制性质划分的不同群体的教育投资回报率。因为早期非公有制企业所占的比例相当少，因此我们将教育与所有制虚拟变

表 1—6 教育投资回报率回归：按潜在工作经验分群（1988—2001 年） %

年份	1～10 年	11～20 年	21～30 年	30 年以上
1988	6.0	4.0	3.9	3.5
1989	6.4	4.6	4.8	3.6
1990	6.8	5.8	4.0	3.9
1991	5.8	5.2	3.3	3.7
1992	6.8	5.4	4.3	3.5
1993	7.6	6.4	4.9	5.9
1994	11.0	7.4	6.9	5.5
1995	9.4	7.0	6.5	6.1
1996	8.5	8.9	5.6	5.1
1997	8.9	8.6	6.3	6.2
1998	10.3	10.2	7.7	7.4
1999	11.8	11.6	10.3	8.2
2000	12.8	11.6	10.0	7.6
2001	13.1	12.0	10.4	9.0

量交叉相乘并分别进行回归。我们发现非公有制企业内的教育投资回报率一直较高。其实早在 1988 年，非公有制企业职工的年均教育投资回报率就已经达到了 7.3%。自 1993 年开始，其年教育投资回报率一直保持在 10%以上，此后并未有明显的上升趋势。与此相对照的是，国有企业内部的教育投资回报率初期较低，从 1988 年的 3.0%稳步上升到了 2001 年的 9.0%。就城镇集体企业而言，其回报率从 1988 年的 4.2%上升到了 2000 年的 8.7%，但是 2001 年又下降到了 7.3%。因此，国有企业落后于非国有企业，但是随着时间的推移差距在慢慢缩小。这表明在中国的经济改革期间，国有企业和集体企业的工资机制发生了显著的变化，这可能是对外资企业以及国内私营企业抢夺技术型劳动力所做出的反应。

表 1—7 教育投资回报率回归：按所有制性质分类（1988—2001 年） %

年份	国有部门	集体企业	非公有制企业
1988	3.0	4.2	7.3
1989	3.7	5.0	9.4
1990	3.6	4.7	8.0

续表

年份	国有部门	集体企业	非公有制企业
1991	3.7	3.4	7.8
1992	4.1	2.8	9.0
1993	4.2	3.7	10.6
1994	5.9	6.1	11.8
1995	5.5	6.5	9.8
1996	5.7	5.5	11.0
1997	5.7	4.8	10.0
1998	7.0	6.7	11.0
1999	8.9	8.4	11.3
2000	8.6	8.7	13.2
2001	9.0	7.3	10.0

注：教育投资回报率出自加入交叉项对混合数据进行回归的结果。

为了分析教育投资回报率的省际差异，我们分省进行回归。表1—8显示，省际之间的教育投资回报率存在着巨大的差异。1988年陕西的教育投资回报率超过北京一倍多。更值得注意的是直到20世纪90年代末期，较为富裕省份的教育投资回报率低于较为贫穷的省份，也就是说北京、广东、浙江和辽宁的教育投资回报率低于四川和陕西。这种差距在此期间的早期最为明显，随着时间的推移不断缩小。但初期教育投资回报率在省际之间的巨大差异很难从地区教育质量之间的差异得到解释，因为富裕省份显然有着更为充裕的教育经费和更好的教育质量。市场需求和供给之间的作用也很难在这里派上用场，因为非市场力量在20世纪80年代末期仍然非常普遍，比如说政府对国有企业和集体企业的工资所设定的规章制度。

表1—8　　教育投资回报率回归：按省份分类（1988—2001年）

年份	北京	辽宁	浙江	广东	陕西	四川
教育投资回报率						%
1988	2.8	3.8	3.2	3.2	6.3	5.0
1989	1.6	4.1	3.6	4.7	5.9	5.6
1990	2.7	4.4	3.0	4.6	6.0	5.8
1991	2.3	4.5	3.7	3.5	5.3	5.3
1992	3.4	4.8	3.8	4.0	5.5	5.8
1993	4.1	5.4	3.8	4.1	6.1	6.6

续表

年份	北京	辽宁	浙江	广东	陕西	四川
教育投资回报率						%
1994	5.9	6.8	6.5	6.5	8.7	9.3
1995	4.9	6.9	4.4	6.5	7.9	8.1
1996	5.2	6.7	6.1	6.8	7.5	7.4
1997	4.3	6.9	7.1	7.0	6.4	7.2
1998	6.1	7.7	7.4	8.6	8.5	8.9
1999	8.8	10.0	8.4	10.5	10.3	10.3
2000	9.3	10.7	9.0	9.9	10.1	10.8
2001	10.5	8.1	10.9	10.5	9.5	12.3
受教育年限						单位：年
1988	11.1	10.5	10.3	10.3	10.5	10.2
1989	10.7	10.7	10.3	10.5	10.6	10.5
1990	11.0	10.9	10.4	10.5	10.8	10.5
1991	11.7	10.7	10.7	10.4	11.2	10.5
1992	11.5	10.9	11.0	11.0	11.4	10.8
1993	11.8	10.9	11.0	11.1	11.5	10.7
1994	11.9	11.1	11.3	11.3	11.5	10.9
1995	11.9	11.2	10.9	11.4	11.6	11.1
1996	11.9	11.2	11.0	11.6	11.6	11.1
1997	11.8	11.2	10.9	11.8	11.5	11.2
1998	11.8	11.3	11.1	11.8	11.8	11.5
1999	11.9	11.5	11.2	11.8	11.9	11.8
2000	11.8	11.8	11.2	12.1	12.0	11.6
2001	12.0	11.7	11.4	12.1	12.0	11.4

注：分年份分别对方程进行回归。

政府部门与国有企业给职工支付工资先依照一个全国范围内的工资等级制度，然后再根据地区生活成本的差异稍加调整。城镇集体企业的工资制度与国有企业大体相似。虽然 20 世纪 80 年代的经济改革给予了企业部分的工资自主权，但是政府制定的工资等级制度仍然保留下来。而除国有和集体部门之外的其他非公有制企业的工资却完全由市场决定。根据 Zhao（2002）的报告，直到 1996 年教育水平较高的工人仍然倾向在国有或者集体部门工作。因此，教育水平较高的劳动者的工资从当地市场条件中分离出来，但是受教育水平较低劳动者的工资却由国有和集体部门之外的劳动力市场所决定，与当地的经济状况紧密联系。如果贫穷地区的市场工资较低而国有部门的工资却很高，这种情况就能解释我们所发现的贫穷省份为什么具有更高的教育投资回报率。另外一种可能的解释是，在贫穷省份有较高教育水平的劳动力相对较少。但是，这种解释与省际的平均教育年限之间并不存在显著的差异这一事实相矛盾，表 1—8 的下半部分报告了各省各年的平均教育年限。

20 世纪 90 年代的改革主要从两方面影响了相对工资。首先，国有部门的工资制度不得不更加遵循市场力量，而这又限制了较落后省份的国有企业和集体企业工资水平的上涨。其次，随着改革的不断深化、经济的高速发展以及国际直接投资（FDI）的大量涌入，富裕地区私有部门的工资水平急剧上升。这些制度方面的变革最终将导致公有部门与私有部门工资水平的趋同，并降低省际之间教育投资回报率之间的差异。表 1—8 显示，富裕和贫穷省份的教育投资回报率都得到了快速的上升，并且随着时间的推移，富裕省份的教育投资回报率已经赶上了贫穷省份。

五、教育投资回报率上升的可能原因

对中国城镇教育投资回报率不断上升最为明显的解释是：作为一个转型经济体，中国的工资体系由一个被扭曲的工资等级制度（compressed wage scale），转向一个以市场为主导的工资体系转变。这一转变过程使得工人的收入更加反映其劳动效率，提高了教育的投资回报率。同时，在整个 20 世纪 90 年代发生了其他重大的变革，影响教育投资回报率的供给与需求方面的因素包括：教育程度较高的劳动者相对供给的变化，随着时间推移退休群体被年轻群体所替代带来的劳动力组成的变化，技能偏好型的技术变革（skill-biased technological change），以及经济全球化，即国际贸易与 FDI 的流入。在这一目中，我们将分析这些导致教育投资回报率上升的不同原因的重要性。

表 1—2 显示，教育水平较高劳动力的相对供给并未下降，因此单从供给角度不能解释教育投资回报率的上升。我们样本中就业劳动者的平均受教育年龄从 1988 年的 10.4 年上升到了 2001 年的 11.8 年。更值得注意的是，受过大学及以上教育水平劳动者所占的比例从 12.6%上升到了 28.1%，即相对于高中而言，接受过更高教育水平的劳动者所获得的工资溢价从 12.2%上升到了 37.3%。图 1—1 描述了与高中水平相比，受过大学教育劳动力的相对工资与相对供给，其中可以看出其相对供给比相对工资以更快的

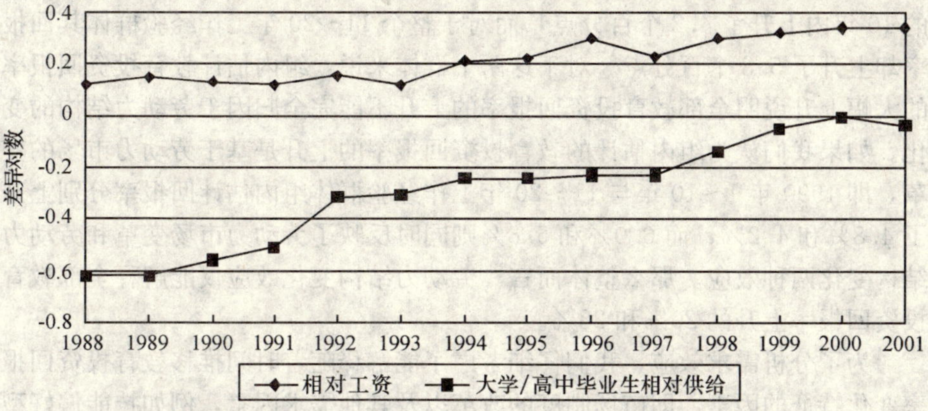

图 1—1　相对工资（relative wage）与大学/高中毕业生相对供给（relative supply）

速度增长[①]。因此，不管相对供给增长与否，相对需求都应以更大幅度上升以提高教育的投资回报率。

进入劳动力市场的年轻劳动者既拥有较好的技术又接受过较高的教育，而退休的工人一般是只有较差技术和较低教育的群体。因此，对于任何年龄阶段的群体而言，最近调查年份中的年轻群体都比早期调查年份中的年老群体拥有更好的技术和受过更高等的教育。因此，如果教育的质量随着时间的推移不断改善，或者对于新职工而言其未观察到的能力与教育的相关性更强的话，那么随着时间推移劳动力结构的变化可以解释教育投资回报率的逐步上升。为了检验这种可能性，我们比较了相同年龄群内与不同年龄群之间随着时间推移教育投资回报率的变化趋势，前者追踪同一群体随着时间教育投资回报率的变化情况，因此前述群体的结构变化效应被排除在外，而后者同时反映了结构变化和真正的教育投资回报率的变化。

从表 1—6 中可以看出：1990 年，1～10 年工作经验群体的教育投资回报率为 6.8%，而 2000 年 11～20 年工作经验群体的教育投资回报率为 11.6%，而实际上后一群体就是 10 年后的前一群体。与 1～10 年工作经验的群体的教育投资回报率从 1990 年到 2000 年增长了 6 个百分点相比较，同一群体在此期间的教育投资回报率仅上升了 4.8 个百分点。以此类推，对于 1990 年 11～20 年工作经验群体而言，其组内估计的教育投资回报率在此后

① 相对工资的计算是通过选取基于不同性别、教育和工作经验的 540 个组别，然后计算每组每年的平均工资。平均工资是通过运用一个基于时间推移每组人口的平均权重所决定的固定的权重来估计。然后相对工资为相比较的两个组的平均工资之间的比率。如果流动群体包括在内的话，那么城镇地区技术工人的相对供给可能下降。然后，Park 等（2004）表明即使包括流动群体，整个 20 世纪 90 年代技术工人的相对供给仍然是上升的。

的10年内上升了4.2个百分点，而对于整个11～20年工作经验群体其回报率却上升了5.8个百分点。对于这两个群体来说，组内估计教育投资回报率的大幅上升说明全部教育投资回报率的上升不能完全归因于劳动力结构的变化。如果我们认为组内估计的教育投资回报率的上升是基于劳动力市场的变革，即1990年1～10年与11～20年工作经验群体组内估计回报率分别上升了4.8%和4.2%，而6.0%和5.8%则同时反映了劳动力市场变革和劳动力结构变化两种效应。那么整体而言，劳动力结构变化效应仅能解释全部教育投资回报率上升的20%和28%。

为了分析需求效应，我们仔细考虑了能解释随着时间推移教育投资回报率变化特征的因素，即市场制度的改革以及其他需求因素，例如技能偏好型的技术变革以及全球经济一体化。遗憾的是，最后两个因素对回报率上升重要性的直接检验超出了本章的研究范围。而劳动力市场制度改革导致教育投资回报率上升这一论断可以从中得到预期的检验，即以前分割劳动力市场中不同的教育投资回报率将向同一个劳动力市场中一致的回报率收敛，这是因为生产要素市场价格的同一性。技能水平较高的劳动者将被激励转移至回报率较高的劳动力市场直至差异消失为止。在表1—9中我们计算了表1—6、表1—7和表1—8内按照工作经验、所有制性质和地区划分的不同组别之间回归系数的变化程度。从中我们可以发现在所有三种不同划分的标准中，回报率都是呈收敛趋势，特别是后两者。不同所有制性质之间的教育投资回报率的变化程度从1992年、1993年最高峰时期的0.62下降到2001年的0.16，而不同省份之间回报率之间的变化程度从1989年最高峰时期的0.37下降到1999年、2000年的小于0.10，然后在2001年上升到0.14。尽管在劳动力流动方面一直存有制度性障碍，即限制流动性的户籍制度，但是教育投资回报率仍然呈现明显的收敛趋势。

表1—9　教育投资回报率回归系数的变化程度：按工作经验、所有制性质以及省份分类（1988—2001年）

年份	工作经验	所有制性质	省份
1988	0.26	0.46	0.33
1989	0.24	0.50	0.37
1990	0.28	0.42	0.31
1991	0.26	0.49	0.28
1992	0.29	0.62	0.21
1993	0.18	0.62	0.24
1994	0.30	0.42	0.19

续表

年份	工作经验	所有制性质	省份
1995	0.20	0.31	0.24
1996	0.28	0.42	0.13
1997	0.19	0.41	0.17
1998	0.18	0.29	0.13
1999	0.16	0.16	0.09
2000	0.21	0.26	0.07
2001	0.16	0.16	0.14

教育投资回报率的上升是由于制度改革的另一证据来自于上升的时机。教育投资回报率的上升并不是平稳而没有波动的，而是主要集中于两个时期，即1992—1994年和1997—1999年。这两段时期正好与经济自由化的两件重大事件相呼应。1992—1994年这一时期更明显的是强化了经济改革的不可逆转性。在此期间我国经济开始高速发展，非国有部门开始快速扩张。“下海”就是这一时期的流行用语，其字面意思为“跳到海中”，此时用来描述离开国有部门转移到私营部门。1997—1999年的特征是国企重组并由此导致数以百万计的国有企业职工下岗。正如Giles（2006）等所宣称，能找到新工作的那些运气较好的下岗职工中的绝大多数都进入了私有部门。因为技术变革、国际贸易以及FDI的冲击是渐进的，因此教育投资回报率上升的非均匀性，有力地证明了制度改革在其中扮演了一个主要的角色。即使国际贸易与FDI存在实时效应，如图1—2所示，教育投资回报率快速上升的时期与经济全球化的时期也并不互相配合。教育投资回报率、出口占GDP比重以及FDI占净固定资产投资总额比重三个变量随时间的变化趋势正印证了以上论点①。有趣的是，教育投资回报率的上升与经济周期并不吻合，因为1997—1999年中国经济增长相对较为缓慢。

最后，不管如何定义不同群体，所有群体职工的教育投资回报率得到了显著的上升这一结论非常稳健（robust）。因此，教育投资回报率的上升并不是生产结构的转移所导致的，即从国有部门向非国有部门的转移或在不同产业之间的转移②。与此相反，回归分析结果表明深层次的劳动力市场改革提高了在不同所有制和行业内部对技术投资的回报率。虽然技能偏好型技术

① 新古典国际贸易理论认为贸易将导致国家专业化生产其要素相对充裕的商品，因此对于贫穷国家而言国际贸易将降低其教育投资回报率。

② 表1—4显示，即使控制了行业差异之后，在此期间教育投资回报率上升了4.5～4.8个百分点，与此相对照的是没有控制行业差异则上升了6.1～6.2个百分点。

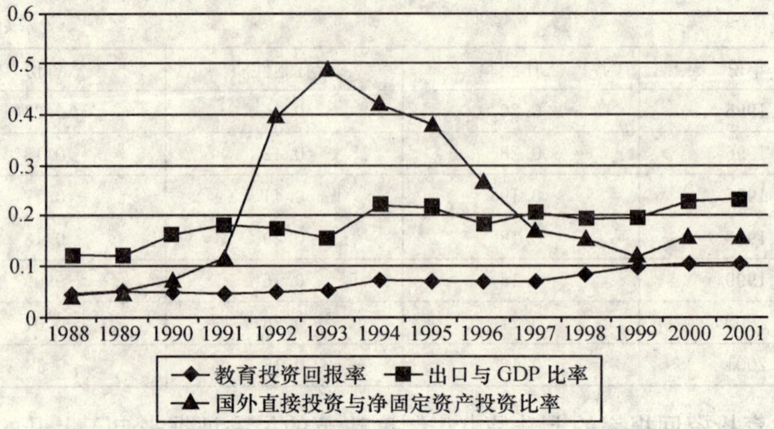

图 1—2　教育投资回报率（schooling returns）、出口与 GDP 比率（Exports/GDP）以及国外直接投资与净固定资产投资比率（FDI/net fixed investment）

资料来源：数据来自《中国对外经济关系和贸易年鉴》（1989—2002）。

变革是一种可能的解释，但是其变革的时机表明并非如此。依所有制性质分类的教育投资回报率变化的特征与国有部门对来自非国有部门的竞争而进行自我改革保持一致，而非仅仅源于计划的变化或者劳动力从计划指令为导向的国有部门转移到以市场为导向的非国有部门。综合以上的实证，我们总结中国教育投资回报率的上升与以市场为导向的生产和需求方面的劳动力分配的经济制度改革密切相关。然而，进一步分析技能偏好型技术变革和经济全球化对中国教育投资回报率上升的研究是必须的。

六、结论与启示

如同其他转型经济体，中国在改革以前高度扭曲了工资结构，但是改革以后经历了教育投资回报率的上升以及收入差距的扩大。这些改变同样发生在中欧和东欧国家转型早期（Svenjar，1999；Rutkowski，2001）。但是在从改革开放以后的十几年的时间内，中国的教育投资回报率以及收入不平等程度仍然保持在较低的水平（Li，2003）。这一过程是与中国的渐进性改革策略保持一致的，而这种策略部分是基于必要的考虑。因为直到 20 世纪 90 年代初期，中国政府仍然保持其对城镇劳动者的政治承诺，即通过国有企业保证城镇劳动者的工作以及福利。遗憾的是，这一政策阻碍了劳动力的流动以及劳动力市场的发展。但是，到了 1992 年前后，政府对国有企业的财政负担难以为继，于是中国采取了更为积极的国企重组政策，同时导致了工人大量下岗。其他重大的变革同样促进了劳动力市场在 90 年代中后期的成长，包括社会福利保障体系的改革、非国有企业的蓬勃发展、劳动力流动以及经济全球化。

我们的研究估计了改革以后（1988—2001 年）较长的时间跨度内教育投资的回报率。研究结果表明在整个 20 世纪 90 年代中国城镇的教育投资回报率得到了急剧和显著的提高。1988 年的教育投资回报率仅为 4.0%，而到 2001 年这一数字上升到了 10.2%（见附表 1—1）。其上升主要发生在两个时期，即 1992—1994 年和 1997—1999 年。其中最突出的工资溢价（wage premium）发生在大学教育程度的劳动者身上。按照性别、工作经验、区域以及工作企业所有制性质划分的组内估计，以及置入各种不同的控制变量之后，回归结果仍然稳健（robustness）。

城镇教育投资回报率的上升显示了中国劳动力市场正面临挑战。而回报率上升的特征表明制度改革在其中所起到的重要作用。因此，整个 20 世纪 90 年代，中国的劳动力市场在提高劳动力配置效率和促进劳动力市场一体化方面取得了显著的进步。教育投资回报率上升的另一重要结果是提供了人力资本投资的激励，由此可以预计中国未来劳动力质量将会上升。运用我们对教育投资回报率估计的结果以及对教育投资成本所做的假设，我们估计当前中国大学文凭的私人内含报酬率为 15%左右[①]。然而，教育投资回报率的上升导致了更大的与人力资本差异相关的收入不平等。本章表明技术工人的相对供给和劳动力组成结构的变化并不能解释可观察到的教育投资回报率的上升。因此，我们认为对技术工人需求的急剧上升与制度改革毫无疑问是其中最为重要的因素。关于其他可能导致教育投资回报率上升的因素需要利用合适的数据进行更详细的研究，以进一步分辨其他因素所起的作用，例如技能偏好型技术的变革以及经济全球化。

① 根据表 1—3，一个受教育程度为大学或大学以上毕业生的收入将比一个高中毕业生高出 37.3%。因为在大学及以上学历的群体中拥有硕士或博士文凭所占的比例非常之少，因此我们假定相对于高中而言，大学的回报率为 35%。然后从我们的样本数据计算出工资的年均增长率为 8.2%，假定每年大学的学费为 5 000 元（目前北京大学本科学生的水平），以及大学毕业以后的工作期限约为 40 年，这样就可以计算出大学教育的内含报酬率为 15%。

附表 1—1　工资（对数形式）方程回归结果（1988—2001 年）

年份	1988	1989	1990	1991	1992	1993	1994	1995	1996	1997	1998	1999	2000	2001
受教育年限	0.0402	0.0463	0.0468	0.0433	0.0472	0.0521	0.0732	0.0672	0.0680	0.0673	0.0813	0.0995	0.1008	0.102
	(0.0018)	(0.0022)	(0.0019)	(0.0020)	(0.0018)	(0.0022)	(0.0026)	(0.0027)	(0.0028)	(0.0030)	(0.0031)	(0.0031)	(0.0035)	(0.0038)
工作经验	0.0471	0.0461	0.0480	0.0422	0.0377	0.0356	0.0301	0.0321	0.0336	0.0332	0.0292	0.0320	0.0241	0.0312
	(0.0018)	(0.0021)	(0.0019)	(0.0020)	(0.0017)	(0.0022)	(0.0024)	(0.0026)	(0.0026)	(0.0027)	(0.0028)	(0.0029)	(0.0031)	(0.0033)
工作经验平方	−0.0007	−0.0006	−0.0007	−0.0006	−0.0005	−0.0005	−0.0004	−0.0004	−0.0005	−0.0005	−0.0003	−0.0004	−0.0003	−0.0004
	(0.0000)	(0.0000)	(0.0000)	(0.0000)	(0.0000)	(0.0000)	(0.0001)	(0.0001)	(0.0001)	(0.0001)	(0.0001)	(0.0001)	(0.0001)	(0.0001)
男性	0.1149	0.1138	0.1094	0.1222	0.1255	0.1396	0.1406	0.1281	0.1443	0.1522	0.1258	0.1208	0.1235	0.1607
	(0.0092)	(0.0116)	(0.0101)	(0.0105)	(0.0093)	(0.0113)	(0.0125)	(0.0126)	(0.0130)	(0.0137)	(0.0140)	(0.0138)	(0.0150)	(0.0164)
北京	0.1476	0.0889	0.1224	0.0217	0.0777	0.1841	0.2656	0.3310	0.4309	0.3569	0.3013	0.3098	0.2764	0.2768
	(0.0188)	(0.0282)	(0.0203)	(0.0245)	(0.0133)	(0.0162)	(0.0193)	(0.0189)	(0.0188)	(0.0199)	(0.0212)	(0.0217)	(0.0212)	(0.0258)
辽宁	0.0521	0.0382	0.0623	−0.0418	−0.0132	−0.0230	−0.0005	0.0480	0.0565	0.0272	0.0038	−0.0265	0.0275	0.0068
	(0.0114)	(0.0153)	(0.0125)	(0.0120)	(0.0106)	(0.0144)	(0.0171)	(0.0161)	(0.0172)	(0.0176)	(0.0187)	(0.0194)	(0.0191)	(0.0239)
浙江	0.1995	0.1611	0.1729	0.1303	0.2294	0.3275	0.4267	0.4883	0.5596	0.5103	0.4476	0.4293	0.4653	0.5314
	(0.0140)	(0.0161)	(0.0140)	(0.0142)	(0.0129)	(0.0167)	(0.0195)	(0.0187)	(0.0192)	(0.0197)	(0.0211)	(0.0221)	(0.0216)	(0.0269)
广东	0.4781	0.4811	0.5621	0.6491	0.7681	0.8236	0.9488	0.9625	1.0374	0.9602	0.9964	1.0246	0.9073	0.9412
	(0.0146)	(0.0166)	(0.0162)	(0.0152)	(0.0158)	(0.0194)	(0.0206)	(0.0200)	(0.0205)	(0.0213)	(0.0216)	(0.0212)	(0.0222)	(0.0266)
陕西	−0.0740	−0.0489	−0.0493	−0.0874	−0.1757	−0.1688	−0.2591	−0.1682	−0.1193	−0.1925	−0.2250	−0.2108	−0.2416	−0.1654
	(0.0144)	(0.0150)	(0.0141)	(0.0137)	(0.0144)	(0.0181)	(0.0214)	(0.0194)	(0.0202)	(0.0214)	(0.0229)	(0.0230)	(0.0245)	(0.0291)
N	6087	5615	6194	6225	7853	7017	6752	6830	6651	6641	6331	6094	6197	5404
R^2	0.4397	0.37	0.4373	0.4861	0.5222	0.4846	0.5178	0.5169	0.5227	0.4864	0.4997	0.5389	0.4591	0.4604

第二章　中国城镇教育投资回报率：基于双胞胎的研究[①]

一、双胞胎数据的优势

自明塞尔以来，教育投资回报率的估计一直都是计量经济学的主要应用领域之一，但是直到最近经济学家才开始运用中国数据对其进行估计。许多基于中国城镇的研究结果表明中国的教育投资回报率在20世纪80年代和90年代都非常低，多接受一年的教育仅提高收入的2%～4%（Byron和Manaloto，1990；Meng和Kidd，1997）。这一结论引起了许多劳动经济学家的关注，其中包括2000年诺贝尔经济学奖得主赫克曼（Heckman），他认为中国过去教育投资回报率低的原因主要在于20世纪八九十年代的中国仍然属于计划经济体制。但是，他们认为在经历了从计划经济到市场经济20多年的转型之后，教育投资回报率应该得到了提高，因为在市场经济中收入在很大程度上由所接受的教育水平决定，以反映个人在教育方面所做的投资（Mincer，1974；Becker，1993）[②]。而最近的数据表明中国的教育投资回报率确实在提高。运用1988—2001年14年重复的横截面数据（目前横跨年度最长的数据），Zhang等（2005）的研究表明中国城镇教育投资回报率从1988年的4%急剧上升到2001年的10%。

尽管支持中国教育投资回报率上升的研究不断增多，但是至今为止没有任何文献能识别其因果关系。对教育投资回报率的普通最小二乘法（OLS）估计并不能证实其因果关系，因为受过良好教育的个人拥有较高收入的原因可能在于其更高的能力或者更好的家庭背景。换句话说，教育可能与未观察到的能力或者家庭背景相关，而这种相关性将导致收入与教育之间的回归为

---

① 本章主要内容基于Junsen Zhang，Hongbin Li，Pak Wai Liu，and Ning Ma. Economic Returns to Communist Party Membership：Evidence from Urban Chinese Twins，Economic Journal，Vol. 117，Issue 523，1504-1520，October 2007.

② 事实上，这一结论导致了那些研究前社会主义国家中制度变革与社会阶层的社会学家之间的激烈争论（Rona-Tas，1994；Bian和Logan，1996；Parish和Michelson，1996；Szelenyi和Kostello，1996；Walder，1996；Xie和Hannum，1996；Gerber和Hout，1998；Zhou，2000）。

伪回归（spurious regression）。由于未观察到的能力变量所导致的内生性（endogenous）问题，中国真实的教育投资回报率仍然难以确定。

因此，本章的首要目标是运用双胞胎数据对教育与收入之间的因果关系进行经验分析，其数据来源于本章的两位作者对中国城镇家庭住户的调查。正如已有文献所论述（Ashenfelter 和 Krueger，1994；Miller 等，1995；Behrman 和 Rosenzweig，1999；Bound 和 Solon，1999；Isacsson，1999）[①]：因为同卵双胞胎（MZ）在基因和家庭背景上具有完全的同一性，因此运用双胞胎（within-twin-pair）的数据在很大程度上能消除未能观察到的能力变量以及家庭背景效应，而正是由于未观察到的能力与家庭背景导致了 OLS 估计出有偏的（biased）教育投资回报率。从直觉上来看，通过在受教育年限不同的双胞胎的收入之间进行比较，我们更有信心说那些可观察到的教育与收入之间的关系不是来源于教育与能力或者家庭背景之间的关系。

我们的经验分析结果表明，通过 OLS 回归所得出的教育对收入影响中的绝大部分来自未能观察到的能力或者家庭背景。OLS 估计结果与其他最近运用中国或者亚洲数据得出的结果大致相同（比如 Psacharopoulos，1992；Heckman 和 Li，2004；Zhang 等，2005），年均教育投资回报率为 8.4%。但是，当我们应用双胞胎固定效应模型估算时，教育投资的回报率就降低至 2.7%。这说明应用 OLS 模型估计出来的回报率中的绝大部分是归因于被忽略的能力变量和家庭背景。换句话说，中国的教育系统主要是充当一个选择机制，把能力较高的个人选择出来而非提供知识或者技能以提高个人收入。这一结论得到了广义最小二乘法（GLS）估计的进一步支持。

采用 Ashenfelter 和 Krueger（1994）、Ashenfelter 和 Rouse（1998）、Bounjour 等（2003）以及 Hertz（2003）等在双胞胎领域的最新方法，我们得以收集了质量很高的数据并且能处理许多双胞胎研究中固有的问题。首先，我们遵循 Ashenfelter 和 Rouse（1998）的相关性检验结果，从数值上而言，家庭平均教育与其他家庭特征变量平均值之间的相关系数均大于双胞胎教育差分与其他变量差分之间的相关系数。这说明与 OLS 模型相比，我们用双胞胎内差分方法估计的教育投资回报率将更少地受到遗漏变量的影响。其次，我们运用了 Ashenfelter 和 Krueger（1994）中工具变量的方法

① 最早在经济学中运用兄弟姐妹数据的尝试可以追溯到 Gorseline（1932）。由于对兄弟姐妹数据感到不满意，当 Behrman 和 Taubman（1976）、Taubman（1976a，1976b）以及 Behrman 等（1977）的研究发表之后，经济学家在 20 世纪 70 年代末期开始运用双胞胎数据。在 Ahenfelter 和 Krueger（1994）和 Behrman 等（1994）之后，双胞胎数据在经济学中的运用重新获得了关注。

处理了可能由教育变量的测量误差而导致的估计偏差。在修正了测量误差之后，估计的教育投资回报率从1%左右上升到3.8%。

运用中国双胞胎数据估计出来的低教育投资回报率和高选择性（或者说能力偏差）与运用其他国家双胞胎数据得出的结果存在着非常显著的差异（比如 Ashenfelter 和 Rouse，1998；Behrman 和 Rosenzweig，1998；Bonjour 等，2003）。因此，本章的第二个目标就是分析中国与众不同的原因。计划经济的一些残余因素也许能在某种程度上对中国的低教育投资回报率做出解释，但是本章从另外一个角度提出了解释。我们认为中国独特的教育体系是低教育投资回报率和高选择性的原因所在。因为，一方面数量巨大的学生希望升入大学，另一方面大学的数量又很有限，因此大学升学的竞争非常激烈。而中国政府的解决方案是通过考试制度，因此只有那些天赋非常高的学生才能在高考中考出足够高的分数来获得进一步读书的机会。所以那些与入学考试联系起来的中等教育，特别是高中已经成为一个非常重要的选择机制。这就是我们 OLS 估计结果中能力偏差如此之高的原因。而且，为了帮助学生准备高考，中国的中等教育特别是高中教育完全是以考试为导向，因此这些教育几乎没有增加学生任何综合知识和工作技能。所以，以考试为导向的高中教育的回报率非常低，同时也降低了全部的教育投资回报率。

为了检验以上假说，我们分别运用 OLS、双胞胎模型以及工具变量法（IV）对不同教育水平的投资回报率进行估计。从直觉上可以认为，以考试为导向的高中教育应该在所有的教育水平中具有最低的投资回报率，而最终的文平，比如说职业教育或者大学教育应该具有最高的回报率。有趣的是，这一假设在本章中得到了印证。我们的研究表明高中教育的投资回报率非常低，几乎为零，而大学教育的投资回报率却非常高。根据我们的估计，在控制了被忽略的能力变量或者家庭背景之后，大学毕业生的收入超过没有进入大学者40%。这一发现表明除非能进一步完成大学教育，否则高中教育几乎不能获得回报。而且，虽然高中教育的投资回报率为零，但是职业教育的投资回报率却很高，达到了22%，也就是说年均职业教育的投资回报率为7.3%。

运用双胞胎数据来控制被忽略的能力变量这一想法出现之后马上激起了劳动经济学家的强烈兴趣，但是当许多运用双胞胎数据获得的研究结果表明 OLS 估计与控制了能力变量之后的双胞胎模型估计之间不存在很大差异之后，这一方法的应用性不断下降。事实上，这种较微弱的差异性与数据来源于西方发达国家有关，因为在这些国家中教育并不具有很强的选择性。然而，亚洲国家和地区，特别是东亚的国家和地区，比如日本、韩国、中国台湾、中国香港和中国内地的教育体系都具有相似的特征，即具有极其严格的大学入学考试制度。因此可以理解，这些国家和地区的高中教育在很大程度上将重点放在应试技巧之上，因此与西方发达国家相比这些国家和地区的教育体系更具有选择性。从这一点上看，在这些国家和地区中的双胞胎研究比西方发达国家更为重要，因为其能在很大程度上将选择性效应从真实的教育投资回报率中剔除。我们的研究同时也是发展中国家中第一批运用双胞胎数据的研究之一。在发展中国家的双胞胎研究可能更为重要，因为在这些国家中流动性限制和家庭背景可能是决定教育和收入更为重要的因素，因此被忽略变量所导致的偏差更大。

了解真实教育投资回报率对中国而言也是极其重要的。因为中国正在经历从计划经济到市场经济的转型，在这一转型过程中中国政府必须改革其所有的经济部门，包括工业、银行、医疗系统以及教育。在给定有限资源的条件下，政府必须对其支出项目的优先次序做出计划。我们的研究结果表明中国年均教育的投资回报率仅在3.8%左右，这一数字远远低于物质资本的投资回报率。同时我们发现高中教育的投资回报率几乎为零，而从年均教育投资回报率来看，职业教育与大学教育的回报率都很高。因此，减少一年的高中教育，而将节省的资源应用于其他教育水平上可能将提高整个经济的效率。

本章的其余部分安排如下：第二目介绍基于双胞胎数据的估计方法；第三目对数据和变量展开统计性描述；第四目从经验上估计教育的投资回报率；第五目解释较低的教育投资回报率与较高的选择性的原因；最后在第六目总结本章主要的实证结果并提出了相应的政策建议。

二、双胞胎数据的估计方法

我们的经验分析集中于对如下半对数形式收入方程的估计：

$$y_i = X_i\alpha + Z_i\beta + \mu_i + \varepsilon_i \qquad (2—1)$$

其中 i 为个人各种未知数的下标，y_i 为收入的对数形式，X_i 为可以观察到的家庭变量，Z_i 为可以观察到的影响个人收入的特征变量，其中包括教育、年龄、年龄平方、性别、婚姻状况以及工作经验。μ_i 表示一系列同样影响收入的不能观察到的变量，也就是代表能力或者家庭背景效应。ε_i 为干扰项，其独立于 Z_i 和 X_i。

一般说来，应用OLS模型估计式（2—2）中教育的效应，β 是有偏的。因为在通常情况下，我们都无法完全衡量 μ_i，而 μ_i 很可能与 Z_i 相关。所以从直觉上看，即使这些职工在其他所有可观察的变量之间都相同，在横截面数据中对不同教育水平职工的收入进行比较并不能识别教育的效应。这是因为接受不同教育水平的职工在其他不可观察的变量之间可能存在着差异，而这些变量同时影响收入。正如在引言中所论及，接受过良好教育的人可能具有更高的能力，更强的自我激励意识或者更好的家庭背景，如果这些因素没有完全体现在回归方程中，那么 OLS 的估计结果将把这些因素的效应也包括在内。因此，很难判断教育与收入之间的经验联系在多大程度上是教育的原因，以及在多大程度上是由那些既影响教育又影响收入的未观察到的变量所导致的。由被忽略变量所导致的偏差的大小决定于$\frac{cov(Z_i, \mu_i)}{var(Z_i)}$，其反映了样本中未观察到的 μ_i 与可观察到的 Z_i 之间的关系，其中 Z_i 包括教育变量。

许多方法都可以用来处理由被忽略变量所导致的偏差的问题。第一种方法是寻求合适的变量用来衡量能力、家庭背景以及其他类似的因素。这种方法不可避免的问题是对衡量能力或者家庭因素的变量难以穷尽。然而，我们的数据中包含了非常广泛的变量可以用来尽可能地降低遗漏变量所带来的偏差。

处理被忽略变量问题的第二种方法是应用基于双胞胎数据的固定效应模型。因为同卵双胞胎具有相同的基因与相似的家庭背景，所以他们应该有相同的 μ_i。因此，双胞胎之间的差分就已经消除了未被观察到的能力或者家庭背景因素 μ_i，而正是因为 μ_i 导致了 OLS 回归的偏差。所以，将拥有不同教育水平的双胞胎之间进行收入比较，我们就能保证在可以观察到的教育与收入之间的关系并不是由于教育与能力或者家庭背景之间的关系所导致的。

固定效应模型可以设定如下。首先，一对双胞胎的收入方程为：

$$y_{1i} = X_i\alpha + Z_{1i}\beta + \mu_i + \varepsilon_{1i} \quad (2—2)$$

$$y_{2i} = X_i\alpha + Z_{2i}\beta + \mu_i + \varepsilon_{2i} \quad (2—3)$$

其中 y_{ji}（$j=1, 2$）为双胞胎收入的对数形式，X_i 为一系列家庭背景变量，在不同家庭之间存在差异，但是在双胞胎之间是相同。Z_{ji}（$j=1, 2$）是一组在双胞胎之间不同的变量。

双胞胎内部固定效应模型中的估计值——β，是建立在式（2—2）与式（2—3）一阶差分的基础之上：

$$y_{1i} - y_{2i} = (Z_{1i} - Z_{2i})\beta + \varepsilon_{1i} - \varepsilon_{2i} \quad (2—4)$$

一阶差分消减了可观察到的以及不可观察到的家庭效应，X_i 和 μ_i。既然 μ_i 已经移除，那么我们可以应用 OLS 模型来估计式（2—4）而不必担心被忽略变量和家庭背景因素所导致的偏差问题。

处理被忽略变量所导致偏差的第三种方法是应用 Ashenfelter 和 Krueger（1994）提出的同时直接估计偏差和教育效应的方法。这一方法同样基于同卵双胞胎数据。在这种方法中，未能观察到的家庭效应与能观察到的变量之间的相关性由以下方程给出：

$$\mu_i = Z_{1i}\gamma + Z_{2i}\gamma + X_i\delta + \omega_i \tag{2—5}$$

这里我们假定家庭效应 μ_i 与双胞胎的特征变量 Z_{ji}（$j=1$，2）之间的相关性相同，并且 ω_i 与 Z_{ji}（$j=1$，2）之间不存在相关性。所以系数向量 γ 估计了与家庭效应和个人特征变量（包括了教育）相关的选择性。

将式（2—5）代入式（2—2）和式（2—3），合并同类项之后我们可以得到式（2—2）和式（2—3）的简化形式：

$$y_{1i} = X_i(\alpha + \delta) + Z_{1i}\beta_2 + (Z_{1i} + Z_{2i})\gamma + \varepsilon'_{1i} \tag{2—6}$$

$$y_{2i} = X_i(\alpha + \delta) + Z_{2i}\beta_2 + (Z_{1i} + Z_{2i})\gamma + \varepsilon'_{2i} \tag{2—7}$$

其中 $\varepsilon'_{ji} = \omega_i + \varepsilon_{ji}$，（$j=1$，2）。式（2—6）和式（2—7）的估计应用广义最小二乘法（GLS），GLS 是在允许对交叉方程的系数施加限制时的最优估计量。固定效应模型和 GLS 模型均可以控制能力，并估计出无偏的教育效应 β，同时 GLS 模型还可以估计出选择效应 γ。

三、数据

本章数据来源于国家统计局城市经济社会调查大队于 2002 年在中国 5 个城市所做的双胞胎调查，其中香港研究资助局对此项调查提供了资金支持。以美国和世界其他地方已有的双胞胎问卷为基础，此次调查包含了非常广泛的经济和社会信息。本调查的设计者为本章的两位作者，此外咨询了 Mark Rosenzweig 和统计局的两位专家。地方统计局通过多种渠道以寻找 18～65 岁的成年双胞胎，这些渠道包括同事、朋友、亲戚、报纸广告、社区通告、街道办事处以及地方民政局提供的户口信息。总而言之，以上所有渠道大致已经覆盖了 5 个城市中所有的双胞胎，因此这一双胞胎样本具有非常高的代表性（本章应用的双胞胎估计方法控制了任何未能观察到的特征变量的影响，而这些特征变量可能导致了调查样本中的选择性偏误）。调查工作是在一种非常严谨和细致的态度下采取面对面的直接采访方式，许多实地调查都经过了张俊森教授和统计局专家的重新复查。在经过与 Mark Rosenzweig 和其他专家的详细讨论之后，该数据于 2002 年 7—8 月在张俊森教授的直接指导和监督之下进行整理和数据输入。

该数据是中国，也许是亚洲第一套经济社会的双胞胎数据，包括了被调查者非常广泛的经济和社会信息。覆盖了成都、重庆、哈尔滨、合肥和武汉 5 个城市。在总计有 4 683 个观察值当中有 3 012 个来自双胞胎家庭。在双胞胎样本当中，我们区分了同卵双胞胎和非同卵双胞胎。如果双胞胎之间具有几乎一样的头发颜色、外貌、性别和年龄等特征，我们就将其视为同卵双胞胎。我们共回收了有效问卷 3 002 份，其中 2 996 份为双胞胎，6 份为三胞胎。在这 3 002 个人当中，我们确认了 914 对（1 828 个）同卵双胞胎。调查信息既包括同卵双胞胎中两个人的收入、教育和其他变量，也包括其他 488 对（976 个）双胞胎的信息。

为了便于比较，以上 5 个城市中的非双胞胎数据来自于城调队每月的常规住户调查。中国城镇常规住户调查始于 20 世纪 80 年代，其最初的样本是随机的，具有很好的代表性，并且努力使得以后的调查样本具有良好的抽样特征。但是，随着时间的推移这些样本的代表性不断下降。特别是由于年轻人拒绝调查的比率不断上升，抽样对象逐渐偏向了老年人。非双胞胎的抽样调查与双胞胎的抽样调查同时进行，并采用了同样一套问卷。表 2—1 第 4 列报告了非双胞胎样本的统计性特征。

表 2—1　　　　双胞胎样本与非双胞胎样本的统计性描述

变　量	同卵双胞胎	全部双胞胎	非双胞胎	NBS 样本
教育（受教育年限）（年）	12.22	12.16	11.73	11.62
	(2.89)	(2.91)	(3.07)	(2.83)
高中教育虚拟变量	0.27	0.25	0.30	—
	(0.44)	(0.43)	(0.46)	—
职业教育虚拟变量	0.34	0.35	0.32	—
	(0.47)	(0.48)	(0.47)	—
大学教育虚拟变量	0.13	0.12	0.10	—
	(0.33)	(0.33)	(0.30)	—
年龄（岁）	34.78	33.77	43.27	40.80
	(9.64)	(9.22)	(8.42)	(11.98)
性别（男性）	0.60	0.59	0.48	0.55
	(0.49)	(0.49)	(0.50)	(0.50)
婚姻状况	0.66	0.64	0.94	—
	(0.47)	(0.48)	(0.24)	—
工作经验（16 岁之后全职工作年限）（年）	15.03	14.03	21.70	18.45
	(9.93)	(9.50)	(9.05)	(12.94)
收入（包括月工资、奖金和收入）（元）	887.85	872.52	845.84	1 062.92
	(517.91)	(546.00)	(549.08)	(840.09)
配偶教育年限（年）	11.64	11.69	11.49	—
	(3.11)	(3.08)	(3.49)	—
样本数（份）	976	1 620	1 277	23 288

注：表中报告了均值与标准差（括号内）。同卵样本仅限于双胞胎中每一个人都有关于收入、年龄、性别、教育年限、工作经验以及婚姻状况全部信息的双胞胎（488 对）。NBS 样本是基于国家统计局在 6 个省份所做的大范围常规调查。

虽然我们的双胞胎估计方法控制了可能的样本选择性问题，但在进行具体分析时，我们将运用其他数据与同卵双胞胎样本进行比较，这样更有助于我们对教育投资回报率的分析。为了便于比较，我们同样使用了国家统计局城调队所进行的更大范围内调查数据的一些基础统计指标作为比较基准(NBS样本)，其结果报告在表2—1第5列[①]。从表2—1第2列中可以看出，同卵双胞胎样本中男性占60%，其平均年龄为35岁，平均受教育年限为12年，配偶的平均受教育年限也为12年。同卵双胞胎的平均工作经验为15年，月平均收入为888元，其中包括工资、奖金和各种补贴。因为MZ双胞胎样本中的平均年龄低于NBS样本中的平均年龄，所以其平均收入低于NBS样本中的平均收入。另外，非双胞胎样本（第4列）的平均年龄比NBS样本和双胞胎样本中的平均年龄都高。

为了保证应用双胞胎模型对教育投资回报率估计的质量，双胞胎之间教育的差异应该足够大。我们样本中双胞胎之间教育差异的确很大。仅仅53%的双胞胎拥有相同的教育年限，另外13%存在一年的差异，10%存在两年的差异，24%存在两年以上的差异。这些统计数据表明双胞胎之间存在足够大的差异以保证回归的质量。

四、教育的投资回报率

本章报告了运用不同方法与不同数据估计的教育投资回报率。首先，我们应用OLS模型对全部样本进行回归，包括双胞胎样本与非双胞胎样本。其次，我们应用同样的OLS模型对同卵双胞胎样本进行回归，并将基于两个不同样本的回归系数进行比较。这种比较可以用来检验同卵双胞胎样本的代表性。最后，我们运用双胞胎固定效应模型和GLS模型对双胞胎样本进行回归分析，然后再检验固定效应模型中可能的偏差和测量误差问题。

（一）全部样本的OLS回归

表2—2中的第2、第3列报告了运用OLS模型对包括了双胞胎和非双胞胎的全部样本进行回归的结果。因变量为收入的对数形式，t的计算基于稳健性标准误差。第2列报告了一个简单回归的结果，包括教育、年龄、年龄平方、性别以及城市虚拟变量作为自变量。这一简单回归表明了教育投资的回报率相当之高。多接受一年教育将提高个人收入6.7%，并且回归系数相当显著，其t值为16.71。年龄前面的系数为正，年龄平方前面的系数为负，这两个系数都在10%水平上。收入在55岁以前随着年龄的增长而增

① NBS自1986年之后每年都对226个市（县）进行抽样调查。该项调查为此类调查中规模最大的调查。

表 2—2　中国城镇双胞胎样本与非双胞胎样本教育投资回报率的普通最小二乘法（OLS）估计与固定效应模型（FE）估计（因变量：收入的对数）

样本模型	混合样本 OLS		双胞胎样本 OLS		双胞胎样本 FE		双胞胎样本 GLS	
	(1)	(2)	(3)	(4)	(5)	(6)	(7)	(8)
个人教育年限	0.067***	0.067***	0.082***	0.084***	0.025*	0.027*	0.025**	0.027**
	(16.71)	(16.91)	(13.85)	(14.14)	(1.68)	(1.87)	(2.06)	(2.22)
双胞胎教育年限之和							0.033***	0.033***
							(4.70)	(4.66)
年龄	0.023**	0.011	0.041***	0.036*			0.039***	0.033**
	(2.49)	(0.89)	(2.60)	(1.88)			(2.71)	(2.00)
年龄平方	−0.020*	−0.023*	−0.045**	−0.052**			−0.040**	−0.047**
	(1.68)	(1.67)	(1.99)	(2.13)			(2.04)	(2.26)
性别（男性）	0.217***	0.210***	0.205***	0.202***			0.206***	0.204***
	(9.05)	(8.72)	(5.32)	(5.25)			(5.36)	(5.30)
婚姻状况		−0.033		−0.027		−0.043		−0.025
		(0.75)		(0.53)		(0.83)		(0.58)
工作经验		0.016***		0.011*		0.015		0.012**
		(4.77)		(1.86)		(1.52)		(2.09)
双胞胎（对）					488	488	488	488
样本数	2 255	2 253	976	976	976	976	976	976
R-square	0.17	0.18	0.22	0.23	0.01	0.02		

注：所有的 OLS 回归中包括了城市虚拟变量。括号中为稳健性 t 值；*显著性水平 10%，**显著性水平 5%，***显著性水平 1%。

长，在此之后随着年龄的增长而下降。最后，在中国城镇不同性别之间的收入存在着很大的差距，其中男性的收入平均高于女性 21.7%。

在第 3 列中我们加入了婚姻状况和工作经验两个变量之后，估计出来的教育回报率几乎没有任何变化，这表明忽略这两个变量并不会导致教育投资回报率估计的偏差。另外，在这个样本中我们并没有发现结婚将提高个人的收入，因为婚姻虚拟变量前的系数在标准的显著性水平方面并不显著。最后，工作经验对收入存在正效应，增加一年的工作经验将提高收入的 1.6%。

（二）同卵双胞胎样本的 OLS 回归

这一目报告了应用 OLS 对同卵双胞胎样本回归的结果。通过对全部样本的 OLS 回归结果与同卵双胞胎样本的 OLS 回归进行比较，我们可以检验运用不同样本估计出来的系数的稳健性。因为如果我们仅使用同卵双胞胎样本，样本观测值的数量将降低至 976 个（488 对）。

表 2—2 第 3、第 4 列报告的回归结果表明基于同卵双胞胎样本的教育投资回报率高于全部样本。第 3 列中应用简单回归得出的教育投资回报率为 8.2%，而在第 5 列中包括了其他控制变量之后，回归系数变得更大了①。因此，在基于相同的 OLS 模型的情况下，应用双胞胎样本估计出来的教育投资回报率高于应用全部样本估计出来结果的 1.5%～1.7%。而估计出来的其他大多数系数在两个样本之间基本相同。

总而言之，即使在控制了许多变量之后，OLS 估计的教育投资回报率仍然非常之高，第 5 列表明教育对收入的效应为 0.084。但是，我们仍然不知道这一效应中有多大比例是真正的教育投资回报率，多大比例是源自未能观察到的能力或者家庭因素。因此，我们在下一目中应用双胞胎方法与 GLS 模型来消除未能观察到的变量以求得真正的教育投资回报率。

（三）双胞胎固定效应与 GLS 估计

表 2—2 第 5、第 6 列报告了应用方程（2—4），即双胞胎固定效应模型估计的结果。因为同卵双胞胎是相同的年龄与性别，所以在差分之后这两个变量被移除。双胞胎固定效应方法估计的结果表明 OLS 估计出来的教育投资回报中的很大部分是来自未能观察到的能力或家庭变量。就第 6 列来说，教育的效应为 0.027，仅占基于同一样本应用 OLS 模型估计出来的效应的 1/3 左右。这说明 OLS 估计出来的教育投资回报率中的 2/3 是由未能观察到的能力或家庭因素所致。另外，在双胞胎估计中，其他控制变量都不显著。

然后，我们应用 GLS 模型估计了式（2—6）和式（2—7），这一方法能同时估计教育的投资回报率以及能力或家庭的效应。表 1—2 中最后两列报告了 GLS 估计的结果，其中同样包括了在 OLS 估计中的控制变量。除了个人的教育年限，我们同样将双胞胎的教育年限之和作为自变量。这一新变量的系数就是估计出来的能力或者家庭效应，即式（2—6）和式（2—7）中的 γ。GLS 模型的估计是通过叠加式（2—6）和式（2—7），然后运用 SURE 模型来拟合这一方程。

GLS 模型估计结果同样表明教育投资回报率非常小，但是被忽略的能力或者家庭效应却非常大。个人教育年限的系数仅为 0.025～0.027，这一数值与双胞胎固定效应估计出来的结果几乎完全一样。而估计出来的家庭效应，即双胞胎的教育年限之和的系数，却大于教育投资回报率，并且显著异

① 第 3、第 4 列报告的回归结果非常接近于运用 NBS 样本的回归结果（Zhang 等，2006）。

于零。

在接下来的两目中，我们将对双胞胎估计出来的结果进行一系列的敏感性检验。如同传统的 OLS 模型，双胞胎模型也可能存在由被忽略变量与测量误差所导致的偏误。

（四）双胞胎估计的潜在偏差

Bound 和 Solon（1999）研究了双胞胎中某个人接受更长教育的内生决定的问题，他们认为基于双胞胎数据的估计方法也容易产生与影响传统横截面估计相同的偏差。双胞胎估计模型主要的问题是其能否比 OLS 估计产生更小的偏误，进而确定其是否是一种更好的估计方法（Bound 和 Solon，1999；Neumark，1999）。他们指出，对双胞胎之间进行差分虽然可以排除基因的影响，即将 μ_i 从式（2—4）中移除，但是差分之后仍然可能反映了能力的偏差，因为能力并不仅仅包括基因。换句话说，双胞胎固定效应模型也许不能完全消除传统横截面估计中的偏差，因为双胞胎之间的能力差异仍然保留在式（2—4）的 $\varepsilon_{1i}-\varepsilon_{2i}$ 当中，而 $\varepsilon_{1i}-\varepsilon_{2i}$ 可能与 $Z_{1i}-Z_{2i}$ 相关。

虽然双胞胎估计不能完全消除 OLS 估计中的偏差，但是可以降低教育投资回报率估计的上限。Ashenfelter 和 Rouse（1998）、Bound 和 Solon（1999）以及 Neuman（1999）在最近的文献中对 OLS 估计与双胞胎固定效应估计的偏误展开了激烈的争论。请注意 OLS 估计产生的偏误依赖于可能同样影响收入而未能观察到的能力变量的方差占教育变量方差的比例，即 $\frac{cov(Z_i,\ \mu_i+\varepsilon_i)}{var(Z_i)}$。相似的，固定效应估计产生的偏误依赖于可能同样影响收入的双胞胎之间未能观察到的能力变量的方差占双胞胎之间教育变量的方差的比例，即 $\frac{cov(\Delta Z_i,\ \Delta\mu_i+\Delta\varepsilon_i)}{var(\Delta Z_i)}$。如果我们认为在横截面和双胞胎回归中教育与残差项之间都存在正相关性，并且家庭内部的内生变异小于家庭之间的内生变异，那么固定效应模型比 OLS 模型估计可产生更小的偏误。因为，即使双胞胎回归同样存在能力偏差，双胞胎固定效应模型的回归结果仍然可以被视为教育投资回报率的上限（如果能力与教育之间为正相关）。在这种情况下，我们相信双胞胎估计降低了教育投资回报率的上限。

遵循 Ashenfelter 和 Rouse（1998），我们展开了许多相关性分析以检查双胞胎固定效应模型估计是否比 OLS 估计产生更少的偏误。我们应用家庭中双胞胎受教育的平均年限与家庭其他可能和能力相关的特征变量（如婚姻状况、配偶的教育、中国共产党党员身份、是否在外资企业工作以及工作年限等）的平均值之间的相关系数来表示横截面 OLS 回归结果中期望的能力偏差。然后我们再应用双胞胎之间受教育年限之差与双胞胎之间其他特征变量之差的相关系数来表示双胞胎回归结果中期望的能力偏差。如果在横截面情况下的相关系数大于在双胞胎情况下的相关系数，那么我们认为横截面回归中的能力偏误大于双胞胎回归中的能力偏误。

表2—3中报告的相关性检验结果表明双胞胎估计的教育投资回报率比OLS估计较少地受到被忽略变量的影响。从表中我们可以发现所有变量在家庭之间的相关程度均大于在双胞胎之间的相关程度。比如说，家庭平均教育年限与配偶的平均教育年限之间的相关系数为0.62（第3行第4列），这表明平均教育年限更高的家庭中的双胞胎将与教育年限更高的个人结婚。这一点与配偶教育水平反映了个人能力和家庭背景的假设相一致。而双胞胎教育年限之差与其配偶教育年限之差的相关系数仅为家庭之间相关系数的1/4。这说明就配偶的教育水平反映其能力而言，双胞胎教育年限之差比家庭的平均教育年限更少地受到能力偏差的影响。但是，双胞胎之间的相关性仍然在统计上是显著的，并且就数值而言也比较大，因此双胞胎之间的差分并不能完全消除教育中的能力偏差。所以，双胞胎估计可能仅是为教育投资回报率的估计提供了一个上限。教育变量和其他变量之间的相关分析同样表明了双胞胎估计较少地受到能力偏差的影响。当然，这些特征变量并不能完全代表能力，但是其分析结果却具有相当提示性。

表2—3　家庭之间与双胞胎之间的教育与其他变量之间的相关性（488对双胞胎）

家庭之间的相关系数		双胞胎之间的相关系数	
	教育		Δ教育
婚姻状况	−0.1445*** (<0.01)	Δ婚姻状况	−0.0173 (0.70)
配偶教育	0.6172*** (<0.01)	Δ配偶教育	0.1518** (0.02)
党员身份	0.2571*** (<0.01)	Δ党员身份	0.1166** (0.02)
外企工作虚拟变量	0.0904* (0.06)	Δ外企工作虚拟变量	0.0214 (0.66)
工作经验	−0.2614*** (<0.01)	Δ工作经验	−0.1253*** (0.01)

注：括号中为显著性水平，*显著性水平10%，**显著性水平5%，***显著性水平1%。家庭之间的相关性为家庭平均教育年限（即双胞胎的平均教育年限）与家庭其他特征变量的平均值之间的相关系数；双胞胎之间的相关性为双胞胎受教育年限之差与其他双胞胎其他特征变量之差的相关系数。

（五）测量误差

另一个需要处理的问题是测量误差。众所周知，衡量教育年限时的测量误差通常将导致对教育投资回报率的低估，而固定效应估计结果放大了此种测量误差所导致的偏误（Woodridge，2002）。解决测量误差所导致的偏误问题的其中一种方法是应用工具变量法（IV）。本章遵循 Ashenfelter 和 Krueger（1994）所创新的方法以获得合适的工具变量。具体地说，在调查中我们要求双胞胎不仅报告自己的受教育年限，同时也报告另一个双胞胎的受教育年限。在自我报告的教育年限出现测量误差的情况下，交叉报告的教育年限可以作为一个潜在的工具变量。因为交叉报告的教育年限应该与另一个人的真实教育年限相关，但是与自我报告的教育年限中所包含的任何测量误差无关。

遵循 Ashenfelter 和 Krueger（1994），工具变量法的具体操作程序如下。记 Z_j^k 为双胞胎的其中一个 k 报告另一个 j 的受教育年限，然后我们可以得到双胞胎之间教育年限差异的四种不同的表达方式：

$$\Delta Z' = Z_1^1 - Z_2^2 \qquad (2—8)$$

$$\Delta Z'' = Z_1^2 - Z_2^1 \qquad (2—9)$$

$$\Delta Z''' = Z_1^1 - Z_2^1 \qquad (2—10)$$

$$\Delta Z^{**} = Z_1^2 - Z_2^2 \qquad (2—11)$$

如果假定为通常测量误差，即以上报告的每一个教育年限的测量误差与其他变量的测量误差不相关，那么我们可以通过把 $\Delta Z''$ 作为 $\Delta Z'$ 的工具变量来拟合：

$$\Delta y_i = \Delta Z_i{}'\beta + \Delta\varepsilon_i{}' \qquad (2—12)$$

即使在出现通常情况下的家庭测量误差，这一方法仍然是有效的，因为在 $\Delta Z'$ 和 $\Delta Z''$ 当中家庭效应都已经被消除了。这种工具变量法称之为 IVFE—1。

表 2—4 第 1、第 2 列报告式（2—11）的 IVFE－1 估计结果表明测量误差导致了表 2—3 第 5、第 6 列中固定效应模型估计结果向下偏误，这一点与其他研究保持一致。IVFE－1 估计出来的教育投资回报率提高了 22%（从固定效应模型中的 0.027 上升到了 IVFE－1 模型中的 0.33），这表明双胞胎受教育年限差异的变化中的很大部分是源自测量误差。换句话说，标准的固定效应模型估计结果在很大程度上低估了教育的投资回报率。

但是，如果 $\Delta Z'$ 与 $\Delta Z''$ 包含的测量误差相关，那么 IVFE－1 估计出来的结果也是有偏差的。如果在报告教育水平时存在个人测量误差，那么 Z_1^1 与 Z_2^1 当中包含相同的报告误差。因此，$\Delta Z'$ 与 $\Delta Z''$ 中的残差项存在相关性，那么 $\Delta Z''$ 就可能不是 $\Delta Z'$ 的一个合适的工具变量。

表 2—4　中国城镇教育投资回报率工具变量固定效应模型（IVFE）

估计因变量：收入对数

	IVFE—1（$\Delta Z''$作为 IV）		IVFE—2（ΔZ^{**} 作为 IV）	
	(1)	(2)	(3)	(4)
教育（$\Delta Z'$）	0.032*	0.033*		
	(1.65)	(1.77)		
教育（ΔZ^*）			0.036**	0.038**
			(1.99)	(2.14)
婚姻状况		−0.043		−0.048
		(0.81)		(0.91)
工作经验		0.016		0.016
		(1.60)		(1.59)
双胞胎（对）	488	488	488	488
样本数	976	976	976	976

注：$\Delta Z'$是双胞胎当中第一个自我报告的教育年限与第二个自我报告的教育年限之差。$\Delta Z''$是双胞胎当中第二个报告第一个教育年限与第一个报告第二个教育年限之差。ΔZ^*（ΔZ^{**}）是第一个（第二个）报告的自己的教育年限与其报告的另外一个教育年限之差。括号中为稳健性 t 值；*显著性水平 10%，**显著性水平 5%，***显著性水平 1%。

在讨论下一个工具变量之前，让我们先分析一下教育变量之间的相关性以及教育变量与收入之间的相关性，其结果报告在表 2—5。为了便于分析，我们使用了与 Ashenfelter 和 Krueger（1994）相同的相关性分析作为基准。有趣的是，我们样本中相关性分析的结果与 Ashenfelter 和 Krueger（1994）的结果非常相似。首先，在我们样本当中双胞胎的不同个人报告同一个人的教育水平之间的相关系数，即 cov（Z_1^1，Z_2^1）与 cov（Z_2^2，Z_2^1），分别为 0.932 和 0.923，而 Ashenfelter 和 Krueger（1994）一文中的结果分别为 0.920 和 0.877。这种很高的相关系数说明在我们样本当中交叉报告的教育年限可以作为自我报告教育年限很好的工具变量。其次，双胞胎当中同一个人报告自己的教育年限与另一个人的教育年限之间的相关系数，即 cov（Z_1^1，Z_2^1）与 cov（Z_2^2，Z_1^2），分别为 0.739 和 0.720，而 Ashenfelter 和 Krueger（1994）一文中对应的系数值分别为 0.700 和 0.697。这两个相关系数说明我们的样本可能出现了较为严重的相关测量误差问题。

这种相关测量误差（correlated measurement error）问题促使我们寻找更好的工具变量使其在出现相关测量误差时仍然有效。为了在估计过程中消除测量误差中的个体性因素，最好是应用式（2—9）和式（2—10）当中所定义的教育年限之差，即双胞胎中两个人分别交叉报告的教育年限之间的差

表 2—5　　　　　　　　收入与教育之间的相关分析

变量	Y_1	Y_2	Z_1^1	Z_1^2	Z_2^2	Z_2^1	E_F^1	E_F^2	E_M^1	E_M^2
Y_1	1.000									
Y_2	0.506	1.000								
Z_1^1	0.388	0.375	1.000							
Z_1^2	0.397	0.373	0.932	1.000						
Z_2^2	0.366	0.417	0.758	0.720	1.000					
Z_2^1	0.359	0.401	0.739	0.699	0.923	1.000				
(E_F^1)	0.140	0.159	0.322	0.327	0.394	0.397	1.000			
(E_F^2)	0.128	0.158	0.315	0.323	0.394	0.396	0.979	1.000		
(E_M^1)	0.152	0.120	0.278	0.296	0.341	0.345	0.554	0.539	1.000	
(E_M^2)	0.141	0.113	0.278	0.275	0.348	0.346	0.540	0.525	0.986	1.000

注：Y_1 和 Y_2 分别表示双胞胎中第一个与第二个的月工资率；$Z_j{}^k$ 表示双胞胎当中 k 报告 j 的教育年限，其中 $k=1$，2；$j=1$，2。E_F^k（$k=1$，2）表示 k 报告的父亲的教育水平，E_M^k（$k=1$，2）表示 k 报告的母亲的教育水平。

异。一个人报告对方的教育年限作为对方自己报告教育水平的工具变量。具体地说，我们运用 ΔZ^{**} 作为 Z^* 的工具变量来估计如下方程：

$$\Delta y_i = \Delta Z_i^* \beta + \Delta \varepsilon_i \qquad (2—13)$$

在允许出现相关测量误差的情况下估计的 IVFE 模型，我们称之为 IVFE－2，其估计结果报告在表 2—5 的最后两列当中。这一新估计出来的教育投资回报率为 3.6%～3.8%，高于 IVFE－1 估计出来的结果 15%。与 Ashenfelter 和 Krueger（1994）所运用的样本相似，既然我们的样本当中也存在着相关测量误差，IVFE－2 模型应该是估计教育投资回报率最好的模型。

五、中国的不同之处

如果将我们估计的结果与其他文献中运用来自不同国家的数据（主要是来自发达西方国家）估计的结果相比，可以发现许多不同之处。首先注意到的是我们估计出来的毛教育投资回报率（raw return of education），即 OLS 估计出来的 8.4%（表 2—2 第 4 列）与其他文献中估计出来的结果非常近似（表 2—6 第 3 列）。但是，我们应用双胞胎方法估计出来的结果仅为 2.7%，远远低于其他研究中的估计值。而且我们样本中估计出来的能力偏差，即 5.7%，也远远高于其他研究中发现的能力偏差。这些结果表明在中国样本中估计出来的毛教育投资回报率中的很大一部分实际是源于能力偏差，这一点与从其他国家数据分析中得出的结论大相径庭。

表 2—6　运用不同国家双胞胎样本数据估计的年教育投资回报率

文献	数据样本	OLS (A)	FE (B)	被忽略变量偏差 (C=A−B)	IVFE (D)
Taubman (1976a)	美国退伍白人 NAS-NRC 双胞胎样本	0.079	0.027	0.052	—
Ashenfelter and Krueger (1994)	美国 Twinsburg 样本	0.084	0.092	−0.008	0.129
Behrman et al. (1994)	美国 NAS-NRC 双胞胎样本与明尼苏达州双胞胎样本	—	0.035	—	0.050
Miller et al. (1995)	澳大利亚双胞胎样本	0.064	0.025	0.039	0.048
Behrman et al. (1996)	美国明尼苏达州男性双胞胎样本	—	0.075	—	—
Ashenfelter and Rouse (1998)	美国 Twinsburg 样本	0.110	0.070	0.040	0.088
Behrman and Rosenzweig (1999)	美国明尼苏达州双胞胎样本	—	—	—	0.104
Rouse (1999)	美国 Twinsburg 样本	0.105	0.075	0.030	0.110
Isacsson (1999)	瑞典双胞胎样本	0.049	0.023	0.026	0.024
Bonjour et al. (2003)	英国伦敦 St.，Thomas 医院双胞胎研究中心样本（仅限女性）	0.077	0.039	0.038	0.077
本章	中国城镇双胞胎调查	0.084	0.027	0.057	0.038

为了探知中国真实教育投资回报率如此之低而能力偏差如此之高，以及中国与众不同的原因，我们需要了解中国独特的教育制度。因为正是这种独特的教育制度为中国高的能力偏差与低的教育投资回报率提供了解释。

（一）中国的教育体系

中国的教育制度具有非常高的选择性并且是以考试为导向。教育体系由两部分组成：义务教育与非义务教育。义务教育包括六年小学和三年初中。目前，城镇中几乎所有的孩子都完成了义务教育。初中毕业以后面临着升入高中或者职业学校两种选择①，在选择进入高中或者职业学校之前都必须参

① 中国的职业学校存在许多不同的类别，其中包括中专、职高、技校等。本章中将其统称为“职业教育”。

加一个入学考试。但是只有高中毕业生才能参加大学的入学考试，职业学校的毕业生一般都不参加高考。在我们同卵双胞胎样本中，74%的拥有高中、职业学校或以上的学历[①]。数量巨大的学生等着接受更进一步的大学教育，但是因为中国大学招生的人数非常有限，所以大学入学的竞争异常激烈。在我们的样本中仅13%的职工拥有大学学历。为了将那些接受大学教育的学生选择出来，中国采取了一套全国范围内的大学入学考试制度，每年6月7日、8日和9日三天的考试将决定许多年轻人的未来[②]。那些通过了考试的学生将成为“白领”工人，而那些在考试中失败的学生将很有可能成为“蓝领”工人。

因为这种教育体系的竞争性，学校特别强调应试的技巧，特别是初中和高中[③]。虽然中国的高中教育为3年制，但是通常情况下全部的课程在一年半或者更短的时间内就已经完成，剩余的时间全部用来准备大学入学考试。虽然在高中阶段前面一年半的时间里教给学生新的知识，但是同时也非常强调考试的类型以及应试的技巧。高中学生每天都要完成很多的家庭作业，并且一般情况下周末和节假日都要去学校。所有的课余时间都用来培训学生做考试题目。但是，这些应试技巧在通常情况下与学生在生活以及未来工作当中所需要的知识和技能完全无关，所以这样的教育具有很低的投资回报率并不是很奇怪的事情。

中国大学以下教育（non－tertiary）还具有另外两个与众不同的特点。首先，小学、初中和高中的课程安排（即“教学大纲”）统一由教育部制定并且不可更改，而且教学大纲中最重要的部分是指定高中和大学入学考试中所覆盖的内容。然后学校和老师的任务是帮助学生来准备这些考试。其次，高中学生必须选择文科还是理科。所有文科和理科的学生都必须学习语文、英语和政治，但是文科学生另外需要学习地理、历史和较容易的数学，而理科学生另外需要学习的课程为物理、化学、生物和较难的数学。大学的入学考试有两套不同的试卷，文科和理科分别各一套。因为课程被固定，许多学生不能学习那些他们真正感兴趣的学科，而且过早地要求学生决定学习文科

---

① 全部样本中的比例是72%。

② 每年法定的高考日为7月7日、8日和9日三天，但是为了避免酷暑，自2003年开始考试日期发生了改变。

③ 中国学生具有很强的考试技巧这已经不是什么秘密了。比如说在美国研究院的申请学生当中，来自中国的学生一般能在GRE和其他标准化考试中考出很高的分数，有时候甚至能在英语语言考试中比以英语为母语的学生考出更高的分数。但是在去美国之前，绝大多数中国学生从来没有说过英语，因为美国大部分研究院并不要求英语口语考试，而且在中国的英语考试中也不强调口语考试。

还是理科阻碍了学生接受更多的普通知识教育，然而这种教育对他们以后的学习、生活和工作来说却是必需的。更严重的是年轻学生在还没有了解自己真正兴趣的时候被强制要求做出选择，过早的分文理科结果并不好。

只有在职业学校或大学阶段，教育才不再是以考试为导向。首先，因为大学与大学之间、职业学校与职业学校之间彼此并非一样，并且由不同部委和省市的管理，所以这些学校能够自主决定其课程安排。其次，职业学校和大学一般都是一个人受教育的最后阶段，所以考试变得不再重要。通常情况下，职业学校毕业生不允许参加大学入学考试（因此也没有机会进入大学）。虽然大学毕业生可以通过研究生入学考试进入研究院，但是仅有一小部分学生选择继续读研究生。因为考试不再重要，学生可以花更多的时间在其感兴趣的科目上，并且大学生可以在不同的院系选修课程。但是转换专业（在大学招生过程中就已经被确定的）仍然非常困难。

中国教育体系中这些与众不同的特征可以帮助解释在我们的估计中被忽略能力偏差（选择性效应）较大而真实教育投资回报率较低的原因。因为存在非常激烈的竞争，只有那些非常聪明的学生才能进入高等教育，所以教育（或者入学考试）演变成为一种非常好的筛选机制。正是因为这种以考试为导向的教育系统，大学以下的教育很难增加学生有价值的知识或者工作技能，特别是高中教育，而仅能作为筛选更聪明的学生进入大学的一种途径。没有考入大学的高中毕业生却可能因此而在训练应试技巧上浪费了 3 年时间。

（二）分教育水平不同的投资回报率

中国与众不同的教育体系不但帮助解释了真实教育投资回报率较低和能力偏差较高的原因，而且表明了在不同的教育水平上的投资回报率是不同的。一般看来，完全以考试为导向的高中教育在所有的教育阶段中是最没有价值的，而仅仅作为进入大学的一种筛选机制。这说明如果一个高中毕业生没有考入大学，那么其教育投资回报率最低。为了进一步判断这一论断的正确性，我们通过允许教育投资回报率在不同的教育水平之间变化，然后估计不同教育水平的投资回报率。

在双胞胎研究的文献中，受教育年限一般用来作为教育的代理变量（比如 Ashenfelter 和 Krueger，1994；Ashenfelter 和 Rouse，1998；Bonjour 等，2003）。但是，很少有研究分析不同教育程度之间投资回报率之间的差异。因为绝大多数文献都是基于发达国家的，而这些国家员工的大部分都是已经接受了大学教育的，至少都接受了高中教育，所以没有必要在大学教育程度与高中教育程度之间比较其不同的投资回报率。但是，了解不同教育程度之间不同的投资回报率对于发展中国家来说，比如说中国，仍然是非常重要的，因为在这些国家中大学教育的普及率仍然非常有限。得知不同教育程度之间不同的教育投资回报率有助于政府将有限的资源更有效地应用于教育事业。

表 2—7 报告了应用三个不同教育程度虚拟变量来代理教育水平进行回归的结果。如果个人的最后受教育水平是高中，那么高中学历虚拟变量为 1，其他情况下为 0。相同的，如果个人的最终受教育水平是职业教育，那么职高学历虚拟变量为 1，其他情况下为 0。如果个人接受了大学或以上的教育，那么大学学历虚拟变量为 1，其他情况下为 0。

表 2—7 中国城镇双胞胎样本与非双胞胎样本高中教育、职业教育与大学教育的投资回报率

样本模型	因变量：收入的对数				
	全部 OLS	双胞胎 OLS	双胞胎 FE	双胞胎 IVFE－1	双胞胎 IVFE－2
	(1)	(2)	(3)	(4)	(5)
高中教育	0.070**	0.105*	−0.003	0.030	0.031
	(2.19)	(1.94)	(0.04)	(0.31)	(0.29)
职业教育	0.324***	0.344***	0.168**	0.218**	0.220*
	(10.40)	(6.72)	(2.09)	(2.22)	(1.89)
大学教育	0.611***	0.623***	0.278**	0.392***	0.400***
	(16.32)	(10.88)	(2.45)	(2.96)	(2.66)
年龄	0.022*	0.055***			
	(1.78)	(2.76)			
年龄平方	−0.038***	−0.075***			
	(2.70)	(3.03)			
性别（男性）	0.204***	0.189***			
	(8.43)	(4.73)			
婚姻状况	−0.049	−0.052	−0.039	−0.035	−0.040
	(1.14)	(0.99)	(0.75)	(0.66)	(0.76)
工作经验	0.016***	0.008	0.014	0.015	0.014
	(4.68)	(1.17)	(1.42)	(1.53)	(1.48)
双胞胎（对）			488	488	488
样本数	2 253	976	976	976	976
R-square	0.18	0.18	0.03		

注：所有的 OLS 回归中都包括了城市虚拟变量。在模型 IVFE－1 中，我们应用 $\Delta Z'$（高中教育虚拟变量与大学教育虚拟变量之差）作为自变量，以 $\Delta Z''$ 作为工具变量。在模型 IVFE－2 中，我们应用 ΔZ^{*} 作为自变量，以 ΔZ^{**} 作为工具变量。括号中为稳健性 t 值；*显著性水平 10%，**显著性水平 5%，***显著性水平 1%。

回归的结果表明职业教育与大学教育的投资回报率很大，而高中教育的投资回报率却很低。在两个 OLS 回归中（表 2—6 第 1、第 2 列）高中教育虚拟变量显著为正，一个高中毕业生与没有高中文凭的个人相比，平均收入高出 7.0%～10.5%。但是，在我们应用双胞胎方法回归之后（表 2—6 第 3～5 列），这一溢价（premium）几乎为零，并且变得不显著了。与此形成鲜明对照的是，职业教育与大学教育的溢价仍然非常高。在 OLS 回归结果中，职业教育的溢价为 32.4%～34.4%，大学教育的溢价更高达 61.1%～62.3%。即使在我们对双胞胎差分已消除了被忽略能力偏差之后，这一显著为正的溢价仍然存在，虽然从数值上而言降低了不少。运用最好的模型（即 IVFE—2 模型）估计的结果表明，职业教育与大学教育估计的溢价仍然分别为 22.0%与 40.0%。这表明与没有接受职业教育的人相比，拥有职业教育文凭的个人收入将高出 22%；一个大学毕业生与一个没有接受大学教育的个人相比，其收入将高出 40%。

同时，我们也计算出职业教育和大学教育的年均投资回报率。因为职业教育一般是 3 年制，因此其年均投资回报率为 7.3%。因为需要 7 年时间（高中 3 年加上大学 4 年）才能获得一个大学文凭，所以其年均投资回报率降低至 5.7%。但是由于高中教育的投资回报率几乎为零，这样大学教育的年均投资回报率就高达 10%。

以上回归结果具有非常重要的政策含义。首先，以考试为导向的高中教育几乎没有任何投资回报率，除非能升入大学。因此，考虑到中国目前职业教育是高中教育的替代品，那么一个学生读高中的风险非常之大，因为考入大学的几率很低。这一事实部分地解释了许多贫穷家庭的孩子在即使能升入高中的情况下仍然选择职业学校的原因。虽然在大学招生数量有限的情况下，考试可能仍然是筛选学生进入大学的唯一机制，但是也许同时存在许多方法可使高中教育更具价值。比如说，文理分科的决定可以推迟到大学阶段，这样可使高中阶段为学生奠定更好的普通知识教育基础。另外，由于初中教育和高中教育的一个主要功能是挑选学生进入下一阶段的教育，那么政府可以考虑缩短初中和高中的年制，比如说从 3 年制减少到 2 年制，这样可以将节省的资源用来扩大职业院校和大学的数量。

六、结论与启示

本章对中国城镇的教育投资回报率进行了经验估计。通过运用双胞胎数据以控制不可观察到的能力和家庭效应之后，我们发现 OLS 模型估计的教育投资回报率中的绝大部分实际上是来自未能观察到的能力和家庭背景效应。换句话说，我们的研究结果表明中国教育的筛选性功能比传授知识的功能更为重要。固定效应模型估计出中国年均教育投资回报率仅为 2.7%，而教育溢价（education premium）中归因于未能观察到的能力的部分则高达 5.7%。我们的敏感性分析结果表明双胞胎估计结果由于测量误差存在向下偏误，误差修正之后的教育投资回报率为 3.8%。进一步分析的结果还表明高中教育的投资回报率为零，而职业教育与大学教育的投资回报率则分别为 22%和 40%。

早期研究发现中国的低教育投资回报率的结果（Byron 和 Manaloto，1990；Meng 和 Kidd，1997）引起了许多经济学家强烈的兴趣。在寻求对低教育投资回报率解释的过程中，大部分经济学家将其归因于计划经济的遗留作用。我们虽然同意在计划经济时代中国的教育投资回报率非常低，而且随着经济向以市场为导向开始转型教育投资回报率也开始上升（比如 Heckman 和 Li，2004；Zhang 等，2005），但是并不意味着经济转型就是这个问题的全部答案。因为中国独特的教育体系，所以不同教育程度的投资回报率也是不同的，特别是我们发现以考试为导向的高中教育完全没有投资回报，而仅仅是筛选学生进入大学的一个选择机制。已有的文献中几乎没有涉及中国（或者说其他亚洲国家）与众不同的教育体系，以及这种教育体系对教育投资回报率的影响。

了解真实的教育投资回报率具有非常重大的政策含义。我们研究的结果表明并不是中国所有教育水平的投资回报率都非常低。职业教育的年均投资回报率达到了 7.3%，而大学教育的年均投资回报率则更是高达 10%，这两个阶段的年均教育投资回报率与从其他国家双胞胎数据中得出的结果大体相近。因此，我们的发现支持了赫克曼（2003，2005）和 Fleisher 和 Wang（2004）认为中国值得进行人力资本投资的观点。但是，我们的研究同时有其特殊的政策含义。考虑到中国投入教育资源的有限性，那么明确不同教育水平的优先顺序则显得非常重要。既然中国城镇高中教育的投资回报率为零，并且其仅仅是作为升学的一个筛选机制，那么缩短一年的高中教育并不会带来什么损失。但是其节省下来的资源可以用来投资产生更高回报率的教育阶段，比如说职业院校或大学，或者投资于中国农村的基础教育，因为在目前中国农村中仍然有许多孩子连基本的 9 年制义务教育都无法得到保障（Brown 和 Park，2002）。

第三章　技能偏态型技术进步：人力资本投资的回报与决策[①]

第一章的分析指出，中国教育投资回报率上升很可能与技能偏态性的技术进步有关。技术进步特别是技能偏态型的技术进步，将增加对人力资本存量较高的劳动力需求，由此而产生的就业中的技能结构变化和收入不均等现象，都将有利于高人力资本水平、高技能的劳动力提高自身的就业和收入状况，使得投资于人力资本变得更为有利，从而促使人力资本形成。那么，我国企业的技术进步是否表现出技能偏态的特征，高技能劳动力的就业和收入回报有没有随着技术进步而不断改善，这类技能偏态的技术进步是否影响了人们的人力资本投资的决策呢？例如，是投资于正规教育为主的一般性人力资本，还是投资于以培训为主的专用性人力资本呢？

一、技能偏态的计量模型

国外对技能偏态性技术进步的研究，大致是从两条线路展开的。第一条线路的研究是通过对劳动力的个人数据进行分析。例如，利用美国的人口调查数据（CPS），Bound & Johnson（1992）和 Juhn，Murphy & Pierce（1993）的研究都发现，就业结构中高技能劳动力比重增加和高低技能间收入不均等现象加剧，都与技能回报的增加有关。他们认为，20 世纪 80 年代美国制造业对高技能劳动力需求的增加，是与当时快速的技术进步分不开的。然而，在他们的研究中并没有直接利用技术进步变量，因此被认为是没有直接给出技能偏态假说的证据。Bartel & Sicherman（1999）的研究也利用相同的人口数据，研究发现，高技能劳动力需求的增加与技术进步有着很强的正相关关系。但是他们的研究认为，是由于高技能劳动力与高新技术行业的相互匹配造成了就业结构变动和收入不均等现象。Krueger（1993）同时利用了 CPS 数据和企业中计算机使用数据进行研究，发现使用计算机的

① 本章主要内容基于姚先国，周礼，来君．技术进步、技能需求与就业结构——基于制造业微观数据的技能偏态假说检验．中国人口科学．2005（5）．周礼．技术进步与人力资本形成——基于员工与企业的微观视角．浙江大学经济学院，2006。

工人相对于不使用计算机的工人来说，收入会提高15%～20%。但是，理论界对此也表示了怀疑，认为可能是由于高工资工人普遍都使用计算机造成的。比如，Dinardo & Pischke（1997）的研究发现，使用铅笔的工人的工资也会相应提高，因此他们认为Krueger的研究没有很好地控制工人相关特性的变量。

第二种研究线路是以企业层面数据为研究对象。Berman，Bound & Griliches（1994）的研究利用了美国制造业行业数据，分析了对不同技能水平劳动力需求的变化。他们认为，如果就业结构变动是由技能偏态型的技术进步引起，那么就业和收入的变动就会发生在行业内。因此，他们利用了美国制造业的数据，分解了各个行业的就业和工资收入情况，来分析这样的变动是发生在行业间还是在行业内，以此来验证技能偏态型技术进步的存在。结果表明，行业内的就业和收入结构变动相对于行业间来说，解释了绝大部分美国制造业中发生的变化。因此他们认为，美国的制造业呈现出技能偏态型技术进步的特点。Machin & Reenen（1998）的研究利用了7个OECD国家的制造业行业数据，并利用R&D数据变量来代替技术进步变量，通过建立成本函数来验证就业结构变动与技术进步的关系。结果发现，技术进步与就业中高技能劳动力比重的增加有着很强的正相关关系，证明了技术进步的技能偏态性。Doms，Dunne & Troske（1997）的研究发现，从行业层面的数据来看，运用更多的先进数字设备的行业，对于高技能劳动力的需求也会越大。Autor，Katz & Krueger（1998）把员工技能结构当成是企业对计算机设备投资的函数。研究发现，员工技能结构与企业计算机投资之间呈现显著的正相关关系。

同时，也有许多学者对发展中国家进行了研究。Robbins（1996）的研究以及Feenstra & Hanson（1996）的研究都认为，在发展中国家中也符合技能偏态的假说。但是，Berman & Machin（2000）的研究却认为，技能偏态型的技术进步确实已经从发达国家扩散到了中等收入国家中，但是对于那些低收入国家来说，却没有证据可以表明技术进步的技能偏态性。Mayer（2000）对发展中国家的研究也认为，发展中国家的技术进步没有很好地体现出技能偏态的特点，与劳动密集型产业相关的大量的技术引进，并没有很好地提高劳动生产率和对高技能劳动力的需求。

本章依从第二类研究的思路，运用得到广泛认可的成本函数和生产函数方法来识别技能偏态型技术进步的存在与否。

（一）成本函数分析

考虑成本函数形式：

$$\ln C(w^s, w^u, Y, K, T) = \alpha_0 + \alpha_s \ln w^s + \alpha_u \ln w^u + \alpha_y \ln Y + \alpha_k \ln K + \alpha_t T +$$

$$0.5[\gamma_{su}(\ln w^s)(\ln w^u)+\gamma_{ss}(\ln w^s)^2+\gamma_{us}(\ln w^u)(\ln w^s)+\gamma_{uu}(\ln w^u)^2]+$$
$$0.5[\gamma_{yy}(\ln Y)^2+\gamma_{kk}(\ln K)^2+\gamma_{tt}T^2]+\gamma_{ys}(\ln Y)\ln(w^s)+$$
$$\gamma_{yu}(\ln Y)(\ln w^u)+\gamma_{ks}(\ln K)(\ln w^s)+\gamma_{ku}(\ln K)(\ln w^u)+\gamma_{ts}T(\ln w^s)+$$
$$\gamma_{tu}T(\ln w^u)+\gamma_{yt}(\ln Y)T+\gamma_{kt}(\ln K)T$$

其中，C 代表可变成本，w^s，w^u 分别代表了高低技能劳动力的工资，Y 是增加值，K 表示资本，T 代表技术。参照 Bartel & Linchtenberg（1987）的研究和 Machin & Reenen（1998）的研究，由上式可以得到以下计量方程形式：

$$\ln Share_s=\alpha+\gamma\frac{\ln(w^s)}{\ln(w^u)}+\gamma_k\frac{\ln(K)}{\ln(Y)}+\gamma_y\ln(Y)+\beta Tech+\phi Indu+\varepsilon \tag{3—1}$$

在式（3—1）中，因变量 $\ln Share_s$ 代表高技能劳动力所占的工资收入的比重，变量 *Tech* 代表了技术进步，*Indu* 代表了企业所在的行业，ε 是扰动项。在研究中，技术进步变量 *Tech* 可由多种变量代替。比如，Machin & Reenen（1998），Allen（2001）的研究利用了 R&D 的投入；Autor，Katz & Krueger（1998）的研究利用了计算机的投入；Doms，Dunne & Troske（1997）的研究利用了机器设备的投入；Nina（2000）的研究则利用了专利的引用数和进口材料比重。考虑到样本的数据结构，本章所采用的技术进步变量的衡量方法运用了三组数据衡量：人均占有的机器价值、专利和进口机器占机器总价值比例。

如果 *Tech* 变量前的系数 β 为正，且能通过显著性检验，那么可以证明技术进步呈现出了技能偏态的特点，即技术进步导致了高技能劳动力收入比重的增加。而如果 ln（K）/ln（Y）前的系数 γ_k 为正，并且显著，那么可以证明资本与技能之间的互补性（complementary），同时，本章还加入了行业的虚拟变量 *Indu*，通过检验系数 ϕ，可以分析各个行业的不同表现。

（二）生产函数分析

以上的成本函数假设厂商在要素价格外生的情况下，选择不同的要素组合。为了寻求厂商在选择不同的技术进步情况下对于高技能劳动力的需求，我们再建立一个生产函数，并假定厂商决定不同的劳动力组合使利润最大化。考虑生产函数形式：

$$Y=f(L^s,L^u,K,Tech;Indu)$$

其中，L^s 和 L^u 分别表示高技能劳动力和低技能劳动力，K 代表资本，与前面相同，*Tech* 为一系列衡量技术进步的变量，*Indu* 代表了所在的行业。本章假定，厂商给工人的工资等于他们的边际产品价值，那么对高低技能劳动力的需求函数分别为：

$$w^s = \frac{\partial f}{\partial L^s} \times p = f_s(K, L^s(w^s), L^u(w^u), Tech, Indu) \times p$$

$$w^u = \frac{\partial f}{\partial L^u} \times p = f_u(K, L^s(w^s), L^u(w^u), Tech, Indu) \times p$$

其中，L^s（w^s）和 L^u（w^u）分别代表了高低技能劳动力的劳动供给，p 代表了厂商的产品价格。经过简化，厂商对不同技能劳动力的雇用量可表示为：

$$L^s = f_s(K, w^s, w^u, Tech, Indu) \times p$$
$$L^u = f_u(K, w^s, w^u, Tech, Indu) \times p$$

本章可以得到厂商中，高技能劳动力与低技能劳动力雇用量的比值的对数值与技术进步之间关系的计量模型：

$$\ln\left(\frac{L^s}{L^u}\right) = \alpha + \gamma\ln(K) + \varphi_s\ln(w^s) + \varphi_u\ln(w^u) + \beta Tech + \phi Indu + \varepsilon \tag{3—2}$$

在式（3—2）中，γ 衡量了资本对于高低技能劳动力相对比例的影响，与式（3—1）相同，如果系数为正，且通过显著性检验，则可显示资本与技能的互补性；如果技术进步变量的系数 β 显著为正，说明技术进步导致了高技能劳动力就业比重的提高，体现出技能偏态的特点；而行业 *Indu* 的系数 ϕ 衡量了行业间的差别。

二、技能偏态的实证检验

（一）数据来源与说明

本章所使用的数据来源于浙江大学经济学院“中国人力资本投资与劳动力市场管理研究”课题组于 2003 年 10—12 月开展的一项全国性企业调查项目的前期部分——浙江省企业的调查。本次调查范围涉及杭州、嘉兴、湖州、宁波、台州和衢州 6 个地区 9 个县市，调查对象涉及服装、纺织、电气器材、化工、机械及其他 6 个行业（各行业比例分别为 9.03%、18.40%、12.90%、14.52%、15.16%、29.99%），共 311 家企业。问卷内容涉及企业的所有制性质与股权结构、职工人数（包括管理层、技术人员和普通工人）以及近三年（2000—2002 年）企业的固定资产总额、销售总额、利润总额和工资总额等，为本章的研究提供了丰富的信息。要说明的是，本章中用到企业当年的工业增加值由于没有直接的数据，系根据下式估算而得：增加值（Y）＝工资总额＋折旧＋利润总额＋生产税。其他变量值均通过问卷直接获得。

表 3—1　　变量定义说明

变量名	变量说明
ln*Shares*	被解释变量。高技能工人的工资总额占企业工资总额比例的对数值
LnL^s/L^u	被解释变量。高技能工人人数与低技能工人人数比例的对数值
ln$K$	企业的固定资产总价值（万元）的对数值
ln$Y$	企业当年增加值总额（万元）的对数值
ln$K$/ln$Y$	固定资产总价值与增加值的对数值的比例
lnW^s/lnW^u	高技能工人工资与低技能工人工资对数值的比值
LnM^a/W	机器设备总价值与员工人数的比例的对数值
Patent	生产的产品是否具有专利。虚拟变量，若是取值为 1，若否则取值为 0
lnRofMim	进口机器总价值与机器设备总价值的比例的对数值
Indus1	行业虚拟变量，若属服装业取值为 1，否则为 0
Indus2	行业虚拟变量，若属纺织业取值为 1，否则为 0
Indus3	行业虚拟变量，若属电气及器材业取值为 1，否则为 0
Indus4	行业虚拟变量，若属化工业取值为 1，否则为 0
Indus5	行业虚拟变量，若属机械制造业取值为 1，否则为 0
Indus6	行业虚拟变量，若属其他行业取值为 1，否则为 0

特别要指出的是，对于高低技能劳动力的划分方法。一般的实证研究中，往往采用工作性质的分类，即将高技能劳动力定义为非生产性工人（non—production labor），而低技能劳动力定义为生产性工人（production labor）；另外一种是用受教育程度来划分高低技能劳动力，一般是受过高等教育的为高技能劳动力，其他为低技能劳动力。并且很多研究分析证明，这两种划分所得到的结果是基本一致的（Berman，Bound & Machin，1998）。本章的研究采用的是按照工作性质划分的方法，其中非生产性工人包括管理人员和技术人员，除此以外的为生产性工人。其他的变量定义以及统计描述在表 3—1 和表 3—2 中给出。

表 3—2　　变量统计性描述分析

变量名	观察值	均值	标准误	最小值	最大值
ln*Shares*	182	−3.04	1.11	−6.14	−0.05
LnL^s/L^u	243	−1.72	0.81	−3.79	0.84
ln$K$	250	6.55	1.45	0.54	9.89
ln$Y$	190	6.72	1.22	1.96	10.11
ln$K$/ln$Y$	157	1.02	0.38	0.31	4.29

续表

变量名	观察值	均值	标准误	最小值	最大值
$\ln W^s/\ln W^u$	165	1.30	0.38	0.74	3.63
$\mathrm{Ln}M^a/W$	259	0.76	1.52	−7.71	4.21
lnRofMim	133	−1.23	1.10	−6.39	0
Patent	308	0.24	0.43	0	1
Indus1	310	0.09	0.28	0	1
Indus2	310	0.18	0.38	0	1
Indus3	310	0.14	0.33	0	1
Indus4	310	0.14	0.35	0	1
Indus5	310	0.15	0.36	0	1
Indus6	310	0.30	0.46	0	1

（二）实证结果与讨论

表 3—3 和表 3—4 分别报告了成本函数形式（式 3—1）和生产函数形式（式 3—2）的 OLS 结果。成本函数形式以高技能工人工资占总工资比重作为被解释变量，生产函数形式以企业中高技能与低技能工人雇员人数的比值作为被解释变量。上文已经介绍过，这里本章用非生产性工人和生产性工人的工作性质分类方式来区分高技能工人和低技能工人。回归－1 中，本章对技术进步的衡量方式是人均占有机器的价值，回归－2 中加入了专利这个技术虚拟变量，回归－3 中加入了进口机器占机器总价值比例的变量，而在回归－4 中本章又加入了行业虚拟变量。

在表 3—3 中可以发现，在采用高技能工人工资占总工资比重作为被解释变量时。由回归－1 的结果不难看出，式（3—1）中以人均占有机器价值作为衡量技术进步的 *Tech* 变量的系数 β，和 ln（*K*）/ln（*Y*）的系数 γ_k 都大于零，并且在 5%的显著水平上显著。说明企业的技术进步在一定程度上呈现出了技能偏态的特点，企业技术水平的提升加大了高技能劳动力工资收入的比重，提高了其相对于技能劳动力的相对工资；并且企业的资本与技能之间体现出了很强的互补性，企业资本投入的加大带来了对技能也就是高技能劳动力的需求。在回归－2 和回归－3 中，本章又分别加入了衡量技术进步的专利虚拟变量和进口机器占总机器价值比重变量，但是结果不显著，说明企业是否拥有专利以及利用进口机器来进行生产对于就业的技能结构没有显著的影响。最后在回归－4 中，本章加入了行业的虚拟变量，试图衡量行业间的差异，但是结果说明行业间的差异并不显著。同时，本章发现，企业的增加值 ln*Y* 变量前的系数在所有的回归中都为负，且都在 5%水平上显

表 3—3　以高技能工人工资占比的对数值为被解释变量的 OLS 结果

	回归—1	回归—2	回归—3	回归—4
$\ln K/\ln Y$ 资本与增加值比	0.49** (0.25)	0.48* (0.28)	1.29** (0.59)	1.88** (0.62)
$\ln W^s/\ln W^u$ 工资比	1.36** (0.19)	1.35** (0.20)	2.17** (0.44)	2.47** (0.44)
$\ln Y$ 增加值	−0.45** (0.07)	−0.45** (0.07)	−0.25** (0.12)	−0.20* (0.12)
$\ln M^a/W$ 人均机器价值	0.21** (0.04)	0.20** (0.04)	0.21** (0.08)	0.23** (0.08)
Patent 专利		0.06 (0.15)	−0.02 (0.25)	−0.27 (0.25)
lnRofMim 进口机器比重			−0.04 (0.09)	0.01 (0.09)
Indus2 纺织				−0.37 (0.38)
Indus3 电气				0.07 (0.47)
Indus4 化工				0.56 (0.42)
Indus5 机械				0.15 (0.46)
Indus6 其他				0.62 (0.43)
Obs.	128	128	52	52
F	44.13	35.11	11.22	8.15
R-squared	0.58	0.59	0.60	0.69

说明：表中括号内为标准误。**表示在 5%的显著性水平上显著，*表示在 10%的显著性水平上显著。

著，说明企业生产规模的扩大与高技能工人收入比重之间呈现出反向的变动趋势（本章随后会有更深入的分析）。并且，在对所有的回归进行异方差检验时，都很好地符合同方差假定。同时，也不存在多重共线性的问题。

从表 3—4 中可以发现，在采用高技能工人数与低技能工人人数比例作为被解释变量时。由回归—1 的结果不难看出，式（3—2）中以人均占有机

表 3—4　以高技能工人与低技能工人人数比例的对数值为被解释变量的 OLS 结果

	回归－1	回归－2	回归－3	回归－4
ln$K$ 资本	0.03 (0.04)	0.02 (0.04)	0.08 (0.08)	0.15* (0.08)
lnW^s 高技能员工工资	－0.14** (0.07)	－0.14** (0.07)	－0.22** (0.09)	－0.24** (0.11)
lnW^u 低技能员工工资	0.06 (0.59)	0.06 (0.59)	－0.1 (0.10)	－0.08 (0.10)
lnM^a/W 人均机器价值	0.16** (0.04)	0.15** (0.04)	0.20** (0.08)	0.17** (0.08)
Patent 专利		0.09 (0.15)	0.08 (0.24)	－0.08 (0.25)
lnRofMim 进口机器比重			－0.01 (0.08)	0.10 (0.09)
Indus2 纺织				－0.16 (0.30)
Indus3 电气				0.51 (0.45)
Indus4 化工				0.70** (0.36)
Indus5 机械				0.21 (0.39)
Indus6 其他				0.55 (0.39)
Obs.	135	135	53	53
F	6.13	4.96	3.62	3.72
R-squared	0.16	0.16	0.25	0.38

说明：表中括号内为标准误。**表示在 5%的显著性水平上显著，*表示在 10%的显著性水平上显著。

器价值作为衡量技术进步的 *Tech* 变量的系数 β 大于零，并且在 5% 显著水平上显著，说明技术进步确实加大了就业结构中高技能工人与低技能工人的比例，企业的技术进步在一定程度上体现出了的技能偏态性的特点。但是，$\ln K$ 前的系数 γ 并不显著，只是在回归－4 中的 10%的显著水平上显著（本章随后会有更深入的分析）。同样的，在回归－2 和回归－3 中，本章也分别加入了衡量技术进步的专利虚拟变量和进口机器占总机器价值比重变量，但是结果不显著，说明企业是否拥有专利以及利用进口机器来进行生产对于就业结构并没有显著的影响。在回归－4 中加入了行业变量之后，不难看出化工行业的系数在 10%的显著水平上显著大于零，说明化工行业相对于服装行业来说，就业结构中高技能工人与低技能工人比例有显著的提高，而其他行业并不是很显著。并且，在对所有的回归进行异方差检验时，都很好的符合同方差假定。同时，也不存在多重共线性的问题。

总之，我们在这里运用最近数据的研究结果表明，中国目前的技术进步呈现出技能偏态型特征。

三、技术进步与企业员工人力资本投资

人力资本理论研究认为，技术进步对于人力资本的经济作用有两种效应：第一种是互补（complement）效应，正如 Griliches（1969）和 Autor 等（1998）的研究所指出的，以物质为载体的技术资本与高技能劳动力为载体的人力资本之间的互补性，使得人们在采用一项新的技术时，人力资本将发挥比以往更大的经济效率。第二种是退化（obsolescence）效应，一般研究认为这种退化效应可分为两个方面，即因为技术进步引起的学校教育所获得的人力资本的退化效应（Weiss & Lillard，1978）和在职培训所获得人力资本的退化效应（MacDonald & Weisbach，2004）。而这两种效应的同时作用，势必会影响劳动力个人的生产效率以及收入能力，进而影响其人力资本投资决策，以及未来的工资增长。正如前文所述，国外大量的研究都将美国等发达国家近二三十年来劳动力市场的工资收入结构变化归为技术进步的作用，特别是技能偏态型的技术进步（Bound & Johnson，1992；Katz & Murphy，1992；Lery & Murnane，1992；Berman，Bound & Griliches，1994；Machin & Reenen，1998；Autor Katz & Krueger，1998 等）。

尽管许多研究都认为，技术进步确实会对人力资本投资产生影响，但是在技术进步对于不同类型的人力资本供给和需求的影响问题上，仍然没有达成一致。目前有一些研究，正是围绕着技术进步环境下一般性人力资本与专用性人力资本的相对价值这一问题展开的。Gould（2002，2005）提供了一个由技术进步引起的对一般性技能，包括可观察的（比如 IQ、学历）和不

可观察的技能需求，急剧增加的证据。Iyigun & Owen（1999）认为技术进步所导致的对教育和能力需求的增加，并不仅仅是因为对这两者的需求的增加，更重要的是对由教育和能力所带来的适应性（adaptive）技能需求的增加。而这又恰恰符合了以往研究所发现的，教育程度高的劳动力在处理变化的环境和新的技术设备时，具有很强的相对优势的观点（Nelson & Phelps，1969；Schultz，1975；Bartel & Lichtenberg，1987；Goldin & Katz，1998）。Yamauchi & Godo（2003）在对日本、韩国和美国三个国家的比较研究中发现，在技术更快速运用的日本和韩国，教育和新技术之间的互补性更为明显，同时新技术更多地增加了年轻劳动力的教育回报。

目前有为数不多的研究，分析了技术进步对一般性技能与专用技能的不同影响。Heckman，Lochner & Taber（1998）的研究认为，教育和培训有着不同的人力资本产出函数，教育主要是增加一般性的人力资本，而培训尤其是在职培训更多的是增加专用性人力资本。因此研究技术进步对教育和培训的影响，也可以理解为技术进步对一般性人力资本和专用性人力资本影响的研究。Helpman & Rangle（1999）将人力资本分成技术专用（technology—specific）经验和教育，研究了通用技术（general－purpose technology，GPT）对这两种人力资本的不同影响，研究认为技术进步虽然同时提高了对培训和教育的需求，但是相对而言培训的需求却降低了。Gould，Moav & Weinberg（2001）假设，员工同时面临着选择投资于教育来获得一般性人力资本，或是投资于培训来获取专用性人力资本，研究结果认为，技术进步对一般性技能和专用性技能来说，有着不同比例的退化效应，并进一步指出，那些教育水平低，同时又有较长工作经验，投资了大量专用技能的员工，将会承受更大的由技术进步所带来的人力资本折旧。然而 Neuman & Weiss（1995）的研究却认为，技术进步会使受过高等教育的员工所积累的工作经验折旧或是退化更为明显，并且教育程度越高，工作生涯中的收入顶峰越早到达。笔者认为，这两个研究的结果并不矛盾，这恰恰都意味着随着技术进步的加快，一般性人力资本显得更为重要。

由这些研究的指引，接下来我们将建立一个人力资本投资动态结构模型，分析技术进步环境下员工对教育或是培训进行投资的决策问题。试图解答技术进步对教育和培训这两种不同人力资本形成模式的不同影响。为此，我们假设每位员工在做人力资本投资决策时，目标函数都是最大化自己在所剩的职业生涯中的收入，而且这样的决策不是一次完成的，而是在职业生涯中不断进行调整。因为人们会在变化的环境中，按照所获得的信息和自己的预期，不断调整人力资本投资计划，进行人力资本投资。显然，这样的人力资本投资决策也将影响员工目前以及未来的工资收入。在下面的动态结构模型中，正是考察了在技术进步环境中，员工如何调整人力资本投资决策，决定投资以再教育为主的一般性人力资本还是投资以在职培训为主的专用性人力资本。为了使模型分析更为简洁，我们将技术进步作为人力资本投资决策的主要不确定因素，特别是针对人力资本的退化效应而言，新设备、新技术的应用是导致原有的人力资本退化与折价的主要原因。

我们设定，在 t 时刻，$t\in(1, T)$，员工做出决定，在所有的工作时间中投入多少比例到教育这样的一般性人力资本的投资上，多少比例投入到培训上，分别表示为 S_t 和 T_t，S_t 和 T_t 都是 $[0, 1]$ 之间的某值，且 $S_t+T_t\leqslant 1$，并且我们也考虑了在职教育和在职培训的情况。在这里需要指出的是，模型只考虑员工人力资本投资结构的选择，而忽略了员工在工作和闲暇之间选择的问题。因此，员工在工作中投入的比例为 L_t，$L_t=1-S_t-T_t$。那么总共的工作时间可定为 J_t，$J_t=L_tJ$，其中 J 为某一时刻可投入工作的时间，并且假定所有员工的 J 都是平均的。

任何员工的决策都依赖于在决策做出时刻的信息获取程度，假定任何过去的和当期的外部信息，包括所有的外生环境变量，对于任何员工决策时都是公平与可获得的。然而，对员工来说未来外生环境的变化却是不确定的因素。

到此，我们可以得到员工最大化问题的表达式：

$$\max_{S_t,T_t} E_t\sum_{t=1}^{T}\delta_t y(R_t, h_{S,t-1}, h_{T,t-1}, S_t, T_t,) \tag{3—3}$$

其中，y 为员工在 t 时刻的工资收入，根据一般的劳动经济学理论，y 是人力资本生产过程的教育和培训投入、外部环境因素以及其他员工因素在 t 时刻的函数。R_t 为 t 时刻的人力资本回报率，$h_{S,t-1}$ 和 $h_{T,t-1}$ 分别表示在 t 时刻前，员工已经获得的教育人力资本和培训人力资本，S_t 和 T_t 分别为投入在教育和培训上的时间比例，δ_t 为 t 时刻员工个人的折现率。

在经典的 Becker-Ben Porath 人力资本投资模型中，员工对于增加技能而进行的人力资本投资，其主要的成本在于所牺牲的预期收入。为了简单化，在本章研究中假定，员工因为投资教育和培训所牺牲的收入是其进行人力资本投资的唯一成本，并且如上文所提，这里并不考虑闲暇给员工带来的效用。当员工进入劳动力市场之后，他们的时间部分用于产品的生产，其余用于教育和培训的人力资本的投资。根据 Becker（1962）的研究，员工在进行培训投资时，企业将在培训期间支付低于边际产品的工资，而在培训后通过提高工资来补偿员工进行人力资本投资所消耗的成本，并且此时，员工所得到的工资等于边际产品价值。

在这里设定 t 时刻所观察到的员工工资为 W_t，W_t 是员工在 t 时刻所拥有的总人力资本水平 H_{t-1} 和 t 时刻人力资本回报率 R_t 的函数。而员工所拥有的总人力资本水平 H_{t-1} 是教育和培训人力资本的函数，完全依赖于员工过去的投资决策。因此，可以得到：

$$W_t = R_t H_{t-1}(h_{S,t-1}, h_{T,t-1}) \tag{3—4}$$

$$W_t J_t = y(R_t, h_{S,t-1}, h_{T,t-1}, S_t, T_t) = R_t H_{t-1}(h_{S,t-1}, h_{T,t-1})(1 - S_t - T_t) J \tag{3—5}$$

现在，我们进一步描述员工人力资本投资结构选择的动态决策过程。员工进行人力资本投资，可以看成是将现在的投资成本转化为未来的现金流的一个决策，因为尽管教育减少了目前的收入，但是投资教育将会提高未来潜在工资收入水平。并且，很多研究指出，一般性人力资本与专用性人力资本有很强的互补性，员工更多地投资于教育将会提高其在培训上投资的产出效率，增强员工处理环境变化的能力，适应更快速的技术进步（如 Schultz，1975；Bartel & Lichtenberg，1987，1999；Goldin & Katz，1998；Gould，Moav & Weiberg，2001 等的研究）。同样培训的投资也使员工牺牲一部分当前的收入，而提高了员工未来的潜在工资收入水平。

我们设定 $\{\lambda_t\}_{t=0}^{T}$ 为代表技术的独立同分布的随机变量，并且其固定概率分布 F（λ_t）是在决策时刻已知的。正如许多研究所指出的，一方面技术进步将同时导致由教育与培训所形成的人力资本折旧与退化，然而对两种人力资本所产生退化效应是不同的，因为教育与培训分别形成了一般性人力资本和专用性人力资本。另一方面技术进步又将提高人力资本投资的回报率，因为技术与技能之间的互补性（technology-skill complement）使得人力资本的经济产出效率提高，同样这种互补效应的作用对两种人力资本而言也是不同的，由学校教育形成的一般性人力资本获益往往更大（如 Gould，2002、2005；Murane，Willett & Levy，1995；Bartel & Lichtenberg，1987，1999；Schultz，1975 等的研究）。对于人力资本的退化与折旧而言，存在着纯粹的衰老效应（aging effect）和技术进步效应。而我们的研究假定，对于所有员工而言，衰老效应发挥着同样的作用，这样的假设是为了更清楚的分析技术进步对于不同人力资本带来的退化效应，同时也是由于数据结构的限制。

为了研究需要，我们假定培训形成的人力资本仅仅是依赖于员工在培训上投入的时间，而不考虑培训产品供给质量的因素。这样的假设可能不尽严谨，因为一般都是将培训的人力资本产出看成是培训时间和培训产品等投入的函数。在这里，我们可以把培训产品的投入看成由企业支付，而通过支付员工低于边际产出的工资报酬来回收。对于培训形成人力资本的过程而言，学校教育的人力资本当然也需要纳入考虑，因为如上文许多研究指出，由学校教育形成的一般性人力资本将增加培训的人力资本产出效率，或者说学校教育对于培训来说有一种互补效应。至此，模型将员工培训形成的专用性人力资本函数表达如下：

$$h_{T,t} = \alpha_1 h_{S,t-1}{}^{\alpha_2} T_t{}^{\alpha_3} h_{T,t-1}{}^{\alpha_4} + (1-\alpha_5\pi_t)h_{T,t-1} \qquad (3\text{—}6)$$

其中，α_1 和 α_2 表示教育人力资本对于员工人力资本的边际产出效应；α_3 和 α_4 分别表示培训对于人力资本产出的边际效应；α_5 表示技术进步对培训人力资本的影响效应。如果 $\alpha_5>0$，代表技术进步对培训形成的专用性人力资本的净效应是退化与折旧；相反 $\alpha_5<0$，代表技术进步与专用性人力资本的互补效应超过了所带来的退化效应，而产生正的效应。

同样的，可以将由学校教育形成的一般性人力资本表达如下：

$$h_{S,t} = \beta_1 S_t{}^{\beta_2} h_{S,t-1}{}^{\beta_3} h_{T,t-1}{}^{\beta_4} + (1-\beta_5\pi_t)h_{S,t-1} \qquad (3\text{—}7)$$

其中，β_1、β_2 和 β_3 代表了教育对人力资本产出的效应；β_4 代表了初始的培训对于教育人力资本产出的效应，β_5 表示技术进步对教育人力资本的影响效应。如果 $\beta_5>0$，代表技术进步对教育形成的一般性人力资本的净效应是退化与折旧；相反 $\beta_5<0$，代表技术进步与一般性人力资本的互补效应超过了所带来的退化效应，而产生正的效应。

如前文所述，模型简单地假定学校教育都产生一般性人力资本，并适用于所有的雇主和职业，而培训则产生专用性人力资本，只适合于某一雇主或者是某一职业（本章的研究主要是考虑某一职业的专用性人力资本）。这两种人力资本往往不是单独存在于员工身上，而是一般性人力资本和专用性人力资本的某种组合，并且这种组合与人力资本总量一样，决定着员工的工资收入水平。而这种组合并不是学校教育和培训的简单线性加总，模型假定，两种人力资本与员工总人力资本间的关系，符合如下 Cobb-Douglas 生产函数：

$$H_t = h_{S,t}{}^{\lambda_1} h_{T,t}^{\lambda_2} \qquad (3\text{—}8)$$

其中，λ_1，λ_2 分别表示了学校教育人力资本与培训人力资本对员工人力资本市场回报的决定作用，并且符合固定规模效应（CRS）函数特点，即 $\lambda_1+\lambda_2=1$。

综上所述，本章所描述的在技术进步条件下员工人力资本投资决策动态模型是由三部分组成：员工的效用最大化行为决策（式 3—3），工资决定函数（式 3—5），以及教育和培训的人力资本生产函数（式 3—6，式 3—7）。

四、技术进步条件下的员工人力资本投资：实证检验

（一）数据

本章所使用的数据来源于企业培训实践和劳动关系的专项调查。该调查在 2004 年 7 月发起，到 9 月底完成了预定目标的 90%，主要是为了详细呈

现企业中的人力资本投资和劳动关系的具体信息。调查内容主要包括四部分：第一部分是企业基本状况的调查，显示企业的历史、规模、性质和所处行业；第二部分是员工的个人信息调查，包括员工的性别、年龄、教育程度和技能状况等；第三部分是员工参与再教育与企业培训实践的基本状况，包括再教育与培训的类型、时间、费用及费用承担状况和能否获得证书等基本信息。

调查的对象是浙江制造业企业中的员工。将调查对象集中于一个地区可能缺乏普遍性，但是，浙江良好的制造业基础可以显示一些典型特征。调查采用的方式是在具有一定规模的制造业企业中均匀地选择 10～40 个员工，进行问卷调查，并对企业的人力资源部门进行辅助调查。本专项调查共完成了对 68 家企业的调查，获得了员工样本 2 045 个，其中规模在 50～300 人的企业 15 家，规模在 301～800 人的企业 17 家，规模在 801～2 000 人的企业 25 家，规模在 2 000 人以上的企业 11 家。调查对象包括 7 家上市公司的员工。调查企业所处的行业涉及纺织业、服装加工业、家具制造业、建筑材料制造业、普通和专用机械制造业、化学纤维制造业、化学制品业、电气机械器材制造业、电子通信设施制造、石油化工和金属冶炼等诸多行业。

对员工在企业中参与再教育与培训实践的调查，时间间隔是一个关键问题，它直接决定了员工的培训参与率。如果时间间隔选得太长，员工就不可能准确地提供参与培训实践的详细信息。如果时间间隔选得太短，就很难体现研究的意义。本次调查将时间间隔定为 1 年，重点调查 2003 年 7 月 1 日到 2004 年 6 月 30 日期间的培训实践。选择这样的时间间隔与学校的教育周期保持了一致，尽量避开了当年刚从学校毕业进入劳动力市场的员工。表 3—5 是变量说明表，列举了本章分析所需变量的名称、符号、均值、标准差和说明。

表 3—5　　变量说明

变量名称	符号	平均值	标准差	变量说明
性别	Gender	0.62	0.486	双值变量，男性为 1，女性为 0
年龄	Age	30.61	7.991	员工实际年龄，单位：年
教育程度方面的变量				
教育程度	Education	12.51	2.319	员工的教育程度，单位：年
初中及以下	Education1	0.11	0.309	双值变量，初中及以下学历为 1，其他为 0
高中学历	Education2	0.37	0.483	双值变量，高中学历为 1，其他为 0
大专学历	Education3	0.29	0.453	双值变量，大专学历为 1，其他为 0
本科及以上	Education4	0.23	0.420	双值变量，本科及以上学历为 1，其他为 0

续表

变量名称	符号	平均值	标准差	变量说明
技能等级	Skillpost	1.74	0.859	初级为1，中级为2，高级为3，高级以上为4
工作经验方面的变量				
工作经验	Experience	4.00	6.157	员工进入当前企业以前的工作时间，单位：年
工作经验平方	Expsquare	53.91	141.682	工作经验的平方
任职期方面的变量				
任职期	Tenure	6.57	6.812	在当前企业的工作时间，单位：年
任职期平方	Tensquare	89.54	195.811	任职期的平方
职位等级	Rank	1.58	0.938	一般员工为1，班、组长为2，科长为3，厂、部长为4，企业高层为5
工资对数	Lnwage	7.24	0.461	员工的月工资自然对数（$N=1\ 510$）
再教育需求	Reinvest	0.23	0.418	双值变量，员工有再教育需求为1，没有为0
企业类型变量				
所处行业	Industry1	0.029	0.168	双值变量，食品加工业为1，其他为0
所处行业	Industry2	0.149	0.346	双值变量，纺织业为1，其他为0
所处行业	Industry3	0.025	0.157	双值变量，家具制造业为1，其他为0
所处行业	Industry4	0.019	0.138	双值变量，造纸业为1，其他为0
所处行业	Industry5	0.037	0.118	双值变量，塑料制品业为1，其他为0
所处行业	Industry6	0.131	0.338	双值变量，化工业为1，其他为0
所处行业	Industry7	0.352	0.477	双值变量，机械制造业为1，其他为0
所处行业	Industry8	0.152	0.359	双值变量，电气制品业为1，其他为0
所处行业	Industry9	0.103	0.304	双值变量，其他资本密集行业为1，其他为0
工作实践数量	InnoWork	2.48	0.903	企业实行的激励工资制度、工作轮换、全面质量管理、问题解决团队等工作实践的数量
员工参与企业培训实践总体变量				
总培训参与	Trainspon	0.45	0.497	双值变量，参与企业资助的任何一种培训为1，没有为0
总培训时间	Traintime	6.98	19.382	员工参与企业培训实践的时间，单位：天

续表

变量名称	符号	平均值	标准差	变量说明
总培训投资	Traincost	0.63	1.609	企业在培训实践上的投入，单位：千元
一般性培训参与	Gtrainspon	0.26	0.443	双值变量，参与企业资助的任何一种一般性培训为1，没有为0
一般性培训投资	Gtraincost	0.51	1.451	企业在一般性培训实践上的总投入，单位：千元
员工参与企业培训实践结构性变量				
参与再教育	Reeducate	0.04	0.192	双值变量，参与企业资助的再教育为1，没有为0
参与公司内训	Firmtrain	0.26	0.437	双值变量，参与企业资助内部培训为1，没有为0
参与职业培训	Vocatrain	0.15	0.358	双值变量，参与企业资助职业培训为1，没有为0
参与高校培训	Univtrain	0.04	0.190	双值变量，参与企业资助高校培训为1，没有为0
咨询公司培训	Countrain	0.08	0.273	双值变量，参与企业资助咨询公司培训为1，没有为0
企业层面上的培训实践变量				
正式培训制度	Trains _ F	0.44	0.500	双值变量，企业建立了正式的培训制度为1，没有为0
总培训参与率	Trainp _ F	0.44	0.241	企业层面上参与了任何一种培训员工的比例
再教育参与率	Reedu _ F	0.03	0.063	企业层面上参与了再教育员工的比例
企业培训参与率	Firmt _ F	0.26	0.227	企业层面上参与了企业内部培训员工的比例
职业培训参与率	Vocat _ F	0.08	0.086	企业层面上参与了职业培训员工的比例
高校培训参与率	Univt _ F	0.04	0.127	企业层面上参与了高校培训员工的比例
咨询培训参与率	Count _ F	0.08	0.101	企业层面上参与了咨询公司培训员工的比例

（二）员工再教育的决定因素

在这里，我们简单地将员工对人力资本的投资分成学校教育和在职培训，也就是样本里所体现的再教育和培训。因为考虑到再教育所获的知识往往有很强的通用性，而在职培训一般都是与相应的技术相配套，通用性与适用性较差。所以简单地分成再教育与培训来考虑，对于本章的研究来说是可以接受的。

从样本数据来看，有23%的员工有很强的再教育需求，同时有4%的员工自费参与了再教育。为详细呈现员工参与再教育的情况，以及再教育与技术进步的关系，本章通过对样本的再教育需求和实际参与情况进行了回归估计。需要说明的是，因为样本数据所限，我们将员工所处的行业作为衡量技术进步水平的变量，基本认为资本密集型行业（如普通和专用机械制造业、化学纤维制造业、化学制品业、电气机械器材制造业、电子通信设施制造、石油化工和金属冶炼业等）相对于劳动密集型行业（如食品加工业、纺织业、服装加工业、家具制造业等）而言，技术进步速度更快。而且对照国外的此类研究，以行业的分类作为技术进步水平的衡量标志，也有着广泛的运用[①]，因此，本研究在样本信息的限制下，用行业的分类来衡量技术进步水平，也是可以接受的。可以认为，如果行业变量与员工再教育变量之间存在显著的相关性，那么也就可以推断出技术进步与员工再教育之间存在显著的相关性。

表3—6是对员工再教育需求决定因素的回归分析。作为对照，本章分别给出了Probit模型估计和Logit模型估计的结果。回归中变量的选取参照了姚先国和翁杰（2005）的研究。回归一1是员工个体变量的分析结果，回归一2是加入了行业技术进步变量的分析结果。

表3—6　　员工再教育需求决定因素分析

解释变量	Probit估计		Logit估计	
	回归一1	回归一2	回归一1	回归一2
常数项	5.11 (—)	4.63 (—)	−5.52*** (1.06)	−6.53*** (1.22)
性别	−0.31*** (0.07)	−0.33*** (0.08)	−0.54*** (0.13)	−0.58*** (0.14)
年龄	−0.014** (0.007)	−0.015** (0.007)	−0.02** (0.01)	−0.03** (0.013)
高中学历	6.46*** (0.18)	6.46*** (0.34)	3.31*** (1.01)	3.31*** (1.01)

① 如，Bartel & Sicherman（1993）将员工个人变量与行业变量进行匹配，分析了技术进步对于员工退休和培训决策的影响；Lillard & Tan（1992）以行业作为技术进步变量，研究了技术进步与企业培训之间的关系；Neuman & Weiss（1995）以行业作为技术进步变量，研究了技术进步对教育和工作经验产生的退化效应等。

设置了虚拟变量，并以食品加工业作为基准点，这意味着如果行业变量显著为正，则相对于食品加工业而言，员工有更强的再教育需求。从表中我们可以发现，以造纸、化工、机械和电子为代表的技术进步较快的行业，相对于食品加工、纺织和家具制造而言，员工有更强的再教育需求。这符合本研究的前提假设，即技术进步将激励员工投资于教育这样的一般性人力资本。

表 3—7 是对员工参与再教育决定因素的分析。因为考虑到样本参与再教育的比例并不高，只有 4%，可能会有角点解问题，因此本章用 Tobit 回归来估计，作为对照，本章也同时给出了 Logit 估计的结果。同样的，回归—1 是员工个体变量的分析结果，回归—2 是加入了行业技术进步变量的分析结果。

表 3—7　　员工参与再教育决定因素的分析

解释变量	Logit 估计		Tobit 估计	
	回归—1	回归—2	回归—1	回归—2
常数项	−22.04 (—)	−36.67 (—)	−0.03 (0.02)	−0.04 (0.03)
性别	−0.25 (0.26)	−0.34 (0.27)	−0.009 (0.008)	−0.01 (0.008)
年龄	−0.05* (0.026)	−0.06** (0.03)	−0.002** (0.0007)	−0.002*** (0.0007)
高中学历	17.46*** (0.71)	16.58 (2814.46)	0.028** (0.014)	0.02 (0.014)
大专中学历	17.26*** (0.76)	16.21 (2814.46)	0.028* (0.015)	0.02 (0.015)
本科及以上学历	16.66*** (0.82)	15.50 (2814.46)	0.009 (0.017)	−0.001 (0.017)
工作经验	0.29*** (0.06)	0.26*** (0.07)	0.009*** (0.002)	0.008*** (0.002)
工作经验平方	−0.006*** (0.002)	−0.005*** (0.002)	−0.0002*** (0.00005)	−0.0002*** (0.00005)
技能等级	0.53*** (0.18)	0.60*** (0.19)	0.02** (0.007)	0.02*** (0.006)
职位	0.41*** (0.11)	0.41*** (0.12)	0.02*** (0.005)	0.02*** (0.005)

续表

解释变量	Logit 估计		Tobit 估计	
	回归一1	回归一2	回归一1	回归一2
纺织业	—	14.84 (2814.46)	—	0.01 (0.03)
家具制造业	—	—	—	0.01 (0.04)
造纸业	—	17.89 (2814.46)	—	0.12*** (0.04)
塑料	—	—	—	0.013 (0.03)
化工	—	16.83 (2814.46)	—	0.09*** (0.03)
机械	—	15.73 (2814.46)	—	0.02 (0.025)
电子	—	15.76 (2814.46)	—	0.02 (0.03)
其他	—	15.96 (2814.46)	—	0.03 (0.03)
Pseudo R^2	0.163	0.206	−0.117	−0.160
LR	107.81	134.37	112.11	152.76
N	2 045	1 918	2 045	2 045

注：括号内为标准误。*、**和***分别表示在0.10、0.05和0.01水平上显著。

从表中可以发现，估计结果与员工再教育需求的分析相比大致一致，但略微有些差异。从性别来看，结果不显著，说明员工实际参与再教育并无明显的性别差异。而对于技能等级变量而言，我们发现与员工实际参与再教育之间存在显著的正相关关系，而之前的估计却不显著。分析原因，本章认为可能正是由于参与了再教育才使得技能等级提高的内生性有关。

对于技术进步而言，实际参与再教育与上面的再教育需求分析也基本是一致的。可以发现，造纸和化工这样技术进步快的行业，与员工参与再教育保持着显著的正相关关系，说明在技术进步快的行业中，员工会更多地参与再教育，从而更多地投资于自身的一般性人力资本。

（三）员工培训参与决定因素分析

对于一个员工而言，他既可以通过参加再教育投资于一般性人力资本，也可以通过在职培训形成专用性人力资本，或者是两者兼顾。在本章的研究中，主要是考虑员工对于不同人力资本投资方式的选择，为了使问题变得清晰，所以在这里并不考虑培训的一般性和专用性问题，而是简单地认为，在职培训相对于再教育而言形成的是专用性的人力资本。从员工的角度进行分析，样本中共有 44.74%的员工参与了各种形式的在职培训。在下一章中，本章将从培训出资方即企业的培训供给角度进行分析，所以这里只是简单地分析员工培训参与的问题。与对再教育的分析一样，这里也是将行业作为技术进步的变量来考虑技术进步与员工培训参与之间的关系，而且可以初步判断技术进步较快的资本密集型行业中，员工会更多地参与培训。

表 3—8 给出了对员工培训参与决定因素的估计结果。同样，这里也同时给出了 Logit 估计和 Tobit 估计的结果，回归－1 是员工个体变量的分析结果，回归－2 中则加入了行业技术进步变量的分析结果。为了反映员工参与再教育与在职培训之间的互补性，在回归中加入了员工再教育变量，并且可以预期这两者之间存在着正相关关系。同时，对于教育程度的虚拟变量设置，这里用本科及以上学历作为基准点。

表 3—8　　员工培训参与决定因素分析

解释变量	Logit 估计		Tobit 估计	
	回归－1	回归－2	回归－1	回归－2
常数项	－0.86*** (0.26)	－1.52*** (0.40)	－0.25** (0.13)	－0.60*** (0.20)
性别	－0.14 (0.10)	－0.15 (0.10)	－0.06 (0.05)	－0.07 (0.05)
年龄	－0.015* (0.009)	－0.014 (0.009)	－0.007* (0.004)	－0.005 (0.005)
初中学历	－0.71*** (0.20)	－0.62*** (0.21)	－0.39*** (0.10)	－0.33*** (0.10)
高中学历	－0.21 (0.14)	－0.21 (0.14)	－0.10 (0.07)	－0.09 (0.07)
大中专学历	－0.08 (0.14)	－0.09 (0.14)	－0.03 (0.06)	－0.03 (0.06)
再教育	0.62*** (0.13)	0.61*** (0.14)	0.27*** (0.06)	0.27*** (0.06)
工作经验	0.0004 (0.022)	－0.001 (0.02)	0.002 (0.010)	－0.0003 (0.010)

续表

解释变量	Logit 估计		Tobit 估计	
	回归一1	回归一2	回归一1	回归一2
工作经验平方	−0.000 2 (0.000 7)	−0.000 1 (0.000 4)	−0.000 1 (0.000 3)	−0.000 1 (0.000 3)
技能等级	0.22*** (0.08)	0.25*** (0.07)	0.10*** (0.04)	0.11*** (0.04)
职位	0.57*** (0.06)	0.56*** (0.06)	0.25*** (0.03)	0.24*** (0.03)
纺织业	—	0.28 (0.33)	—	0.15 (0.16)
家具制造业	—	0.67 (0.42)	—	0.35 (0.21)
造纸业	—	0.47** (0.24)	—	0.23** (0.10)
塑料	—	1.06*** (0.39)	—	0.54*** (0.19)
化工	—	0.90*** (0.33)	—	0.44*** (0.16)
机械	—	0.38 (0.31)	—	0.21 (0.15)
电子	—	0.93*** (0.33)	—	0.48*** (0.16)
其他	—	0.79** (0.34)	—	0.39** (0.16)
Pseudo R^2 LR N	0.083 234.21 2 045	0.096 271.18 2 045	0.053 220.05 2 045	0.062 257.17 2 045

注：括号内为标准误。*、**和***分别表示在 0.10、0.05 和 0.01 水平上显著。

从表中可以发现。对于员工培训参与来说，并无明显的性别差异，而进一步进行性别与培训参与的交叉分析，我们可以发现，总体上男性员工的培训参与率为 46.0%，略高于女性员工的 42.5%。当不考虑行业变量时，年龄因素在 10%的显著性水平上与培训参与负相关，说明随着员工年龄的增长，参加培训的可能性会降低。同样根据人力资本生命周期理论，随着员工年龄的增加，员工进行人力资本投资的机会成本逐渐加大以及回收投资成本的时间逐渐减少，员工会减少人力资本投资。而同样我们也可以从技术进步角度进行考虑，技术进步的加速使年龄较大的员工在获取新知识和新技术上的难度较年龄小的员工大，因此，企业倾向于对年龄小的员工进行培训投资（Bartel & Sicherman 1993；Yamauchi & Godo 2003 等）。对于教育程度变量而言，可以发现相对于本科及以上教育来说，初中学历的员工参与培训显著减少，高中和大专学历虽然系数为负但不显著，而用员工受教育年份作为教育程度变量来估计，得到的结果是受教育年份与培训参与之间呈显著地正相关性。说明员工教育程度的高低显著地决定着培训参与程度，受教育程度越高的员工越有可能会参与各种形式的培训，这与许多国外实证研究的结果也是相符的，如 Mincer（1989），Lillard & Tan（1992）和 Bartel & Sicherman（1998）等。对于技能等级和职位而言，两者都与培训参与呈现出显著的正相关关系，说明伴随着技能等级的升高和职位的晋升，员工能够获得更多的培训机会，本章给出的解释与前文对再教育中的解释类似，这里不再赘述。而表中反映的再教育需求与培训参与之间的正相关关系，进行两者的交叉分析，可以发现有再教育需求的员工中有 62.82%参与了培训。这符合本章关于一般性人力资本与专用性人力资本的互补性的假设，即投资再教育形成的一般性人力资本将对培训形成的专用性人力资本有正的反馈效应（而对于培训的分析，在下一章还会从企业的角度进一步展开，这里不再详细分析）。

对于行业技术变量而言。我们可以发现，以造纸、塑料、化工和电子为代表的资本密集型行业与员工培训参与保持着很显著的正相关关系。说明与再教育的分析类似，技术进步较快的资本密集型行业相对于劳动密集型行业来说，员工更多地参与了培训。说明技术进步对于员工培训参与程度是也有着明显的决定作用的，快速的技术进步将促使员工更多地参与培训。

（四）技术进步对人力投资结构的影响：非线性估计

通过以上对员工再教育与培训参与决定因素的分析，可以发现，技术进步因素与员工人力资本投资决策的关系十分显著，快速的技术进步将激励和促使员工做出人力资本投资的决策，参与再教育和培训。但是，仅仅通过上文的分析，只能初步得到技术进步与人力资本投资之间关系，而不能深入地分析技术进步将对人力资本投资带来的结构性影响。要解答这个结构性问题，就需要对理论模型中的参数做出估计，接下来将介绍估计的方法。

首先，本章假定员工初始的教育人力资本，是员工在进入企业时受教育年限的函数：$\ln h_{s,0}=\theta_1+\theta_2 Edu$；对于初始的培训人力资本而言，因为样本数据无法体现员工在调查期之前的培训情况，所以只能通过间接的估计来完成。前文已经假设，年龄是很好的衡量变量，为进一步精确估计，本章用员工的工作经验减去企业的任职期来衡量先前的培训人力资本存量。因为可以理解，员工先前的工作经验越多，获得的培训机会也越多，从中积累的培训人力资本也就越多。并假定初始量符合该函数形式：$\ln h_{t,0}=\gamma_1+\gamma_2 Exp\_Ten$。

从式（3—5）中可以看出，要准确估计各参数，必须对人力资本存量进行测量，但是因为直接测量人力资本存量是比较困难的，所以可以通过定义其他变量来解决，这里本章假定人力资本回报率 $R=2$。因为一般的研究都用每小时工资来衡量人力资本存量，这里假定回报率为 2，并且员工每个月大致工作 200 小时，那么即可通过员工的月工资直接衡量人力资本存量。因为有了初始的人力资本，就可以通过预测员工工资，来估计各个参数。员工工资符合以下函数：

$$W_{it}=f(v;Edu,Exp\_Ten,\pi,S,T)$$

其中，$v=$（α_1，α_2，α_3，α_4，α_5，β_1，β_2，β_3，β_4，β_5，λ_1，λ_2，θ_1，θ_2，γ_1，γ_2），因为样本是一个横截面数据，所以直接描述员工的动态过程可能比较困难，但是可以通过追溯员工在教育或是培训上所花的时间和工资水平，间接描述员工人力资本投资的决策。这样 $t\in$（0，1），$t=0$ 代表员工进入企业的时刻，$t=1$ 代表调查进行的时刻。对于技术进步变量 π 而言，本章采用了行业来衡量技术进步的方式，由一般常识性的判断，可以基本假定技术进步快慢大致与本章行业的排列一致，即由食品制造（*Indu*1）到其他资本密集行业（*Indu*9）。S 和 T 为员工在再教育和培训上所花时间的比例。本章通过非线性最小二乘法估计，估计出了各个参数，下面将介绍结果，并对结果进行分析与讨论。

样本中有 535 个样本点没有报告工资的观测值，将这些样本点除去，样本容量为 1 510 个，因为有（0，1）二期的观测值，所以总样本数为 3 020 个。表 3—9 报告了估计的结果。从结果来看，教育与培训两种人力资本投资方式，对于人力资本的产出而言，有着不同的效果。同时，结果还揭示了，通过教育获得的一般性人力资本与通过培训获得的专用性人力资本，这两种人力资本在技术进步条件下所受的不同影响。

前文提到，技术进步对于人力资本有两种效应：第一种是互补效应，以物质为载体的技术资本与高技能劳动力为载体的人力资本之间的互补性，使得人们在采用一项新的技术时，人力资本将发挥比以往更大的经济效率。第二种是退化效应，因为技术进步导致的技术与知识的更新，使得人们已有的人力资本退化与折旧。而对于通过学校教育所获得的一般性人力资本和通过在职培训获得的专用性人力资本而言，这两种效应作用的效果如何？并且在

表 3—9　　人力资本投资结构模型的非线性估计结果

参数	估计值	t 值	参数	估计值	t 值
α_1	0.67*** (0.23)	2.91	β_4	0.33 (0.29)	1.14
α_2	0.033** (0.016)	2.06	β_5	−0.26 (0.34)	0.76
α_3	0.40*** (0.13)	3.08	λ_1	0.65*** (0.06)	10.83
α_4	0.36 (0.25)	1.44	θ_1	0.13 (0.34)	0.38
α_5	0.75** (0.36)	2.08	θ_2	0.28*** (0.09)	3.11
β_1	0.09 (0.10)	0.90	γ_1	0.09 (0.23)	0.39
β_2	0.68** (0.32)	2.13	γ_2	0.15*** (0.04)	3.75
β_3	0.48 (0.87)	0.55	N (样本数)	1 510×2=3 020	

注：括号内为标准误。*、**和***分别表示在 0.10、0.05 和 0.01 水平上显著。

技术进步条件下这两种人力资本投资方式对人力资本的产出效应有何区别？本章的估计可以对此进行解答。

首先，考察表中 α_5 和 β_5 两个参数的表现。可以发现，α_5 显著为正，带入式（3—6），则技术进步变量前的系数为负，说明了在技术进步条件下，原先获得的培训人力资本体现出了一种退化的现象。相反，对于教育人力资本而言，β_5 符号为负（但是没有通过显著性检验），带入式（3—7），则技术进步变量前的系数为正，说明技术进步对于学校教育人力资本而言，体现出的更多是一种互补的效应，或者说没有明显的退化效应。因此，技术进步与教育人力资本有一定的互补性，同时使得培训人力资本退化。这个结果表明，在技术快速进步的环境中，拥有更多教育的员工，比拥有更多培训而教育更少的员工而言，更能从技术进步中得到好处。这也符合先前的研究结果，比如 Bartel & Lichtenberg（1987）和 Gould（2002，2005）等的研究。教育和培训这两种不同人力资本，在技术进步条件下不同的表现，势必将影响员工的人力资本投资决策。从第三目的统计分析来看，在技术进步越快的企业，员工也越倾向于参加再教育，投资一般性人力资本，本章的估计结果恰好对原因做出了原理上的解释。

其次，考察参数 λ_1 和 λ_2 的表现。因为之前假定，人力资本生产函数符合固定规模效应（CRS）函数特点，即 $\lambda_1+\lambda_2=1$，所以只给出了 λ_1 的结果。从结果来看，λ_1 为 0.65，说明在人力资本生产中，教育所获得的一般性人力资本相对于培训所获得的专用性人力资本而言，起着更重要的作用。更为重要的是，这个结果揭示了教育相对于培训而言，对于员工的收入增长有着更强的决定作用。说明了在技术进步条件下，如果想要获得更为满意的工资曲线，员工必须更多地接受教育，投资一般性的人力资本。这也符合 Helpman & Rangle（1999）的研究结果。

五、结论与启示

通过本章研究，我们发现以浙江省企业为样本的企业技术进步在一定程度上呈现出了技能偏态性的特点，企业的技术进步提高了企业对高技能劳动力的需求，特别是以人均占有机器价值作为衡量技术进步的变量时，企业中的就业结构会发生明显变化，高技能工人工资占比与就业占比都会显著提高，但高低技能间的收入差距并没有很好地拉开，对于技能投资的回报并没有很显著的提高。

同时，本章也在理论上讨论了技术进步对于教育和培训这两种不同人力资本的作用效果，随后通过建立员工人力资本动态结构模型，对此做了估计。结果显示，在技术进步条件下，教育所获得的一般性人力资本，更容易与技术进步产生互补；而培训所获得的专用性人力资本，却容易随着技术进步的加快而退化。

从样本的统计性分析来看，员工投资于再教育和投资于培训都与技术进步呈现显著的正相关关系，更快速的技术进步会导致员工更多地参与再教育和在职培训。但是，对于投资的结构效应而言，并不能给出解答。通过对动态结构模型的估计，本章提供的结果是，在技术进步更快的环境下，员工投资于再教育比投资于培训更为有利可图。而这个结果也在一定程度上解释了，员工更热衷于参与再教育以及一些可以获得技能证书的培训，而对企业提供的培训参与热情不高的现象。

第四章　中国健康人力资本回报：1997—2004[①]

按照人力资本理论，教育投资确实有利于提高人们的边际生产率，增加收入。但是，人们对于人力资本的另外一种形式——健康的重要经济意义却认识不足，一方面这种认识上的不足会导致人们对健康投资不够重视，损害到卫生保健事业的可持续发展；另一方面，对健康投资的认识不足，不仅会影响到人们健康状况的改善，也会影响到经济和社会的可持续发展，例如2002年SARS的爆发及其对我国社会、经济发展的冲击就从反面证明了这个道理。

根据人力资本理论，每个人的健康状况都是一种资本的储备，经济学家称之为“健康资本储备”或“健康资本存量”，并认为它主要通过健康服务来发挥作用。这种资本储备一部分是天生就有的，另一部分是后天获得的。随着时间的流逝，健康资本储备会逐渐贬值，而且越到人的生命后期贬值的速度就越快，但健康可以通过投资来维持或提高（舒尔茨，1990）。

对健康的投资在确保一定的人口数量和提高人口质量这两方面都发挥着重要作用。世界银行在1993年的《世界发展报告》中明确提出：“良好的健康状况可以提高个人的劳动生产率，提高各国的经济增长率”，“卫生事业的发展不仅是一个国家经济发展所导致的结果，它还是促进经济发展的重要手段，使之成为良性循环”。所以说，健康人力资本投资是人力资本投资不可或缺的一个组成部分，它确保了高质量人力资本的实现。从微观角度看，健康的经济效应体现为对个人的影响，如收入；从宏观角度看，健康的经济效应体现为对经济增长的影响。

一、健康人力资本的经济效应

（一）对个人经济收入的影响

大量的研究都表明寿命的延长、力量强度、耐久力、精力的维持与提

---

① 本章主要内容基于潘思思．健康人力资本对我国城乡居民收入的影响．浙江大学经济学院，2007。

高，有利于人们在劳动力市场上的表现，如有效地参加劳动供给，提高个人的劳动生产率，获得更多的就业机会，工作时间可以延长等。而且良好的健康状况有利于提高入学率，从而确保教育投资的实现。忽略健康投资所带来的这些影响，就会在对教育的收入效应评估时产生偏性。假设更健康的人容易获得更多的教育，那么在这个人的教育影响工资水平模型中如果不对健康变量进行控制，就会导致对教育作用的过高估计。同样，在研究更健康的个体关于工资的劳动力供给方程时，如果不控制由于健康因素引起的异质性，就会导致供给曲线的弹性估计偏小（Currie and Madrian，1999）。

Strauss（1986）提出，社区中的食品价格与人们的食物消费有关，家庭对营养和健康的投入是影响家庭成员劳动生产率的重要变量。他的研究发现，在收入非常低的农村家庭中，可获得的营养增加会使得家庭中农业劳动力的人均产出增加。在热量摄入水平很低的情况下，热量摄入的持续与劳动生产率的提高成正比。Hunt-McCool & Bishop（1998）和国内的樊明（2002）等许多学者也都从不同角度在健康投资对个人在劳动力市场上表现的影响进行过分析，他们一致认为健康状况是影响劳动力参与、每年工作时数、小时工资等的重要因素。基本结论是：越健康的人参与劳动力市场的概率越大，获得就业机会的概率也越大，工资水平也越高，并且工作寿命也越长。Haddad&Bouis（1991）、Glick&Sahn（1998）研究发现较好的健康状况在劳动力市场中占有明显的优势，尤其在儿童时期的健康投资更是有明显的劳动力市场回报。

另外，国内外已有大量的研究证实了健康作为一种人力资本对个人收入有重要贡献。其原因之一是健康有助于提高教育回报率。拉蒂·拉姆和西奥多·舒尔茨就对这一问题作过研究，他们提出健康状况的改善会刺激人们获得更多的人力资本，即刺激人们接受更多的学校教育和获得更多的职业经验，以作为未来收入的投资；并且刺激父母们更多地投资于其子女的人力资本。这是因为，通过改善健康可延长平均预期寿命，从而延长职业生涯，降低教育投资的折旧率，使这些投资能在更长的时期内获得不断增长的未来收益，提高其回报率；而寿命的延长和更加充沛的精神和体力，再加上增加收入的可能性的加强，使劳动者愿意更多地投资于自身的教育培训和技能训练，带来工作数量和质量的提高。更多结论性的研究则由 Wolfe（1985）完成。Wolfe 经过实证检验得出，身体健康状况不良最终会限制教育的取得和工作中的培训及工资的上涨；劳动力市场中，伤残等疾病会直接带来工作努力的减少、技能贬值和在职培训的受限。具体来说，健康可在三方面影响教育的收益：受教育的机会、学习能力及对女孩的不平等。健康状况不仅影响儿童的入学可能性，也可影响到成人接受继续教育的机会。

因此，健康人力资本的投资会直接或间接地影响人们在劳动力市场上的表现和教育的投资回报率而增加个人的经济收入，同时收入的增加又会使人们可以用于健康的投资提高，从而进一步提高使收入成为可能。另外，健康投资也意味着减少疾病的发生，这不仅节省了收入中用治病的费用，而且缩短了不健康的生病时间，减少了时间的机会成本。

（二）健康对经济增长的影响

健康投资提高了个人的劳动生产率和教育的质量，使得劳动者的素质和劳动质量提高，这间接促进了宏观经济的增长。近年来，随着经济的全球化发展，统计工作的日益健全，一些研究者开始利用地区或国家水平的资料分析群体健康对国家或地区经济发展的影响。Bhargava 等（2001）用成人生存率指标作为健康指标的替代分析对国家经济的影响时发现，健康指标每提高 1%，将会使经济增长率提高 0.05%。Bloom 等（2001）也认为人均期望寿命每增加一年，将会使产出上升 4%。而从另一个角度讲，健康的损害、疾病的流行不仅会造成巨大的经济损失，也会阻碍经济的进一步发展。如 Jamison 等研究发现，健康状况改变速度较慢是非洲收入增长缓慢的一个重要因素，而艾滋病的流行又直接导致了撒哈拉地区经济福利的下降。假设这一地区的死亡率保持在 1990 年的水平不变，那么经济福利将是目前的 1.35 倍。相反，减少疾病的直接或间接损失则可以促进经济增长。国内相关研究（郑合明，1994）测算出防治碘缺乏病的成本收益为 1∶255，即投入一份防治费用就可以得到 255 份的收入。

除了通过疾病带来经济损失外，传统上还认为健康通过对作为经济增长的三个重要源泉——自然资源、劳动力数量和物质资本积累的作用，影响了经济的表现。首先，健康投资促进了对自然资源的利用。1993 年《世界发展报告》中提到，河盲症的控制不仅可使 3 000 万人免受河盲症之害，而且使大约 2500 万公顷原来荒芜的田地更适于安居和耕地，从而有力地促进了农业生产。因此传染病、寄生虫病、地方病的肆虐不仅损害了居住地人的健康，也阻碍了人们对自然资源的开发和利用。其次，严重的疾病会导致劳动人口丧失劳动能力，甚至劳动人口大量减少。1998 年的统计表明，津巴布韦、赞比亚、南非和博茨瓦纳接近 1/4 的 15～49 岁的人感染了艾滋病，劳动力缺少是这些国家陷入贫困的主要原因之一[①]。最后，物质资本积累作为经济增长的另一个源泉，它的一个主要决定因素是储蓄率。Bloom 对个人在生命不同时期的储蓄方式的研究表明，健康状况的改善和寿命的延长使得人

① 中华人民共和国卫生部，卫生部统计信息中心．2003 年第三次国家卫生服务调查分析报告[R]．北京：中国协和医科大学出版社，2004。

们退休后的时间也相对延长，这改变了人们的储蓄行为，储蓄的增加使得社会物质资本积累相应的增加，推动了经济增长。

（三）健康与反贫困

人力资本理论的观点可以用来解释健康与贫困之间的关系。如上文所述，健康人力资本可以增加个人的收入和促进国家或地区经济的增长，从而帮助人们脱离贫困，而经济的增长和收入的提高又有利于人们进行质量更高数量更多的健康人力资本投资，形成了一个良性的循环。相反，健康水平低下会使人们丧失了人力资本投资的能力和改善自身境遇的机会，造成了收入的减少和贫困的发生。疾病与贫困往往是一对孪生姐妹，它们总是同时存在，并相互影响，形成疾病和贫困之间的恶性循环。首先，健康水平低又承担不了医药费用将导致劳动能力的丧失，造成人们收入与机会的丧失，从而导致贫困的发生。其次，贫困会使穷人无力承担能提高其生产力和生活水平的医疗保健，而贫困造成的营养不良和过去的疾病所遗留下来的后果，意味着他们更可能染上疾病，不可避免地又陷入贫困。值得注意的是，家庭主要劳动力患疾病不仅影响自身的人力资本投资能力，还会削弱对下一代的人力资本投资，从而造成贫困的代际传递，最终形成健康水平低—人力资本投资不足—贫困—健康水平再度恶化的循环。

不难看出，健康水平低既是贫困发生的原因，也是贫困造成的后果，这种由于健康水平低下造成人力资本投资不足而产生的贫困即可称为“健康贫困”。孟庆国和胡鞍钢（2000）基于阿玛蒂亚·森的观点对“健康贫困”定义为：健康贫困是一种机会丧失和能力剥夺，即由于经济发展水平低下、支付能力不足所导致的参与医疗保障、卫生保健和享受基本公共卫生服务的机会丧失，以及由此造成的健康水平下降所导致的参与经济活动的能力被剥夺，从而带来了收入的减少和贫困的发生或加剧。根据我国卫生部组织的国家卫生服务调查，1993 年农村应住院而未住院者中，有 58.8%的人是出于经济困难。1998 年，这个比率增加到 65.3%①。此外，根据刘远立等（2001）计算，1998 年全国农村收入贫困户占农村居民户的比率为 7.22%，非贫困户由于医疗花费过大而落入贫困线以下的农户占总户数的 3.26%。这意味着从家庭消费支出的角度观察，贫困率达 10.48%。

国内一些学者也研究指出，事实上，我国许多贫困地区的自然条件并非十分恶劣，相反却拥有丰富的自然资源，造成这些地区迟迟不能摆脱贫困陷阱的重要原因之一就是人口素质的低下和人力资本的匮乏（王小强、白南

① 中华人民共和国卫生部．卫生部统计信息中心：第二次国家卫生服务调查主要结果的初步报告［R］．中国卫生质量管理，1999.

风，1986；阎文学，1994）。由于受收入水平低等因素的制约，农村居民的医疗保健支出长期在低水平上徘徊，贫困人口更是缺乏对基本医疗服务的支付能力，严重影响了农村居民健康水平和人力资本的质量的提高。更为严重的是，为了支付医疗费用，许多农民不得不变卖家产，从而失去了维持生活和再生产的基础，陷入贫困而不能自拔。据调查，目前贫困地区的致贫原因中，因病致贫的比例全国为23%，而中西部地区的比例更高（朱庆生，2000），疾病损伤已成为第二大致贫原因。可见，健康与贫困具有越来越紧密的联系，增加健康投资从而提高人力资本的质量已成为消除贫困的重要一环。

二、健康人力资本及其回报的测量

（一）健康人力资本指标

健康是多维度的，并且健康的不同维度对劳动生产率和收入的影响也是不同的。因此经验研究在评估健康的经济效应时特别注重对健康的测量。由于人们掌握的科学技术和自身认识有限，个人健康的状况和他的能力高低同样让人难以用指标有效、正面地测量。最常被引用来评价健康的指标是既定年龄和性别下个人的存活率和生命预期。

Anderson 和 Burkhauser（1984）对个体健康的测度，开拓以用主观评价法、客观评价法或两者相结合的办法。客观评价方法是指根据研究目的不同而构造不同的健康量表或者直接由专业人士做出诊断，在实际中这两种方法常会同时使用。主观评价法就是自我评价，反映的是个人对自身健康的综合评价。这种方法由于较为经济并且自评的健康状况与专业人士的评价有较高的相关性而被广泛采用。LaRue（1979）、Ferraro（1980）在研究中均证明了自我评价的健康状况和由医疗起作用的健康状况之间有很高的相关性。但自我评价的方法带有不可避免的主观性，不少研究者们提出，自评的指标选项仅有四项，选项过少选择结果又容易集中于“一般”和“不良”两项，很难解释其潜在含义，而且其结果与医疗服务的使用一致，是无谓的重复等。有鉴于此，健康经济学家们广泛采用了路径分析、MIMIC 模型等工具对潜变量加以度量。世界银行和世界卫生组织 1993 年设计了一个“由伤残调整的生命年”（Disability — Adjusted Life Years）指标，用以综合测算 1990 年因疾病、早亡或伤残带来的健康生命损失情况；Dolan（2000）年提出了“健康有关的生命质量”（Health Related Quality of Life）指标。但是，这一系列新的评价指标体系的可用性问题仍在进一步争论中。

对群体健康的测量通常建立在对个体健康测量的基础上，传统上用人口统计（主要是死亡率和预期寿命）、疾病统计、身体发育统计等指标来反映。

但是，在一个国家被看成是疾病的状态，在别的国家可能被视为正常，所以发病率指标带有很大的随意性。并且，许多贫困国家和地区的病人根本无法获得医疗资源，这使得对疾病的统计数据往往很难做到准确。相比之下，用死亡率指标，特别是婴儿死亡率指标来反映健康状况，其可靠性要高得多。因为死亡难以被忽略，现代国家几乎都有严格的死亡事件官方统计体系和管理机构。婴儿生命力的软弱，使得它们的死亡率能够敏锐地反映出一个国家或地区的物质生活环境和卫生保健基础条件对人的健康水平的影响，从而成为反映健康资本存量的重要指标。不过，随着社会经济的发展、人群健康状况的改善和提高，传统的人口统计指标在反映人群健康的变化和敏感性方面有所降低，于是一些新的指标如减寿人年数、无残疾期望寿命、健康期望寿命等指标开始被广泛采用，以弥补传统指标的不足（龚幼龙，2000）。

经过实证调查和对文献的研究，Currie&Madrian（1999）总结了八种实际操作上可以运用的测量健康的方法：（1）对健康状况的自我评价（Self Evaluation of Health—SEH），通常是由“好、良、一般和差”四个测度组成；（2）在工作上是否有由于健康而造成的能力限制；（3）是否有其他功能性的障碍，如在日常生活活动中有障碍（Activities of Daily Living—ADLs）；（4）慢性病和急性病的出现情况；（5）医疗保健带来的效用；（6）精神健康等的临床测试；（7）营养状况，如身高、体重及其他体格数量指标；（8）预期寿命。对于发展中国家的研究侧重于使用营养状况、医疗保健效用、慢性病和急性病的出现情况这几个测量方法。相反，大多数对发达国家的研究都集中在使用自我评价、工作能力限制指标。

（二）健康人力资本回报的测量方法

如何准确测量健康人力资本对个人收入的影响和对经济增长的影响是学术界遇到的又一难题，因为首先如上文提到的，对健康的测量没有正面有效的指标；其次，不像对于教育投资的收益，可以采用不同受教育年限者的货币收入来度量。健康的收益，往往很难界定哪些收入的变化是来源于健康存量的不同，并且经常会包括评价人生命的经济价值的需要，故而难以度量，这也是成本收益分析在健康领域受限的原因之一。关于人生命的经济价值，国内外不少学者都对此进行过研究，但从整体上来讲，仍未形成系统的理论，人力资本法（以未来工资收入贴现后的总和来衡量人的价值）和支付意愿法（直接询问从事危险的工作人员所要求且愿意的支付额来确定）是目前使用最广泛的方法（王亮，2003）。

另外，在计量研究过程中，使用什么统计检验方法和分析模型，应该控制哪些变量，做什么样的假设前提等也是各种各样，每个研究者都有自己的一套理解。Haddad 和 Bouis（1991）根据 1984—1985 年菲律宾某省 448 户农户 6 次跟踪调查数据（各相隔 4 个月），采用固定效应模型等方法，估计了个人营养状况对工资的影响。研究建立的工资函数除考虑个人卡路里摄入（短期营养）外，还同时考虑了两个人体测量变量，即身体质量指数（BMI，中期营养）① 和身高（长期营养）。结果发现，身高对市场工资有强烈的影响，而 BMI 和卡路里摄入却对工资没有影响。Schultz（2005）将个人健康投资的当地食品价格、医疗保健的可及性和社区水平的健康投资等作为外生工具变量，使用工具变量法（IV）研究身高对小时工资的影响，发现影响是显著的。Currie 和 Madrian（1999）指出，在测量健康影响效果时，研究者应该考虑对研究结果最为重要的特定测量方式，这些测量方式应部分建立在他们研究问题的基础上，比如如果要研究健康对工作时间的影响，那么就有必要对健康的界定进行拓展。

（三）中国健康人力资本回报研究概况

综上所述，对于健康人力资本的投资是人力资本投资中的一个重要组成部分。健康通过影响个人进入劳动力市场的机会和在劳动力市场上的表现增加收入，也直接或间接地促进了宏观经济增长，并且还因减少疾病的风险和损失帮助人们脱离贫困的陷阱。但是，与对教育的研究相比，国内学术界对健康人力资本投资的经济学研究明显不足，对健康人力资本的收入效应进行开创性研究的主要是张车伟（2003）和刘国恩等（2004）。

张车伟（2003）利用中国贫困农村的数据，在运用工具变量法控制着营养和健康变量内生性（endogeneity）的前提下（工具变量包括粮食消费价格指数、家庭孩子的数量、乡卫生院医疗价格等），对健康变量为家庭劳动力的简单平均值和加权平均值两种情况分别进行了两阶段最小二乘法估计（2SLS），发现在贫困农村，营养和健康确实是制约农民收入增加的重要因素。张车伟选用了身高、身体质量指数（BMI）、营养摄入等八种不同的健康指标作为健康变量，比较分析了它们对收入的影响，并且对健康变量的加权平均有效地考虑到了人力资本个体差异的影响。但由于工具变量所要求的外生性（exogeneity）很难保证，因此这种方法会在评估健康的真实效应时产生偏误。

刘国恩等（2004）首次探讨了将健康作为人力资本的一种形式在中国经济奇迹中的作用。他们利用 1991—1997 年的中国健康与营养调查（CHNS）数据，研究建立了以家庭为基础的个人收入生产函数。相对于用工具变量法控制健康变量的内生性，刘国恩等认为，使用纵向追踪数据和固定效应模型方法，可以更好地控制住模型分析中的样本选择方差（sample selection bi-

① 身体质量指数（Body Mass Index）：体重（kg）除以身高（m）的平方。

as)。在控制观测扰动因素后，他们发现，健康（自我评估的健康状况）与收入高度相关，健康的边际生产率随健康状况的提高而提高。但对收入的测量和健康变量的选择是刘国恩等研究的两个不足之处。前者是受限于CHNS数据而无法获得个人水平上的收入，这会低估健康对生产率效应的影响；后者是由于自我评估的健康状况只是一种粗略、主观的度量，包含了一定的不确定性，从而可能导致固定效应模型中的误差增大。

因此，本章在实证分析健康人力资本对收入的影响时，将借鉴两者在研究中的长处，并尝试弥补他们的不足。本章的主要贡献就在于：(1) 运用较新的中国健康和营养调查（CHNS）数据（1997年、2000年和2004年三年的纵向追踪数据）并分别采用简单最小二乘法和固定效应模型法来验证个人健康与收入之间的关系；(2) 实证分析过程中，测量了三种常用健康指标（身高、身体质量指数和健康状况的自我评价）对收入的影响，评估了它们在研究中的合理性和局限性；(3) 指出了对健康的投资在缩小我国城乡差距，促进社会、经济稳定发展中的现实意义并提出相应的政策建议。

三、数据

本章所使用的数据来自由美国北卡罗来纳大学和中国预防医学科学院联合执行的中国健康和营养调查（Chinese Health and Nutrition Survey—CHNS)。中国健康和营养调查依据地理位置、经济发展程度和公共资源的丰裕程度覆盖了中国东、中和西部9个省，4 624个家庭，13 669个个人，并从1989年开始对这9个省份进行了长期的固定追踪调查（longitudinal survey)，最近一次调查在2004年。该调查遵从多水平、随机群体样本的程序，在个人和家庭两个层面上进行，内容覆盖了有关家庭收入、人口健康、营养、教育、医疗保健、社会服务和社会人口学特征等诸多方面的信息，为研究者们提供了丰富的数据资源。9个省份包括了黑龙江、辽宁、河南、山东、江苏、湖北、湖南、广西和贵州。该调查根据加权采样模式对九省区的各县按照收入水平进行划分并随机抽取。另外，在采样中同时选取了省会城市和低收入城市，农业县中随机选取县城和乡村，城市中随机选取市区和郊区①。

本章使用了1997年、2000年和2004年三年的CHNS数据，并按地理和经济特征选取了5个省份以便于进行比较分析，分别是东部沿海地区经济较发达的山东、江苏和中西部地区经济不发达的河南、广西和贵州。在每个

① 中国健康和营养调查数据可从CHNS网站下载（http://www.cpc.unc.edu/projects/china)。

省的城市点和农村点（城市点包括了城区和市郊，农村点包括了乡镇和村落）中随机抽取了一半户数的家庭，以保证城市和农村的样本数量与现实平衡。由于本章研究探讨个人健康对收入的影响，研究样本选取了 18～65 岁的人群，再去除各年调查中缺乏有关健康、家庭收入、教育或职业等重要变量的观测值，所用数据包含了 271 个家庭、415 个个人，其中 415 个个人样本每年都拥有完备的分析所需变量信息。另外，本章所使用的样本中包含了 299 个农村人口，占总样本的 72.0%，与中国整体的人口分布接近。

表 4—1 显示了以个人为单位，与分析相关的各连续变量 1997 年、2000 年和 2004 年三年平均值的均值、观测值、标准误和最大值、最小值，并从总样本、城市和农村、东部和中西部这五个层面分别进行描述。

（一）家庭成员平均收入

在定义收入变量时，需要考虑中国劳动力市场的状况。首先，中国的劳动力市场并不是一个完全竞争的市场，市场工资率与边际劳动生产率可能相差很大。并且，在本章的样本中，有 72.0%的农村人口，而农村人口的收入基本上是由非市场工资的资产、产品和服务构成。其次，对于生活在农村地区的居民来说，很难区分每个人对家庭农业收入的具体贡献（刘国恩等，2004）。而对于生活在城市地区的居民来说，也很难区分每个人对家庭的商业收入的贡献。因此，本章将难以区分的家庭收入对家庭全体人数进行平均①，得到与个人相对应的平均家庭收入。家庭收入包括家庭务农收入、菜地和果园劳动收入、畜牧收入、渔业收入以及商业收入；而个人收入包括工资收入、奖金、补贴（包括副食补贴、保健补贴、洗理费、书报费、房屋补贴、育儿补贴和其他补贴）。通过将个人收入与个人平均家庭收入相加，即得到本章模型中使用的家庭成员的平均收入。值得注意的是，由于农业家庭收入是以年为核算单位，所以不论是个人收入还是家庭商业收入，也都应以年收入取值计算。本章并没有对收入按地区和年份细化的通货膨胀率进行调整，因此得到的不是家庭成员各年的实际收入。

从表 4—1 中可以看出，总样本中家庭成员三年的平均收入均值为 5 059.56 元。城市地区的家庭成员年平均收入均值 7 129.55 元远高于农村地区的 4 256.49 元，农村收入仅占城市收入的 60.20%；而东部地区的家庭成员年平均收入均值 7 317.35 元远高于中西部地区的 3 754.69 元，中西部地区收入仅占东部地区的 51.31%，略高于东部地区收入的一半。地区间如

① 刘国恩等（2004）研究发现用家庭收入除以家庭劳动人口所得到的结果与用家庭收入除以家庭全体人口所得到的结果一致，因此考虑数据统计方便，本章采用家庭收入除以家庭全体人口得到个人的家庭平均收入。

此大的收入差距是由地区间的人力资本差异、地理位置差异等多种因素综合作用导致的，本章主要探讨健康人力资本对城乡居民收入差距的影响。

（二）身体健康状况

本章在文献综述中已经提到，健康是多维度的，并且健康的不同维度对劳动生产率和收入的影响也是不同的，因此经验研究在评估健康的经济效应时特别注重对健康的测量。由于人们掌握的科学技术和自身认识有限，个人健康的状况和自身能力的高低同样让人难以用指标有效、正面地测量。本章选取了目前学术界使用较多的身高、身体质量指数（BMI）和自我健康评价指标（SEH）三个指标作为健康变量，比较研究三个指标对收入影响的大小。

CHNS调查中对个体自我健康评价（SEH）的度量用了四级指标，让调查者根据自己的身体感受，填写“很好”“良好”“一般”和“不好”。一方面看，个体自我健康评价反映了个人对自身健康状况的综合评价；但从另一方面看，个体自我健康评价带有很强的主观性。首先，每个人评价自身健康状况的基准不同，由于年龄、社会经济等级等的不同，自我健康评价可能会反映人们对自己社会经济行为和结果相关的感受而不是对健康的客观感受。其次，由于农村劳动力没有公费医疗，而且收入低，因此只要不是大病，他们就通常认为是没病，或者身体状况良好。但如果从营养水平的需要看，或从农村年长劳动力的身体状况看，农村劳动力的身体状况没有自我健康评价好（侯风云，2004）。表4—1中总样本、农村和城市、东部和中西部的平均自我健康评价指标均值均集中在良好附近，并没有太多的差异。

成人身高是测量一个人成长的健康环境的良好指标，尤其反映童年时期的营养水平和健康状态。因为成人身高在25～55岁期间不会有实质性的改变，所以它提供了可观测并且相对固定的观察指标。但成人身高在20～30岁就固定这个特点也带来一个很大的不足，这意味着它只能反映一个人成长的健康环境，而一个人成长的健康环境和他现在居住的健康环境很可能是不一样的。本章研究的样本平均年龄均值为42.13岁，CHNS调查始于1989年，因此没有判断个人成长的健康环境和现在居住的健康环境是否一致的数据来源。但即使健康环境迅速变化，成人身高仍然为评价成人健康提供很多有效的帮助。Fogel（1994）研究指出，很多由于童年时期健康环境差而长得矮一点的人在中年和老年时易患有慢性病。Weil（2005）也通过得出成人身高与死亡率之间的高相关性证明成人身高是评价健康的良好指标。表4—1中成人平均身高均值显示样本中城市和农村地区相差不大，但东部地区比西部地区高出近5厘米。由于本章所使用样本中东部地区有男性74人和女性78人，中西部地区有男性133人和女性130人，男女比例基本持平，因此排除了东部和中西部地区由于性别原因导致的身高差异。

相对于反映个人长期营养的成人身高而言，身体质量指数（BMI）反映了一个人中期的健康营养状况。过低水平的BMI（低于21）和过高水平的BMI（高于28）都会提高发病和死亡的风险（Fogel，1994）。对于低收入的国家而言，大多数人口的BMI都低于27。本章使用的样本中有90%的人平均BMI不高于27，大多数人的平均BMI在19～26。从表4—1中看出，城市和东部地区平均BMI均值为23，农村和中西部地区的平均BMI均值为22。由于BMI是一个由身体和体重共同构造的综合指数，因此对BMI的估计也会捕获身高的部分影响，不过体现在BMI中的身高影响并不是显而易见的，也就是说，从实际的估计式中无法直接看到这种影响（张车伟，2003）。

表4—1　　　　相关变量的描述性统计特征

变量（Variable）		观测值（Obs）	均值（Mean）	标准误（Std. Dev.）	最小值（Min）	最大值（Max）
家庭成员年平均收入（Income）单位：元	总样本	415	5 059.56	6 334.66	297.30	61 658.30
	城市	116	7 129.55	7 550.05	528.80	52 924.00
	农村	299	4 256.49	5 606.72	297.30	61658.30
	东部	152	7 137.35	8 418.38	351.90	6 1658.30
	中西部	263	3 754.69	3 864.50	297.30	31 091.90
平均年龄（Age）	总样本	415	42.13	8.87	21.50	60.90
平均教育年限（Years of education）	总样本	415	6.77	3.85	0	17.00
	城市	116	7.71	4.01	0	14.67
	农村	299	6.41	3.74	0	17.00
	东部	152	7.20	4.10	0	17.00
	中西部	263	6.53	3.69	0	14.00
平均职业分值（Job score）	总样本	415	3.61	2.51	1.30	12.00
	城市	116	4.80	3.05	1.70	12.00
	农村	299	3.15	2.09	1.30	12.00
	东部	152	4.42	2.75	1.70	12.00
	中西部	263	3.15	2.22	1.30	12.00
健康（Health）平均自我健康评价指标（SHE）	总样本	415	2.18	0.44	1.00	3.30
	城市	116	2.20	0.43	1.30	3.00
	农村	299	2.18	0.45	1.00	3.30
	东部	152	2.00	0.42	1.00	3.00
	中西部	263	2.29	0.42	1.30	3.30

续表

变量 (Variable)			观测值 (Obs)	均值 (Mean)	标准误 (Std. Dev.)	最小值 (Min)	最大值 (Max)
健康 (Health)	平均身体质量指数 (BMI)	总样本	415	22.45	2.84	16.30	35.50
		城市	116	22.68	2.89	17.60	32.80
		农村	299	22.36	2.82	16.30	35.50
		东部	152	23.32	2.98	17.60	34.30
		中西部	263	21.95	2.64	16.30	35.50
	平均身高 (Height) 单位：厘米	总样本	415	159.40	7.55	140.00	183.00
		城市	116	159.50	8.06	141.90	182.00
		农村	299	159.36	7.36	140.00	183.00
		东部	152	162.29	7.25	145.70	183.00
		中西部	263	157.73	7.22	140.00	178.60

注：①东部样本包括山东和江苏两个省份，中西部样本包括河南、广西和贵州三个省份。

②CHNS 调查中对个体自我健康评价（SHE）度量用的四级指标分值为：很好＝1，良好＝2，一般＝3，不好＝4。

（三）教育程度

人均受教育年限是指某一人口群体人均接受学历教育（包括成人学历教育，不包括各种非学历培训）的年数，人均受教育年限是反映人口文化素质的综合指标。表 4—1 中列出的是家庭成员三年平均接受教育年限的情况，数据显示本章研究的样本人群教育人力资本总体状况不佳，平均文化程度低，平均教育年限均值只有 7 年（一年初中教育）。其中，城市人口平均教育年限均值为 8 年（两年初中教育），比农村人口平均教育年限均值多了一年；东部地区人口平均教育年限均值（7.20 年）也比中西部人口平均教育年限均值（6.53 年）多了近一年。样本显示的数据特征与中国整体的教育情况一致，根据《第五次全国人口普查公报（第 1 号）》的数据计算得出，2000 年我国大陆地区人均受教育年限约为 7.18 年①。需要说明的是，本章所使用的样本人口都是已经工作的，排除了还在接受学历教育的家庭成员。

四、计量模型与实证结果

衡量健康对劳动生产率影响最常用的方法就是把健康因素引入到标准的方程中。在工资方程中，只需把健康看成另外一种人力资本特征变量，就可

① 平均受教育年限＝［文盲半文盲人口×1＋接受小学教育人口×6＋接受初中教育人口×9＋接受高中（含中专）教育人口×12＋接受大学（指大专以上）教育人口×16］/人口之和。

以从实证的角度估计出健康对劳动生产率的影响：

$$\ln(W)=w(E,H,\mu)$$

式中 W 表示工资，以工资的对数形式作为代表劳动生产率的一个指标。E 和 H 分别是教育和健康变量，其他没有包含的变量和不可观测的因素全部纳入残差项 μ。如果拥有个体水平上的数据，Mincer 方程是检验教育、健康和工资增长之间关系最理想的形式。由于本章研究的个人收入来源于个人和家庭两个层面，以及个人收入不完全是市场收入的特征，本章将家庭成员的年平均收入作为产出变量（设为 Y），建立家庭收入生产函数的分析模型。考虑到除了教育和健康，其他一些可观测到的因素，如人的年龄、性别、职业和所居住的区域等都会对个人收入产生影响，因此本章将这些因素一起引入到家庭收入生产函数模型中。而一些不可观测到的因素，如家庭的生活习惯、健康行为、社会关系等均包含在随机误差项中。模型建立的目的是在控制住个人的社会经济和人口学变量、时间趋势效应和未观测因素的随机误差项的同时，估计个人健康对收入的影响。具体的变量设置见表 4—2。

表 4—2　变量说明

Y		家庭成员的年收入（元）
E	education	家庭成员的教育年限（年）
H	SEH1	如果自我健康评价指标为“好”则为 1，否则为 0
	SEH2	如果自我健康评价指标为“良好”则为 1，否则为 0
	SEH3	如果自我健康评价指标为“一般”则为 1，否则为 0
	BMI	身体质量指数
	height	身高（厘米）
O	occupation1	如果职业属于第二种分类则为 1，否则为 0
	occupation2	如果职业属于第三种分类则为 2，否则为 0
H×O		健康与职业的交互项
A	age1	如果在 31～40 岁则为 1，否则为 0
	age2	如果在 41～50 岁则为 1，否则为 0
	age3	如果在 51～60 岁则为 1，否则为 0
	age4	如果在 61～65 岁则为 1，否则为 0
F	female	如果是女性则为 1，否则是 0
D	d00	如果是 2000 年则为 1，否则为 0
	d04	如果是 2004 年则为 1，否则为 0
R	rural	如果是农村则为 1，否则为 0
W	west	如果是中西部的省（自治区）则为 1，否则为 0

值得注意的是，假设人的年龄与个人健康和收入能力是相互影响的，在家庭收入生产函数中使用连续的年龄变量可能会导致估计偏误。因此，根据所选样本年龄特征，本章将年龄变量重新定义为四个区间的虚拟变量，分别是31～40岁、41～50岁、51～60岁、61～65岁，并以18～30岁为基准。使用区间的虚拟变量可以更好地控制年龄的变化以及与健康和收入的关系，有助于降低与年龄相关的内生偏误的程度（刘国恩等，2004）。

另外，不同的职业对健康的要求不一样，收入水平也有所区别，因此控制职业对收入的影响有助于更准确地分析健康对收入的影响。为了更好地控制职业的收入效应，本章将职业按分值分为三类：第一类是管理者、专业技术工作者和办公室工作者；第二类是司机、技术工人和熟练工人；第三类是服务行业工作者、农民、非技术工人和非熟练工人。由于调查样本中没有人是军官与警官或士兵与警察，所以分类不包括这两项。根据这一分类，本章定义了两个独立的虚拟变量代表模型中的职业变量，并以第一种分类为参照。并且，为了探讨不同职业工作者的健康对其收入的影响大小，本章还在模型中加入了健康与职业交互项。

此外，收入的性别差异、时间差异和地区差异也是不可忽略的，因此本章以男性为基准，定义一个代表模型中性别的虚拟变量；以东部地区为基准，定义一个代表模型中区域的虚拟变量；以城市为基准，定义一个代表模型中城市和农村的虚拟变量；以1997年为基准，定义两个独立的在模型中代表时间的虚拟变量，以此来反映全局性的人均收入增长。

由于本章将用身高、BMI和SEH三个指标分别测量健康的收入效应，因此对SEH指标，本章以“不好”为参照组，定义三个相互独立的虚拟变量来代表模型中的4种自我评价的健康状况，而在家庭收入生产函数模型中使用连续的身高和BMI变量。

据此，本章研究的家庭收入生产函数模型为：

$$\mathrm{Ln}(Y) = f(E,H,O,A,F,D,R,W,\varepsilon) \qquad (4—1)$$

具体的方程形式为：

$$\mathrm{Ln}(Y_{it}) = c + \alpha E_{it} + \beta H_{it} + \vartheta O_{it} + \theta H * O_{it} + \gamma A_{it} + \rho D_t + \delta F_i + bR_i + dW_i + \varepsilon_{it}, t = 1,2,3 \qquad (4—2)$$

其中，c 为常数项，ε_{it} 是误差项，i 代表样本中的个人。因为本章分析三年的数据，所以 $t=1$ 对应于1997年，$t=2$ 对应于2000年，$t=3$ 对应于2004年。该方程使得我们可以直接验证研究在其他条件不变的条件下，个人健康的收入效应。而当分析个人健康收入效应的城乡差别、东部与中西部的差别以及性别差异时，只需将式（4—2）中相应的变量去掉，并将样本人口按城乡、东部和中西部以及性别分类分别估计家庭收入生产函数模型，从而进行比较研究。

对于式（4—1）我们可以使用简单最小二乘法（OLS）来分析，但该公式将个人健康状况当成外生变量，假设不存在收入的健康效应。但这种假设是不符合实际的。早在1972年，Grossman（1972）就指出决定健康生产函数的自变量包括医疗卫生和非医疗卫生两类因素，而后者又包含了收入、教育、环境条件和营养摄入，所有这些都将决定健康的产出结果。王曲和刘民权（2005）综合学术界不同的研究结果，在文章中总结了收入影响健康的四种主要途径：家庭收入通过对早期儿童营养的影响对健康产生作用；家庭背景中的有利或不利因素通过在个人生命过程中的长期积累对健康产生影响；由于收入高低而导致的对医疗、卫生以及水资源的获得难易程度而影响个人健康；高收入者可能形成更有益于健康的生活方式，而低收入者则可能形成抽烟、酗酒等对健康有负面影响的生活习惯。收入对健康的反馈作用，造成了健康变量的内生性。我们在研究过程中，较难从调查数据中得到决定内生变量所需的有效工具变量，但如果不控制内生变量，假设收入与健康是呈正相关的，那么对模型估计的结果将可能导致健康的收入系数偏大。刘国恩等（2004）在研究中认为，人均收入水平应该是个人和家庭共同决定的函数。一方面，家庭背景在个人社会和经济地位决定中具有十分显著的作用。另一方面，家庭背景和长期收入又同时影响个人的健康行为和状况。由于CHNS是以家庭为单位的长期固定观察数据库，并且家庭背景的有关因素在短期内随时间的变化应该相对较小，所以我们可以建立固定效应模型，并采用多于两期的差分法来消除不可观测的固定效应（fixed effect），控制家庭固定效应，从而减小或消除家庭背景对健康的影响。不过，如果我们观测到的健康变化本身是由于收入变化所引起的，那么固定效应法也同样可能产生有偏估计。不过，有些研究表明，收入对健康的影响通常被永久收入效应支配，而短期收入效应的影响相对较小（Smith，1999）。本章研究仅描述了在8年数据（1997—2004年）的期限中发生的健康对收入的影响，因此固定效应模型的偏误应该较小。

在式（4—2）中增加不可观测的家庭背景固定效应变量 α，则固定效应模型为：

$$\begin{aligned}\mathrm{Ln}(Y_{it}) = c' + \alpha' E_{it} + \beta' H_{it} + \gamma' A_{it} + \vartheta' O_{it} + \theta' H * O_{it} + \\ \rho' D_t + \delta' F_i + b' R_i + d' W_i + \alpha_i + \mu_{it} \\ t = 1,2,3\end{aligned} \quad (4—3)$$

其中 μ_{it} 是误差项，假定 μ_{it} 与每一时期的解释变量都不相关，以保证当本章把固定效应 α_i 消去后，诸解释变量都是严格外生的。本章取相邻期的差分把 α_i 去掉，对于三期的情形，则可用第二期减去第一期，第三期减去第二期，即：

$$\Delta \mathrm{Ln}(Y_{it}) = \beta' \Delta H_{it} + \vartheta' \Delta O_{it} + \theta' \Delta H * O_{it} + \gamma' \Delta A_{it} + \rho' \Delta D_t + \Delta \mu_{it}$$

$$t = 2,3 \qquad (4—4)$$

不随时间变化的 E、R、W 以及 G 也在差分中消除了，通过对式（4—4）进行混合 OLS 的估计，本章就可以获得在控制了家庭背景固定效应后，个人健康对收入的影响。

（一）未分组样本的健康回报

本章先将评价健康的三个指标：身高、BMI 和 SEH 分别代入式（4—1）中进行回归，得到的结果见表 4—3。表中第 1 列和第 2 列是用身高和 BMI 带入时各变量的系数以及标准误。第 3、第 4、第 5 列则是用 SEH 带入时各变量的系数和标准误。回归结果显示，在控制其他所有因素后（即回归方程中除健康的其他标准因素，如教育、职业、性别等），健康变量中只有 BMI 指标对家庭收入生产率的影响在统计上是显著的，影响系数为 0.027，身高 SEH 指标并没有在统计上表现出对收入生产率有显著的影响。并且利用 BMI 指标回归得到的调整的 R^2 为 0.270，利用身高指标回归得到的调整的 R^2 为 0.264，而 SEH 回归得到的调整的 R^2 为 0.262，表明和 SEH、身高相比，BMI 能较多地解释家庭收入生产率的变化，造成这种情形的可能解释有两点。

表 4—3　　利用简单 OLS 回归的结果列表

Variables	1	2	3	4	5
H	height	BMI	SEH1	SEH2	SEH3
	0.020	0.027***	−1.071	−1.267	−1.097
	(0.014)	(0.013)	(1.294)	(1.267)	(1.280)
education	0.051***	0.045***	0.050***		
	(0.012)	(0.012)	(0.012)		
occupation1	1.899	−0.091	−1.334		
	(3.087)	(0.783)	(1.542)		
occupation2	2.469	−0.803***	−2.248**		
	(2.370)	(0.176)	(1.290)		
H×occupation1	0.012	0.009	1.366	1.324	0.936
	(0.019)	(0.033)	(1.587)	(1.553)	(1.582)
H×occupation2	0.022	0.021***	0.890	1.116	0.995
	(0.014)	(0.007)	(1.327)	(1.297)	(1.309)
age1	−0.163	−0.190	−0.167		
	(−0.122)	(0.123)	(0.122)		

续表

Variables	1	2	3	4	5
H	height	BMI	SEH1	SEH2	SEH3
age2	−0.079	−0.116	−0.085		
	(0.124)	(0.124)	(0.123)		
age3	−0.048	−0.080	−0.062		
	(0.141)	(0.141)	(0.141)		
age4	0.021	−0.002	−0.013		
	(0.289)	(0.288)	(0.291)		
d00	0.246***	0.246***	0.242***		
	(0.088)	(0.088)	(0.089)		
d04	0.673***	0.672***	0.676***		
	(0.093)	(0.092)	(0.094)		
female	0.073	0.051	0.058		
	(0.107)	(0.077)	(0.077)		
rural	−0.199***	−0.208***	−0.211***		
	(0.083)	(0.083)	(0.084)		
west	−0.407***	−0.417***	−0.419***		
	(0.081)	(0.077)	(0.079)		

注：() 值表示标准误。***表示在 0.05 的显著性水平下显著，**表示在 0.1 的显著性水平下显著（以下同）。

首先，几乎所有人的身高都在 20～30 岁时完全固定，所以人的身高主要是由其成长的环境和内生基因决定的。本章研究的是 415 个家庭成员从 1997 年到 2004 年期间健康对收入的影响，1997 年时年轻人（18～30 岁）在总样本中就只占了 21%，这意味着大部分家庭成员的身高在 1997 年时就已经固定，排除测量误差后并不会有太大的改变，因此本章用身高来衡量健康对家庭收入生产率的影响效果会不明显。但有意思的是，当本章不考虑在模型中控制表示东部和中西部地区的变量 W 时，个人身高对家庭收入生产率的影响在 0.05 的显著性水平下显著，系数为 0.030。这从一定程度上反映了个人身高的内生性，如果我们不对区域因素进行控制，就会使身高对收入的影响偏大。

其次，SEH 指标是个人对自身健康状况的评价，所以带有很强的主观性，并且由于评价的程度只有 4 项，评价结果往往容易集中于“一般”和“良好”这两个中间项，不便于人们解释其潜在含义。本章分析的样本中，就有 87%的人的评价都为“一般”或者“良好”，因此很难得出不同的健康自我评价对收入的影响具有显著性的结论。

从表 4—3 中我们还可以看到，模型中其他一些变量对家庭收入生产率的影响，这里主要分析以 BMI 为健康变量时的回归结果，即表 4—3 中第 2 列的回归结果。在保持方程中其他所有因素一致的条件下，教育对收入生产率的影响是显著的并且影响系数为 0.045，即个人每增加一年的教育年限就可以提高 4.5%的家庭收入生产率，这证明了教育作为一种人力资本是收入生产的重要因素。

不同的职业分类也显示了不同的收入效应。尤其是第三种分类的职业（农民等）对收入有显著的影响，系数－0.803 表示在其他所有因素相同的水平上，第三种分类的职业比第一种分类的职业（管理者等）少挣约 80.3%，而通过计算预期收入上精确的百分比差异，本章得到一个第三类职业工作者的家庭收入比一个与他相当的第一类职业工作者的收入大致低了 55.2%①。这反映了那些难进入、社会地位高并且体力劳动较少的职业收入高于进入门坎低、社会地位不高并且体力活多的职业的社会现实。

通过在回归方程中加入健康与职业交互项的做法，本章评估了各种职业——健康状况的组合对收入影响的差异。从表中可以看出，BMI 与第三类职业的交互项在统计上显著，正的系数 0.021 意味着 BMI 越高，从事第三类职业工作者的收入生产率越高。在保持所有其他变量不变并且职业属于第三种分类的情况下，BMI 对家庭收入生产率的偏效应为 0.048。

时间对收入的影响也是显著并且正相关的，d00 和 d04 两个独立的时间虚拟变量前的系数反应了全局性的人均收入增长情况，与基期 1997 年相比，2000 年的收入增长了 24%，2004 年的收入增长了 68%。虽然我们在整理数据过程中没有对通货膨胀率进行调整，具体年度的增长系数并不能反映人们实际收入的增长幅度，但增长的趋势不可否定。

此外，与我国实际相符的是，在其他如教育、健康、年龄等都控制住的条件下，相对于生活在城市，生活在农村对家庭收入生产率有负的影响，并且影响在统计上显著，农村居民收入比城市居民低了约 19%；而相对于生活在东部，生活在中部和西部对家庭收入生产率也有显著的负的影响，中西部地区的居民收入比东部地区居民低了约 34%②。上述分析是在控制了人口学变量、区域因素、时间趋势效应等各项的基础上，估计个人健康对家庭收入生产率的影响，是对不分组的总人口模型进行的研究。下面，本章将按照

①② 参照伍德里奇的《计量经济学导论现代观点》，在保持所有其他因素都不变的情况下，第三类职业工作者与第一类职业工作者收入差异的更精确比例为：

$$(Y_3 - Y_1)/Y_1 = \exp[\mathrm{Ln}(Y_3) - \mathrm{Ln}(Y_1)] - 1 = \exp(-0.803) - 1 \approx -0.552$$

性别、城市和农村、东部和中西部等因素划分人口并分别估计他们的健康对收入的影响。通过总人口模型估计我们发现 BMI 指标能较有效地反映家庭成员的健康与收入的关系，因此，在下面的分析中，本章将只使用 BMI 作为健康变量。

（二）按性别、户籍、地区分组的健康回报

通过分别估计男性和女性的家庭收入生产函数模型，本章发现，女性和男性的健康状况都与其收入有正的相关性，但在保持方程中其他所有因素（如教育、年龄等）都被控制的情况下，女性健康对家庭收入生产率的影响在统计上不显著；而男性健康对收入生产率的影响在 0.05 的显著性水平下显著，系数为 0.036。图 4—1 中横坐标是 BMI，纵坐标是家庭收入的对数形式，即家庭收入生产率，图 4—1a 是男性健康与收入生产率关系的散点图，图 4—1b 是女性健康与收入生产率关系的散点图。图中直线代表健康与家庭收入生产率的拟合值（fitted value），两条直线的斜率差异显示了不同性别人口的健康与家庭收入生产率的不同相关性。

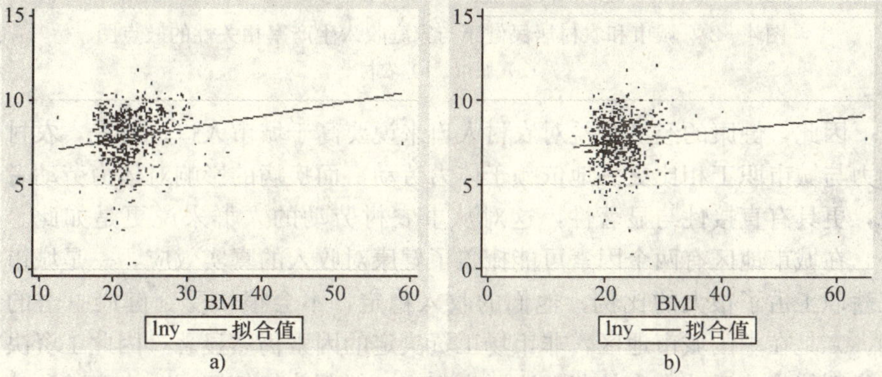

图 4—1　男性和女性健康与家庭收入生产率相关性的散点图

a）男性　b）女性

健康对收入效应的性别差异说明了男性健康对收入的影响很重要。一是由于和体力相关的工作多由男性从事，健康状况的好坏会直接影响到劳动收入；而相对于男性，女性从事的与体力劳动相关的工作较少，所以健康不会直接影响到收入。二是由于本章研究的是家庭成员的平均收入，所以男性健康与收入的高相关性还证明了男性在家庭收入生产中的重要地位，男性的健康打击（如疾病）会对家庭收入带来更显著的影响。

通过分别估计城市人口和农村人口的家庭收入生产函数模型，本章发现城市居民和农村居民的健康状况都与其家庭收入生产率都有正的相关性，但在其他因素都被控制住的情况下，只有农村人口的健康对收入生产率的影响

都在 0.05 的显著性水平下显著，影响系数分别是 0.045，城市人口的健康对收入影响不显著。图 4—2a 是城市人口健康与家庭收入生产率关系的散点图，图 4—2b 是农村人口健康与家庭收入生产率关系的散点图。图 4—2b 中直线的斜率大于图 4—2a 表明了农村人口健康与家庭收入生产率的相关性高于城市人口。

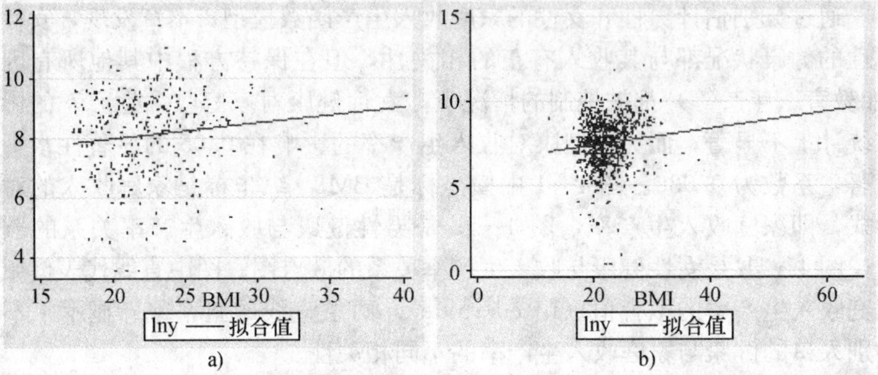

图 4—2　城市和农村居民健康与家庭收入生产率相关性的散点图
a）城市　b）农村

因此，健康的经济收益对农村人口来说要高于城市人口。首先，农村劳动力与城市职工相比更多地依赖于体力劳动，而疾病的影响对体力劳动者来说，更具有直接性与显著性，这对从事农村劳动的人群来说更是如此。另外，在城市地区有两个因素可能掩盖了健康对收入的真实效应，一是城市中工薪职工占了很大的比例，他们的收入稳定，不会很快受到健康打击的影响。二是在中国城市地区，非市场工资决定的因素仍然显著，因此工资决定往往不能充分反映个人的劳动边际生产率。但不管如何解释，本章的研究结果都表明，对中国农村地区进行健康投资将非常有助于提高农民的经济收入，从而缩小长期存在的城乡收入差距。

通过分别估计东部地区人口和中西部地区人口的家庭收入生产函数模型，我们发现，两个地区人口的健康状况与其家庭收入生产率都有正的相关性，并且在其他因素都被控制住的情况下，两者对家庭收入生产率的影响均在 0.05 的显著性水平下显著。其中东部地区人口健康对收入生产率的影响系数为 0.027，中西部地区人口健康对收入生产率的影响系数为 0.040。图 4—3a 是东部地区人口健康与收入生产率关系的散点图，图 4—3b 是中西部地区人口健康与收入生产率关系的散点图。两个图中直线的斜率不同表明了健康与家庭收入生产率相关性的区域差异。

两个区域人口的健康都对家庭收入生产率有显著的影响，因此增加健康

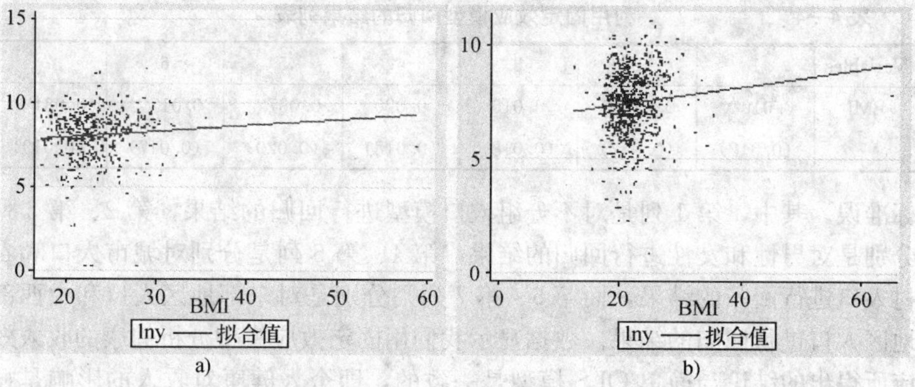

图 4—3　东部和中西部居民健康与家庭收入生产率相关性的散点图

a）东部地区　b）中西部地区

投资都可以提高收入。而健康对中西部人口的经济收益又高于东部人口，因此对中国中西部地区进行健康投资将有助于提高当地居民的经济收入，从而缩小长期存在的区域性收入差距。

本章还分别评估了各个年龄段人口的健康对收入的影响，结果显示，在其他所有因素一致的条件下，年龄在 31～40 岁的人的健康对家庭收入生产率有显著的影响（0.05 的显著性水平），系数为 0.045，而健康对其他年龄段人口的收入影响并不显著。我们认为这是由于 31～40 岁正是大多数人事业发展的关键时期，所以健康状况的好坏会对收入产生明显的影响。

以上所有对健康的收入效应分析都使用的是简单 OLS 模型，而简单 OLS 模型的一个主要问题在于将健康当成是收入生产函数中的外生变量，这显然是不符合实际的，收入对健康有着较强的反馈作用，高收入的人可以获得更多保证健康的资源，可以维持更健康的生活习惯等。因此，不考虑这种反馈作用会导致健康对收入效应的过高估计，正如前面所提到的，固定效应模型可以帮助本章更好地解决这个问题。

（三）固定效应模型的分析结果

家庭背景对个人的收入可能会产生影响。虽然家庭效应在数据中难以观测，但根据其特性，本章假设它随时间的变化很小。根据这一假设，我们以家庭为单位，应用固定效应模型来控制家庭背景对个人收入和健康的影响，并选择用差分法来消除固定效应。

在控制了无法观测的家庭效应对健康变量的内生影响后，家庭成员的健康对收入的影响仍然是统计显著的，并且健康的收入效应在控制其内生性后比用简单 OLS 分析的结果要小。表 4—4 显示了固定效应回归模型的结果，因为主要是观察健康对收入的影响，所以这里仅列出健康变量的回归系数和

表 4—4　　利用固定效应模型回归的结果列表

Variables	1	2	3	4	5	6	7
BMI	0.019***	0.028***	0.016	0.020	0.037***	0.017***	0.031***
	(0.012)	(0.017)	(0.018)	(0.018)	(0.020)	(0.017)	(0.019)

标准误。其中，第 1 列是对不分组人口模型进行回归的结果，第 2、第 3 列分别是对男性和女性进行回归的结果，第 4、第 5 列是分别对城市人口和农村人口进行回归的结果，而第 6、第 7 列则分别是对东部地区人口和中西部地区人口进行回归的结果。数据显示我们用固定效应模型分析健康的收入效应所得出的结论与简单 OLS 模型是一致的，即个人健康对收入的影响是显著的，并且男性健康的经济收益高于女性，农村地区人口健康的经济收益高于城市，中西部地区人口健康的经济收益高于东部。

实证分析的结果不仅证明了我国健康人力资本对收入增长的重要贡献，而且健康的收入效应所表现出的显著的城乡差异和区域差异为我国在增加农民收入，缩小城乡之间收入差距以及增加中西部地区居民收入，缩小与东部地区收入差距上提供了重要的启示，即通过对健康人力资本进行投资来改善和加强这些地区的人口的健康状况，从而达到增加收入的目的。

五、中国健康人力资本投资的不足及其原因

（一）城市和农村健康人力资本投资基本现状

由于中国营养和健康调查（CHNS）涉及内容丰富并且是一个具有代表性的大规模多年数据库，它包含了对家庭成员医疗保健和卫生服务利用情况的调查。因此，我们仍然可以使用上面实证中使用的 415 个个人样本为例，分析我国城市和农村健康人力资本投资的基本现状。图 4—4 纵轴代表年份，横轴是城市（农村）拥有医疗保险的人数占城市（农村）总人口的比重。不难看出，不管是城市还是农村，拥有医疗保险的人数都不到各自总人口的一半，作为健康人力资本投资最重要的形式之一，医疗保险覆盖率低反映了我国对健康人力资本投资的整体性不足。而更值得引起我们注意的是，农村人口中拥有医疗保险的人数所占的比重远低于城市，1997 年、2000 年、2004 年的比重分别只有 16%、17%和 23%，这说明了我国对农村的健康人力资本投资严重不足。

卫生总费用是评价一国健康人力资本投资的重要指标之一，它是由政府预算卫生支出、社会卫生支出和个人卫生支出三部分组成，包括了对卫生事业的支出、卫生基础设施建设的支出和医疗保险费用的支出等。从 2000 年到 2004 年，每年我国卫生总费用都只占 GDP 的 5%～6%，与国际相比仍

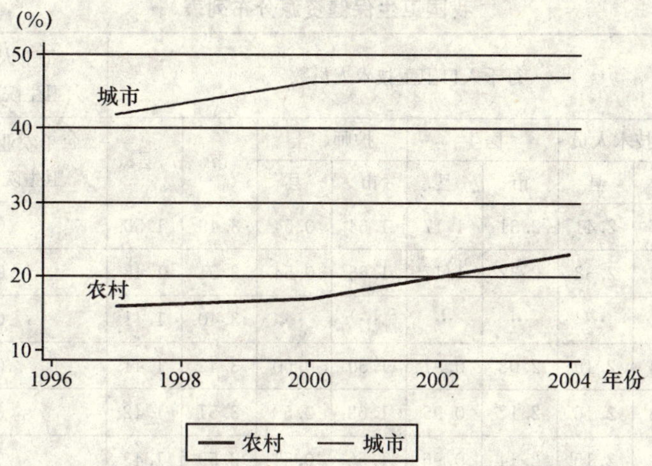

图 4—4　城市和农村享有医疗保险人口的比重（%）

然处于较低的水平，说明我国卫生财力资源总体不足。图 4—5 描述的是我国卫生总费用中，政府预算和社会对城市（农村）的卫生支出（亿元），从图中可以看出，从 2000 年到 2004 年，农村地区每年获得的来自于政府和社会的卫生支出都不到城市水平的一半，并且由于对农村地区卫生支出增长缓慢，农村与城市之间的差距呈逐年递增的趋势，这从卫生总费用的角度反映了我国对农村健康人力资本投资不足。

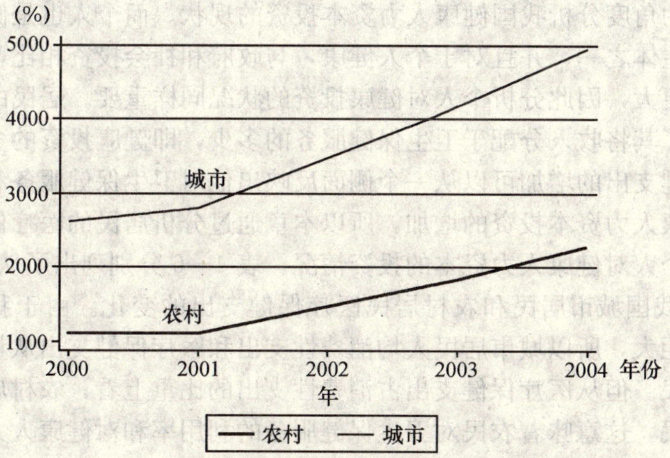

图 4—5　我国政府预算和社会的卫生支出（亿元）

除卫生总费用外，卫生保健资源的分布也是反映我国健康人力资本投资状况的一个重要指标。卫生保健资源包括卫生保健人力资源和卫生保健设备等。表 4—5 列出的是从 2000 年到 2005 年，我国部分卫生保健资源的分布

表 4—5　　　　　　　　我国卫生保健资源分布列表

年份	每千人口卫生技术人员数								每千人口医院和卫生院床位（张）
	卫生技术人员		医生		护师、士		市	县	每千农业人口医院和卫生院床位（张）
	市	县	市	县	市	县			
2000	5.17	2.41	2.31	1.17	1.64	0.54	3.49	1.50	0.80
2001	5.15	2.38	2.32	1.17	1.65	0.54	3.51	1.48	0.81
2002	…	…	…	…	…	…	3.40	1.41	0.74
2003	4.84	2.19	2.08	0.97	1.59	0.50	3.42	1.41	0.76
2004	4.93	2.16	2.12	0.95	1.63	0.50	3.51	1.42	0.76
2005	4.99	2.15	2.14	0.96	1.66	0.51	3.59	1.43	0.78

注：2002 年没有分市、县的每千人口卫生技术人员数。

情况。可以看出，不管是每千人口拥有卫生技术人员的数量还是每千人口拥有医院和卫生院床位的数量，县几乎都不到市的一半。而农业人口拥有的资源就更少了，每千农业人口在医院和卫生院拥有的床位甚至都不到一张，这反映了我国卫生保健资源分布的不平等，从卫生保健资源分配的角度再次证明了我国对农村的健康人力资本投资不足。

上述对卫生总费用和卫生保健资源分布这两个指标的分析侧重于从宏观政府投资的角度分析我国健康人力资本投资的现状。而个人也是健康人力资本投资的主体之一，并且对于个人健康，与政府和社会投资相比，个人投资占的比重更大，因此分析个人对健康投资的状况同样重要。居民的医疗保健支出反映了其将收入分配于卫生保健服务的多少，即健康投资的多少。一个人医疗保健支出的增加可以从一个侧面反映出他对卫生保健服务利用率的提高和对健康人力资本投资的增加，所以本章通过分析居民的医疗保健支出水平来评价个人对健康人力资本的投资情况。表 4—6 分别列出了从 2000 年到 2005 年，我国城市居民和农村居民医疗保健支出的变化。由于我国城乡居民收入差距大，所以城市居民人均消费性支出和医疗保健支出从量上必然高于农村居民。但从医疗保健支出占消费性支出的比重上看，农村居民依然低于城市居民，这意味着农民对卫生保健服务的利用率和对健康人力资本的投资都低于城市居民。

在本章实证分析中，证明了健康人力资本的改善和加强有助于提高我国农民收入，缩小城乡差距。而在观察我国城乡医疗保险覆盖率、卫生总费用、医疗保健资源分布以及医疗保健消费支出这四个指标后，我们发现数据显示的我国健康人力资本投资的特点是：总量不足，并且无论是政府主体还

表 4—6　　城乡居民医疗保健支出

年份	城市居民			农村居民		
	人均年消费性支出（元）	人均医疗保健支出（元）	医疗保健支出占消费性支出比重（%）	人均年消费性支出（元）	人均医疗保健支出（元）	医疗保健支出占消费性支出比重（%）
2000	4 998.0	318.1	6.4	1 670.1	87.6	5.2
2001	5 309.0	343.3	6.5	1 741.1	96.6	5.5
2002	6 029.9	430.1	7.1	1 834.3	103.9	5.7
2003	6 510.9	476.0	7.3	1 943.3	115.7	6.0
2004	7 182.1	528.2	7.4	2 184.7	130.6	6.0
2005	7 942.9	600.9	7.6	2 555.4	168.1	6.6

是个人主体，对农村地区的健康投资都低于城市地区。

（二）农村健康人力资本投资不足的原因

首先，农民的收入增长缓慢导致其对健康人力资本投资不足。20 世纪 80 年代中期以后，家庭联产承包责任制、农产品价格放开等制度创新对农民收入增长的推动作用基本释放完毕，农村产业结构调整和农村城镇化进程迟缓及其他多种因素使得农民收入难以快速增长，农民人均纯收入自 1994 年以来增长幅度连续下滑，直接影响了农户生活消费水平的提高。图 4—6 显示了从 2001 年到 2004 年我国城市和农村居民人均纯收入的增长情况，从图中可以看出，农民收入增长缓慢，与城市居民收入差距逐年扩大①。而目前我国农村居民的消费结构还处于比较低的层次，以 2004 年为例，农村居民食品支出在总消费支出中的比重（即恩格尔系数）为 47.2%，其他依次为居住（14.9%）、文教娱乐用品及服务（11.3%）、交通通信（8.8%）、医疗保健（6.0%）、衣着（5.5%）和家庭设备用品及服务（4.1%），总体上看还处于刚刚解决温饱问题的阶段。在这样的收入水平制约下，农民往往将食、住等基本生活需求置于优先考虑的地位，较为忽视健康投资对改善自身福利的重要性，尽可能地压低在医疗保健方面的支出，这一点在低收入人群中表现得更为突出（樊桦，2001）。据卫生部统计信息中心（1999）调查，有 62.3%的农村患者因经济困难应住院而未住院，33.2%的患者应就诊而未就诊，突出地反映了农民支付能力低下的状况。农民的收入增长缓慢限制了其对自身健康人力资本的投资，而由于健康人力资本的收入效应，健康人

① 数据来源：中华人民共和国国家统计局．中国统计年鉴 2005［G］．北京：中国统计出版社，2005.

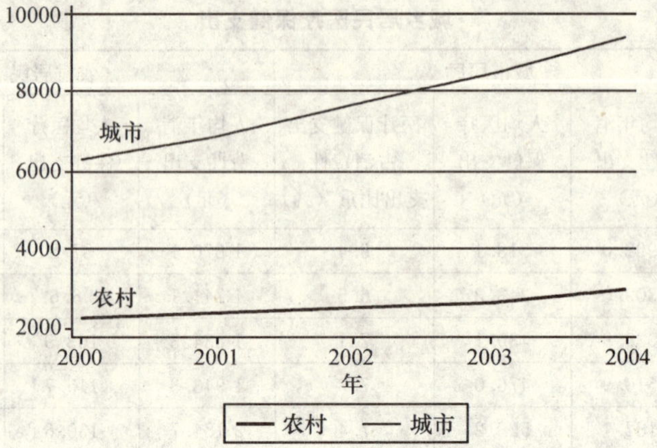

图 4—6　我国城市居民和农村居民的人均纯收入（元）

力资本投资的不足又限制了农民收入的增长，从而形成一个恶性循环。

其次，卫生保健费用的快速增长也抑制了农民的健康人力资本投资。我国卫生管理体制中存在着卫生服务定价偏低的问题，在医药市场不规范而政府干预有误的情况下，医疗机构和个体医生为追求收入而滥用处方权，造成医疗补偿机制扭曲，医药费用飞涨（朱玲，2000）。我国医疗费用的高速增长，越来越成为各类人群利用卫生服务的障碍，尤其对于医疗保障水平极低的农村居民来说，费用增长的速度甚至超过了收入增长的速度，这使得越来越多的农民在卫生服务利用上望而生畏。相关调查表示，70%的农民认为目前医疗费用增长过快，20%的农民已明确表示看不起病（张元红，2004）。

最后，政府对农村投资不足，政府健康人力资本投资的不公平性。计划经济时代，我国对农村的健康人力资本投资取得了很大的成就，曾得到世界卫生组织的称赞，但城乡卫生差距的体制原因也正是在那个时期形成的。在城乡“二元”经济社会体制的宏观背景下，健康人力资本投资也具有很强的“二元”特征，政府对城乡卫生保健事业采取不同的政策，重城市轻农村，这是造成我国城市和农村健康人力资本投资差距的总根源。政府对农村健康人力资本投入不足，使得农村三级医疗保健网（县、乡和生产大队三级）处境尴尬，濒临解体，卫生保健服务的可及性下降。随着我国财政分权制的改革，政府对农村三级医疗保健网的公共投资不断下降。其中作为农村三级医疗保健网枢纽的乡镇卫生院受到财政支持不足影响而面临着利用率低的严峻局面，目前约 1/3 的乡镇卫生院基本瘫痪，1/3 仅能勉强维持，只有 1/3 能够发展（朱庆生，2000）。由于资金匮乏，经济落后地区的乡、村医疗机构大多设备条件差，人员专业水平低，稍微复杂的疾病就需要到县级以上医院接受治疗，结果大大增加了农民就诊的交通费用和机会成本。

由于上述原因，我国农民个人和政府对健康人力资本投资都存在不足，这不仅导致越来越多的农民暴露在健康风险之下，也不利于提高农民的收入，缩小我国的城乡收入差距。

六、加强中国健康人力资本投资的政策建议

（一）微观措施

首先，提高农民收入水平。前面的分析中已经提到，健康与收入是相互作用的。健康人力资本的改善和加强有利于农民提高收入，而收入的增长又可以帮助农民进一步投资于健康人力资本。除了健康人力资本外，政府政策、教育、就业等也都是影响农民收入增长的重要因素。因此，政府应积极实施有利于增加农民收入的宏观经济政策，如加大对农业的资金投入，增加农业预算支出；缩小工农业产品价格的“剪刀差”，提高农业生产的收益率；加快实现农业产业化，充分利用当地的自然资源开展农产品深加工，提高农产品附加值；完全开放劳动力市场，彻底改革现有城乡分割的户籍管理制度，取消限制劳动力流动和进城就业的歧视性政策，促进农村剩余劳动力的转化；因地制宜地发展乡镇企业，增加农民非农收入；继续实施以工代赈政策，加大对贫困地区的基础设施投入，增加农民的就业机会；取消名目繁多的不合理收费，减轻农民负担，提高其实际支付能力等。

其次，纠正医疗机构不合理的补偿机制，控制医疗保健费用的过度上涨，减轻农民健康人力资本投资的成本。政府应尽快纠正卫生保健领域存在的不合理的补偿机制，逐步调整医疗服务价格，使医疗机构的服务得到合理的补偿，从而消除以药补医行为产生的根源。为尽快遏制农村医药市场价格偏高、假药劣药泛滥的现象，应采取措施减少药品流通环节，如可通过集中采购的方式降低采购成本，并通过财政、税收等手段鼓励农村医疗机构采购价格低、疗效稳定的药品；加强农村药品市场管理，严厉处罚非法的药品收购和买卖行为；制定农村医疗机构的基本用药范围，加强对医疗机构尤其是个体行医人员用药行为的监督，对滥用处方权的行为进行严格查处。

再次，在农村普及卫生保健知识。在我国广大农村，农民仍较多地存在落后、愚昧和不健康的风俗习惯和生活方式，而这些不良的生活方式常常会导致疾病的发生。因此，需要加大对农村的健康教育宣传，引导农民养成良好的卫生行为和习惯，提高自我保健意识和能力，减少因生活习惯导致的疾病的发生。另外，从医学角度讲，摄食不足、食物品种不平衡或摄入食物不能充分吸收利用，都会导致营养不良，影响人体的新陈代谢，损害健康，招致疾病。保证合理营养，会有助于增强体质，维护健康。因此，要加强对农民食物与营养的指导工作，普及营养知识，改变不合理的饮食习惯，提高本

人及后代的身体素质，从根本上提高农民的健康人力资本。

最后，树立农民对健康人力资本的投资观念。从消费支出比重上可以看出，我国农民用于卫生保健的部分很少，这在某种程度上反映了农民对健康人力资本投资的观念淡薄，往往只有在生病时才可能进行投资，而没有意识到对健康人力资本应当进行长期的投资。因此，要引导农民对健康的投资，不仅仅要有病及时就医，而且要投资于预防性的医疗保健服务并增加对营养改善等方面的消费。

（二）宏观措施

第一，以公平优先，增加政府对农村健康人力资本的投资力度。政府对健康人力资本的投资，可以分为人力、物力和财力三种形式。人力投资主要是通过各种医学院校和培训机构来培养和提供卫生技术人员。物力投资主要是指对医疗部门的基础设施、医疗器械、药品卫生材料等方面的投资。财力投资主要以人均卫生保健费用额及卫生保健费用占国民收入比重这两个指标来体现。我国政府对健康人力资本的投资应该是在合理定位卫生保健事业服务目标的基础之上，以公平优先，优先保障全体社会成员的基本医疗需求。从投资现状看，所谓以公平优先就是要加大政府对农村卫生保健事业和基本医疗服务的投入，即卫生费用支出要多向农村医院和基层卫生防疫保健机构倾斜，建立基本设施齐全、服务功能完善的农村卫生服务网络，完善和发展初级卫生保健工作体系，加强对初级保健工作的监督与指导。同时，要公平分配卫生保健资源，改善农村卫生保健的基础条件和设备更新，培训和提高农村医务人员的素质。

第二，提高政府对健康人力资本的投资效率，明确市场与政府在不同卫生保健资源分配上的作用。提高政府对健康人力资本的投资效率，就是要充分利用市场机制的作用，优化卫生保健资源的配置，使卫生保健服务的供给和需求相统一。对于卫生保健领域中的私人物品来说，应该依靠市场来达到资源的优化配置，如大多数的保健服务、康复服务和医疗服务等；通过利用市场的价格机制制定合理的卫生服务价格，使卫生资源得到充分合理利用；并且通过利用市场机制的激励作用，促进卫生保健单位的竞争，提高卫生保健资源的使用效率。但在充分利用市场配置作用的同时，政府也应当进行必要的监督和干预，防止并弥补由于市场失灵带来的各种问题。而对于卫生保健领域中的公共产品，如传染病监测、重大传染病的控制与预防、突发公共卫生事件的处理、健康教育等，以及准公共产品，如预防免疫、妇幼保健、计划生育和从业人员健康检查等都应当由政府进行控制（吴伟斌，2004）。

另外，世界银行在 1993 年的发展报告中指出，最好的低成本高效益的公共卫生和基本临床服务是由地区医院及其以下层次的医疗卫生机构提供的，把资源从高成本低效益的措施上重新导向这些医疗项目和机构，能够在不增加政府开支的情况下极大地减轻疾病负担。这也正是提高我国政府对健康人力资本投资效率的一条原则。为此，政府一方面应加大对农村公共卫生保健事业的财政支持力度，尤其应加大对乡、村两级医疗机构的投入，使其承担起计划免疫、预防保健、健康教育的职责。另一方面，针对乡镇卫生院利用率低的现状，可实行乡镇联办的形式，对村医疗点也可实行村村联办（樊桦，2001）。

第三，完善新型农村合作医疗制度。农村合作医疗制度是对农民健康人力资本投资的主要手段。建立和完善新型农村合作医疗制度并扩大它的覆盖率，对提高农民健康水平，增加农民收入，从而缩小城乡差别具有重大意义。而完善新型农村合作医疗保障制度，首先必须加强农村合作医疗保险立法，使农村合作医疗制度法律化、规范化，具有长期性和稳定性。要通过相关法规规定农村合作医疗的性质、实施办法、参加合作医疗各方的权利和义务等。各地区在农村合作医疗法的基础上，制定具体的适合本地特点的实施办法。其次，建立科学稳定的合作医疗筹资机制，即当前农村新型合作医疗资金的筹集应由政府、集体、家庭和个人三方支付，以个人缴纳为主、集体补助为辅，政府予以支持，以保证筹资的稳定。再次，因地制宜地分阶段实施新型农村合作医疗制度。在经济发展水平较高的农村地区，主要依靠集体和个人两条筹资渠道，积极推行医疗保险制度，并逐步实现城乡社会保障体系的一体化管理；对于经济落后的农村地区，农民的支付能力和支付意愿均较低，集体的支持力度也有限，就需要发挥政府的主导作用，通过财政转移支付，或从现有的扶贫款项中切出一块，重点用于建立大病基金，着重解决大病风险，减少因病致贫、因病返贫现象的发生；对贫困人口等特殊人群则应为其提供部分或全部医疗保障金，降低补偿标准，提高补偿比例，体现出医疗保障制度的公平原则；而对介于这两者之间的大多数地区，则应通过提高农民的互助意识，引导农民积极参加合作医疗，政府应给予一定的资金支持，制定合理的筹资水平，对合作医疗基金实行严格监管，以保证这项制度持续健康运行。最后，考虑到我国当前部分农村社区公共积累不足，组织功能缺失，合作医疗不可能依靠行政手段在县域范围大面积强行推广，因此合作医疗必须在有条件的村庄遵循村民自治和社区合作的原则组织实施，要在农民信任、自愿参与的基础上发展（李卫平等，2003）。

第二篇

劳动力市场的供给与需求

第五章　经济转型中的中国城镇女性劳动供给行为[①]

作为世界上人口最多的国家，如何为占世界26%的人口提供就业机会是我国必须优先重点解决的基本发展问题之一。然而，随着目前我国经济改革的深化和经济结构的调整，劳动者充分就业的需求和劳动力总量过大、素质不相适应的矛盾正日益凸显出来。劳动力供求的矛盾对实现我国经济发展、社会稳定的目标提出了严峻的挑战。

经济转型对劳动力市场的冲击在女性劳动力群体中表现得更为突出。传统的计划经济国家大力倡导男女平等，并通过城乡分割和所有制分割，对城镇女性的就业实行了完善的保护。因此，就劳动参与率与工资收入而言，计划经济国家的性别差距远远小于西方市场经济国家。然而，随着经济转型中国有企业改制和户籍制度的改革，转型国家对城镇女性就业的保护不断削弱，计划经济时代被强制实行的“性别平等”状况开始改变。20世纪90年代中期以来我国较大比例的城镇女性劳动力进入下岗、失业的行列，女性劳动力的收入水平相对男性有所下降，城市劳动妇女正在成为劳动力市场的一个弱势群体和城镇贫困人口的一个来源。防止性别不平等的扩大是治理城市贫困的一个重要任务（蔡昉，2003）。如果对趋于扩大的劳动力市场性别不平等没有足够的认识，在城市妇女中贫困发生率就有可能进一步提高。

劳动供给行为无疑与城市贫困问题密切相关。我国女性越来越多地退出劳动力市场，这一现象已经引起了理论界的重视，并引发了一场关于“妇女该不该回家”的讨论。支持者认为在就业高峰到来之际，启用“家庭缓冲器”，吸纳从劳动力市场上退下来的冗员，有利于缓解就业压力。反对者则认为妇女回家有悖于妇女解放的潮流。笔者认为，对劳动参与与否的选择是女性的个人行为，任何经济政策都不能强迫女性选择政策制定者们所认为的合理的行为模式。女性劳动参与率长时期的下降趋势，背后肯定有其深刻的经济动因。

---

① 本章主要内容基于姚先国，谭岚．家庭收入与中国城镇已婚妇女劳动参与决策分析．经济研究，2005（7）。

在这一章中，我们打算分析以下几个问题：(1) 中国经济转型期女性劳动供给的行为模式如何，女性劳动参与决策在经济转轨过程中发生了怎样的变动。(2) 什么因素导致了不同的劳动供给模式，如何解释转型期女性劳动供给行为的变动。(3) 劳动参与变动趋势中是否存在显著的性别差异，如果存在的话，如何解释和评价差异的存在。(4) 女性劳动供给行为的变动对我国劳动就业和社会福利等方面的政策有何启示。

需要说明的是，本章将研究对象定位于城镇女性。这里的“城镇”是从区域角度来加以界定的，而不是以户籍身份为标准来进行判断。之所以这样做，是因为现今城镇经济活动人口的构成已经发生了很大变化。随着农民向城市迁移进程的加速，农民工已经成为当今城镇劳动供给总量的一个重要组成部分。如果只考虑具有城镇户口身份女性的劳动参与行为的话，那么将忽视女性农民工的就业情况，导致对现实情况的理解出现偏差。因此本章中的城镇女性既包括了本地农业户口和本地非农户口的女性，又包括了外地农业户口和外地非农户口的女性。此外本章的研究并不涉及在家务农妇女的就业情况，这是因为在家务农的农村妇女属于自我雇用，其劳动供给机制与城镇妇女不同。

一、劳动参与率

劳动参与率是衡量劳动供给的重要指标。然而，目前为止，我国尚没有公开发布与国际接轨的女性劳动参与率数字。虽然国家统计局在各年的年鉴中都公布了各年经济活动人口数，但是公布出来的仅仅是经济活动人口的总数，而没有更详细的性别、年龄和教育程度特征，因此无法用来进行深入的分析。已有的一些研究（如陈钊等，2004）所采用的女性劳动参与率数值则是利用官方公布的就业人口、城镇登记失业人口以及女性人口比重等数值计算所得，存在一定误差。统计口径的不同导致与其他国家的女性劳动参与率的比较存在困难。人口普查是全面系统地了解劳动参与状况的另一个重要信息来源。但是人口普查每 10 年才进行一次，所普查到的数字很容易失去其时效性。

国家统计局城镇入户调查为研究提供了重要的信息渠道。在中国城市入户调查中，对被调查者的就业情况做出了以下分类：(1) 国有经济单位职工；(2) 城镇集体经济单位职工；(3) 其他各种经济类型单位职工；(4) 城镇个体或者私营企业主；(5) 城镇个体或私营企业被雇者；(6) 离退休再就业人员；(7) 其他就业者（如保姆等）；(8) 离退休人员；(9) 丧失劳动能力者；(10) 家务劳动者；(11) 待业人员；(12) 待分配者；(13) 在校学生；(14) 待升学者；(15) 其他非就业者。并将 (1) ～ (7) 归为就业者；

(8)～(15) 归为非就业者[①]。虽然调查中并没有直接给出劳动参与与否的判断，但根据国际通行标准，可界定如下：

第一，将劳动年龄的下限定为了16岁，即计算出的女性劳动参与率为16岁以上（包括16岁）女性人口中经济活动人口所占比重。之所以定为16岁，一来是为了和国际接轨，二来是因为《中国人民共和国劳动法》明令禁止用人单位招用未满16岁的未成年人。

第二，由于统计中的“家务劳动者”特指在劳动年龄内，不打算就业，只在家庭从事家务劳动的人，他们没有就业倾向，因此可被视为非经济活动者。将没有就业倾向的家务劳动者视为非经济活动者，并不意味着就不承认家务劳动的价值，而是由于家务劳动和市场劳动的属性、获取报酬的形式、监督的方式、对经济变量的反应方式和反应程度都不相同（Bergmann，1981），并且由于本章侧重于分析影响女性市场劳动参与行为的经济机制，因此在统计中作了以上的界定。

第三，由于我国全日制学生基本上不参与社会经济活动，1988年男生和女生中就业比重分别为4%和4.7%，1995年比重下降到了1.8%和1.7%[②]。这意味着随着我国家庭收入的增加以及对人力资本投资重视程度的提升，家庭越来越要求子女认真读书，而不要求孩子对家庭的经济收入有所贡献。这一点与国外非常普遍的全日制学生在外打工、兼职现象大相径庭。因此在本章的计算中学生被计入了非经济活动人口。

第四，“下岗”在我国具有特殊性。在传统计划体制下，政府、企业与职工之间客观上存在着一种特殊的“信用”关系，一方面政府和企业通过低工资制对职工的劳动贡献进行了部分的留存，形成了一部分的国有资产积累；另一方面政府和企业同时也对职工形成了一种事实上的终身就业承诺以及相关的养老、医疗保障承诺。然而随着经济结构调整和企业体制转化，国企冗员过多等问题开始凸显，国企必须通过精简人员来提高企业绩效。考虑到过去计划体制下这种特殊的“信用”关系，以及涉及人员规模之大，时间之集中，政府和企业不能采用直接失业的方法，而是选择了让职工离开工作岗位，同时保留与企业之间劳动合同关系的“下岗”方式。虽然下岗人员在生活保障和再就业途径上与其他的失业人员有一定区别，但是随着国有企业下岗职工基本生活保障制度逐步向失业保险制度的转化，下岗人员与其他非

---

① 1992年之前国家统计局城调队对被调查者就业状况的分类方式有所不同，但可仍依据同样的方式对我国的劳动参与率进行计算。

② 该数据来源于CHIP（Chinese Household Income Project），1988年和1995年的调查，转引自Haizheng Li & Zax，2003。

就业人员的劳动力市场特征逐步接近。因此我国的下岗人员同样可以依据其是否具有工作搜寻行为、是否能够立即到岗，来判断其是否属于失业者的行列。

第五，由于现今城镇经济活动人口已经发生了很大变化，劳动力迁移现象普遍，农民工已经成为城镇劳动力供给的重要组成部分。在国家统计局城镇入户调查中，依据户籍特征，将居住在被调查区域内的被调查者分为了以下四类：本市（县）非农业户口、本市（县）农业户口、外地非农业户口、外地农业户口。在计算城镇劳动参与率时，如果忽视了农业户口和外地户口的劳动力供给显然是不合适的。因此本章计算出来的城镇劳动参与率依据的是居住地标准，既考虑了城镇户口劳动力的经济活动，又考虑了居住在城市的农业户口劳动力的经济活动；同样还考虑了居住在本地的外来户口劳动力的经济活动。

根据中国城市入户调查统计指标的定义，并根据以上所作界定，被调查者可依据其就业状况被分为以下三类：（1）就业者，包括了国有经济单位职工、城镇集体经济单位职工、其他各种经济类型单位职工、城镇个体或私营企业主、城镇个体或私营被雇者、离退休再就业人员，以及其他就业者（如保姆等）；（2）失业者，包括了待业人员和待分配者；（3）非经济活动人员，包括了离退休人员、丧失劳动能力者、家务劳动者、在校学生、待升学者和其他非就业人员。

二、计划经济时期女性劳动供给状况的变动：1949—1978

纵观我国新中国成立以来城镇女性就业的发展历史，可以将我国女性劳动就业分为前后两个阶段：计划经济时期和经济转型期。体制的变革对我国城镇女性的经济参与程度、经济参与方式、社会经济地位，以及家庭性别分工模式都产生了复杂而深远的影响。

总的来说，计划经济时期女性劳动参与的主要特征是，女性就业权利得到了保障，女性在劳动力市场上的地位不断提高并得到巩固，其中最突出的表现就是女性经济参与程度不断提高。

依据当时的经济背景，又可以将女性经济参与水平的变动依次分为四个子阶段。第一个子阶段为1949—1957年。这一阶段女性劳动参与水平迅猛起步，其特征是参加工作是城市女性力求实现的目标和权利，女性经济参与水平开始持续上升。1949年新中国成立伊始，女性就业的比重并不高，我国全民所有制企业中女工所占比重仅为7.5%。由于新中国成立初期我国效仿苏联选择了优先发展重工业的道路，发展重工业需要大规模的经济建设，于是在资金奇缺的条件下，政府通过行政手段控制物资和劳动力的价格，以求得到廉价的物资和劳动力。在这种背景下政府采用了各种手段尽可能调动劳动力资源，包括女性劳动力资源。比方说，1953 年中国妇女第二次全国代表大会上通过的《关于今后全国妇女运动任务的决议》中就指出："我们国家已经进入一个新的历史时期，有计划的国家建设已经开始，在此时期妇女运动的中心任务是继续教育、发动和组织广大妇女群众，参加并搞好工、农业生产和祖国各方面的建设，充分发挥应有的作用。"对女性劳动力资源的大规模动员，导致了妇女就业人数的大规模增加，到 1957 年年底，我国全民所有制企业中女工所占比重已经从新中国成立初期的 7.5%增长到了 13.4%。

1958—1960 年为第二个子阶段。在"大跃进"的背景下，城镇职工人数迅速增加，绝大多数的城市职工家属和其他家庭妇女都被发动和组织起来进入社会生产岗位，全民所有制企业中女工人数从 1957 年的 328.6 万人增长到了 1960 年的 1008.7 万人，增加了两倍多，所占比重也剧增到了 1960 年的 20%，3 年期间增长了 6.6 个百分点，增长速度远远大于男工。1961—1963 年是我国三年经济困难时期，为第三个子阶段，期间我国全民所有制企业中女工人数有所下降，但是所占比重却大致保持不变。

1966—1976 年是我国的文化大革命时期，是第四个子阶段，出于体现"社会主义优越性"的目标，政府以"上山下乡"的办法来实现"提高妇女就业率"，大批城市新增劳动力作为知识青年被号召到农村和边疆扎根，同时相当数量的城市家庭妇女被组织起来以隶属于国营企业的"五七工厂"和"家属连"的形式参与社会劳动，女性就业在此期间的增长速度仅次于大跃进时期，截至 1977 年，女工在全民所有制企业中所占比重已达 28.3%，10 年间增长了 7.3 个百分点（见表 5—1）。

表 5—1　新中国成立以来我国全民所有制企业中女工所占比重及其变动

阶段	年份	职工总人数（万人）	女职工总人数（万人）	女职工所占比重（%）
1	1949	800	60	7.5
	1952	1 580	184.8	11.7
	1955	1 908	247.3	13
	1957	2 451	328.6	13.4
2	1958	4 532	810.8	17.9
	1960	5 044	1 008.7	20.0
3	1961	4 171	886.8	21.3
	1963	3 293	656.6	19.9

续表

阶段	年份	职工总人数（万人）	女职工总人数（万人）	女职工所占比重（%）
4	1965	3 738	786.1	21.0
	1977	7 196	2 036.0	28.3

资料来源：国家统计局社会统计司．中国劳动工资统计资料 1949—1988［G］．北京：中国统计出版社，1987。

三、经济转型对女性就业的挑战

随着经济体制改革的逐步深入，传统的女性就业模式的体制基础开始动摇，劳动就业逐步转向市场主导型的就业模式，市场打破了就业的"铁饭碗"，优化流动组合、全员劳动合同制、减员增效、人员分流等劳动人事改革举措都不断地迫使女性卷入激烈的市场竞争（Appleton et al.，2002）。由于计划经济体制下过度的保障和保护强化了部分女性对国家和单位的依赖，因此无法适应市场竞争的这部分女性将在竞争中处于劣势。具体来说，经济转型对女性就业的挑战主要表现在以下方面。

第一，自 1995 年以来，女性就业难度不断加大。从就业的统计数据来看，1995 年以前，我国城镇就业女性的总量和比例一直稳步增长，从 1995 年起则开始逐步下降，到 2002 年年底，全国城镇单位女性从业人员绝对数量比 1995 年减少了 1 933 万人，相对比例减少了 0.7 个百分点（见表 5—2）。全国妇联和国家统计局联合组织的第二期中国妇女社会地位调查数据也显示，2000 年中国城镇 18～49 岁女性人口中在业率仅为 72%，比 1990 年降低了 16.2 个百分点。在经济转型过程中，妇女就业难的问题已经波及了女性的各个年龄段，触及了女性的不同阶层。

表 5—2　　经济转型中城镇单位女性就业人员人数及比重

	1978 年	1990 年	1995 年	2000 年	2002 年
人数（万人）	3 128	5 294	5 889	4 411	4 156
比重（%）	32.9	37.7	38.5	38.0	37.8

资料来源：历年《中国统计年鉴》。

第二，在女性就业职工结构趋向合理的同时，职业性别隔离和部分女性职业下层现象也开始凸显。女性在劳动力市场竞争激烈的形势下不得不高能低就。下岗失业女性的再就业去向多为居民服务业等非正规部门或正规部门的非正规岗位，如机关企事业单位的勤杂工、清洁工等，就业形式也以短期、临时工作为主，不仅低待遇、低保障，而且几乎难有职业发展的可能性。此外，消费主义的蔓延和性的商品化趋势，还导致“青春职业”“性别职业”的出现。所有这些，都在一定程度上加剧了妇女职业地位的降低（蒋永萍，2003）。

第三，女工劳动保护和职业安全问题严重。作为发展中国家，我国能长期实行标准较高的女工劳动保护制度，与我国的计划经济体制以及国营企业在全部企业中为绝大多数有关。随着经济转型，国有企业开始面对市场，以经济利益为导向进行各项生产决策，此外国家对体制外企事业单位的执法监督难度也在加大，女职工的特殊保护没有得到应有的重视。许多企业中女性劳动保护不合标准，甚至根本没有保护，如撤销托儿所，不给哺乳女工喂奶时间，“四期保护”几乎空缺等。1996 年，全国总工会女工部对全国 1 847 家企业进行了调查，结果显示，企业中没有建立女工卫生室的占 74.8%，没有建立孕妇休息室的占 87.1%，没有建立哺乳室的占 88.2%，无托幼儿所的占 64.7%[①]。多数企业在签订劳动合同时以种种方式避开女工的孕产期，以致虽有一些企业声称允许女工在岗期间生育，但调查时几乎看不到有关职工生育的记录。而且随着企业经营自主权的扩大，长期以来由用人单位承担女性生育责任的规定在国有和集体企事业单位也遭遇前所未有的挑战。即使过去做得好的企业，也由于效益问题，难以落实女工的保护措施。同一份调查显示，国营企业女工中也有 68%的人产前检查费用不能全部报销，私营企业产前检查费用不能全部报销的比例更是达到了 83%。

四、经济转型中的中国城镇女性劳动参与率：1988—2002

本章所采用的数据来源于国家统计局城市社会经济调查总队 1988—2002 年的城市住户调查。选取的样本覆盖了中国不同地理和经济特点的五个省和一个直辖市，包括北京、广东、辽宁、陕西、四川和浙江。调查内容包括了城市居民家庭成员个人基本情况、住房、就业、主要耐用消费品拥有情况、收入和支出情况等方面。为了研究丈夫收入对妻子劳动供给的影响，我们选取的样本具有以下特征：已婚的且丈夫和妻子的相关数据都齐全的家庭；丈夫和妻子都属于劳动年龄人口的家庭；丈夫和妻子均不是在校学生，也不是现役军人的家庭。

（一）妇女劳动参与率的变动趋势

图 5—1 描述了中国经济转型妇女劳动参与率的变动趋势。从图中可以看出，中国城镇女性劳动参与率总体上呈现出下降趋势，1988 年城镇女性劳动参与率为 78.64%，2002 年已经降为了 64.4%，15 年间下降了 14.24

① 全国总工会女工部. 关于女职工劳动权利和劳动保护的调查［J］. 中国工运，1997（5）。

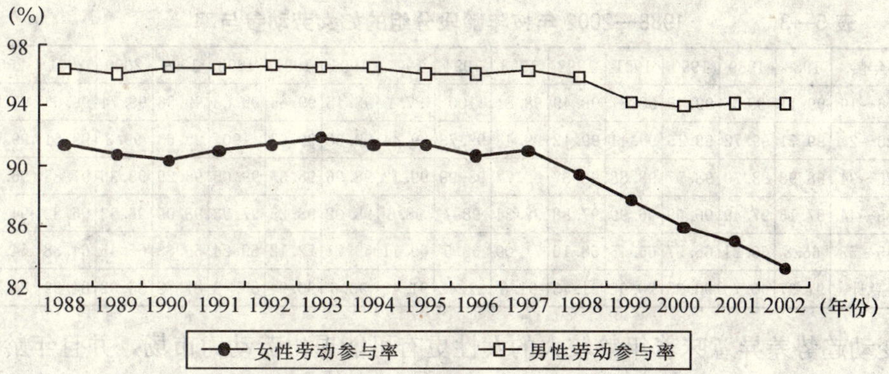

图 5—1　1988—2002 年我国的男女劳动参与率

个百分点。从下降速度来看，女性劳动参与率的变动趋势分为两个阶段：在 1995 年之前，女性劳动参与率平稳下降，1988—1995 年，平均每年下降不到 0.5 个百分点；在 1995 年之后，女性劳动参与率加速下降，1995—2002 年，平均每年下降约 1.6 个百分点，下降速度远大于第一阶段。

图 5—1 显示，中国女性劳动参与率一直低于男性，1988 年、1995 年和 2002 年男女劳动参与率之比分别为 1.08∶1、1.07∶1、1.14∶1。中国男女性别劳动参与率的变动呈现以下两个特征：第一，男性劳动参与率虽然具有类似的下降趋势，但是其下降幅度要小于女性，1988—2002 年，下降了 11.46 个百分点；第二，女性劳动参与率下降所具有的阶段性特征在男性群体中虽然仍然存在，但是表现得并不明显，1988—1995 年和 1995—2002 年，男性劳动参与率的平均年变动幅度分别为 0.6 和 1.0 个百分点，两个阶段的区别小于女性劳动参与率的平均年变动幅度。2000 年之后男性劳动参与率基本保持稳定，而女性劳动参与率却仍持续下降。其后果就是，男女劳动参与率的差距越来越大。这似乎暗示着，经济改革对女性劳动力市场的冲击要比男性大得多。

（二）妇女劳动参与率变动的年龄与教育特征

年龄是劳动参与率的一种重要影响因素，可以体现出女性参与劳动的生命周期特征。一般来说，年龄越大越倾向于不参与劳动（见表 5—3）。从数据看来，各年的妇女劳动参与率均在 16～44 岁年龄段中维持较高水平，而从 45 岁起就开始加速下降。这和以往的研究成果保持一致，如蔡昉和王美艳（2004），以及张车伟和吴要武（2003）等。从时间序列来看，妇女劳动参与率下降最快的是 45～55 岁这一年龄段，1988—2002 年该年龄段的妇女劳动参与率下降了 1.86 个百分点，降幅达 2.78%，其次是 35～44 岁年龄段，下降了 2.4 个百分点，降幅为 2.47%。分年龄段的妇女劳动参与率的

表 5—3　　　1988—2002 年按年龄段分组的妇女劳动参与率

年龄	1988	1989	1990	1991	1992	1993	1994	1995	1996	1997	1998	1999	2000	2001	2002
16～19	99.11	99.2	99.45	98.87	98.49	98.81	100	97.1	98.15	99.65	99.83	99.56	99.74	99.66	99.75
20～24	99.71	99.72	99.15	99.41	99.12	99.48	99.73	99.44	99.68	99.67	100	99.63	99.3	99.61	99.65
25～34	98.98	98.79	98.57	98.88	98.87	99.77	98.99	99.12	98.96	98.35	99.05	98.29	98.36	97.85	96.53
35～44	97.16	97.49	96.99	96.99	97.88	98.34	98.7	98.6	98.02	98.25	97.93	98.05	96.53	96.82	94.76
45～55	66.8	66.21	66.57	65.45	68.16	71.09	68.5	69.11	69.71	72.12	69.24	66.88	65.45	64.38	64.94
总计	91.37	90.79	90.35	90.92	91.43	91.8	91.42	91.42	90.6	90.94	89.49	87.72	86.02	84.99	83.33

变动趋势差异意味着年龄较大的女性更有可能退出劳动力市场，并且年龄和妇女劳动参与率的这种负相关关系正随时间推移而变得越来越明显。

教育程度反映的是劳动者的人力资本含量，一般来说，文化程度越高，劳动参与概率越大（见图 5—2）。观察妇女劳动参与率和文化程度的关系可以发现，无论在哪一年，劳动参与率最低的都是小学及小学以下文化程度的人，并且她们的劳动参与率下降幅度也最大，1988—2002 年，从 70.04％下降到了 49.73％，下降了 20.31 个百分点之多。

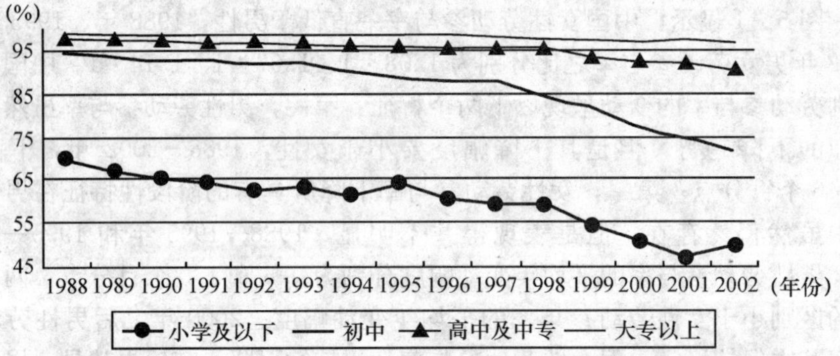

图 5—2　1988—2002 年按教育程度分组的妇女劳动参与率

年龄越大或者文化程度越低，其劳动参与率也越低，这一点并不难理解，因为年龄越大，或者人力资本含量越少，在职位的竞争中就越处于不利地位。在我国就业形势严峻、下岗分流加速的情况下，这部分人更容易受到改革的冲击而失去工作，她们一旦以提前退休或者下岗的形式离开原工作岗位后，在寻找新工作时容易遭受更大的挫折，从而成为“遭受挫折的劳动者”而退出劳动力市场，因此她们的劳动参与率也降低得更快。

（三）妇女劳动参与率变动的家庭特征

表 5—4 概括了 1988 年、1995 年和 2002 年家庭劳动供给相关经济变量的基本特征。为了比较起见，1995 年和 2002 年的收入水平均根据当年当地的物价指数进行了调整，因此本章随后部分所提的工资和收入均为以 1988

年为基年计算出的真实工资和真实收入。平均来说，1988—2002年，丈夫和妻子的工资与收入都有大幅提高，但是妻子工资和收入的增加速度却明显慢于丈夫。丈夫和妻子工资之比从1988年的1.33倍扩大到了1.62倍，收入之比从1988年的1.31倍变成了1.47倍。与此相对应的是，丈夫的劳动参与率仅有略微的下降，从96%降为94%，而妻子的劳动参与率则从90%大幅度下降到了81%。整体的数据支持丈夫收入提高将降低妻子的劳动参与概率这一假说。

观察表5—4，可以发现另外一个不可忽视的变化：收入和工资的标准差大幅度增加。这表示随着市场化改革进程的推进，工资结构发生了改变，收入差距不断拉大。为了对女性劳动参与率和性别工资差距变动的结构进行分析，在这里，我们沿用Juhn & Murphy（1997）的方法，根据丈夫的收入水平对家庭经济情况进行了分组。其中丈夫收入在男性收入分布曲线最下端20%的家庭被定义为低配偶收入家庭，丈夫收入水平处于40%～60%的属于中等配偶收入家庭，处于最上端20%的则为高配偶收入家庭。随后对不同组的家庭收入以及女性劳动参与率的变动进行了对比。表5—5的A栏描述了1988—1995年和1995—2002年期间丈夫和妻子劳动参与率的变动；B栏描述了这两期丈夫和妻子收入对数值的变动。

表5—4　1988年、1995年、2002年妇女劳动参与率变动的家庭经济特征

	1988年		1995年		2002年	
	样本均值	标准差	样本均值	标准差	样本均值	标准差
丈夫工资	1 950.317	867.741 5	3 686.719	2 581.623	5 296.815	4 606.454
妻子工资	1 471.917	811.729 9	2 761.898	2 225.189	3 277.668	3 782.207
丈夫总收入	2 240.256	947.344 3	3 891.482	2 646.146	6 087.989	4 610.789
妻子总收入	1 715.521	829.376 8	3 009.005	2 234.438	4 136.004	3 715.607
丈夫的劳动参与概率	0.963 536 1	0.187 449 7	0.968 081 6	0.175 811 8	0.948 516 9	0.220 995 4
妻子的劳动参与概率	0.901 903 2	0.297 458 7	0.912 142 2	0.283 134 6	0.812 753 2	0.390 135
丈夫教育年数	10.783	3.149 631	11.575 85	2.804 367	11.735 92	2.770 667
妻子教育年数	9.448 595	3.216 924	10.741 69	2.653 716	11.087 81	2.652 091
丈夫年龄	41.653 15	8.681 674	42.715 04	7.814 531	45.046 13	7.488 925
妻子年龄	38.854 5	7.866 244	40.282 99	7.202 485	42.900 82	7.288 755
小于6岁的小孩人数	0.386 339 4	0.785 879	0.116 485 7	0.323 922 3	0.067 685 9	0.253 294 7
6～12岁的小孩人数	1.053 006	1.011 822	0.648 568 6	0.545 696 9	0.468 574 4	0.545 582

通过对比分析妻子劳动参与率与丈夫收入对数值的变动，可以发现一个有趣的现象。虽然表5—4中的初步统计表明，丈夫的收入提高后，妻子的

表5—5　家庭收入分组后丈夫和妻子劳动参与率以及收入的相对变动

家庭经济情况	丈夫		妻子	
	1988—1995年	1995—2002年	1988—1995年	1995—2002年
A：劳动参与率的变动				
低配偶收入家庭	−1.64	−0.46	−0.76	−14.51
中等配偶收入家庭	4.98	−2.66	4.72	−9.42
高配偶收入家庭	−0.22	−0.74	1.7	−5.26
所有家庭	−0.17	−2.32	1.02	−9.94
B：收入取对数值后的变动				
低配偶收入家庭	0.283 633	0.129 074	0.374 364	0.228 539
中等配偶收入家庭	0.493 095	0.427 831	0.444 281	0.258 106
高配偶收入家庭	0.827 29	0.470 628	0.749 894	0.275 307
所有家庭	0.527 825	0.376 385	0.490 361	0.258 276

劳动参与率将降低，但结构性的数据却并不支持这一观点。丈夫收入增加越快，并不意味着妻子的劳动参与率下降速度也会越快。同样，丈夫收入增长幅度越大也并不意味着妻子劳动参与率下降的幅度也会越大。首先，从时间序列上看，第一期（1988—1995年）丈夫收入迅速提高，增长了50多个百分点，同期妻子的劳动参与率没有下降，反而提高了约1个百分点；相对而言，第二期（1995—2002年）丈夫的收入增加速度放慢，只增长了38个百分点，而妻子的劳动参与率却在这一期加速下降，减少了约10个百分点。第二，从横截面的数据看，无论是第一期还是第二期，丈夫收入的提高主要发生在高配偶收入家庭中，低配偶收入家庭中丈夫的收入仅略微有所增长。例如，高配偶收入家庭中丈夫的收入在两期分别增长了83%和47%，而低配偶收入家庭中丈夫的收入在两期仅仅分别增长了28%和13%。妻子劳动参与率变动结构却刚好相反。两期中妻子劳动参与率下降最多的都是低配偶收入家庭。例如，第一期中妻子的劳动参与率在低配偶收入家庭中下降了0.76个百分点，在高配偶收入家庭中却上升了1.7个百分点；第二期中妻子的劳动参与率在低收入家庭和高收入家庭中分别下降了14.51和5.26个百分点。总之，结构性的数据显示，丈夫的收入变动并不能充分解释妻子劳动参与率的变动。

五、中国妇女劳动参与率变化的原因

妇女劳动参与率下降的诱因是什么，性别工资差距和妇女劳动参与率变动的关系如何？在传统的家庭劳动供给理论中，两者是密切相关的。当家庭中丈夫和妻子的潜在工资水平差距加大时，市场工资较高的一方将更多地从事市场劳动，而市场工资较低的一方则相对更多地从事家庭生产，也就是说当妻子相对于丈夫的工资水平下降后，她参与市场劳动的概率会降低。由于总体上看，女性平均的市场工资水平低于男性，于是家庭分工中往往表现出“男主外、女主内”的传统模式。这一理论已经在西方国家经过了多次的验证（Mincer，1962；Becker，1981；Juhn & Murphy，1997）。

虽然关于我国市场化改革过程中就业的性别不平等问题已经开始引起学者们的关注，但是目前为止，多数研究仍只是在制度方面讨论女性就业的历史背景、存在的问题及其对策。经济转型过程中城镇女性就业地位和收入水平的相对下降，被认为是作为妇女保护者的政府退出微观经济领域的必然结果（李实等，1999；潘锦棠，2002）。对于转型经济中的女性劳动参与率下降现象，经济学家很容易从以上的传统家庭劳动供给理论给出解释：在男女收入和就业差距扩大的情况下，女性更多的退出劳动力市场，从事家庭生产，可以更好地实现双方的比较优势，从而实现家庭联合效用的最大化。但是在市场化改革的过程中，女性的确是由于丈夫相对收入提高而自愿的退出劳动力市场吗？如果说转型国家中丈夫收入的确仍是妻子劳动供给决策的一个影响因素的话，那么其影响力度多大，丈夫收入的影响作用在经济转型中又是如何变动的呢？截至目前，几乎没有文献回答了以上问题。

本章以下运用1988—2002年的城镇微观入户调查数据分析了我国城镇女性劳动参与率的影响因素，并着重研究了妻子劳动供给决策的变动在多大程度上可归因于丈夫收入的变动。研究表明：虽然整体上看妻子劳动参与率的下降离不开丈夫收入的提高，但是后者并不能充分解释前者的变动，通过对家庭经济情况的分组可以发现，妻子劳动参与率下降最快的情况并不发生在丈夫收入增长最快的家庭中。丈夫收入增长对妻子劳动参与率下降的作用并没有变大。而对照之下体现在教育年数上的人力资本存量对妻子劳动参与决策正起到越来越大的作用。通过分析女性劳动供给的影响因素，对相关政策的制定提供建议，一方面可以改善女性劳动状况，另一方面则可以提高女性的经济福利水平。

（一）模型方法

当市场工资水平高于保留工资时，已婚妇女将选择进入劳动力市场。市场工资 W_i 受到了劳动者年龄、受教育程度等因素的影响，可以表示为 W_i（age_i，$agesq_i$，edu_i），保留工资 W_i 除了受到个人因素影响外，还受到了家庭因素的影响，可以表示为 W_i（age_i，$agesq_i$，edu_i，Y_i，$kid6_i$，$kid18_i$）。其中 age_i 表示年龄，$agesq_i$ 表示年龄的平方，edu_i 表示受教育年数，Y_i 为家庭其他成员收入，在本章的样本中则为丈夫收入，其中既包括了丈夫的劳动收入，又包括了丈夫的非劳动收入，$kid6_i$和 $kid18_i$分别为家中小于 6 岁和小于 18 岁的小孩人数。已婚妇女参与还是退出劳动力市场，将由以下函数决定：

$$P_i^* = W_i(age_i, agesq_i, edu_i) - W_i(age_i, agesq_i, edu_i, Y_i, kid6_i, kid18_i)$$

当 $P_i^* > 0$ 时，已婚妇女将选择参与劳动力市场，此时 $Inlf_i = 1$；反之当 $P_i^* < 0$ 时，已婚妇女将选择退出劳动力市场，此时 $Inlf_i = 0$。

将 x_i设为一组变量向量，β 为参数向量，ε_i为随机误差项，则函数可以改写为：

$$P_i^* = x_i'\beta + \varepsilon_i$$

我们用线性概率模型（LPM，即 linear probability model）来估计不同因素对已婚妇女参与或退出劳动力市场的影响。假设 ε_i在［0，1］之间均匀分布，x_i对劳动参与决策的影响则可以由下式决定：

$$\begin{aligned} P\{Inlf_i = 1 \mid x_i\} &= P\{P_i^* > 0 \mid x_i\} = P\{x_i'\beta + \varepsilon_i > 0 \mid x_i\} \\ &= P\{\varepsilon_i > -x_i'\beta \mid x_i\} = 1 - F(-x_i'\beta) \\ &= F(x_i'\beta) = F(z) = \begin{cases} 0, z < 0 \\ z, 0 \leqslant z \leqslant 1 \\ 1, z > 1 \end{cases} \end{aligned}$$

以往对妇女劳动参与率的研究最常用的模型有两种，一是 Probit 模型，二是 LPM 模型。尽管 LPM 存在着两方面的缺陷，但是对我们的研究不会有太大的影响。首先，虽然 LPM 的预测值可能小于 0，或者大于 1，与概率值必须大于 0 以及小于 1 相矛盾，但是由于概率的预测值并不是分析的核心，而本章关注的是自变量在其他条件不变的情况下对概率的影响，因此这个问题对本章的分析不会产生太大的干扰。其次，虽然 LPM 存在着一定异方差性，但是大样本情况下应用 OLS 异方差稳健（heteroskedasticity－robust）的方法可以克服这一缺陷。并且与 Probit 模型相比，LPM 模型的优势突出体现为容易估计和解释。因此本章采用了 LPM，并用 OLS 根据 1988—2002 年的数据对模型进行估计，同时计算了异方差稳健的 t 统计量。

（二）1988 年、1995 年和 2002 年回归结果及比较

1988 年、1995 年和 2002 年的回归结果显示（见表 5—6 的 1～3 列），丈夫收入、教育、年龄和小孩数都对已婚妇女的劳动参与产生了预期的影响。首先，丈夫收入与女性劳动参与概率负相关，就 1988 年而言，丈夫收入每增加 10%，女性劳动参与概率下降 0.6%，并且这种相关性在统计上是非常显著的。这和预期的符号相一致。丈夫收入越高，对妻子个人的经济支持也越大，会使得个人容易退出劳动力市场。其次，教育年数与女性的劳动参与概率之间有着非常显著的正相关性，1988 年女性的受教育年数每增加

表 5—6　　1988—2002 年已婚妇女劳动参与的决定因素

自变量	(1) 1988 年	(2) 1995 年	(3) 2002 年	(4) 1988—2002 年	(5) 1988—2002 年
丈夫收入对数值	−0.060 2*** (−9.38)	−0.034*** (−4.98)	−0.051 3*** (−10.34)	−0.052 8*** (−30.87)	−0.047 6*** (−9.14)
年份× 丈夫收入对数值	NI	NI	NI	NI	−0.003 8 (−1.09)
受教育年数	0.022 2*** (22.82)	0.021*** (10.54)	0.030 8*** (19.80)	0.024 2*** (66.87)	0.199 0*** (17.68)
年份× 受教育年数	NI	NI	NI	NI	0.003 6*** (4.08)
年龄	0.094 8*** (24.67)	0.108*** (12.12)	0.141 6*** (20.88)	0.108 8*** (78.16)	0.108 4*** (76.57)
年龄平方	−0.001 4*** (−26.44)	−0.001*** (−12.83)	−0.001 9*** (−23.18)	−0.001 5*** (−84.98)	−0.001 5*** (−82.73)
6 岁以下的 小孩人数	−0.022 7*** (−5.61)	0.042*** (3.27)	−0.029 1* (−1.72)	0.003 7*** (2.86)	0.013 4** (2.23)
年份×6 岁以下 的小孩人数	NI	NI	NI	NI	−0.008 3 (−1.45)
6～18 岁孩子数	−0.019 1*** (−4.67)	0.024* (1.91)	−0.042 1*** (−4.48)	−0.001 7*** (−3.08)	−0.006 5 (−1.52)
年份× 6～18 岁孩子数	NI	NI	NI	NI	0.004 3 (1.03)
年份	NI	NI	NI	−0.009 9*** (−4.35)	−0.019 4 (0.68)
常数项	−0.329 6*** (−4.02)	−0.890*** (−5.22)	−1.467*** (−4.48)	−0.737 8*** (−25.76)	−0.724 1*** (−14.68)
观察值个数	11 243	3 036	7 622	92 803	92 803
R^2	0.325	0.316	0.292 1	0.325	0.326

注：①括号中为异方差稳健的 t 统计量。

②***表示在 1%的水平上显著，**表示在 5%的水平上显著，*表示在 10%的水平上显著。

③2004 列分别为 1988 年、1995 年和 2002 年数据的回归结果；第 4 列和第 5 列为 1988—2002 年的混合横截面数据的回归结果。

一年，其劳动参与概率要增加 2.2 个百分点。这种影响非常巨大。与高中学历的女性相比，大学毕业的女性受教育年数要多出 4 年，她们的劳动参与概率也高出 8.8 个百分点。教育年数反映出的是人力资本存量。受教育年数越多，女性在劳动力市场上的竞争优势越突出，潜在市场工资水平越高，从而其就业愿望也越强烈。再次，年龄和年龄平方项表示的是女性参与市场劳动概率在其生命周期中的变动方式，年龄平方项为负，一次项为正，表示的是劳动参与概率随着年龄的增长先增加后下降，拐点为 $(-1)\times[-0.095/(0.001\times2)]$，约为 48 岁，即从 48 岁开始越来越多的女性将选择退休等方式退出劳动力市场。通过对这两个变量的异方差稳健 F 检验可以发现，年龄和年龄平方项是联合显著的。最后，子女人数对女性劳动参与概率产生了负的影响。6 岁以下和 6～18 岁的子女人数每增加 1，女性的劳动参与率概率分别下降 2.3 和 1.9 个百分点。异方差稳健的 t 统计量显示，这两个变量的影响作用也都是十分显著的。这表明需要照顾的孩子越多，女性越容易退出劳动力市场。通过分析 1995 年和 2002 年的回归结果也可以得出类似的结论。虽然 kid6 和 kid18 在 1995 年和 2002 年的显著程度并不高，但是对 kid6 和 kid18 作异方差稳健的 F 检验，可以发现这两个变量在 1%的水平上联合显著。总之，各年的回归结果显示：传统的家庭分工方式的确起到了一定的作用。“男主外，女主内”可以部分地解释妇女劳动参与率的变动。

对比 1988 年、1995 年和 2002 年的回归结果后发现：教育年数对女性劳动参与概率的作用正逐年变大，其系数从 1988 年的 0.022 增加到了 2002 年的 0.031。这意味着人力资本因素对女性劳动参与决策的影响力度越来越大。一方面，随着改革的深入我国的教育投资回报率在逐渐提高（Liu，1998），因此教育对女性潜在工资水平的影响也在逐渐加大，进而影响到女性的劳动参与率决策；另一方面，市场化改革对我国的婚姻家庭也带来了冲击，生育率和结婚率在转型国家中都发生了实质性的下降；而离婚率则有明显上升（Svejnar，2002），而这将导致女性独立意识的提高，进而使得劳动参与决策越来越多取决于自身的人力资本存量，而不是家庭因素。对比之下，收入因素在女性劳动参与决策中所起作用的变动趋势却不是那么明显。劳动参与概率对收入变动的弹性值，1988 年为－0.06，1995 年下降到了－0.034，而 2002 年又上升为－0.051。

为了进一步了解女性劳动参与影响因素在近 15 年的变动，我们对数据进行了合并，建立了 1988—2002 年的混合横截面数据，并利用年份和各变量的交叉项看各因素的影响力度随时间推移发生了什么变化（见表 5—6 的第 4～第 5 列）。第 4 列中增加了“年份”这一变量。年份的系数为负，表示在控制收入、教育年数、小孩数等因素后，已婚妇女的劳动参与概率随着时间推移逐渐变小。这和预期是一致的。随着市场化程度的加深，用人单位拥有了更多的自主权，在传统经济体制下被强制实施的男女完全“平等”就业模式被打破，对女性劳动力的工资歧视和就业歧视也随之显示出来。因此即使控制了丈夫收入、教育年数和家庭小孩数，在就业难度加大和相对工资降低的情况下，女性参与劳动力市场的概率也会降低。表 5—6 的第 5 列中增加了丈夫收入、教育年数和小孩数与年份的交叉项，交叉项反映的是不同年份各自变量系数的差异。回归结果显示，教育和年份交叉项的系数为 0.0036，这说明在控制其他影响因素后，每隔一年教育对女性劳动参与概率影响系数要增加 0.36 个百分点，并且增加的趋势是显著的；在控制其他影响因素后，丈夫收入的影响作用也在上升，体现在时间和非劳动收入的交叉项系数为负，但是这种下降的作用并不显著，异方差稳健的 t 检验值仅为－1.09。这和表 5—6 中 1～3 列的回归比较结果是一致的，即经济转型中丈夫收入对妻子劳动参与的作用的上升趋势并不显著，而教育的作用却在显著增加。这表明，虽然经济转型中传统的家庭分工模式起到了一定的作用，但是这种模式并没有随着改革的推进而得到强化。

（三）低收入家庭的回归分析

由于女性劳动参与率的下降主要发生在低收入的家庭中，因此有必要单独对低收入家庭中的女性劳动参与进行回归，回归结果见表 5—7。

相对于高收入家庭而言，低收入家庭中丈夫收入以及妻子文化程度对妻子劳动参与决策的影响力度更大，并且变大的趋势也更突出。低收入家庭中已婚女性的劳动参与概率相对于家庭收入的弹性值从 1988 年的－0.067 增加到了 2002 年的－0.114，教育的系数也从 0.014 增加到了 0.032。这说明低收入家庭内部的分工模式受到经济转型的冲击更为突出。然而即使如此，低收入家庭中丈夫收入的变动也不能充分解释妻子的劳动参与行为。从解释力度上说，1995 年低收入家庭女性劳动参与对丈夫收入的弹性值为－0.084，这意味着丈夫收入增长 10％，妻子的劳动参与概率降低 0.84％。1995—2002 年，低收入家庭中丈夫收入增长了 12.9％，可预期的妻子劳动参与概率则下降约 1.08％。而同期同类家庭中的妇女劳动参与率下降了 14.51％，也就是说丈夫收入的变动解释了 1995—2002 年低收入家庭中妻子劳动参与率变动的 7.47％（等于 1.08％/14.51％）。用同种计算方法可以得出，丈夫收入的变动解释了 1995—2002 年所有家庭中妻子劳动参与率变动的 12.87％。总之，妇女劳动参与率的下降主要发生在 1995—2002 年的低收入家庭中，而丈夫收入对该期该类家庭中女性劳动参与的解释力度并不大。这说明有其他更重要的因素在支配着妇女的劳动参与行为。

表 5—7　　低收入家庭中已婚妇女劳动参与的决定因素

自变量	1988 年		1995 年		2002 年	
	高收入家庭	低收入家庭	高收入家庭	低收入家庭	高收入家庭	低收入家庭
丈夫收入的对数值	−0.113*** (−4.45)	−0.067*** (−5.54)	−0.075*** (−2.92)	−0.084*** (−3.29)	−0.103*** (−4.85)	−0.114*** (−8.27)
受教育年数	0.029*** (13.19)	0.014*** (5.86)	0.023*** (5.27)	0.016*** (3.84)	0.029*** (8.96)	0.032*** (8.31)
年龄	0.077*** (7.47)	0.083*** (11.37)	0.105*** (5.14)	0.093*** (4.97)	0.154*** (9.07)	0.120*** (8.45)
年龄平方	−0.001*** (−8.55)	−0.001*** (−12.16)	−0.001*** (−5.50)	−0.001*** (−5.25)	−0.002*** (−9.87)	−0.002*** (−9.54)
6 岁以下的小孩人数	−0.033** (−2.54)	−0.016** (−2.14)	0.067** (2.45)	0.070** (3.05)	−0.024 (−0.80)	−0.040 (−0.90)
6～18 岁的孩子数	−0.025** (−2.54)	−0.015 (−1.64)	0.049* (1.68)	0.042* (1.73)	−0.060*** (−2.91)	−0.013 (−0.62)
常数项	0.372 (1.30)	0.021 (0.13)	−0.488 (−1.06)	−0.194 (−0.50)	−1.201*** (−2.94)	−0.610** (−1.88)
观察值个数	2 056	2 308	608	605	1 536	1 530
R^2	0.264	0.381	0.325	0.351	0.317	0.314

注：①括号中为异方差稳健的 t 统计量。

②***表示在 1%的水平上显著，**表示在 5%的水平上显著，*表示在 10%的水平上显著。

六、结论与启示

我国的女性劳动参与率在近年内发生了明显的下降。与此同时我国的性别工资差距也在加大。传统的劳动供给理论认为，更多的女性退出劳动力市场，这是家庭在市场力量的作用下自主分工的结果。然而结构性的数据却表明，已婚妇女劳动参与率下降最大的家庭并不是丈夫收入增长最快的家庭，并且已婚妇女劳动参与率下降最快的时期也并不是丈夫收入增长最快的时期。这说明丈夫收入的变动并不能充分解释女性劳动参与率的变动。1995—2002 年，丈夫收入的变动仅仅解释了整体已婚妇女劳动参与率变动的 12.87%，以及低收入家庭中已婚妇女劳动参与率变动的 7.74%。教育年数是影响女性劳动参与的另一因素。教育程度越高，已婚妇女的劳动参与率也越高。最低文化程度的已婚妇女其劳动参与率的下降在所有女性中幅度是最大的。

从妇女劳动参与率影响因素的变动趋势上说，丈夫收入对女性劳动参与的影响力度并没有随着市场化进程的推进而加强，对照之下教育和妇女劳动参与率的正相关关系却正随着改革的推进而不断强化。换句话说，在转型经济中传统“男主外，女主内”的家庭分工模式虽然在女性劳动参与决策中起到了一定的作用，但是这种分工模式并没有像假想的那样，随着政府在就业中强制作用的取消而起主导作用。已婚妇女劳动参与决策越来越多地取决于自身的人力资本存量。

总之，在女性劳动参与决策中丈夫收入的增长并没有起到预期的作用，而教育的作用却日益显现出来。我国妇女劳动参与率的加速下降始于 20 世纪 90 年代中期，这和我国劳动力市场上就业压力日趋加重同时发生。随着经济体制改革尤其是劳动力管理体制改革的深入，经济体制下所隐藏的“就业泡沫”“过剩就业”和隐性失业也逐渐释放出来。于是在劳动力市场上处于不利竞争地位的劳动者如最低文化程度的女性等，就更容易失业，也更难以实现再就业。她们之所以退出劳动力市场，并不是因为有了足够的家庭收入作为经济来源，而是因为就业的现实困难导致了她们丧失信心，只好成为“遭受挫折的劳动者”而退出劳动力市场。因此，与其说我国女性劳动参与率的下降是家庭收入提高从而家庭重新分工的自主选择，不如说是严峻的就业形式所迫。这一点有很强的政策含义。

首先，“遭受挫折的劳动者”人数的增多，意味着在可观测的失业人员外还存在着大量隐蔽的失业。参与率的下降与失业有类似的效果。虽然在就业困难的形式下，失业人员会因为就业机会的减少而丧失信心从而退出劳动力市场，但是一旦就业形式好转后，这部分人员将重新走向劳动力市场，从这一角度来说，失业率实际上是被低估了。当一个新的工作岗位被创造出来以后，失业人数并不能也因此而减少一个。因此政府在计算失业人口时，不仅应包括统计上的没有工作但是正在积极寻找工作的人，还应该包括这部分遭受挫折的劳动者。尤其是女性更是如此，女性失业人口事实上远大于通过传统统计口径得出的统计数值。

其次，女性劳动参与率的下降主要发生在丈夫收入水平较低的家庭中，这说明丈夫和妻子的收入状况之间有很大的相关性，并说明我国家庭收入不平等程度在加剧，因此就低收入家庭而言其生活水平就令人担忧了。而我国目前的社会保障水平并不高。在享受城镇最低生活保障的家庭中，62%的家庭每个月仅得到 100 元以下的补贴，30%的家庭得到的补贴在 100～200 元，得到200元以上补贴的只占8%①。如何切实保障低收入家庭的生活水平，将是我国社会保障部门面临的一个严峻的现实问题。

最后，虽然“遭受挫折的劳动者”退出劳动力市场可以在客观上起到劳动力“蓄水池”作用，但是它对经济发展的负面作用也同样不可忽视。大量人力资源被闲置起来，无法为经济增长作出贡献。要充分利用闲置的人力资源，有如下两种途径。其一是从劳动力需求角度出发，在加快发展第二产业的基础上，大力发展就业弹性系数高的第三产业，吸纳更多的劳动力就业；二是从劳动力供给角度出发，由于女性劳动参与率的下降主要发生在低教育水平的妇女人群中，因此，为低文化程度的妇女人群提供有针对性的教育和培训，将不失为一条提高女性就业能力，降低女性失业或者退出劳动力市场概率的有效方法。

① 转引自：蔡昉，王美艳．中国城镇劳动参与率的变化及其政策含义［J］．中国社会科学，2004（4）。

第六章　中国城市次级劳动力市场中农民工劳动供给分析①

改革开放以来，工业化和城市化的发展、巨大的人口基数、严峻的“三农”问题以及现行的制度安排，共同推动着农民工队伍的快速膨胀。目前中国已有 9 400 万名农村劳动力在城市就业，还有 1.5 亿名剩余劳动力很可能继续涌向城市，但大部分农民工受自身文化素质和城市就业体制的制约，只能跻身于那些工资低廉、工作条件差、就业不稳定的次级劳动力市场（secondary labor market）。城市次级劳动力市场上找工作的农民工越多，工资向下的压力也越大。劳动供给与工资之间呈现出一种正反馈关系，这种正反馈关系致使农民工的工资水平更快地趋于他们的保留工资（reservation wage）。也就是说，现阶段农民工的劳动供给与工资正反馈向下直至工资趋于保留工资，农民工工资锁定于保留工资水平。

值得研究的是，上述现象无法用既有的主流经济理论阐释。因为在通常的向右上方倾斜的劳动供给曲线与需求曲线相均衡的分析框架中，尽管我们可以通过供求曲线的移动解释工资的下降，但难以解释工资在下降过程中总是趋于保留工资的现象。在向右上方倾斜的劳动供给曲线中，随着工资的下降，劳动者的劳动供给逐渐减少；要使均衡工资降低到保留工资，需求曲线在保留工资处的需求量必须为零。可是，经典的理论解释却与我们观察到的中国现实大相径庭。

一、考察农民工非常规劳动供给的新思路

本章拟通过“一个切入点、两个层面”来构建出一个考察这种现象的理论新框架。一个切入点是“最低必需支出”，它意指劳动者为获得基本生存条件的刚性支出，即劳动者的实际支出下限。关于这个问题，斯密、李嘉图和马克思等曾从劳动或劳动力价值决定的角度进行考察；嗣后，尽管马歇尔（1890）也提及过类似的问题，但主流经济学淡化乃至撇开了对最低必需支

① 本章主要内容基于郭继强．中国城市次级劳动力市场中民工劳动供给分析．中国社会科学，2005（5）。

出及其相关问题的探讨。社会经济发展状态决定经济理论的关注点。刘易斯（Lewis，1954）在著名的二元经济模型中所论及的“生存工资”，费和拉尼斯所说的“制度工资”，都涉及了最低必需支出与劳动供给的关联，不过，刘易斯模型重点分析的是现代城市部门对农村剩余劳动力的吸纳，并没有对巨量农村劳动力流入城市可能造成的后果进行专门的研究。

本章所说的“两个层面”中的第一层面是以“低工资中劳动供给曲线向右下方倾斜”为考察对象的，分析目的是期望对农民工自身劳动供给行为作出解释。经典劳动供给模型仅仅刻画了向后弯曲的劳动供给曲线，这个模型对以发展中国家或者发达国家工业化初期为背景的“低收入者或贫困者的劳动供给随工资增加而减少”的描述，只能作为经典劳动供给曲线的“例外”。对于这个“例外”，Lewis（Lewis，W. A.，1954）、Berg（1961）等人认为这是由于穷人的“非理性”，Lewis（Lewis，O.，1966）甚至将其归结成“贫穷文化”；Schultz（1964）、Miracle 和 Fetter（1970）、Barzel 和 McDonald（1973）则反对以往将不发达国家人们特殊的劳动供给行为归因于非理性的做法，认为这主要是消费机会受到限制所致。Mellor（1963）、Huang（1976）、Dessing（2002）用生存收入，Berg（1961）、Dunn（1978）、Altman（2001）引入目标收入（目标支出），Sharif（1991）用替代弹性递增的效用函数给予解说。总的说来，不管作何种解读，都是对“工资率较低时为什么存在一段向右下方倾斜的劳动供给曲线”的诠释。本章认为，倘若我们把“最低必需支出约束”引入经典劳动供给模型，同样可以解析出低工资中向右下方倾斜的劳动供给曲线。

第二层面是在第一层面的基础上结合劳动需求展开工资决定分析。鉴于现有的关于低工资中劳动供给曲线向右下方倾斜的研究文献，仅限于研究劳动供给本身而尚未结合劳动需求进行分析的现状，本章以基于向右下方倾斜的劳动供给曲线的劳动供求状态为分析主线，从理论上揭示农民工劳动供给与其保留工资的结果性现象。

本章的主要工作是：(1) 将“最低必需支出约束”引入经典劳动供给模型，着重考察劳动者受制于最低必需支出约束时的劳动供给；(2) 以上海市 1995 年流动人口调查数据以及国家统计局城调队 2002 年城市住户调查数据为基础，对向右下方倾斜这段劳动供给曲线进行实证；(3) 结合劳动需求，构建一个基于向右下方倾斜的劳动供给曲线的劳动供求理论框架，进而联系我国实际情况，对城市次级劳动力市场中的农民工劳动供给问题展开分析。

二、关于经典劳动供给曲线的刷新式理解

（一）经典劳动供给曲线的条件约束

在刷新经典劳动供给曲线之前，我们有必要对经典劳动供给模型作出一些与最低必需支出相关分析的说明。众所周知，新古典经济学是以条件极值的形式来表达经典劳动供给模型的，其一般形式为：

$$\max U(Y,R) \quad (6—1)$$

$$s.t. Y+wR \leqslant M+wT \quad (6—2)$$

其中，U、Y、R、w、M 和 T 分别表示效用函数、支出水平、闲暇时间、市场工资率、非劳动收入以及可用于劳动和闲暇的总时间。在考察期内，劳动者的偏好稳定，效用曲线性状良好。该条件极值表示，劳动者在追求效用最大化过程中决定了支出水平和闲暇时间。由于劳动时间 $L=T$（常数）$-R$，从而，市场工资率与均衡时的劳动时间之间形成一条向后弯曲的经典劳动供给曲线。

但是，上述模型隐含着如下假设——劳动者的支出可以是不超过收入的任意水平，这个假设实际上忽视了最低必需支出可能对劳动供给造成的影响。其实，劳动者的支出并非只是收入的衍生物，它还有自身的规定性。譬如，倘若劳动者的收入水平低于其最低必需支出，则最低必需支出将对劳动供给行为构成刚性约束。从劳动者的欲望或需要层次上看，满足最低必需支出可以视为第一层次或者说较低层次，而追求效用最大化则可归类于第二层次即更高层次。劳动者只有在较低层次的欲望得到满足后才会产生更高层次的欲望，而产生更高层次欲望本身就已经蕴含了较低层次欲望的满足性。显然，最低必需支出构成了劳动者追求效用最大化的硬约束条件。

笔者认为，如果我们考虑到劳动者存在最低必需支出约束①，那么经典劳动供给模型可修正为如下的条件极值：

$$\max U(Y,R) \quad (6—3)$$

$$s.t. Y+wR \leqslant M+wT \quad (6—4)$$

$$Y \geqslant Y_{E1} \quad (6—5)$$

其中，Y_{E1} 表示劳动者的最低必需支出。就条件极值式（6—3）至式

① 另一种合乎逻辑的思路是寻找劳动者在不同收入和闲暇水平上的偏好差异（Myint，1971；Kaufman，1999；Altman，2001），然后提出分段的效用函数。本章之所以没有采用这种处理方法，是因为这样做势必还要辨析不同分段函数的差别，使问题复杂化；而且，这种处理方法在与经典劳动供给模型的衔接上显得烦琐。况且，从序数效用理论看，序数效用本身就是用顺序或等级来描述效用差别的，由此形成的效用函数无须再进行分级或分段考察。因而，我们可以合理地假定在考察期内劳动者的偏好既定不变。

(6—5) 而言，如果 $Y_{E1} \leqslant M$，非劳动收入已经足够支付最低必需支出，从而，最低必需支出就不再构成对劳动者提供劳动的约束，条件极值式（6—3）至式（6—5）可以还原成条件极值式（6—1）至式（6—2）。当 $Y_{E1} > M$ 时，若记 $w\bar{L}$ 为劳动者在追求效用最大化过程中提供劳动所挣得的劳动收入，则随着市场工资率的下降，会出现以下两种情形：第一种情形是 $M < Y_{E1} \leqslant M + w\bar{L}$，这时，最低必需支出也不会对劳动者提供劳动构成约束，条件极值式（6—3）至式（6—5）同样退化为条件极值式（6—1）至式（6—2）。第二种情形是 $M + w\bar{L} < Y_{E1}$，此时，劳动者决策首先必须考虑的是，如何获得与最低必需支出相对应的收入，即 $M + wL \geqslant Y_{E1}$，以满足第一层次的欲望。这种最低必需支出对劳动者提供劳动构成约束的情形以及从第一种情形向这种情形的转换，便是本章关注的焦点之一。

（二）最低必需支出约束下的拐点分析

当第一种情形向第二种情形转换时，由经典劳动供给模型所描述的工资提供曲线（wage offer curve）将产生拐点。这里所说的“拐点”，是指劳动者欲望层次发生变换的转折点[①]。在图 6—1 中，横轴表示闲暇 R，纵轴表示支出（收入）；OM、OY_{E1} 分别是非劳动收入、最低必需支出。由经典劳动供给模型给出的工资提供曲线 $A'C'$ 在 F' 处出现拐点，它的位置是高度为 OY_{E1} 的水平线与工资提供曲线 $A'C'$ 的交点。此时的工资率，即连接 $A'F'$ 的直线与水平线 $A'M$ 夹角的正切所对应的工资率，我们称之为拐点工资率，记为 w_F。当市场工资率 $w \geqslant w_F$ 时，满足 $Y_{E1} \leqslant M + w\bar{L}$，相应的工资提供曲线与经典劳动供给模型给出的 $C'F'$ 相同。不过，当 $w < w_F$ 时，因 $Y_{E1} > M + w\bar{L}$，最低必需支出构成了对劳动者提供劳动的约束，相应的工资提供曲线就不再是经典劳动供给模型所对应的 $F'A'$，而是变异成水平线 $F'Y_{E1}$。可见，w_F 所对应的 F' 点，就是劳动者第二层次欲望与第一层次欲望转折的拐点。如果记直线 $A'Y_{E1}$ 与水平

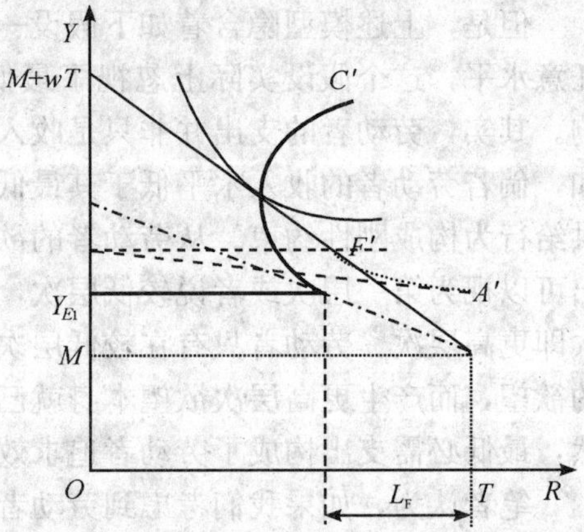

图 6—1　劳动供给的决定

① 广义地说，经典劳动供给向后弯曲时也有一个转折点，不过，它只是在同一层次（第二层次）欲望中工资变化的总效应（＝替代效应＋收入效应）正负发生变换时的转折点，而非本章所界定的欲望层次发生变化的拐点。

线 $A'M$ 夹角的正切所对应的工资率为 w_0，我们称之为最低必需工资率。它表示此时劳动者放弃闲暇而将全部时间 T 都用于劳动所能挣得的收入，恰好能够支付最低必需支出。假如 $w < w_F$，则劳动者无论怎样提供劳动都无法满足最低必需支出。

（三）拐点下的劳动供给曲线图景

以上的拐点分析同样可以映射到劳动供给曲线上。由于市场工资率表现为预算线与水平线 $A'M$ 之间夹角的正切，因而当闲暇和劳动时间确定后，图 6—1 中的拐点 F' 点在图 6—2 的劳动供给曲线中就映射成拐点 F 点；同时，对应于最低必需支出约束下工资提供曲线的变异部分 $F'Y_{E1}$，表现为延续拐点后的劳动供给曲线向右下方倾斜，如图 6—2 中的 FK 段曲线。可以证明，在低工资情形下，工资下降时所呈现的向右下方倾斜的劳动供给曲线与工资上升时所形成的向左上方倾斜的劳动供给曲线是同一的。

根据保留工资率（w_r）与最低必需工资率（w_0）相对高低不同，拐点以下的劳动供给曲线可以细分为如图 6—2 和图 6—3 所示的两个亚类：

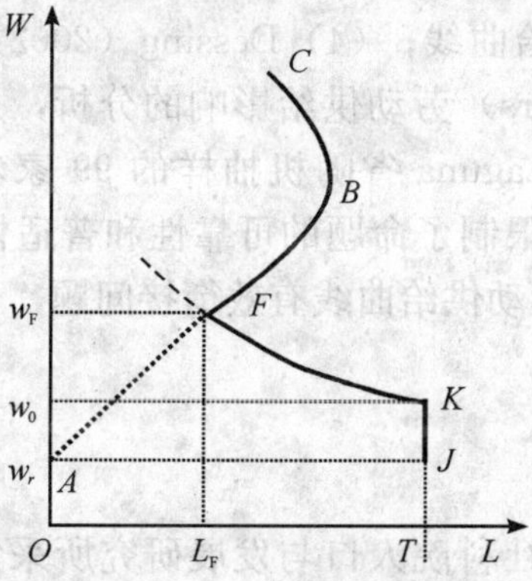

图 6—2　第 1 亚类劳动供给曲线

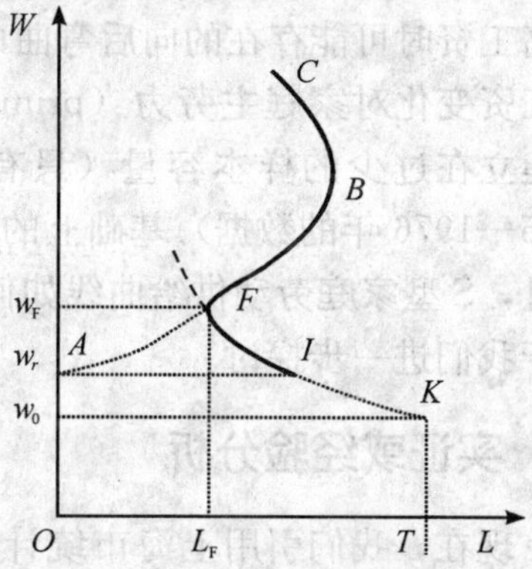

图 6—3　第 2 亚类劳动供给曲线

第 1 亚类：$w_r < w_0$，劳动者的劳动供给曲线为 $CBFKJ$，如图 6—2 所示。在拐点 F 之上的 CBF 段对应于图 6—1 中的工资提供曲线 $C'F'$ 段，与劳动者追求效用最大化的劳动量相对应；在 FK 段，劳动供给曲线向右下方倾斜，其数学表达式为 $L=(Y_{E1}-M)/w$，它与劳动者为获得最低必需支出须提供的劳动量相对应；在 KJ 段，即便劳动者愿意并且实际也提供了最大劳动时间，但仍不能弥补最低必需支出。

第 2 亚类：$w_r \geqslant w_0$，劳动供给曲线为 $CBFI$，如图 6—3 所示。CBF 段劳动供给曲线的意义与第 1 亚类相同；FI 段与劳动者为获得最低必需支出须提供的劳动相对应。较之于第 1 亚类，第 2 亚类的劳动供给曲线主要出现了这样一种状况：本来市场工资率介于 w_r 与 w_0 之间时，如果劳动者提供

IK 线段所对应的劳动量，劳动者的收入仍可以满足最低必需支出，但他却放弃了通过劳动挣得最低必需支出的努力，劳动供给曲线缩减成 $CBFI$。

结合现实来看问题，以上两类劳动供给曲线在现阶段中国城市次级劳动力市场中都明显存在。现实表明，一小部分城市居民因嫌市场工资太低而放弃工作并招致困顿，形成第 2 亚类劳动供给曲线；而农民工的劳动供给则往往表现为第 1 亚类劳动供给曲线。

笔者用"最低必需支出"这个约束来修正和拓展经典劳动供给模型，或许能对理论界加深劳动供给问题的研究提供以下几点启示：（1）低工资中劳动供给曲线向右下方倾斜，依然可以理解为劳动者在各种约束下理性选择的结果；（2）有些学者考虑到消费机会限制以及目标收入（支出）可能对劳动供给决策产生影响，但如果我们没有从中解析出最低必需支出，就无法深入探究欲望的层次性及其对劳动供给的影响；（3）Sharif（1991）的替代弹性递增效用函数不能对替代弹性单调递增的假定给出足够的解释（Dessing，2002），而且这种研究思路难以体现拐点所揭示的欲望的层次性，也推导不出高工资时可能存在的向后弯曲的劳动供给曲线；（4）Dessing（2002）关于工资变化对家庭主劳力（primary workers）劳动供给影响的分析，是一种建立在过少的样本容量（只有菲律宾 Laguna 省随机抽样的 99 家农户 1975—1976 年的数据）基础上的研究，它限制了命题的可靠性和普适性①；而且，S 型家庭劳动供给曲线如何与经典劳动供给曲线有效衔接问题，也有待于我们进一步探讨。

三、实证或经验分析

现在，我们引用上海市统计局、上海社科院人口与发展研究所采集的《上海市 1995 年流动人口调查》和国家统计局城市经济社会调查总队采集的《2002 年城市住户调查》有关数据，分别对进入上海的农民工以及全国城市居民的劳动供给进行经验分析。

根据劳动供给理论，本章采用如下计量模型：

$$L = \alpha + \beta \ln w + \delta X + u$$

其中，L 为周工作小时数；$\ln w$ 为小时工资的对数形式；α、β 是系数；δ 为系数向量；u 为期望为零的随机误差项；X 则是解释变量向量，比如劳动者的教育年限、年龄、家庭财富、孩子个数等，因为劳动者供给既与自身

① 事实上，用中国 2002 年城市住户调查数据计量可以得出，在中国城市中，当工资率较低时，户主（指为其家庭成员所公认，在家庭事务中基本上起决定作用者。在大多数情况下，是家庭经济的主要支撑者，相当于 Dessing 所说的主劳力）也存在一段向右下方倾斜的劳动供给曲线。

特征相关，又与家庭紧密联系在一起。限于篇幅，本章的经验分析以进入上海的农民工的劳动供给为主，辅之以中国城市居民的劳动供给。我们对每一群体均分别用最小二乘法（OLS）和工具变量法（IV）进行实证。

我们从《上海市 1995 年流动人口调查》中，获取计量上海农民工劳动供给的有关数据。该调查的样本分布及抽样方法是：市中心抽取南市区；边缘区抽取徐汇区、闸北区、杨浦区；城郊接合部抽取宝山区、浦东新区；每个区抽取两个街道。在每个街道抽取两个居委，调查居委辖区内的所有流动人口。如果某些居委中的流动人口数不足原先预定的目标数（每个居委调查 250 人），再抽附近的居委，要求居委辖区内的流动人口都要调查；如果人数仍旧不足，再继续抽附近的居委，直至抽取人数满足要求为止；受调查的流动人口共有 6 609 人。但就本章回归分析而言，有效样本数据骤减为 2 506 个，这是因为只有满足以下条件的流动人口样本才能进入本章的计量模型：农业户口、在来上海前没有在别的地方务过工、具备回归中所需要的有效信息。规定回归对象是农业户口，缘于我们探讨的是农民工的劳动供给；规定所选样本的流动人口在来上海前没有务过工，是由于数据中没有工龄的信息，我们需要用样本在上海工作的时间作为其工作经验的代理变量；再加上对有关变量信息的要求，实际进入我们观察视野的样本容量仅剩 2 506 个。从样本数据看，上海农民工平均月工资为 580.46 元，主要集中在服务业和制造业。

由于劳动供给在不同的工资水平阶段具有不同的特性，因而有必要进行分段考察。通过试错法用 IV 法进行回归，笔者发现拐点在 $\ln w$ 为 1.25 附近，取 $\ln w$ 等于 1.25。以此为界可以划分成两个区间，分别对上海农民工的劳动供给进行回归，估计结果见表 6—1。其中，$\ln w$、age、agesq、exper、expersq、training、educ、sex 依次表示农民工的小时工资对数、年龄、年龄的平方、经验（工龄）、经验的平方、是否经过培训、受教育的年限、性别；fwu1、fwu2、fwu3、fwu4、fwu5、fwu6 是房屋类型，分别表示租房、自有、宿舍、工棚、工作地、露宿（属于该类型的取值为 1，否则为 0；fwu6 作为回归的基组）；kid6、kid16 是指小于等于 6 岁的孩子个数、大于 6 岁但小于等于 16 岁的孩子个数。选取的工具变量为 xiangmao1、xiangmao2、xiangmao3、marry * educ、marry * exper。其中，xiangmao1、xiangmao2、xiangmao3、xiangmao4、xiangmao5 是对相貌的描述，分别表示相貌好、比较好、一般、比较差以及差；marry 表示婚姻状况。表 6—1 的回归结果显示，农民工小时工资对数（$\ln w$）小于等于 1.25，即小于等于工资率 3.49 元时，农民工非常显著地存在向右下方倾斜的劳动供给曲线；当 $\ln w>1.25$ 时，农民工的劳动供给曲线显著地向右上方倾斜。

表 6—1　　上海民工劳动供给分段估计结果

解释变量	lnw≤1.25		lnw>1.25	
	OLS	IV	OLS	IV
lnw	−11.18 (0.72)***	−65.14 (15.69)***	2.24 (1.56)	38.17 (20.41)*
age	0.12 (0.23)	1.68 (0.64)***	0.66 (0.38)*	0.30 (0.59)
agesq	−0.001 (0.003)	−0.02 (0.01)**	−0.01 (0.01)	−0.01 (0.01)
exper	0.45 (0.26)*	2.02 (0.68)***	−0.39 (0.31)	−0.75 (0.49)
expersq	−0.07 (0.03)***	−0.15 (0.06)***	0.04 (0.02)*	0.07 (0.04)*
training	−1.04 (0.58)*	1.24 (1.32)	−0.62 (0.88)	−1.12 (1.29)
educ	−0.11 (0.14)	1.11 (0.44)**	−0.37 (0.19)**	−0.67 (0.31)**
sex	2.44 (0.59)***	9.10 (2.25)***	1.63 (0.95)*	0.52 (1.50)
fwu1	−0.99 (5.23)	18.93 (11.76)	−1.25 (2.28)	4.16 (4.46)
fwu2	−0.68 (5.50)	19.05 (12.20)	−7.41 (2.99)**	−5.61 (4.38)
fwu3	−0.39 (5.24)	23.73 (12.41)*	0.03 (2.48)	8.25 (5.84)
fwu4	0.09 (5.31)	18.68 (11.71)	8.82 (2.78)***	20.22 (7.56)***
fwu5	0.25 (5.23)	15.74 (11.19)	0.04 (2.34)	4.25 (4.10)
kid6	0.79 (0.61)	−1.32 (1.35)	−0.25 (0.74)	−1.11 (1.17)
kid16	1.01 (0.62)	0.55 (1.22)	0.44 (0.75)	0.01 (1.10)

续表

解释变量	lnw≤1.25		lnw>1.25	
	OLS	IV	OLS	IV
con（常数项）	59.71 (6.40)***	33.06 (14.71)**	31.56 (7.13)***	−16.25 (28.84)
观察值	1974	1974	532	532
A−R^2	0.124	—	0.126	—
F-Statistic	F (15, 1958) =19.67	F (15, 1958) =2.13	F (15, 516) =6.08	F (15, 516) =3.15
Prob>F	0.00	0.0067	0.00	0.00
Hausman test (F-stat)	—	F (1, 1957) =46.83	—	F (1, 515) =6.45
Prob>F	—	0.00	—	0.011
Overidentifying restriction test (stat)	—	2.57	—	2.66

注：①括号中的数值为标准差。

②***，**，*分别表示在1%、5%、10%水平上显著。

③工具变量法中以 lnw 为被工具变量，xiangmao1、xiangmao2、xiangmao3、marry* educ、marry* exper 为工具变量。

关于中国城市居民劳动供给的计量，我们选用中国国家统计局城市经济社会调查总队《2002 年城市住户调查》的数据①。该数据的调查对象是城市市区和县城关镇区居民委员会行政管理区域内的住户。调查城市和县城采用划类选点随机抽样的方法确定，样本量由国家统计局城调总队在全国范围内按城市人口比例分配确定。2002 年城市住户调查涉及全国 6 个省共 226 个市县，10 710 户家庭，共 31 025 人。本章提取了家庭户主及其配偶的劳动供给数据，进入计量模型的样本容量由此骤减为 12 377 个。本章省略了城市居民劳动供给的分段回归的具体过程，分析结论是：当 lnw<1.25 时，劳动供给曲线相当显著地向右下方倾斜；当 lnw>1.25 后，随着工资率的上升，工作时间也在增加；当工资率增加到一定程度（lnw=2.69）后，再

① 这里之所以采用 2002 年的城调总队数据，是因为以前年份的住户调查数据中没有本章回归所需的有关居民劳动时间、工资等完整的信息。

提高工资率，工作时间又将逐渐减少。这就印证了本章第二目理论推导所得出的结论。

四、劳动供给拐点视角下的农民工工资

（一）劳动供给拐点视角下的劳动供求

将最低必需支出约束引入劳动供给曲线，问题分析的现实归宿要求我们对劳动供给拐点视角下的工资或就业问题展开讨论。一个明显的事实是，第1亚类的劳动供给曲线较之于第2亚类更具普遍意义，对现阶段中国城市次级劳动力市场中的农民工而言更是如此。基于此，我们把前者作为典型的修正后的劳动供给曲线加以分析。图6—2中第1亚类的劳动供给曲线的横轴是代表性劳动者的劳动时间，而宏观层面上的劳动供给曲线的横轴则应是就业量，这就必须进行如下的变换：将作为考察对象的全体劳动者的供给曲线水平叠加，并除以劳动者的平均劳动时间，那么，横轴的计量对象就可变换为就业人数即就业量（用 N 表示）。在这种情况下，劳动力供给曲线的形状仍然类似于第1亚类的劳动供给曲线，如图6—4所示。据此，我们大体上可以将劳动力供给和需求的相互作用归结为以下两种组合状态①。

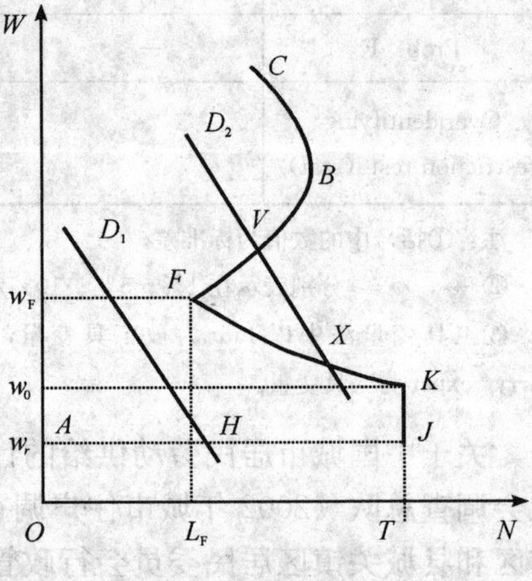

图6—4　劳动力供求分析

组合1：需求曲线 D_1 位于供给曲线 $CBFKJ$ 的左边。在图6—4中，当需求曲线为 D_1 时，劳动力供过于求，迫使市场工资率下降。当市场工资率低于 w_F 时，劳动力供给曲线进入拐点 F 以下的 FKJ 阶段。在 FK 段的劳动力供给曲线上，随着工资率下降，劳动者为获得最低必需支出必须提供更多的劳动，劳动力供给量也相应的增长；在现实经济中，这种情形表现为已经就业的人在制度劳动时间之外加班或谋取其他兼职，或者他的家人中原本不参与劳动力市场活动的某些成员也涌入劳动力市场寻求工作。不言而喻，这在扩大劳动力供求缺口的同时也增加了市场对工资率的向下压力，形成正反馈右下方发散型振荡。结合图形来解说这种情况，就是在 w_r 小于 w_0 时，由上述情形所导致的发散型振荡，将趋向或者说锁定（lock in）于需求曲线 D_1 与 w_r 所对应的水平线 AJ 的交点 H 点。从 H 点所对应的供求

① 更一般的说，在组合1和组合2之间还可能存在其他一些状态。

状况来看，在保留工资水平上可以获得“无限”的劳动力供给①。

组合 2：需求曲线 D_2 与 BF 段供给曲线相交。在图 6—4 中，如果劳动力需求从 D_1 增加到 D_2，从而与供给曲线在 BF 段相交（记交点为 V 点），这时，向右上方倾斜的劳动供给曲线与向右下方倾斜的需求曲线便可以获得稳定的均衡。倘若穿过 FB 段供给曲线的需求曲线 D_2 还进一步与 FK 段供给曲线相交（记交点为 X 点），不稳定的均衡点 X 将会引发以下情况：市场工资率在 X 点以下时，劳动力的供给量大于需求量，工资率下跌，下跌的工资率虽然能够同时增加供求量，但供给量增加的幅度会大于需求量，这时市场供求将向右下方发散；当市场工资率在 X 点以上时，劳动力的供不应求会一直推动工资率上涨，经由拐点 F 直至稳定的均衡点 V 点。根据以上分析所引申出的政策性启示是：假如劳动力供求处于上述状态，那么，政府实行的最低工资标准须高于 X 点所对应的工资率。

（二）农民工工资锁定于保留工资

中国现阶段城市次级劳动力市场中农民工的劳动力供求在相当程度上呈现出组合 1 的状态。陆学艺曾以深圳市为例分析指出，深圳农民工这些年的平均工资是下降的，2001 年深圳农民工的月平均工资是 588 元，低于 20 世纪 80 年代的水平，并且还常常遭到企业主的克扣和拖欠②。这 588 元的农民工月平均工资，大体上也与深圳市镇、村企业从业人员 2001 年的年平均工资 7 122 元基本吻合（《深圳统计年鉴 2002》，第 232 页）。尽管统计口径存在差异（譬如有人认为，深圳农民工的月平均工资在 800 元左右），但十余年来农民工的工资收入基本上没有什么变化甚至还稍有下滑已基本上成为共识③。据国家统计局农调总队调查，2002 年农民外出打工平均月收入 582 元，其中 400 元以下占 26.9%，平均月支出在 400 元以下占 88.5%。若按照所在城市的生活水准来衡量，农民工把自己在城市的生活费用压缩至极限，已可以算作城市中的贫困人口了④。总之，城市次级劳动力市场上农民

---

① 此时的劳动力供给曲线常常容易被认知成一条高度为保留工资率的水平线。

② 陆学艺．“三农”新论——当前中国农业、农村、农民问题研究［M］．北京：社会科学文献出版社，2005：257－274

③ 周正平．1 亿农民工成为推动中国经济发展的新兴力量［N/OL］．新华网，(2003-8-22)．此外，还有一种现象值得关注，深圳市职工月平均工资（该统计口径往往只针对本地劳动力）曾从 1992 年的 494 元上升到 2002 年的 2 352 元，特区内最低工资标准也从 245 元上涨到 595 元，这种情形与农民工工资变化形成了巨大的反差。

④ 吴忠民．中国究竟有多少贫困人口［N］．中国经济时报，2003-5-16

工打工挣钱尚处于满足最低必需支出的阶段[①]。王检贵曾将我国宏观经济运行的核心问题归结为“劳动与资本双重过剩”，是“劳动力剩余条件下的有效需求不足问题”[②]。就农民工而言，“我国农民工劳动力市场长期处于供大于求的状态……据估计，目前，我国农村剩余劳动力高达约2亿人，而城市所能吸纳的劳动力远远低于这个数字”。[③] 依据以上的分析，我们有理由认为，中国城市次级劳动力市场中农民工的典型劳动供给曲线处于图6—4中的FKJ段，与需求曲线的相互关系呈现出组合1的状态。

1995年，广东农民工联合课题组发现，10年来农民工实际工资不仅没有随经济发展而增加，反而稳中有降[④]。2004年全国总工会在广东的调查显示，广东省最发达的珠三角地区外来工的工资十几年来一直在低位徘徊。以全国尤其是经济发达地区而言，尽管各地生活费用以及距主要农民工输出地远近造成往返交通成本的高低各不相同，但假如我们扣除这些差异后，农民工的工资水平及其变动趋势几乎是一致的：近十多年来城市次级劳动力市场上农民工的名义工资变化不大或略有上涨，但实际工资则是下降的。农民工实际工资的长期停滞乃至于负增长，就从结果上表明城市次级劳动力市场中农民工的劳动供求呈现出组合1状态。

本章之所以强调并区分保留工资与最低必需工资，固然是理论分析的逻辑需要，但更重要的是中国农民的现况使然。尽管在城市次级劳动力市场上就业的农民工，所获得的工资常常低于最低必需工资而趋向于保留工资，但即便如此，作为一种自主选择，农民工进城往往仍是改善自身及其家庭生活状况的一次尝试[⑤]。农民工的保留工资既与他们在农村的收入有关，又与受

---

① 如果按深圳农民工月工资平均588元、每月工作26天、每天工作11小时计算，小时工资则为2.06［=588÷（26×11）］元；即使以月工资平均800元、每月工作25天、每天工作10小时计算，小时工资也仅为3.20元。我们从本章第三目已经知道，1995年上海农民工的拐点工资率大约在小时工资对数的1.25，也就是小时工资3.49元。可以较为合理地假定，深圳农民工的拐点工资率也大致如此。这样，即便不考虑物价水平上升因素也可以认为，农民工的小时工资在拐点工资率以下。

② 王检贵．劳动与资本双重过剩下的经济发展［M］．上海：上海三联书店、上海人民出版社，2002：10-11、57-92、214-227.

③ 李强．农民工与中国社会分层［M］．北京：社会科学文献出版社，2004：80.

④ 广东农民工联合课题组．在流动中实现精英移民——广东外来民工调研报告［R］．战略与管理，1995（5）：112-120.

⑤ 中国由于农村人口众多、土地资源匮乏和农地平均分配，导致人多地少和小规模经营，相对较高的农资价格和很低的农产品价格，使得许多地区的农民种田无利可图甚至亏本。因而，目前中国农村劳动力向工业和城市流动，是对“由于劳动力大量剩余而造成的普遍贫困化”这种状况的反应（参见孙立平．断裂——20世纪90年代以来的中国社会［M］．北京：社会科学文献出版社，2003：99）。

制于地理、制度和政策因素的流动成本相关。这也是本章理解的中国农民工保留工资的特质含义。具体地说，组合 1 中的工资率 w_0 实际上是临界点，当市场工资率低于它时，劳动收入难以维持劳动者个人及其家庭的正常生活。作为弱生产要素的农民长期徘徊在生存线附近，还会在生存本能的驱使下损害更弱的生产要素。因此，无论从理论还是从实践上来考察，我们必须采取有效措施阻止劳动力供求继续向右下方发散，使劳动力供求的相对位置处于组合 2 的状态。

作为对问题的进一步论证，我们在此引用劳动和社会保障部课题组 2004 年 9 月发布的一个《关于民工短缺的调查报告》。该报告的内容主要集中于两点：(1) 中国不同地区的农民工短缺现象不均衡；(2) 招工难易取决于工资级差①。与此同时，许多研究者的分析结论也与该报告的调查结果相一致②。不过，在笔者看来，农民工短缺是农民工对农产品价格恢复性上涨、打工的实际收入停滞甚至减少、城市生活成本不断攀升以及比较利益下降的直观反应，是城镇经济快速扩张所派生的对农民工需求的增长幅度大于农民工当期供给的增长幅度的一种动态适应性过程或暂时性现象。目前的农民工短缺并没有改变现阶段农民工工资趋于保留工资的态势，只是一定程度上抬高了保留工资的底部③。

五、结论与启示

基于劳动者存在最低必需支出的现实而修正的劳动供给模型，突出了拐点之下存在一段向右下方倾斜的劳动供给曲线，在笔者看来，它既能够解释

---

① 该报告指出，月平均工资在 700 元（含加班费）以下的企业普遍招工较难；700～1 000 元的企业，招技工较难，但用工基本可保证；1 000 元以上的企业没有问题。

② 譬如，鲁宁认为，沿海部分地区所谓的“民工荒”，在很大程度上可以说是在“现行工资水平和劳动时间上的民工不足”。从这个意义上，周勇民更愿意将其视为“招工难”，而不是“民工荒”。赵晓认为，当前这一轮“民工荒”是暂时的，一是农民工实际工资长期停滞乃至负增长在当前总需求升温时的总爆发，二是在当前物价尤其是粮价上升太快时工资调整粘性惹的祸，因而是宏观经济波动的正常反应。从我国劳动力供求的基本面看，未来相当一段时期，全国范围内的总量性的农民工短缺应该不会持续出现（参见鲁宁. 民工工资：“倒逼机制”开始形成 [N]. 中国经济时报，2004-8-31；周勇民. “民工荒”调查 [N]. 经济学消息报，2004-10-8；赵晓. “民工荒”是劳工不足还是宏观经济波动？——工资粘性、短期劳动供需曲线对于劳工市场的影响分析 [N]. 学习时报，2004-9-13)。笔者以为，农民工工资之所以存在相当强的“粘性”，在很大程度上是由于工资锁定于原来的保留工资所致。

③ 一些用工紧缺企业在这两年除了直接增加工资外，还想方设法推出各种缓解措施，例如改善用工条件、出资包车送农民工回家过年、企业主与农民工同吃年夜饭等；政府也开始着力改善用工环境、建立和谐劳动关系。所有这一切，在某种程度上都可以看成是抬高保留工资底部的表现形式。

以往作为向后弯曲的经典劳动供给曲线的“例外”情况——低收入者或贫困者的劳动供给随工资增加而减少，同时，又可实际运用于中国城市次级劳动力市场中农民工的劳动供给分析。

本章提出的在劳动供给拐点视角下的劳动供求理论分析框架，统一归置了组合 1 和组合 2 的状态。刘易斯（1954）由于缺乏“拐点”分析，只能在二元经济结构假设下从现代城市部门角度对传统农业部门提出劳动力无限供给的模型，而这也仅是在某种程度上涉及了组合 1 状况。实际上，即使滤去二元经济结构的背景，只要引入最低必要支出的约束条件，主流经济学仍然能够在自己的理论框架内探讨这种情况，并且可以获得比刘易斯模型更加一般化的结论。历史和现实表明，大量农村剩余劳动力涌入城市，又会形成组合 1 的状态。这种情况不仅发生在中国，许多国家的工业化初期或者发展中国家也出现了类似的情形。因此，本章的理论分析框架具有相当程度的普适性。

目前中国城市次级劳动力市场上农民工所显现出的组合 1 状态，凸显了劳动力市场制度结构的重要性。因为组合 1 状态在短期内仅依靠市场自身力量无法有效改观，我们必须用最低工资标准把劳动力市场的发散失衡控制在一定的程度和范围之内。也就是说，在组合 1 的状态下，最低工资制度是阻止劳动力市场供求向下发散的重要措施。在组合 2 的状态下，我们提出最低工资标准须高于 X 点所对应的工资率（见图 6—4），也是出于矫正劳动力市场可能出现的失灵。从这一角度看，最低工资标准并不是要不要的问题，而是如何根据当地具体的社会经济状况恰当地确定标准并有效实施的问题。

本章的分析还暗含着以下政策的倾向性：政府应采取包括制度安排和政策导向在内的多种措施，尽力将农民工就业状况推向组合 2 的状态。从需求角度来看政策的倾向性，就是要增加劳动力需求，努力使需求曲线与供给曲线的 BF 段相交；从供给角度看，政府应该注意以下几方面的问题：（1）有效降低最低必需工资率 w_0，使劳动者最大限度地摆脱最低必需支出的束缚。由于 $w_0=(Y_{E1}-M)/T$，T 又是一个固定值，所以，减少最低必需支出 Y_{E1} 和增加非劳动收入 M 是降低 w_0 值的两条途径。尽可能缩减最低必需支出范围、降低最低必需支出所对应的物品和劳务的价格，诸如减免贫困家庭子女接受基础教育的费用等，可以降低 Y_{E1}；建立和完善社会保障体系包括社会保险、社会救济和社会补贴制度，构筑起劳动者基本生活需要的最低防护网，则能够提高 M。（2）通过营造形成良好劳动关系的环境，改善农民工的境况。政府可以制定关于支付农民工工资的法律法规，克服以往农民工面临的“拖欠工资”难题；工会及自助组织可以积极参与，提高农民工的谈判能力，并与企业和政府三方合作博弈，争取共赢。（3）调整劳动力供给结构。按照经济发展所派生的对劳动力需求结构的要求，加强人力资本投资，提高农民工的知识、技能和收入挣得能力，增加主要劳动力市场（primary labor markets）的劳动力供给，相应的减少次级劳动力市场的劳动力供给，使 KF 段劳动力供给曲线左移。当然，缓解乃至有效解决“三农”问题，可以在很大程度上减少农民工对城市次级劳动力市场的供给；不过，那是另一个理论问题，它也值得我们进一步深入研究。

第七章 高校扩招背景下的中国大学生就业失业问题①

20 世纪 90 年代以来，中国高等教育规模迅速扩大。到 2005 年，高等教育在校生总规模已超过 2 300 万人，比 2000 年增加 1 071 万人，高等教育毛入学率达到 21%，成为世界上规模最大的高等教育。与此同时，大学毕业生的就业难度开始增加，从公布的高校毕业生就业率看，在 1998—2008 年这十余年间，我国大学毕业生数量增加了 5 倍多，而就业率只增加了 0.8 个百分点（见表 7—1），结果，未能实现就业的大学毕业生数量迅速增加（见图 7—1），至 2006 年甚至已突破百万大关。2007 年，大学毕业生的就业形势仍很严峻，毕业生数量达到创纪录的 495 万人，比上年净增 82 万人。近年来，大学毕业生的就业形势仍很严峻，有关部门预计 2009 年毕业生数量将达到 610 万人。因此，从理论和实践层面探究大学生就业难问题的成因，发现中国大学生就业问题的一般性和特殊性，从而寻求有效的途径来应对大学生就业问题，以降低大学生的人力资本投资风险，无疑具有重要意义。

表 7—1　　1998—2008 年大学毕业生数量和就业状况
（2007 年就业数根据教育部公告估计得到）

	1998	1999	2000	2001	2002	2003	2004	2005	2006	2007	2008
毕业生数量（万人）	83	84.8	95	103.6	133.7	187.7	239.1	306.8	413	495	559
未就业数量（万人）	19.3	17.6	17.1	10.4	26.7	56.3	64.6	84.1	123.9	100	125
就业率（%）	76.8	79.3	82.0	90.0	80.0	70.0	73.0	72.6	70. 0	79.8	77. 6

一、大学生就业难的基本原因：基于文献的分析

经验表明，在高等教育的快速发展过程中，通常会伴随着大学毕业生的

① 本章主要内容基于赖德胜，田永坡．对中国“知识失业”成因的一个解释．经济研究，2005（11）。

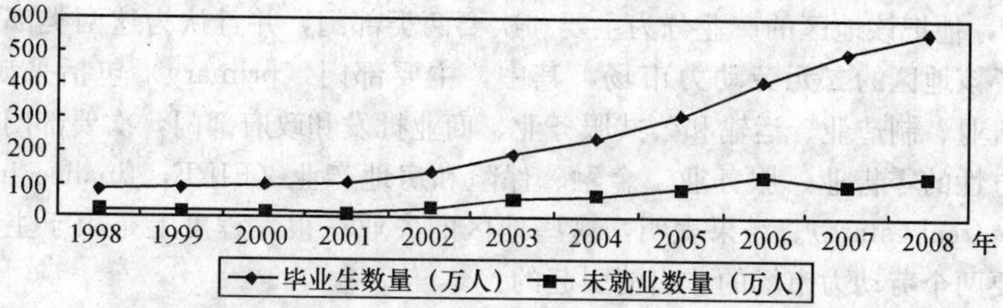

图 7—1　1998—2008 年大学毕业生就业趋势

就业难度增加。从国外的研究看，学者们认为大学毕业生就业难主要是以下原因引起的：第一，大学毕业生的供给总量增加和结构失衡（郑勤华，2005）；第二，需求总量的减少和结构调整（Dabalena 等，2001）；第三，高等教育内部运行机制难以适应市场需求的变化（Paul 和 Murdoch，2000）；第四，劳动力市场运行不完善（Blaug，1969）。针对本国的具体情况，各国政府还采取了一系列缓解大学生就业的措施，这些措施包括改善教学内容和专业设置，提高教育质量（郑勤华，2005），为大学毕业生提供就业援助（Nishida，2002），实施大学生创业计划、促使大学生实现自我就业以及鼓励大学生到特定地区就业等（万晓玲、吴松、邵松林，2006）。

大学生就业问题，是近十年来中国经济转型过程中遇到的新问题。国内学者将影响大学生就业的主要因素归纳如下：高等运行机制（谈松华，1999）、学生的学历层次和专业（瞿振元、谢维和及陈曦，2001）、社会资本（徐晓军，2002）、经济增长速度（汤敏，2003）、高等教育课程的结构设置以及培养模式（丁元竹，2003）、就业制度变革（曾湘泉，2004）、毕业生自身素质、行业收益差异（岳昌君、丁小浩，2004）和劳动力市场运行状况（赖德胜、田永坡，2005）等。

上述研究都从某个角度揭示了我国大学毕业生就业难的原因，但这些研究规范分析多实证分析少，而且很少放在体制转型和产业结构的背景下进行讨论。事实上，产业结构对就业具有重要的影响。Tress（1938）指出，产业多样性的存在可以减少失业率，Curtis（1988）使用美国 1977—1981 年 91 个大城市及郊区（SMSAs，Standard Metropolitan Statistical Areas）的混合数据，对产业分布与摩擦性失业的关系进行了实证研究，在 Curtis 的研究中，产业被划分为制造业、农业、零售业等 10 个产业，产业差异使用的是赫芬达尔指数（Herfindahl Index），该指数衡量一个地区或城市各个行业就业的差异性，结果表明，就地区而言，其产业差异越大，摩擦性失业率越低。Stephan Weiler（2000）以美国的西弗吉尼亚州（West Virginia）为例，分析了产业“锈带”地区产业结构变动对地区劳动力市场就业的影响①，他把该地区的产业分为主要和次要两类部门，并且认为这两类部门形成了该地区的二元劳动力市场，其中，主要部门（primary）包括采矿业、建筑业、制造业、运输和公共服务业、商业批发和政府部门，次要部门包括地方性的零售业、服务业、金融、保险和房地产业（FIRE，finance/insurance/real estate）。结果表明，这些地区的失业在很大程度上是由于主要和次要两个劳动力市场的非出清引起的。

许多学者也对我国产业结构与就业的关系进行了研究。李培林（2000）指出，20 世纪 90 年代以来，由于农业劳动力的绝对数在下降，农业增长的就业弹性系数几乎一直是负值，工业增长的就业弹性系数一般在 0.12～0.16，而服务业增长的就业弹性系数则平均高达 0.75。黄涛、陈良焜和王丽艳（2002）使用投入产出表对 40 个行业的就业吸纳能力做了估算，就业吸纳能力排在前 10 名的行业分别为教育文化艺术及广播电影电视业、商业、饮食业、社会服务业、卫生体育和社会福利业、旅客运输业、货物运输及仓储业、建筑业、科学研究事业、机械设备修理业。岳昌君、丁小浩（2003）估算了全国 16 个行业的就业弹性②，从其估算的结果看，由这些行业的一般就业弹性可以明显地分为三组：第一组的就业弹性大，包括房地产业、金融保险业、批发零售贸易和餐饮业，就业弹性在 0.3～0.7；第二组的就业弹性较小，包括交通运输仓储和邮电通信业、建筑业、社会服务业，就业弹性在 0.1～0.2；第三组的就业弹性近似为零或为负数，包括教育文化艺术及广播电影电视业、国家机关政党机关和社会团体、科学研究和综合技术服务业、卫生体育和社会福利业、工业、农林牧渔水利业，就业弹性在 −0.1～0.05。利用 1990—2000 年的一般就业弹性和 2000 年的一般就业规模，岳昌君、丁小浩（2003）还计算了就业直接效应，从 12 个不同行业的一般就业效应来看，可以明显地分为三组：第一组的就业效应较大，包括批

---

① 所谓“锈带”，主要是指美国中西部一带的老工业区。实际上也没有谁曾明确划分过其具体地理位置，通常是指美国的伊利诺伊州、印第安纳州、密歇根州、俄亥俄以及宾夕法尼亚州等地区。这里有着多年来令世界瞩目的汽车城底特律、钢都匹兹堡及以前的重工业城市克利夫兰和芝加哥。随着制造业在经济中所占比例的急剧下降，这些地区开始逐步走下坡路，遗弃的工厂设备锈迹斑斑，衰落导致该地区经济萧条，“锈带”之称由此而来。由此可见，美国的“锈带”地区与我国东北老工业基地有很大的相似之处，关于“锈带”更为详细的介绍可以参见“美国：大力调整产业结构‘锈带’地区重放光彩”，http：//www.chinaneast.gov.cn/2004－10/28/content_3163719.htm。

② 因为数据的限制，岳昌君、丁小浩将采掘业、制造业、电力煤气及水的生产和供应业、地质勘察和水利管理业等 4 个行业合并记为工业，同时不考虑“其他”行业，这样其所研究的行业就划分为 12 个，详见岳昌君，丁小浩．受高等教育者就业的经济学分析［J］．高等教育研究，2003（6）：21－27。

发零售贸易和餐饮业、建筑业、交通运输仓储和邮电通信业，就业效应在3万～17万人；第二组的就业效应一般，包括金融保险业、社会服务业、房地产业、教育文化艺术及广播电影电视业、国家机关政党机关和社会团体，就业效应在0.2万～1.2万人；第三组的就业效应为零或负数，包括科学研究和综合技术服务业、卫生体育和社会福利业、工业、农林牧渔水利业。从就业弹性和就业效应的联系看，就业弹性最高的6个行业正好也是就业效应最大的6个行业，这6个行业分别是建筑业、交通运输仓储和邮电通信业、批发零售贸易和餐饮业、金融保险业、房地产业和社会服务业。蒲艳萍（2004）测算了1980—2002年劳动力在三次产业中的转移情况，发现第一产业从业人员比重迅速下降，第二产业的从业人员人数比重在此期间仅为20%左右，但整体稳定且略有增加，第三产业从业人数比重不高但增长最快，从1980年所占总劳动力人数不到1/8增加到2002年的超过1/4。从姚战琪、夏杰长（2005）对三次产业的就业弹性计算结果看，中国三大产业吸纳就业的能力不同，1979—2000年，第一产业就业的平均弹性为0.06，第二产业为0.34，第三产业为0.57。周若愚和周立群（2005）对天津市的三次产业就业弹性的研究表明，自1994年以来，天津市第二产业增长的就业弹性开始由正值转为负值，1995—2002年，第一产业的平均就业弹性为－0.2，第三产业增长的就业弹性为正值且呈现出增加的趋势，从1995年的0.14逐步上升到2002年的0.53，第二产业的平均就业弹性为0.22。而综合结果就是天津经济增长的就业弹性降低，1995—2000年，经济增长的就业弹性一直维持负值，2002年经济增长的就业弹性仅为0.07。

由于各个产业对大学生的需求不一致，大学生在择业上，对各产业的偏好也各不相同，当行业对大学生需求和大学生的择业取向出现不协调时，大学生就业的难度必然会增加。因此，有必要结合各行业的劳动力市场运行机制和大学生的择业行为，从产业结构的角度对大学生就业问题进行深入研究，以得出更具针对性的结论。

二、大学生就业的产业需求结构

从已经就业大学生的产业分布看，基本上可以发现大学生期望到哪些产业就业以及哪些单位需要大学生，也就是说，大学生的就业结构基本上可以反映大学生劳动力的需求结构。根据2005年的《中国劳动统计年鉴》，我们对大学生在各个行业的分布比例进行了整理，从20个行业中分别找出了大专、大学本科和研究生三个教育层次人口比例排在前六名的产业（见表7—2）。进一步地，我们又从排在前六名的产业中挑选出了三个教育层次中均包含的产业，这样的产业共有四个，他们分别是卫生、社会保障和社会福利

表 7—2　　大学生比例排名前六位的行业

大专在各行业分布的比例中排名前六的行业		大学本科在各行业分布的比例中排名前六的行业		研究生在各行业分布的比例中排名前六的行业	
产业	比例（%）	产业	比例（%）	产业	比例（%）
批发和零售业	4.5	建筑业	3.6	卫生、社会保障和社会福利业	5.8
交通运输、仓储和邮政业	4.8	信息传输、计算机服务和软件业	5.7	制造业	5.8
卫生、社会保障和社会福利业	8.1	卫生、社会保障和社会福利业	6.8	信息传输、计算机服务和软件业	9.7
制造业	10.2	制造业	9	科学研究、技术服务和地质勘察业	9.9
教育	17.7	公共管理和社会组织	20.7	公共管理和社会组织	15.1
公共管理和社会组织	19.5	教育	23.6	教育	27.8

资料来源：根据《中国劳动统计年鉴 2005》相关数据整理。

业，制造业，公共管理和社会组织，教育。从这四个产业加总的数据看，大专、大学本科和研究生的比例均超过了 50%，其中本科的比例最高，为 60.1%（见表 7—3）。也就是说，有一半的大学毕业生集中在 20%的行业中，分析这些产业的大学生就业机制和行为，对理解整个大学生就业问题至关重要。

表 7—3　　大学生比例排名前四位的行业及汇总　　%

	卫生、社会保障和社会福利业	制造业	教育	公共管理和社会组织	四个产业总和
大专	8.1	10.2	17.7	19.5	55.5
大学本科	6.8	9	20.7	23.6	60.1
研究生	5.8	5.8	15.1	27.8	54.5

资料来源：根据《中国劳动统计年鉴 2005》相关数据整理。

从就业的地域分布看，大学生主要集中在城市，从表 7—4 可以看出，大专、大学本科和研究生三个层次的劳动力，80%以上都集中在城镇单位，因此在考察大学毕业生就业的产业分布时，我们主要使用城镇大学生的产业结构分布数据，这也是考虑到数据的可得性和可对比性的原因。

表7—4　　按受教育程度分的全国就业人员就业身份构成　　%

	城镇单位就业人员	乡镇企业就业人员	乡村农林牧渔劳动者	私营个体雇员	私营个体雇主	自营劳动者	其他
小学以下	1.1	0.9	88.7	3.2	1.0	4.1	1.2
小学	2.0	1.9	78.7	7.6	2.1	6.1	1.7
初中	9.0	3.7	53.5	16.6	4.7	10.3	2.3
高中	42.3	4.2	17.5	17.1	6.5	9.7	2.8
大专	80.8	2.5	1.6	7.6	2.6	2.4	2.5
大学本科	88.5	1.2	0.5	4.7	1.8	1.1	2.3
研究生	90.9	0.6	0.6	2.4	1.7	0.9	3.0

资料来源：中国劳动统计年鉴2005［G］．北京：中国统计出版社，2005。

三、工资及福利刚性与大学毕业生失业

在工资可变并具有弹性的情况下，高等教育人口的增加会产生“渗漏”效应，一部分学生会在低一级的职位上就业，这种结果就是大学生的整体工资水平会下降，但不同层次职位的大学生可以获得相等的工资，大学生不会因为工资差异而选择更倾向于哪一类岗位，这样，大学生在失业问题上不太严重。但是，对大学生吸纳能力集中的几个行业并不像我们所期待的工资充满弹性，相反，这些产业的工资水平具有很大的刚性，这种刚性导致大量的大学毕业生在选择岗位时，将目标岗位锁定于此类岗位，使得这些岗位大学生的供给远远超过需求，大学毕业生失业在所难免。需要说明的是，目前劳动者的收入除了工资外，还包括数额不菲的福利收入，这些收入包括退休费用、公费医疗以及一些福利项目，而这些项目的存在导致某些产业的收入与其他单位呈现出刚性的特点，因此，在分析工资变化时，就必须把这些收入考虑进来。

（一）工资刚性

一个完善的劳动力市场是实现劳动力最优配置的必要条件，而从现实看，我国的劳动力市场远非完全竞争和统一的，而是分割为一个个异质的子市场。从基本特征看，这些市场大致可以分为主要劳动力市场和次要劳动力市场两类，主要劳动力市场工资高、工作环境好、就业稳定、可以享受社会保障，并有较多的培训和晋升机会；而在次要劳动力市场上，工资低、工作条件差、就业变迁性大，培训和晋升机会少于主要劳动力市场。众所周知，中国是一个从计划经济向市场经济转轨的国家，正在经历而且还将在较长时间内经历一个制度变迁的过程，因此我国的劳动力市场上除了功能性分割和

区域性分割外，还存在着典型的制度性分割。从大学生就业比较集中的产业看，教育，卫生、社会保障和社会福利业，公共管理和社会组织三个产业（在这三个产业中，大专、大学本科和研究生比例之和分别为 45.3%、51.1%和 48.7%）具有典型的传统部门（或者说主要劳动力市场、正规劳动力市场）的特点，但其工资形成机制又不同于刘易斯在二元劳动力市场中描述的正规劳动力的工资形成机制（蔡昉，1998）。具体而言，这些产业的劳动力市场属于政府主导型的，其工资形成在很大程度上是由政府的制度和政策决定的而非由劳动力的边际生产力所决定的。工资的这种形成机制最大的特点就是外生性比较强，工资水平一旦形成，调整就需要较长的时间，工资变动呈现出刚性的特点，与改革初期政府不考虑人力资本水平时实行的低工资水平相比，近年来政府主导的产业工资出现了大幅度的上涨，从表 7—5 所列数据中不难发现，从 1999 年开始，教育，卫生、社会保障和社会福利业，公共管理和社会组织三个产业的工资水平均超过了全国的平均水平。在工资变动趋势上，这些产业的工资水平还呈现出向下刚性的特点，这样一来，在大学生就业集中的产业中，工资水平就会在较长时期内停留在一个高位上。

表 7—5　　大学生集中的产业工资水平与全国对比

年份	卫生体育和社会福利业		教育、文化艺术和广播电视业		国家机关、政党机关和社会团体	
	工资水平（元）	与全国水平之差	工资水平（元）	与全国水平之差	工资水平（元）	与全国水平之差
1995	5 860	360	5 435	−65	5 526	26
1996	6 790	580	6 144	−66	6 340	130
1997	7 599	1 129	6 759	289	6 981	511
1998	8 493	1 014	7 474	−5	7 773	294
1999	9 664	1 318	8 510	164	8 978	632
2000	10 930	1 559	9 482	111	10 043	672
2001	12 933	2 063	11 452	582	12 142	1 272
2002	14 795	2 373	13 290	868	13 975	1 553

资料来源：根据《中国劳动统计年鉴 2005》相关数据整理。

注：《中国劳动统计年鉴》从 2003 年使用了新的行业分类标准，本章中关于大学生就业结构中使用的行业分类是新分类标准，而在本表中关于行业工资的统计中，仍然使用的是旧的行业分类标准，因此，在行业工资的对比上可能会产生一些误差，但可以大致反映出行业工资变动的趋势。

（二）高福利刚性

在大学生集中的四个行业中，劳动者可以享受较高水平的社会保障和福利，这些保障和福利主要包括医疗卫生费、离退休费、集体福利事业补贴、集体福利设施费等，涉及职工医疗卫生、住房、培训、疗养、小孩上学等多个方面，名目繁多的保障和福利构成了该行业从业者收入的很大一部分。与其他社会保障水平较低或者没有社会保障的单位相比，这些保障收入具有很大的刚性，这是因为，社会保障制度和福利政策多是通过政府制度规定的，在这些制度安排下取得的收入具有很大的外生性，它并不会随着劳动力供求的变化而变化。即便不是政府明文规定的一些福利，其存在也多数是由于内部劳动力市场产生的，是各种力量综合发生作用的结果，由于这些福利涉及某一个单位和行业全体成员的利益，降低福利水平或者将其取消，往往受到既得利益者的很大阻力，而且，为了保持单位的稳定和激励劳动者，这些福利政策的制定者和执行者通常不仅不会取消这些福利，相反，他们还会成为这些福利政策的强力支持者和执行者。从教育，卫生、社会保障和社会福利业，公共管理和社会组织三个产业看，其高福利特征是非常明显的。这些产业一个最大的特点就是构成单位多为政府机关和事业单位，因此，我们可以通过考察事业单位和机关的社会保障水平来加以验证，考虑到数据的可得性，我们仅考察其中的离休费、退休费和离职费，具体见表 7—6。从表中不难发现，事业单位和机关单位的离、退休费和离职费占到了工资的很大比例，事业单位从 1997 年开始，机关从 1995 年开始，离、退休费和离职费甚至超过了工资。与全国同期离退休费占工资的比例相比，这两类单位自 1990 年开始一直高于全国水平，并且两者之间有差距越来越大的趋势。这一趋势也可以从工资增长速度和离退休费的增长速度差异上得到佐证，1990—2005 年，全国工资总额和职工平均工资的增长速度分别为 13.5%和 8.7%，而同期的离休费和退休费增长速度则高达 19.1%，这还只是全国的情况，如果考虑到事业单位和机关离退休费高于全国情况，则这一增长差距会更大。

表 7—6　　离休费、退休费和离职费与工资对比

年份	事业		机关		全国		全国职工平均工资（元）
	人均离休、退休、离职费（元）	离休、退休和离职费占工资比例（%）	人均离休、退休、离职费（元）	离休、退休和离职费占工资比例（%）	人均离休、退休、离职费（元）	离休、退休和离职费占工资比例（%）	
1990	1 889	88.27	2 006	93.74	1 713	80.05	2 140
1991	2 218	94.79	2 342	100.09	1 968	84.10	2 340
1992	2 710	99.96	2 841	104.80	2 290	84.47	2 711

续表

年份	事业		机关		全国		全国职工平均工资（元）
	人均离休、退休、离职费（元）	离休、退休和离职费占工资比例（%）	人均离休、退休、离职费（元）	离休、退休和离职费占工资比例（%）	人均离休、退休、离职费（元）	离休、退休和离职费占工资比例（%）	
1993	3 402	100.92	3 450	102.34	2 811	83.39	3 371
1994	4 729	104.21	5 133	113.11	3 633	80.06	4 538
1995	5 310	96.55	5 783	105.15	4 311	78.38	5 500
1996	6 186	99.61	6 353	102.30	4 903	78.95	6 210
1997	6 840	105.72	7 476	115.55	5 429	83.91	6 470
1998	7 490	100.15	7 868	105.20	5 934	79.34	7 479
1999	8 677	103.97	8 957	107.32	6 576	78.79	8 346
2000	9 923	105.89	10 020	106.93	7 137	76.16	9 371
2001	11 324	104.18	12 215	112.37	7 717	70.99	10 870
2002	12 442	100.16	13 759	110.76	8 807	70.90	12 422
2003	14 077	100.26	15 319	109.11	9 407	67.00	14 040
2004	14 911	93.05	16 532	103.17	9 715	60.63	16 024

资料来源：1990—2002年事业和机关的人均离休、退休、离职费来自：中国劳动统计年鉴2003［G］. 北京：中国统计出版社，2003：530－533；全国职工平均工资水平来自：中国劳动统计年鉴2003［G］. 北京：中国统计出版社，2003：34；2003—2004年事业和机关的人均离休、退休、离职费来自：中国劳动统计年鉴2005［G］. 北京：中国统计出版社，2005：550－553。2003—2004年全国职工平均工资水平来自：中国劳动统计年鉴2005［G］. 北京：中国统计出版社，2005。

由于这些产业的收入刚性且收入水平较高，从收益最大化的角度考虑，大学毕业生必然向这些行业集中，从而使得这些产业大学毕业生的供给大大超过需求量。不幸的是，此类产业还存在一种类似工作保护的机制，使得大学毕业生进入这些行业时受到了很大限制，这种机制就是财政限制。从这些产业看，不仅其工资水平由政府控制，而且劳动者工资的负担最终也要由政府的财政负担，考虑到承担能力问题，政府在这些产业的人员雇用总量上通常会实行比较严格的控制，因此，这些产业岗位的增加主要是通过原有岗位上工作人员流出或者退休等来实现的，而这种岗位的增加方式非常有限，其结果就是一部分大学毕业生可以进入到有限的工作岗位，而剩余的大学毕业生则只有排队等待空岗的产生。收入刚性且收入水平较高意味着在这些产业就业可以获得较长时期的高收益，因此，在等候过程中，大学毕业生进入这些岗位的期望是很高的，一旦有机会，他们会不惜一切代价转到这些岗位上来。

再来看等待的过程，此时，大学生要么选择到工资水平较低的岗位上工作，要么忍受暂时的失业，选择哪一种状态取决于两者收益和成本的对比。按道理讲，就业的收益总比失业在家的收益高，大学毕业生应该首选在收入较低的岗位就业。但是，由于大学毕业生并非以收入水平较低的岗位为最终的工作目标，因此这些单位和企业招到大学生的难度比较大，有时为了招到大学生，这些单位甚至不惜用高薪等手段来吸引大学生，因此一旦招到，他们总会通过一些制度和手段尽量把大学生留到本单位，比如在签订劳动合同时，将合同期规定得尽量长，规定未经聘用单位允许不能考研究生，如果离职扣留档案等，而在目前的情况下，档案、工资关系等对大学生到传统的正规部门，尤其是我们所说的那些产业，是非常必要的，因此，对大学毕业生来说，要想转换工作，就必须为解决这些棘手的问题而付出高昂的“离去成本”，这些成本足以使大学毕业生选择宁肯忍受失业而不去那些岗位就业，于是，大学毕业生失业和“有业不就”的情况也就不足为奇了。

四、工作搜寻理论视角下的大学生失业

（一）大学生失业是否意味着过度教育

大学生就业难现象并非中国所独有。从世界范围来看，很多国家都经历过或正面临着一定程度的大学生就业难问题①。在国外已有研究中（这些研究主要以欧美发达国家为研究对象），供给—需求分析范式一直居于主流，并且较好地解释了大学生整体就业和收入状况的长期变化（Freeman，1975；Freeman，1979；Katz and Murphy，1992；Card and Lemieux，2001）。除了利用经典的供给—需求分析框架对大学生的整体就业状况进行研究之外，国外文献还重点从过度教育、期望收益、个体差异等视角出发，对大学生就业问题进行了多向度的经验分析。

当大学毕业生从事了与学历不匹配的工作，知识与技能无法被充分利用时，过度教育现象就出现了。研究发现，无论是在发达国家还是在发展中国家，都不同程度地存在着过度教育问题②。尽管理论模型和经验研究都发现（例如 Becker，1962；Card，1999），教育与收入之间是一种正向的关系，然而对于发生了过度教育的劳动力来说，这一结论并不完全正确。Duncan

① 例如，整个欧美发达国家在 20 世纪 70 年代、韩国和印度在 20 世纪 80 年代都经历过较为严重的大学生就业问题。

② Alba-Ramírez（1993）对西班牙、Patrinos（1997）对希腊、Daly et al.（2000）对美国和德国、Dolton and Vignoles（2000）对英国、Kler（2005）对澳大利亚、Quinn and Rubb（2006）对墨西哥的研究都发现了过度教育问题。

and Hoffman（1981），Rumberger（1987），Sicherman（1991），Hartog（2000）等都发现，发生了过度教育的劳动力虽然也会收到正的教育收益率，但是收益率水平会明显低于教育—工作匹配的个体，这表明额外增加的教育不一定能够提高工作效率，而且也不一定能获得额外的收入。

(二)“知识失业”与劳动力市场搜寻

我国现阶段出现的“知识失业”，并不完全意味着高等教育规模的发展已经超过了市场需求，这种现象在很大程度上是我国经济转型时期制度安排的特有产物，具有结构性和转型性的特点。基于这一判断，我们借助搜寻理论模型来对“知识失业”进行一些探讨。

工作搜寻模型（job search model）最早由 Stigler（1961）提出，而 McCall（1965）在其后不久也构建了完整的工作搜寻模型框架，此后国外众多学者（Lippman S. A.，McCall，1976；Mortensen，1986）多对此进行了研究。我国的一些学者也对工作搜寻行为进行了分析，比如赖德胜（2001）对大学生搜寻行为、钱永坤（2001）对下岗职工工作搜寻行为的研究等。这些研究的主要内容是搜寻者的工作搜寻行为和影响工作搜寻成功与否的因素，前者包括搜寻者的期望工资、搜寻渠道和搜寻广度等；后者则主要包括搜寻者的年龄、性别、受教育程度、工作经验、种族、职业和行业等。在这里，我们基于工作搜寻模型，主要考察转型期间户籍就业制度和社会保障制度对大学生就业与失业的影响。

1. 基本假设

（1）大学毕业生对劳动力市场工资和待遇的分布充分知晓。

（2）大学毕业生的每一次搜寻都是各自独立的。

（3）大学毕业生依据某一标准来判断是否接受厂商所提供的工作机会，一旦接受，工作契约立即生效；若拒绝，只能等待下一个机会，没有回溯性。

（4）大学毕业生是风险中立者，在追求预期效用最大化的前提下，决定其是否接受工作。

（5）技术进步与求职者的受教育水平是正相关关系，即生产技术水平越高，要求劳动力的教育水平越高，企业对大学毕业生的需求越多。

2. 大学毕业生的工作搜寻模型

假设毕业生 A 所面临的劳动力市场上的工资服从以 μ 为均值，σ^2 为方差的正态分布，则其工资的概率密度函数为：

$$f(W)=\frac{1}{\sqrt{2\pi\sigma}}e^{\frac{-(W-\mu)^2}{2\sigma^2}} \qquad (7—1)$$

其中，W 是该毕业生在劳动力市场中所可能搜寻到的工资水平，是一个随机变量。相应地，毕业生 A 的工资分布函数为 $F(w)$，其含义是，如果毕业生 A 的保留工资 $W_0 \leqslant w$，则他找到工作的概率为 $F(w)$，在图 7—2 中，阴影部分表示的就是这个概率，其表达式为：

$$F(w)=P(W\leqslant w)=\int_{-\infty}^{w}f(W)\mathrm{d}W \tag{7—2}$$

w 为任意给定的市场工资值，在一般情况下，市场工资通常不会小于零，所以：

$$F(w)=P(W\leqslant w)=\int_{-\infty}^{w}f(W)\mathrm{d}W=\int_{0}^{w}f(W)\mathrm{d}W \tag{7—3}$$

式中，W_0 为在 A 搜寻之前的保留工资，S_C 表示搜寻成本，包括直接成本和间接成本。直接成本指为寻到工作所付出的费用，包括简历制作费、交通费、通信费等；间接成本主要是指为寻找新工作而放弃的现有收入或者可能获得的工作机会。搜寻成本会随着搜寻时间和搜寻次数的增加而增加，即机会成本递增[①]。这里将其设为搜寻次数的二次函数。A 的工作搜寻行为将遵循如下原则：

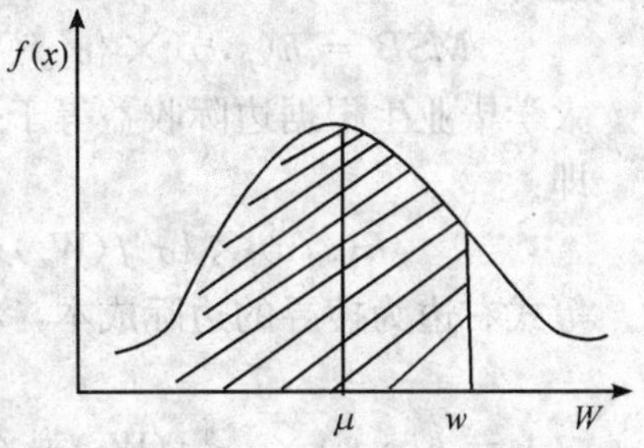

图 7—2　工作搜寻模型

如果 $W \geqslant W_0+S_C$，则停止搜寻，接受工作；

如果 $W < W_0+S_C$，则继续搜寻。

在工作搜寻中，求职者面临的劳动力市场通常不是完全竞争和统一的，而是分割为两个甚至是几个子市场。由于体制转型和经济发展的不均衡，我国的劳动力市场的分割更为明显，这些分割给劳动力的工作搜寻和流动带来了额外的成本，这种成本可以看成搜寻次数的一次函数，由此得到分割的劳动力市场条件下大学毕业生的搜寻成本函数：

$$S_C=an+bn^2 \qquad a>0,b>0 \tag{7—4}$$

其中，n 为搜寻次数，a 可以看成在劳动力市场存在分割的条件下，劳动力流动障碍的一个指标，劳动力市场分割越严重，a 就越大。

根据假设（2），我们可以得出 A 每一次搜寻净收益的期望值为：

$$E(W-W_c\mid W)=\int_{W_c}^{\infty}(W-W_c)f(W)\mathrm{d}W \tag{7—5}$$

式中，$W_c=W_0+S_C$，W_c 为 A 接受工作的临界工资，如前所述，如果

① 这是因为，如果发现一份工资较高的工作后，求职者不接受而继续搜寻，那么他放弃的机会越多，则搜寻成本递增。

市场工资大于 W_c，则 A 停止搜寻接受工作，反之，继续搜寻。

将式（7—1）代入式（7—3）可得：

$$E(W-W_c \mid W)=\sigma^2 f(W_c)+(\mu-W_c)[1-F(W_c)] \quad (7—6)$$

但是，高于临界工资 W_c 的工作不一定就有空缺，在这里，我们使用 $h(s, v)$ 来代表工作空缺率，其中 s 表示技术进步，v 表示影响工作空缺率的其他因素，比如市场工资水平、其他劳动力工作转换意愿、企业投入要素之间的相对价格比、企业经营状况等。根据假设（5）有 $\partial h/\partial s>0$，即出现技术进步时，企业对大学毕业生的需求增多，工作空缺率就越高。搜寻的边际收益为（Marginal Search Benefits，MSB）：

$$MSB=h(s,v)\times\{\sigma^2 f(W_c)+(\mu-W_c)[1-F(W_c)]\} \quad (7—7)$$

大学毕业生根据边际收益等于边际成本的原则来决定自己的最佳搜寻次数，即：

$$h(s,v)\times\{\sigma^2 f(W_c)+(\mu-W_c)[1-F(W_c)]\} \quad (7—8)$$

等式右边为搜寻的边际成本，将式（7—8）变形可求出最佳的搜寻次数为：

$$n=h(s,v)\times\{\sigma^2 f(W_c)+(\mu-W_c)[1-F(W_c)]\}/2b-a/2b \quad (7—9)$$

根据前述搜寻原则，只有当 A 搜寻到工资等于或者高于临界工资 W_c 的工作时，他才会接受。从工资分布来看，A 找到工资高于或等于 W_c 工作的概率 $p=h(s, v)[1-F(W_c)]$，在假设（2）里，我们已经规定每次的搜寻行为都是各自独立的，所以 A 在劳动力市场上搜寻 n 次并接受工作的概率 q 为 $n\times p$，即：

$$\begin{aligned} q&=n\times p \\ &=h(s,v)[1-F(W_c)]\times\{h(s,v)/2b\times\{\sigma^2 f(W_c) \\ &\quad+(\mu-W_c)[1-F(W_c)]\}-a/2b\} \end{aligned} \quad (7—10)$$

从式（7—10）不难发现，A 找到工作的概率与市场工资分布的均值 μ、工作空缺率 $h(s, v)$ 从而技术进步 s 成正方向变动，与劳动力市场的分割程度 a 成反向变动。关于临界工资 W_c 的变动，情况稍微复杂一些。在式（7—10）中，$1-F(W_c)$ 表示市场工资高于临界工资时毕业生 A 找到工作的概率，即图 7—3 中 W_cBD 的面积。当 W_c 增大时，W_cBD 的面积减小。比如由 W_c 增至 W_c'，W_cBD 的面积减小到了 $W_c'CD$。这意味着临界工资 W_c 的

图 7—3 工作搜寻模型

提高会使 $1-F(W_c)$ 变小，根据式（7—10），$1-F(W_c)$ 减小将导致 q 值的减小，即A找到工作的概率 q 与 W_c 呈反方向变动。[①]

（三）就业制度分割

中国大学生的就业遇到的一个额外巨大门槛就是户籍。以北京市为例，按照相关规定，京外生源大学毕业生进京需同时拥有“留京指标”和“进京指标”，它们分别由北京市教委和人事局掌握。获得“留京指标”是大学毕业生能留在北京工作的前提，而获得“进京指标”则是用人单位接收大学毕业生的前提。由于种种规定和限制，企业并不能轻易获得用人指标。从2001年开始，市教委放宽了对非北京生源毕业生的留京限制，但是市人事局对用人单位进京指标的限制却没有相应放松，从人事局公布的2005年北京市引进非北京生源高校毕业生政策看，企业要想引进毕业生，除了受到用人指标数量的限制外，所引进的学生还必须符合其他规定，例如，毕业生要属于规定所列的紧缺专业和毕业院校，而且这些专业和院校数目往往还会随着就业形势紧张而有所减少。例如，2003年进京本科生的紧缺专业数为23个，随着毕业生就业难度的增加，2005年降到了16个。在这种户籍制度安排下，许多企业很可能就会面对如下尴尬局面：一方面急需人才，但另一方面又没有用人指标，无法解决现阶段对大学毕业生来说相当重要的户口问题，只能望“人”兴叹，“有业无就”和“无业可就”看似矛盾的现象在我国劳动力市场分割的状态下成为一种必然。

在我们的大学生工作搜寻模型中，户籍门槛提高了工作搜寻或进入工作岗位的成本。高“进入成本”有可能刺激起点工资即保留工资 W_0 的上升，W_0 的提高则将导致临界工资 W_c 上升，临界工资 W_c 的上升进而会降低毕业生找到合适工作的概率。

五、大学生失业：高等教育需求与劳动力市场需求结构不对称

在多元追求下，高等教育的需求与劳动力市场的需求可能出现结构不对称。这里的不对称是指高等教育专业需求的分布与劳动力市场对高等教育专业需求的分布呈现不对称。为便于说明问题，不妨假定劳动力市场对高等教育专业需求的分布均大致呈正态分布，即大部分专业的需求量处于中间状态，劳动力市场需求较高和较低的专业均只占少数。高等教育的专业需求分

① 根据相关数据进行的研究也证明了这一点，江燕（2004）使用“大学毕业生就业意向与就业行为”课题组的调查数据，对大学生保留工资与就业与否的关系做了实证分析，其结果表明，大学生第一年期望的月工资与大学生工作的落实概率成反比，即第一年期望的月工资越高，工作落实的概率越低。参见江燕．大学毕业生工作搜寻研究［D］．北京：北京师范大学经济学院，2004。

布函数大致可以看成是劳动力市场需求分布函数的函数，因此也大致呈现正态分布。但由于高等教育的专业需求还同时受到非人力资本积累需求的影响，因此高等教育的专业需求分布函数与劳动力市场专业需求分布函数（以劳动力市场工资水平为自变量，在此假定与单纯人力资本积累需求下的高等教育专业需求密度函数相吻合）在形态上并非完全吻合。即如果设劳动力市场需求密度函数为 $f_h=f\,[x\,(w)]=\frac{1}{\sigma\sqrt{2\pi}}e^{-\frac{1}{2\sigma^2}[x(w)-\mu]^2}$，而高等教育的专业需求密度函数为 $f_s=f\,[x\,(w,\ e)]=\frac{1}{\sigma\sqrt{2\pi}}e^{-\frac{1}{2\sigma^2}[x(w,e)-\mu]^2}$，其中 w 为各专业毕业生在劳动力市场的均衡工资水平，e 为高等教育的非人力资本积累需求，x 为高等教育的专业选择向量（按报考难度排序），X 为随机变量（专业选择）向量集合，$x\in X$，σ 为随机变量 X 的标准差，这里假定 x 具有可以衡量的量纲（比如报考难度系数，与学习成本成正比，与就业难度成反比）。由于 e 对专业选择的偏离作用，即 $\frac{\partial\sigma}{\partial e}>0$，高等教育专业需求密度函数中的 σ 大于劳动力市场专业需求密度函数（或单纯人力资本积累需求下的高等教育专业需求密度函数），从而前者的函数曲线较后者的函数曲线更平缓（见图 7—4）。

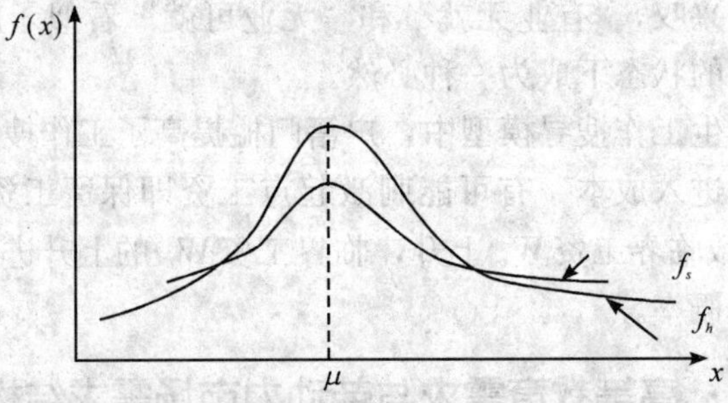

图 7—4　高等教育及劳动力市场专业选择概率密度函数

上述描述在劳动力市场的专业需求与高等教育的专业需求分布函数为非正态分布时也同样适用。

以上观点可以通过近年大学专业就业率排名与考生报考专业不对称的事实加以佐证。2008 年全国高等教育本科一级学科就业率按从高到低进行排序，前十位为：工学（90%），经济学（88%），历史学（87%），农学（87%），文学（86%），理学（84%），教育学（84%），医学（82%），法学

(79%)，哲学 (76%)。[①] 而 2008 年全国本专科录取人数从高到低排序的一级学科分别是：工学 (208.5 万人)，文学 (87.8 万人)，医学 (36.6 万人)，理学 (29.8 万人)，经济学 (28.7 万人)，教育学 (26.7 万人)，法学 (19.1 万人)，农学 (10.4 万人)，历史学 (1.5 万人)，哲学 (0.2 万人)。[②] 可以看出，部分热门专业如历史学、农学、教育学等并未成为 2008 年考生的优先选择。这其中当然有信息不畅的因素，但也反映了"上大学第一、专业第二"的非就业回报诉求。

六、结论与启示

大学生就业难是自 20 世纪 90 年代以来，伴随着我国高等教育快速发展而出现的现象，为此，许多人把大学生就业难的原因归咎于高等教育规模的快速扩张，并认为大学发展速度应该放缓。本章认为，大学生就业难在一定程度上是由于高等教育规模扩张引起的，但是，在大学生就业总量的背后，还有结构性的问题。对处于转型期、经济高速增长的中国而言，地区结构和产业结构的不均衡性是一个显著特点，因此，从结构性角度来研究中国的总量失衡问题，可以得出更具说服力的结论，对中国的现实来说也更具指导意义。本章从大学生就业的产业结构出发，分析了导致大学生就业难的原因。研究表明，目前大学生在就业的结构上具有很大的不均衡性，超过 50%乃至 60%的大学生集中在卫生、社会保障和社会福利业，制造业，教育，公共管理和社会组织四个产业。这些产业的一个重要特征就是工资和收入水平高、变动上具有刚性（更准确地说是具有向下的刚性），这一特点导致新毕业的大学生将就业目标锁定在这些产业，而由于财政限制、就业准入等特点，这些行业不足以吸收新增的大学毕业生时，这些大学毕业生只有忍受短暂的失业或者到其他所需教育水平较低的岗位上就业，无论这些大学毕业生短期内如何选择，从终生收入最大化的角度考虑，其最终目标还是进入这些单位。因此，要缓解大学生就业难的问题，需要从以下方面入手：

第一，增加行政、事业单位工资水平的可变性。根据本章的研究，大学生集中的几个产业以这些单位为主，其工资水平通常是由政府制定而非市场机制形成的。与原来这些产业不考虑人力资本差异，实行较低的工资不同，近年来国家采取了一系列措施来增加这些单位就业者的工资，比如对公务员和某些事业单位实行 13 个月工资，适当增加这些工资是必需的，问题是这些单位的工资到底停留在一个什么样的水平上才是合适的呢？在半数大学生

① 麦可思——中国 2008 届大学毕业生求职与工作能力调查，http：//www.mycos.com.cn.
② 参见：中国教育年鉴（2008）[G]. 北京：人民教育出版社，2008.

就业的产业中，其工资水平对全体大学生的工资水平的形成具有很大的影响力，如果这些产业的工资水平在所有产业中过高，出于“同工同酬”的考虑以及攀比心理，大学生必然会首选这些工资水平较高的产业或者提高在其他产业就业时的期望工资。由于各个产业的工资水平受劳动力供需、产业发展周期、产业整体效益等多种因素的影响，因此它必然不会随着大学生期望工资的提高而提高，这样，在不能得到满意的工资时，大学毕业生必然继续进行工作搜寻，从而导致短期失业大学生的增多。

第二，消除造成劳动力市场分割的某些不合理制度，降低劳动力的流动成本。解决就业难问题的根本办法是要发展经济，但这是个长期的过程。从近期来看，可以采取如下措施：一是加快户籍制度改革，迄今为止，我国的户籍改革虽然推出了几项重要举措，但由于原有制度惯性较强，中国城乡流动的最为突出的制度障碍依然是户籍制度（李强，2004），只要户籍制度存在，就存在着改革反复的可能性，比如在20世纪90年代中期以后，已经有所松动的城市就业政策，就再次复归到了城市偏向的轨道上（蔡昉等，2001），因此，要淡化户口对劳动力市场供需双方自主选择权的约束，逐步减少依附在户口上的经济和社会利益，逐步实现不同户籍身份的统一化，减少劳动者因户口不同而在就业和社会福利上产生的差异；二是要淡化单位的福利保障功能，扩大社会保障的覆盖面，逐步建立覆盖整个劳动力市场的社会保障制度，同时，在考虑地区经济发展水平差异的前提下，减轻各行业和部门在社会保障水平上存在的过大差异，将社会保障纳入统一的管理体系，这样才能使社会保障制度分割对劳动力流动带来的负面影响逐步消失。

第三，改革相关的社会保障制度。社会保障和福利收入是导致大学生集中的几个产业工资水平较高的重要原因之一，因此，需要将某些福利收入显性化和规范化，增加这些产业收入的透明性，同时，扩大社会保障的覆盖面，为在其他产业，尤其是那些具有非正规部门特点的产业就业的劳动者提供保障，减轻由于社会保障等制度设计引起的收入差别，从而增加其他单位对大学生的吸引力。

第四，对高等教育发展的适度规模重新界定。从技术进步与熟练劳动力供给的关系看，我国在长期内应该把教育发展放在优先发展的战略地位，以此促进技术进步，推动经济的发展。我们不能以当前出现的“知识失业”简单地断定我国的教育规模已经“过度”了。我国的高等教育刚刚进入大众化阶段，2004年的毛入学率为19%左右，还有很大的发展余地，但是高等教育适度规模的确定，不仅要考虑经济发展的阶段和水平，而且必须考虑所处阶段的制度环境。由于大学生就业主要是以城镇单位为取向的，因此在某种意义上，适度高等教育规模应该以城镇人口为统计基数。在制定教育长期发展战略的时候，要把现阶段面临的制度约束和经济发展需要结合起来，在满足经济发展需要、保证高等教育规模扩展与劳动力市场发育相协调的前提下，使其保持一个相对超前的发展速度。

第八章　产业就业结构的演变[①]

——以浙江、广东、上海、辽宁、河南和贵州六省市为例

当前我国劳动力市场出现了产业就业结构方面的矛盾与问题。一方面许多企事业单位人才匮乏，产业结构提升受到劳动力素质瓶颈制约的状况比较显著，另一方面，由于体制因素、产业结构、就业结构与教育体制匹配合理性而造成的劳动力就业问题，不少大学毕业生“毕业即失业”，大专或技校毕业生更是面对更大的求职困难。

本章力图通过对中国典型经济区域就业发展历程进行分析，理解改革开放以来这些地区面临的就业结构矛盾。通过发现就业结构演进的趋势、规律以及它对我国区域结构转型的启示，从而为制定促进我国就业结构转换的政策措施提供尽量可靠的历史依据和发展规律。

一、产业就业结构概念

就业结构是指社会劳动力在国民经济各部门领域的分布、构成和联系。从静态角度定义的就业结构有多种划分，包括就业的产业（或部门）结构，地区结构、职业结构等；从动态角度则被称为就业的结构变化，是指就业总量经济指标的重要组成部分相对权值的变化，也可以划分为就业的产业结构变动、地区结构变动和职业结构变动等。本章定义的产业就业结构就是指按照产业分类标准来划分的某国或某一地区的就业分布状态。

从 2003 年开始，中国正式采用联合国《全部经济活动的国际标准产业分类（2002）》。由于标准产业分类方法按照经济活动的同质性原则划分国民经济行业，即每一个行业类别都按照同一种经济活动的性质划分，包括门类、大类、中类、小类四个层次，即使是最概括的大类也包括了大约 20 个项目，因此在研究时通常还会依据研究的目的进行选取或再次分类。比较为人们熟悉的三次产业分类法就是在标准产业分类法的大类基础上进行的再分

---

① 本章主要内容基于张原，陈凌．职业—产业就业结构与地区就业结构转型．山西财经大学学报，2007（7）。

类，对研究三大部门之间的就业变动具有重要的意义。但随着经济的发展，服务业的就业扩张越来越显著，且其内部的异质性、就业结构变动差异性较高的问题也使原先的三次产业分类法显得不足，因此，有必要将服务业进行再次细分，即六部门产业分类的方法。这一分类包括了产出、转换、生产性服务业、配送性服务业、个人服务业和社会服务业。

对产业就业结构演变的研究最早可以追溯到 17 世纪英国经济学家威廉·配第。他在《政治算术》中提出，制造业比农业，进而商业比制造业能够得到更多的收入，这种不同产业之间相对收入上的差异，就会促使劳动力向能够获得更高收入的部门移动。美国经济学家克拉克在《经济进步的条件》一书中整理了二十几个国家总产出和各部门劳动力投入的时间序列数据，通过统计分析揭示了经济进步过程中产业部门间就业结构变化的一般规律：由于产业间产品附加价值的差异以及由此带来的相对收入的差异，劳动力首先由第一产业向第二产业转移，当人均国民收入水平进一步提高时，劳动力又向第三产业转移，需求因素和效率因素是引起产业就业结构演变的主要因素。库兹涅茨在继承克拉克研究成果的基础上，采用多国样本更全面、深入地验证了三次产业的演化规律。刘易斯则为这一过程的运行机制建立了理论上的模型。钱纳里则凭借世界银行丰富的数据资源，将产业结构的演化规律研究范围进一步扩展到发展中国家。

基于经验数据统计和计量分析的研究方法后来成为产业就业结构变动研究的主流。近期对国家或地区就业结构演变的研究主要聚焦于描述产业就业结构变化的历程，总结变化特征，分析变化原因，预测变化趋势，提出变化中存在的问题及建议（Wren，1999；Rissman，2003；Zveglich，2004）。Castells（1994）采用六部门分类法分析了七大工业国（美国、日本、德国、英国、法国、意大利和加拿大）在 1920—1970 年和 1970—1990 年就业结构的演变，总结出各国不同的就业演变规律，还用服务业—工业的就业比率、信息处理—商品处理就业比率等指标描述了各个国家在不同程度上的相同变化趋势；总结了“后工业”服务就业扩张的两种路径：其一是盎格鲁—萨克逊国家模型，劳动力从制造业向先进服务业转移，同时维持传统服务业的就业人口；另一种是日本—德国模型，这两个国家都是扩张先进服务业，同时维持制造业的基础，但是将某些服务活动内化于工业部门之中。受统计数据的局限，国内学者对省际或区域就业结构演变的研究时限较短（王爱文、莫荣，1995；郭克莎，1999；李仲生，2003）。新研究的最大贡献是对过去寻求标准“发展模式”的理论思路提出了挑战，各国发展的特殊性表明统一发展路径以及依据理论“最优路径”制定的产业就业结构政策可能并不符合一国的实际，需要更多针对个性化国家的理论、经验研究和实际政策。

二、产业就业结构的演变历程及特征

改革开放以来，我国整体和部分区域的产业就业结构经历了重大的变动，并与经济高速增长密切联系，然而这种变动整体上和区域间变化趋势是否有差异，差异的数量程度有多少，我国产业结构和职业结构的联系是否密切，能否通过新的产业分类方式加以更好的研究。回答这些问题，需要对我国整体和不同区域间的产业就业结构数据加以有效的整理和重新挖掘，采用新型的分类和经济地理方法作比较研究，并选择具有代表性的典型地区加以深入分析。

（一）中国整体产业就业结构的演变

三次产业分类方法应用于产业就业结构研究具有其自身无法克服的缺点：这种分类法对服务业的分类比较粗糙，因而与职业结构比较细致的分类法的联系并不密切，只能对三大产业间从业人员的职业流动性做出大致的理解，无法对服务业内部的变迁规律进行研究。因此我们在采用三次产业分类法研究我国产业就业结构变迁规律的同时，将相关结果与六部门产业分类法进行比较以提高分析的可靠性。

在图 8—1 中，1982—2002 年，传统三次产业分类法中第一产业就业人员比重一直呈下降状态，第二、第三产业上升，且第三产业的就业比重上升最快，在 1994 年已经超过第二产业[①]。六部门分类法中的四项服务业呈现上升趋势，尤其是社会服务业和配送性服务业就业比重迅速上升。配送性服务业包括了批发零售贸易、运输仓储等行业，它的迅速发展与商业和服务业人员的就业比重上升相互匹配；社会服务业由于包括了国家机关、公共管理、社会组织等行业，所以具有大量办事人员的岗位，两者的变动趋势是相互一致的；生产性服务业中包括了科学研究、技术服务、金融保险等需要大量专业技术人员的岗位，而专业技术职业者总量和比重变动较小的状况与生产性服务业比重较低、增长缓慢之间可以相互印证。

（二）产业就业结构演变的区域研究：五省一市

1. 浙江省和广东省

自改革开放以来，东南部沿海省份浙江省和广东省两省经济发展迅猛，

① 我国农业劳动力中有大量从事非农产业，但是由于统计口径的原因，就业分类中仍然统计为第一产业就业人口。一些研究（朱明芬，2004）基于地区抽样调查和国家统计局农调队家计调查资料分析表明，农户家庭劳动力的非农就业率在不同地区差距较大，目前在 30%～70%不等，但总的来看数量可观，行业分布多样。本文仍然采用国家统计局公布的数据，但需指出第一产业就业人员比例实际偏高。参见朱明芬．农户家庭劳动力非农就业史的调查分析——以浙江为例［J］．中国农村经济，2004（10）。

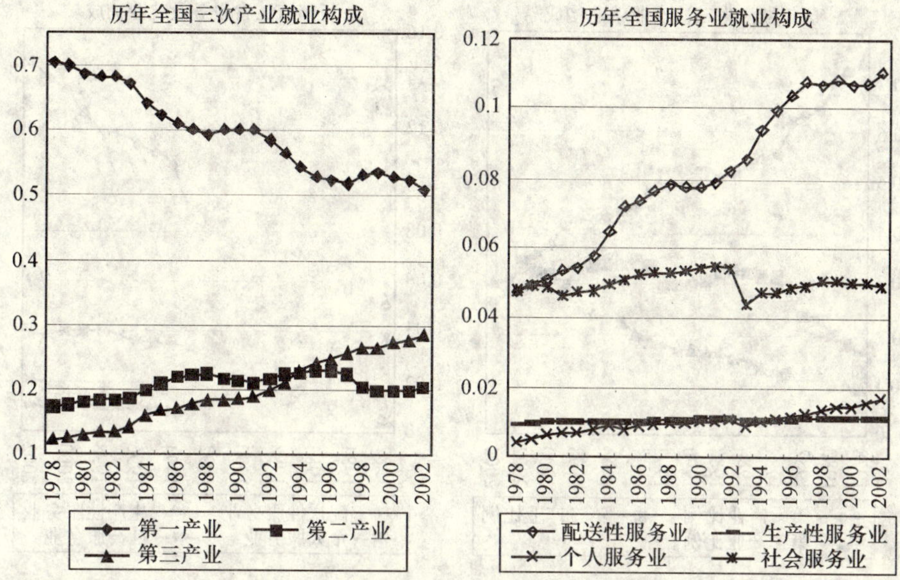

图 8—1　历年三次产业和服务业就业构成（六部门分类）

无论是 GDP 的总值还是平均值都以高于全国平均水平的速度增长，令世人瞩目。自 20 世纪 90 年代以来，对这两个地区经济现象的各种研究层出不穷，并将其归纳为浙江模式和广东模式。浙江模式的研究强调民营经济和中小企业是浙江经济活力的源泉；广东模式的研究则强调外资引进和国际贸易的密切联系。现在，我们从产业就业结构的角度对两种模式作一比较研究。

在就业的绝对量上，浙江省第一产业的就业量从 1978 年的 1 321.56 万人减少到 2004 年的 779.65 万人，同期第二产业和第三产业的就业净增 998.23 万人和 740.67 万人，第二、第三产业的就业量的就业增长都快于第一产业。从就业比重来看，浙江省第一产业的就业比例从 1978 年的 73.6% 下降到 2004 年的 26.1%，除个别年份外，基本上连年递减，共下降了近 50 个百分点；同期第二、第三产业的就业比例各自增加 26.5 以及 21.4 个百分点。这样的劳动力结构变动趋势正是配第—克拉克定理所描述的情景：随着时间的推移，社会经济更加发达，从事农业的人数相对于从事制造业人数趋于下降；进而，从事制造业的人数相对于从事服务业的人数趋于下降。浙江省三次产业的就业比例渐趋一致，目前第一产业就业比重已经低于第二和第三产业，后两者的就业比重不相上下，进入 2000 年之后第三产业就业比重开始超过第二产业。图 8—2 反映整个就业结构变化呈现出由“三、二、一”的金字塔形转向圆柱形的趋势，从服务业内部来看配送性服务业、社会服务员业、个人服务业和生产性服务业的就业比例在 1982—2002 年分别提高

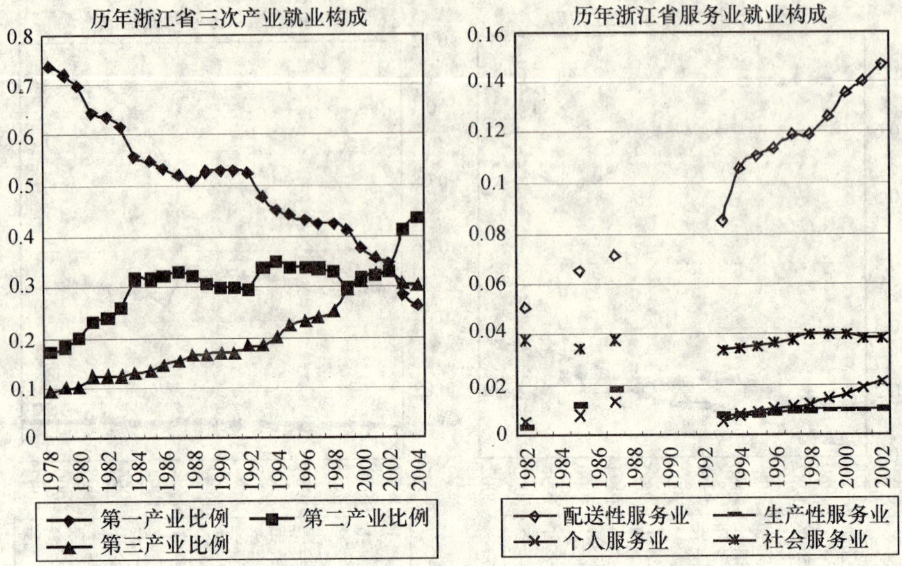

图 8—2　历年浙江三次产业就业构成和服务业就业构成

10%、2%、1.5%和 0.5%，上升趋势明显。

图 8—3 揭示了广东省的产业就业结构发展趋势。1978 年广东省三次产业劳动力结构为 73.7∶13.7∶12.6，而到 2004 年，这一比例已经变为 35.7∶29.1∶35.2，整个结构也出现圆柱形趋势。由图 8—2 和图 8—3 的比较发现，无论是三次产业还是四项服务业的演变路径，大致上都与浙江省的状况比较相似，三次产业的几条路径均组成楔形发展结构。但也存在一些差别：(1) 从第一产业和第二产业就业结构转换速度上看，浙江省略快于广东省，2004 年广东省第一产业就业比重高出浙江省近 10 个百分点。(2) 从第二产业来看，广东省低 8 个百分点。(3) 从第三产业发展来看，2004 年两者差异不大，但从其发展路径可知，与浙江省就业结构中服务业扩张的同时维持较高的工业就业比重不同，广东省第三产业的就业扩张较早，速度也相对快些，与第二产业就业比重的差距一直小于浙江省；2000 年已经成为吸收就业的第二大部门，并且在之后的发展中，每年基本上以超过第二产业就业比重 6 个百分点的速度发展，在广东省就业结构转换中起到了主要的作用。呈现这种差异的原因可能在于浙江省和广东省的经济增长动力存在明显的差异，浙江省依托内部民营企业家自主创业的经济增长是一种内源型的增长，从投资方向、资金积累到劳动力来源和使用都以本地为基础；而广东省则具有外来与内源动力并存状况，其产业发展导向和劳动力需求结构与本土社会联系的紧密程度相对较低。

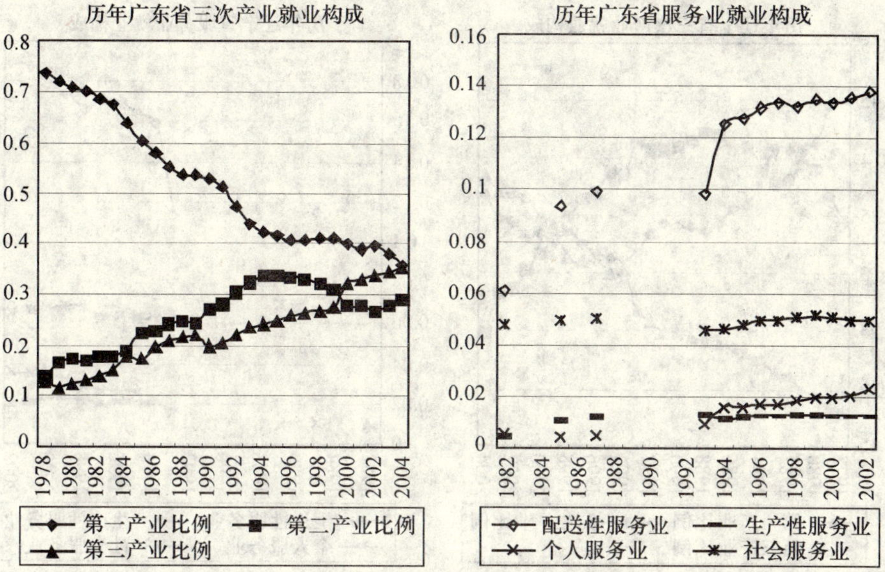

图 8—3　历年广东三次产业就业构成和服务业就业构成

从浙江和广东两省的产业就业结构变迁规律分析发现，两省改革开放以来基本上按照产业就业结构理论所总结的基本发展规律演进，目前已经具有工业化初期的就业结构形态，浙江省的就业比重已初步呈现二、三、一的次序，广东省也正处于向这种类型结构转变的边缘，并且具有第三产业快速发展的优势，但总的来看，两省农业人口比重还比较高，离成熟的工业化就业结构有较大的差距。浙江省和广东省的产业就业结构演变规律代表了东南沿海经济发展较快地区的基本状况。

2. 辽宁省

同样是属于东部地区的辽宁省，它所经历的产业就业结构变迁路径却与浙江、广东两省截然不同。辽宁省作为老工业基地的代表，新中国成立后的工业发展有着辉煌的历史，然而近年来经济增长速度明显放慢，产业结构调整滞后，失业和下岗人数增长已经成为困扰地区经济进一步发展的经济和社会问题。统计资料显示，从 20 世纪 90 年代中期开始，辽宁城镇失业率不断攀高，2002 年城镇登记失业率为 6.5%，远高于全国 4%的水平，位列全国第一；而实际失业率也已经超过 15%，远远超过了国际公认的经济发展自然失业率 7%的警戒线。

图 8—4 描述了辽宁省 1978 年以来产业就业结构的变迁路径，对比前面所分析的浙江、广东两省的状况，可以发现明显的差异。除第三产业和第三产业内部四项服务业就业结构变迁路径类似于普遍状况之外，第一产业和第

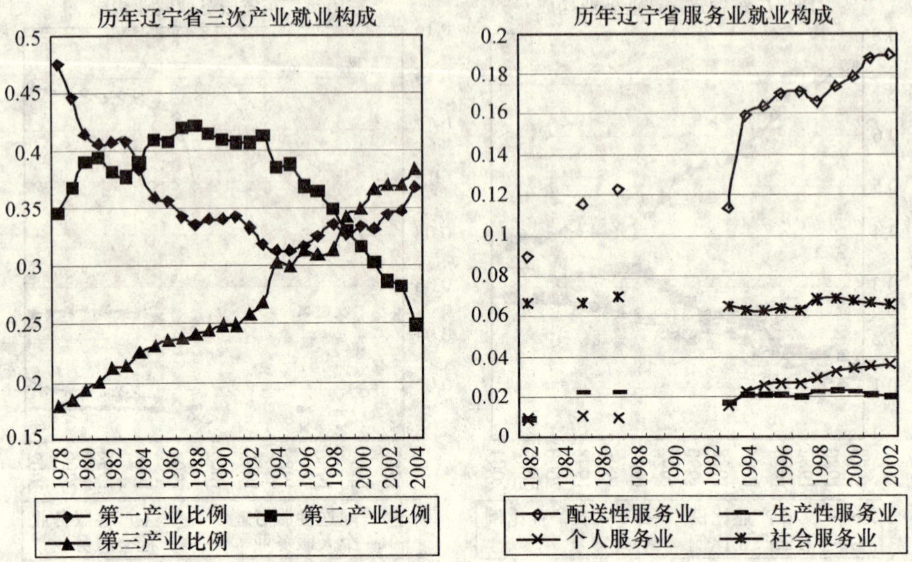

图 8—4　历年辽宁三次产业就业构成和服务业就业构成

二产业分别呈现出 U 形和倒 U 形的特殊路径。早在 1978 年，辽宁省的第一产业就业比重已经低于 50%，比当时的全国平均水平低 20 多个百分点，1996 年达到了 31.7%的低点；然而，第一产业就业比重在此之后并没有继续降低的发展趋势，从 1996 年到 2004 年，反而攀升了 5 个多百分点。第二产业的趋势恰好相反，在 20 世纪 90 年代中期达到峰值之后一路下滑，目前第二产业的就业比重只占 24.8%，低于 1978 年近 10 个百分点。辽宁省在 90 年代中期第二产业就业比重下滑和第一产业就业比重攀升的现象与企业大规模的下岗几乎同步产生，1996 年当年的下岗职工为 117.9 万人，之后逐年递增，1997 年的增幅最大，比 1996 年增加 60.4 万人，其次是 1998 年，比上年增加 49.3 万人，2000 年达到 239.5 万人的最高峰，虽然之后开始逐步递减，但数量仍相当庞大。

如果将产业就业结构划分为几个阶段则可以发现，在不到 30 年的发展过程中，辽宁已经经历了重要的三次变动：第一阶段从 1978 年到 20 世纪 80 年代中期，产业就业结构优化主要表现在第一产业就业比重的迅速下降和第二、第三产业的增长，并实现了从“一、二、三”向“二、一、三”的转变。第二阶段从 80 年代中期到 90 年代末，产业就业结构一直保持“二、一、三”的状况，这一阶段又可以分为两个区间，90 年代中期之前以第一产业就业递减和第二、第三产业就业增长为特征，延续了第一阶段产业就业结构高级化的趋势；而 90 年代之后虽然仍然保持第二产业就业为主的状况，但其就业吸纳能力急转直下，第一产业就业也出现了再次攀升的反常状况。第三阶段从2000年开始，产业就业结构出现了“三、一、二”的状况，从表面上看，从工业化倒退工业化，进而进入后工业社会的趋势也会表现出第二产业倒U形的发展曲线，但辽宁省的状况却不是因为遵循这样的发展路径而产生的，而且第一产业就业仍然较高，甚至逐年提升的状况也表明，进入第三阶段后，辽宁省面临的是产业就业结构退步和畸形发展的状况——作为经济增长主要动力的工业部门发展滞后、就业吸纳能力下滑，而本应向外排除过剩劳动力的农业部门反而在此吸纳就业。

辽宁省产业就业结构变迁所呈现的问题代表了包括黑龙江、吉林等老工业基地的普遍状况，应该归结为历史原因还是现实因素，与地区自身存在的问题还是国家区域产业经济政策有关。这样一种演变规律是否还将延续，能否实现老工业基地振兴的发展目标。对这些问题的讨论将在下一目中展开。

3. 河南省和贵州省

通过对东部地区典型省份的分析发现，我国产业就业结构变动状况比较复杂，即使在同一地区内部，变动规律也相去甚远，那么东、中、西部地区之间存在的差距很可能更加显著。河南省作为中部地区的典型代表，自古便是农业和人口大省，自然资源丰富，但资源禀赋优势并不预示着资源利用能力优势，人口众多也不一定意味着人才资源众多。同样，贵州省作为西部内陆省份之一，其经济发展状况一直较低，多项指标多年来处于全国末位。尽管在新中国成立初期和三线建设时期，国家扶持建立了一部分工业企业并通过行政移民的方式抽调了大量技术人才进入这些企业，改善了这些地区落后的工业基础和人口素质状况，但随着改革开放后国家倾斜政策的渐渐消失，中西部地区的产业结构和就业结构再次面临新的挑战。

图8—5和图8—6反映了改革开放以来河南和贵州两省产业就业结构的变动状况，从整体上看两省落后于全国平均水平，目前仍然处于传统型就业阶段：第一产业就业比重仍然在半数以上，第二产业就业比重在20%或更低，大半的劳动力仍然积蓄在农业内部；从服务业内部来看，就业最多的配送性服务业比重也不超过8%，而个人和生产性服务业的比重都小于1%，20年来的增长微乎其微。

两省面临的主要问题仍然在于农业人口的妥善转移。由于城市化发展水平低，抑制了本地区人口在本地的就业非农转变，劳动力外出打工成为这些地区的普遍现象。由于上述统计资料往往以一省地域内的常住人口作为抽样对象，因而无法反映包括外流劳动力在内的产业就业状况，而这部分人口实际上对流出地的经济具有比较重要的影响。依据人口普查资料的流动人口部分显示，目前流动人口的就业部门虽然主要在非农产业，但主要集中在低端

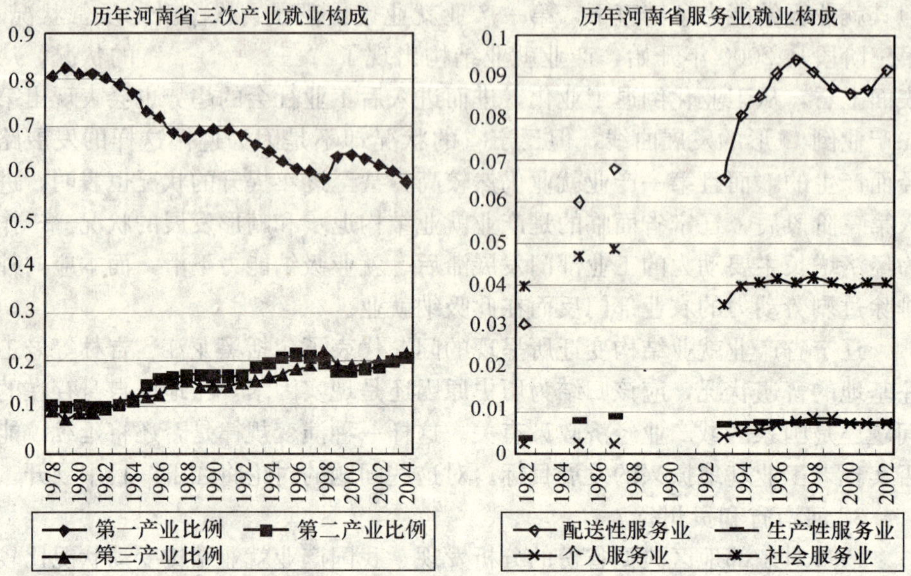

图 8—5　历年河南三次产业就业构成和服务业就业构成

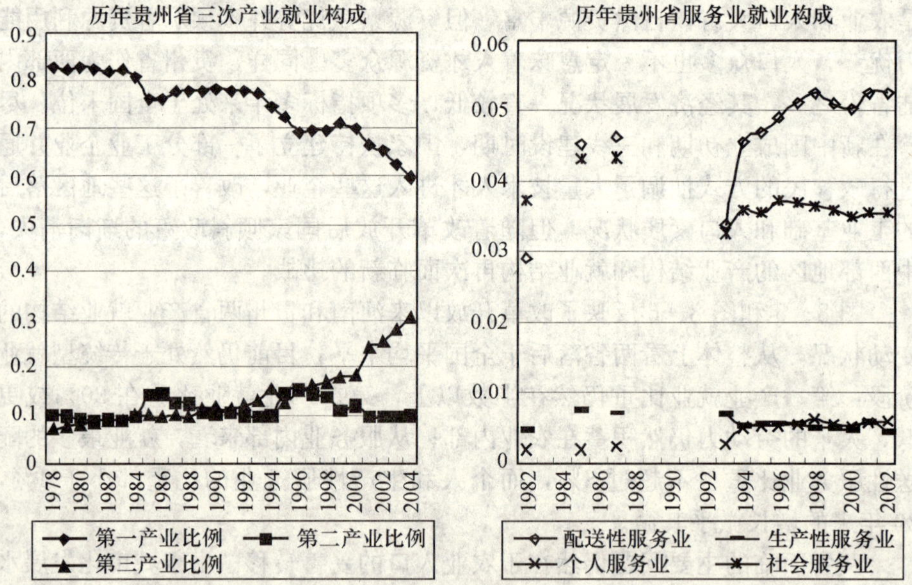

图 8—6　历年贵州三次产业就业构成和服务业就业构成

的制造业和建筑业等工业部门，以及商业、餐饮业等劳动力素质要求不高的服务行业，尽管随着地区开放程度的加大，流动人口的规模在日趋扩张，但主要的分布行业仍然没有大的变动。

尽管河南与贵州都处于农业就业为主的阶段，两省的产业就业结构的发展路径仍然具有一定的差异：河南省第二产业和第三产业就业增长基本同步，特别是从20世纪90年代末开始，各年间两产业就业比重几乎没有差距；而贵州省的状况不同，从90年代末开始，就业比重增长较快的第三产业和基本保持不动的第二产业差距增大，目前形成的产业结构为“一、三、二”型。河南省第二、第三产业同步发展和贵州省三产超前发展状况表明，即使同样处于传统理论所描述的前工业化时期，不同地区也不一定都会从“一、二、三”形态的产业就业结构形态转移到第二产业就业首先增长的态势，由于受到不同历史、经济大环境和地区特征变量的影响，产业就业结构会呈现地区特色，因而在普遍规律基础上分析特殊性及其成因具有现实意义。

4. 上海市

在讨论了上述具有地区代表性省份的产业就业结构演变规律后，有必要分析具有城市型就业结构的地区所具有的特征，而上海作为我国现代化发展程度最高的地区之一，成为较好的分析对象。虽然位于沿海港口和长江出海口的优越地理位置，但上海市1978年的三大产业的就业比重并不具有特别优势，农业就业比重甚至高于辽宁省10个百分点；改革开放后，经过十多年的调整，上海1990年产业结构战略性调整的增长效应已初步显现，第二产业就业份额已达60%，第三产业持续增长的同时农业就业比重已在10%，基本实现了工业化过程；之后，工业就业份额逐步降低以及第三产业持续增长，逐步从原来的以工业为主转向以第三产业就业为主的格局，到2000年确立了产业就业结构“三、二、一”的状态，上海已从一个工业中心城市转变为服务性城市，国际经济、金融、贸易、航运中心的地位也日渐巩固。

第三产业的发展在上海市产业就业结构转换中起到了关键的作用，吸纳劳动就业优势明显，劳动生产率也相对较高。第三产业总从业人员由1978年的150.78万人增至2004年的453.61万人，27年间增加302.83万人，年均增长4%以上，其中1990—2000年年均增长幅度为4.7%，高于1980—1990年3.6%的年均增幅，第三产业从业人员占总从业人员的比重在二十多年间扩大了一倍多。从服务业内部来看，不仅传统的配送性和个人服务业就业份额增长远远超过全国平均水平，社会服务业和生产性服务业的比重也高于全国平均水平一倍左右，成为吸收劳动力和优化就业结构水平的重要部门。从劳动生产率来看，劳均产值从1980年的4 096元/人，增加到1990年的10 354元/人，到2000年时这一数值已增加至61 814元/人，扣除物价因素后，其增幅仍相当可观。在劳动力就业吸纳能力高速发展的同时，保持劳动生产率的同步提高，表明上海市第三产业进入了两性循环的轨道，这与具有较高产值贡献率的现代服务业快速成长密不可分。

从图8—7中可以发现，上海市产业就业构成变迁与克拉克、钱纳里等经济学家概括的标准理论有着非常相似的演变态势，第一、第三产业就业人口的持续下降和上升以及第二产业倒U形的发展状况，但上海在20年间完成了三次形态转变的过程，时间较短一些，这可能与城市型就业模式所具有的特殊性质有关，因而在分析其成因时将采用具有较强可比性的城市样本作为参照系，而上海市就业结构变迁的启示也不能直接应用于非城市型就业地区，即使在国内其他城市就业结构调整的实践中也需要注意其区位特性。

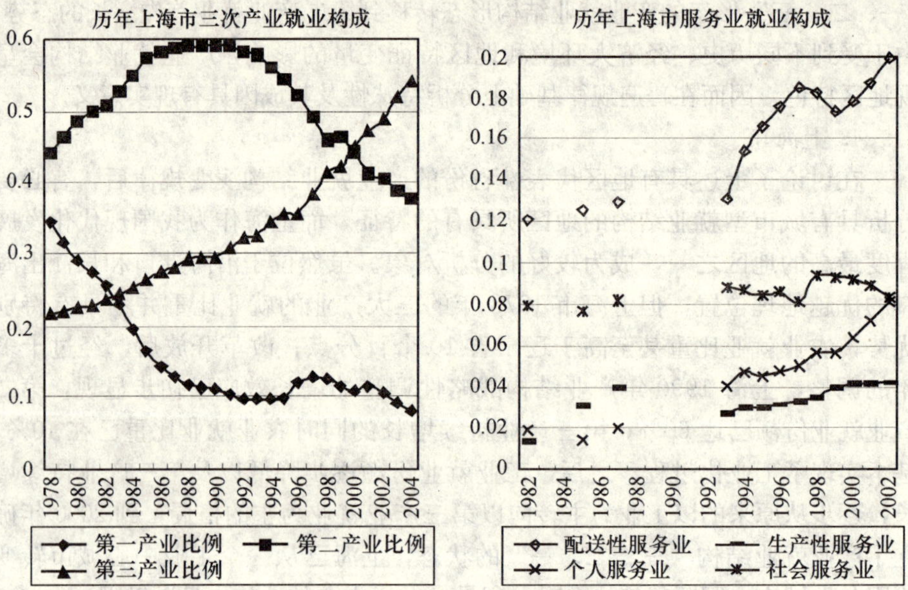

图8—7 历年上海三次产业就业构成和服务业就业构成

三、产业就业结构演变的影响因素

（一）资源禀赋与产业就业结构

1. 物质资源和文化资源

地区的资源禀赋是产业就业结构演变的基础，资源结构不但包括物质资源、劳动力资源，还包括了地区长期历史积淀所形成的文化资源，这也会体现在地区人力资源禀赋之上，比如企业家精神的丰裕程度。以浙江省为例，浙江是一个资源小省，主要资源大多低于全国平均水平，在全国具有优势的资源品种更少，全省10.14万平方公里土地面积中山地和丘陵就占了70.4%，自古就有七山一水二分田（地）之说，因而，森林资源的持续增长与林业的发展名列全国之首不足为奇；而耕地资源贫乏，耕地面积为160万公顷，占全国耕地面积的1.6%。人均耕地面积不到0.6亩，仅为全国平均水平的48%，使其农业，特别是种植业的发展受到了很大的制约，这就直接影响到农业从业人员以及农、林、牧、渔业内部产业结构的发展，林业、水产业和其他副业从业人员相对于全国平均水平较高。而浙江省矿产资源比较贫乏，缺少煤、铁、铜和其他金属矿产，因此很多工业原材料和能源大部分都要从省外输入，因而影响了第二产业中采掘业以及其他以开采资源作为直接原料来源的制造业发展，重工业和装备制造业的物质资源禀赋成为这些行业发展的直接制约，因此这些行业的就业也相对较少。但是由于浙江的地理位置比较优越，地处沿海，交通便捷，沿海一带有天然深水良港，从而为建立市场大省奠定了基础，目前一个以全国性专业批发市场为龙头，以区域性专业批发市场为骨干，以遍布城乡的集贸市场为基础的商品交易市场网络已在全省初步形成，配送性服务业就业的增长与这一区位优势密不可分。浙江省传统第三产业就业增长的优势也有着传统的地方历史文化渊源，浙江民间自古以来经商意识和金融意识较强，七山一水二分田的客观条件使得发展非农产业成为农民改善生活的主要出路，农民企业家的产生也与这种历史和自然条件有关。

2. 劳动力资源

劳动力资源对产业就业结构的影响主要包括数量和质量两方面。劳动力数量增长与物质资源禀赋相匹配的状况下，产业就业结构才能得到健康成长。马尔萨斯的人口增长理论是研究这一问题的奠基石，而世界众多国家的发展事实也表明，劳动力总量对产业就业结构有着重要的影响，由于增长速度的差异，工业国每年能将大部分新增的劳动力吸纳进各种产业，而发展中国家的吸纳能力通常在20%以下，产业就业结构变动缓慢一方面源于工业化速度较低，另一方面的原因则是劳动力总量增长过快。

劳动力资源结构对产业就业结构的影响也通过劳动力的质量来体现，而其中最重要的标志则为受教育水平，劳动力质量影响了技术含量较高产业的发展，制约着产业就业结构高级化的发展进程，两者之间的矛盾成为劳动力供给和需求矛盾的主要方面。表8—1和图8—8总结了1982年、1990年和2000年我国分产业人口的受教育状况构成，从中可以发现三大产业劳动力受教育程度提高明显，第二产业和第三产业的劳动力素质明显高于第一产业。尤其第三产业，吸纳了主要的高等教育水平职业者，并且从增长速度上来看，第二产业和第三产业对高中以上受教育水平人口的需求增长更加明显，而对初中及以下劳动力的需求则处于基本稳定或下降的状态。通过对全国和六省市地区产业就业结构的分析也已经发现，第三产业就业份额增长速度高于第二产业，并且攀升的趋势比较稳定，对高等教育从业人员的吸纳起到了主要的作用。但是，从第三产业内部来看，各部门的从业人员素质要求

表 8—1　1982 年、1990 年和 2000 年分产业就业者的受教育状况　%

年份	产业	文盲半文盲	小学	初中	高中	大专及以上	（其中：本科及以上）
1982	合计	28.20	34.38	26.01	10.54	0.87	
	第一产业	35.90	37.16	21.47	5.43	0.04	
	第二产业	7.75	30.68	39.93	20.06	1.58	
	第三产业	4.98	20.48	36.88	32.01	5.64	
1990	合计	16.92	37.83	32.31	11.07	1.87	0.66
	第一产业	22.25	45.10	28.15	4.45	0.05	0.01
	第二产业	3.21	22.22	48.33	22.74	3.50	1.16
	第三产业	2.83	14.87	36.87	35.05	10.37	3.80
2000	合计	8.14	32.84	41.70	12.65	4.66	1.38
	第一产业	11.82	43.13	40.31	4.61	0.14	0.02
	第二产业	1.44	17.32	52.84	22.43	5.95	1.62
	第三产业	1.54	11.53	36.52	31.42	18.99	5.78

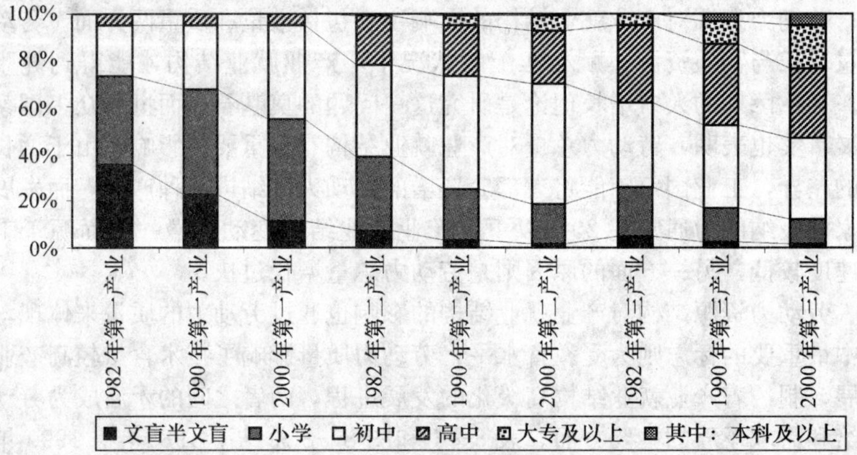

图 8—8　1982、1990 和 2000 年分产业就业者的受教育状况

也是参差不齐的，依据 2002 年《中国劳动统计年鉴》公布的第三产业内部从业人员学历水平来看，居于前列的主要为生产性服务业内的金融、保险业和社会性服务业中的科、教、文、卫和国家机关等行业，而传统的配送性服务业和个人服务行业劳动力学历要求并不高，而我国目前的现代服务业除了在上海等经济发展和产业结构发展最快的地区具有较高的就业比重之外，其他地区或基本处于停滞（如河南、贵州）或开始成长的状态（如浙江、广

东），对高学历人员的吸纳也主要集中在这些行业比较集中的大中城市，因此，高学历人员“孔雀东南飞”，在东南地区又集中于城市的状况成为普遍现象。大学生就业困难问题从一个侧面反映了产业结构中存在的问题，对不同素质人才需求的行业和地区分布状况决定了不同质量劳动者的就业成功率。

除了受教育状况之外，另一个表征质量的方面是劳动力的专业技能水平，这一特征在研究工业产业就业结构中尤其重要。目前我国反映劳动者人力资本技术构成的主要统计指标为专业技术资格（职称），表 8—2 反映了 20 世纪 90 年代中期之后我国农业、电子、电力、冶金、建筑、金融和商业七大行业的专业技术资格分布状况。

表 8—2　　七大行业的专业技术资格分布状况　　%

行业	年份	初级职称	中级职称	高级职称
农业	1996	72.30	25.00	2.70
电子	1999	58.68	32.11	9.21
电力	1997	57.14	33.33	9.52
冶金	1997	58.24	33.67	8.08
建筑	1995	71.11	24.69	4.20
金融	1998	50.15	16.13	1.06
商业	1998	68.32	21.70	2.36

资料来源：蒋选. 我国中长期失业问题研究：以产业结构变动为主线［M］. 北京：中国人民大学出版社，2004

从表 8—2 中可以发现各个产业中具有高级职称的就业者比重相当低，基本上都不超过 10%，部分就业者只具有初级职称。具有较高技术水平的专业技术人员缺乏，使得一些从事高新技术行业和传统行业现代化改造的开发、设计和技术推广工作无法顺利开展，成为这些行业成长或新生蜕变的障碍和瓶颈。专业技术工人的构成也存在着类似的问题，目前，我国生产一线技术工人中仅有 2%为高级技工，初、中级技工分别占到了 24%和 74%，并且高级技工年龄普遍在 50 岁以上，年龄构成偏高，不利于新老人才的顺利更替。上述所描述的只是技术工人内部存在的问题，而在广大非技术工和非熟练工队伍中，劳动者的受教育水平和技术水平更加令人担忧，尽管这些劳动力的低成本优势已经为我国的制造业增长作出了大量的贡献，但是随着劳动力供求状况的变动，获得低成本劳动力的困难程度也越来越高。近些年来部分地区和企业出现的技术工人和农民工同时缺乏从而严重影响企业健康发展的状况，正说明了劳动力质量资源的重要性，而产业健康成长又进一步影响了产业就业的构成状况。

以浙江省为例也可以发现劳动力数量和质量供给对产业就业结构有比较明显的影响。浙江省人口密度高于全国平均水平，劳动力（尤其在农村）大量剩余，因此在数量上它要求更多地发展劳动力密集型的行业。而且，20世纪90年代以来外省劳动力的大量涌入也对浙江省产业就业结构产生了重大影响。在为浙江经济发展提供大量廉价劳动力的同时，它大大减缓了浙江省内劳动力从农、林、牧、渔等产业向加工制造业和四种服务业转移的速度。而劳动力素质的影响不但可以从三次产业间就业结构的演变来观察，还可以通过从六个产业部门间就业结构的演变来观察。改革开放之前，浙江省三次产业间就业结构的变动主要发生在第一、第二产业之间的此消彼长；改革开放以后，第一产业就业减少更快，第二、第三产业增长更快。虽然主要原因与国家政策有很大关系，但与1977年的恢复高考和高校毕业生的不断增长也有一定关系，高等教育的不断普及提高了人们的素质，最终加速了产业就业结构的变动；从六大部类间就业结构的变动来看，作为传统服务业的个人和配送性服务业由于要求从业人员素质不高，比例增加得比较快，而代表生产力新的发展方向的生产服务业和社会服务业的就业比例由于人员素质的限制增长缓慢。这充分体现了劳动力素质对产业就业结构优化速度的影响。

（二）制度因素与产业就业结构

1. 经济社会整体发展战略

经济社会整体发展战略作为结构调整的背景和整体影响因素，对产业就业结构所产生的影响是决定性和方向性的。经济社会发展战略大体上可以分为两种类型——粗放型发展战略和集约型发展战略。前者追求生产投入和产品数量的增加，以速度为主要发展标志，其增长的边界为资源的丰裕程度；而后者则是一种结构型的战略，着重经济社会发展质的改善，不盲目追求速度，因此，更加注重资源利用效率是其主要特点。从粗放型发展战略向集约型方向发展不但是经济社会可持续增长的需要，也是我国资源禀赋实际状况的迫切要求，目前我国整体上虽然还未实现这一转变，但从目前发展状况来看必然是大势所趋。

经济社会整体发展战略对产业就业结构调整的影响主要体现在几个方面。首先是整体生产布局、行业重点建设对产业就业分布状况产生重要影响。改革开放之前，我国就业的重工业部门构成相对于其他国家同期水平要高得多，重工业部门就业畸高的状况实际上配合了当时单纯依靠生产资源投入扩大而发展的经济增长战略。辽宁等老工业基地工业就业比重居于当时全国先进水平的状况，与这样一种经济增长战略在资源禀赋丰富地区的重点实施有重大关系。然而，粗放型发展战略持续到一定阶段，资源和发展、生产率提高与需求提高的矛盾尖锐化时，经济增长将无法继续维持，而与之相对应的产业就业结构就会发生重大转变，辽宁省第二产业就业比重倒U形的发展态势就生动地说明了这样一种状况。其次是由于不同的经济社会整体发展战略所形成的微观经济主体性质不同所造成的物质和人力资源利用方式差异，从而导致产业就业结构变化。国有企业由于其所有制性质上的特殊性，企业所有权和经营权分离，主要领导者激励不足，从而在劳动力使用上也具有粗放型经营的倾向，企业隐性失业者多，冗员有增无减，行业分工和社会分工错位，企业办社会现象严重等微观就业问题都会使得产业就业结构产生一定程度的扭曲。老工业基地的国有企业曾塑造了适应我国工业化需求的产业工人队伍，但与粗放型和计划性的发展战略相适应的人事用工制度很难根据生产需要随时辞退、解雇员工，企业冗员率普遍高达30%～50%，经济增长方式的转变迫使企业必须减员增效，而在劳动和社会保障体系尚未健全的状况下，将劳动者完全抛向市场将影响社会稳定；不仅如此，微观体制的内部矛盾经过多年累积已经转化为严重的结构性问题——产业结构上畸重、畸生产性、畸高资源指向性，企业规模结构上畸大畸全能等问题都成为非合理的产业就业结构存在的基础。

2. 产业结构调整政策

影响产业结构变动的内在经济因素主要是供给方面的技术变动力量和需求方面的恩格尔规律，供需两方面的因素共同决定了产业的产值结构、资产结构和就业结构等方面；而产业结构调整政策则是影响产业结构的制度性因素，主要是通过促进或限制某些产业的发展，改造产业结构，调整各产业之间以及内部的相互关系，实现社会总供给与社会总需求的基本平衡，它同样也会影响产业就业结构。就业的产业结构调整与朝阳产业的兴起和夕阳产业的衰退密切相关，结构性失业的成因和治理问题就是产业结构调整政策和与产业就业结构关系研究中的重要问题之一。

产业结构政策是继产业组织政策和产业区域布局政策之后产业政策的三大重要组成部分之一，主要是根据经济发展的内在联系，揭示一定时期内产业结构的变化趋势及其过程，并按照产业结构的发展规律保证产业结构顺利发展，推动国民经济发展的政策，通过对产业结构的调整而调整供给结构，从而协调需求结构与供给结构的矛盾。调整产业结构包括：根据本国的资源、资金、技术力量等情况和经济发展的要求，选择和确定一定时期的主导产业部门，以此带动国民经济各产业部门的发展；根据市场需求的发展趋势来协调产业结构，使产业结构政策在市场机制充分作用的基础上发挥作用。因此，从产业结构政策的基础来看，它仍然需要建立在地区资源禀赋之上，尊重基本的经济发展规律，主要的作用在于“调整”而非“计划”，这一定位是在计划经济体制瓦解的过程中逐步明确的，而产业结构政策的实现方式也从国家直接投资向对整体投资结构（包括私人投资）的调整和引导来实现的。

投资结构对产业结构以及就业结构的影响链在计划经济时期表现地尤为明显，相应的产业组织和产业布局政策也配合当时的产业结构政策对区域产业就业结构起到了决定性的作用，以重工业为产业结构核心、国有企业为产业组织基础、以老工业基地为产业核心地带的整体产业政策使得产业就业结构发展明显失衡，而与之配套的工业优先发展导向的计划就业制度也起到了推波助澜的作用。1978 年，我国国民经济总产值中农轻重的比例关系为 27.8：31.1：41.1，短短 20 多年的时间，重工业的比重比 1952 年增长了 25%以上，从基本建设投资比例来看，三类产业达到了 10.6：5.8：48.7；以统一招收和调配、统一工资制度为特征的城镇就业体系配合了当时的产业发展政策，到 1978 年年末，全民所有制单位的固定职工人数已经增加到职工总人数的 84.3%，二十余年间几乎没有重大的变动，人为固定了产业就业结构的状态，就业流动趋于僵化。以辽宁省为代表的老工业基地的发展典型地说明了这一过程，产业发展主要依靠国家投资使得这些地区在国家投资政策倾斜重点转移时，原有的工业基础和技术的进步走向老化，经济增长缺乏活力。就业者工作转换往往由于就业观念、已有的经济报酬和劳动保障，以及社会地位等因素，较物质资本投资的转换速度慢，因而已有的就业结构越是僵化，它对新型体制转产所产生的阻力也越大，老工业基地社会负担较重的原因之一就在于此。而以浙江省为代表的新兴地区状况却正好相反，改革开放前，浙江是历年来所有省份中国家投资最少的，1952—1978 年，浙江省人均国家投资额仅 411 元，为全国平均水平的 1/2，居全国倒数第一，其产业就业结构的工业化变动速度也慢于全国平均水平，而改革开放之后，特别是 1992 年邓小平南巡谈话以及十四大召开之后，浙江省掀起了工业化高潮，仅 1992 年和 1993 年，农业劳动力共转移了 143.1 万人。从两种不同的发展路径比较中可以发现，产业结构政策对产业就业结构的影响是重大的，但是其影响的方向为正向或是负向却与政策的性质密切相关，脱离资源基础和市场规律，单纯依靠产业结构政策进行的计划性产业就业调整在实施初期可能具有迅速和统一高效的特征，但是对经济主体就业转换能力和自主创新能力的副作用却无法避免，这些矛盾的积重难返最终将导致整体经济活力的下降，并使得改革的困难性增大。

由于认识到计划性产业结构政策的误导作用会造成大量难以解决的矛盾，因而新的产业结构政策更加尊重经济自身的发展规律，2005 年国务院发布了《促进产业结构调整暂行规定》从原则上确立了坚持市场调节和政府引导相结合，以自主创新提升产业技术水平，坚持走新型工业化道路，从而促进产业协调健康发展的调整原则。在工业方面，就装备制造业振兴、先进制造业发展、信息化带动工业化建设、高技术产业发展、自主创新能力建设提出了建设性意见。而在服务业结构调整中，强调提高服务业比重和优化服务业结构相结合，坚持市场化、产业化、社会化的方向，建立公开、平等、规范的行业准入制度；发展竞争力较强的大型服务企业集团，将大城市建设和服务业发展相结合，要逐步形成服务经济为主的产业结构；增加服务品种，积极建设金融、保险、物流、信息和法律服务、会计、知识产权、技术、设计、咨询服务等现代服务业，以及文化、旅游、社区服务等需求潜力大的产业，然而对传统服务业则以规范和提升为主，推进连锁经营、特许经营、代理制等新组织形式和服务方式建设。产业结构调整对于产业就业结构的调整和就业渠道的拓展具有重要的作用，从产业发展规律来看，新型工业和现代服务业将成为今后提升就业结构和吸纳新增就业人口的主要产业，然而目前我国由于行业制度改革的落后使得大量原本应该蓬勃成长的部门发展缓慢，金融保险、科学服务、教育出版、文化影视、卫生医疗等行业作为吸收新型人才的主要部门，其发展却受到了严重的体制阻碍，行业垄断和投资准入政策使这些行业无法更好地吸收多方资源，这不但影响了新增就业人口，特别是素质较高人才的就业和创业实践，反过来也使得这些行业自身发展活力不足，产业就业结构提升缓慢，从而陷入了不良循环。因而部门体制改革的深化、垄断和投资准入制度的改革对于未来产业就业结构的调整将具有决定性的意义。

四、全国及不同省市产业就业结构的发展趋势

从改革开放到现在，我国和六省市产业就业结构变动经历了各自丰富的变动过程，这些急速转型或起伏调整的演变目前还在继续，各种因素在转变过程中或持续存在或逐渐消失，影响着结构变动的未来趋势。在历史统计和动因分析的基础上，可以对全国整体和典型省市未来就业结构的演变进行比较客观的预测。

依据产业就业结构演变的一般趋势，在影响因素的变动方向基本稳定的前提下，可以大致推测我国未来整体产业就业结构的变动趋势，农、林、牧、渔和矿产开采加工业的就业比例将延续一直下降的趋势，而且随着促进城市化政策的实施和全球化进程的加速，其下降速度会更快；随着技术进步（特别是信息技术的发展）和消费需求结构的升级，制造加工业的就业比例从长期来看将缓慢减少，但在短期内，由于我国整体上处于全球制造业价值

链的中低端，且劳动力的低成本优势仍然存在，因而其比例很有可能继续上升，而建设新型先进制造业的产业政策也有可能促进第二产业就业的增长；包括分配服务业和个人服务业在内的传统服务业就业比例随着消费需求结构的升级可能保持原先平稳增长的态势；而生产者服务业和社会服务业的就业比例长期内扩大的趋势不会变，但由于目前劳动力平均受教育水平的限制和短期内素质提升的困难，因而不会有迅速的提高。

从东南部沿海地区来看，浙江、广东与上海目前虽然处于不同的产业就业结构调整阶段，但是区域一体化、经济全球化和信息技术革命等因素的影响在东部沿海地区的影响具有较高程度的一致性，这些重大变革将通过制度性因素改变劳动力供给和需求从而影响产业就业结构的变动。首先，在以浦东开发为标志和龙头的长三角一体化过程中，上海、浙江、江苏等省市会根据各自的比较优势来调整产业结构从而改变就业结构，以经济技术开发区为载体，积极吸引外商投资项目尤其是跨国公司投资项目，从而推动本地经济发展，使长江三角洲地区产业加速升级，就业结构逐步优化。区域政策协调程度的提高将有利于形成统一公平的市场，人才流动通道的逐步顺畅将有利于区域内二省一市依据包括人力资源在内的资源比较优势来发展有自身特色的经济结构，克服区域间产业同构、重复建设、过度竞争问题。随着劳动成本的逐年提高，上海市长期以来都市型工业的发展路径以及劳动密集型产业的优势正在逐渐丧失，而发展相对上海滞后的浙江、江苏等省的轻型加工制造业结构和劳动密集型产业优势还未消失，转型过程中来自浙江、江苏等省的积极配合，将使得上海市的产业就业结构升级进程加快，同时，这些地区接受来自上海的辐射拉动作用，从而大力转移农村剩余劳动力的力度以提高自身的结构水平，向新型制造业中心过渡。其次，珠江三角洲地区同样经历着一体化的进程，珠江三角洲经过改革开放多年发展，其传统产业的资源空间和市场空间日渐饱和，产品由于成本上升而失去了比较优势，三角洲腹地和周边省份则正好可以利用自身的土地、劳动力、自然资源优势，及时占领珠江三角洲地区让渡出来的市场空间，促进落后地区经济发展和劳动力转移。过去大量的“三资”企业及“三来一补”企业虽可解决大量的劳动人口就业，为地方创造一定的财富，但这样的经济格局在未来很难具有持久的竞争力，这与长三角地区所面临的问题具有极大的相似性，农业剩余劳动力素质的提升和一线技术工人的增加同样是提高广东的产业素质和经济竞争力的重要任务。

来自全球化的影响使得浙、广、沪地区在更深程度和更大范围内参与经济全球化的进程。加入世界贸易组织使得全球化趋势不断加强，通过使地区产业结构向国际接轨而影响产业就业结构：在农业方面，水果、肉类和蔬菜等劳动力密集型农产品仍然具有出口竞争优势，从而将促进农业中非种植业就业人员的增长，同时将促进与农产品加工和交易行业就业者增多，而这些与农业联系密切的行业将使得农业从业者的转变更加便捷和顺畅。在以加工制造业为主的第二产业，劳动密集型为主的优势产业在短期内仍然有一定的优势，纺织服装、家用电器、日用化工、文体用品、木材加工和家具、工艺美术品、五金制品等特色轻型加工制造业将仍然具有较高的市场占有率，这些行业的就业将仍然保持较高的比重，并对劳动力素质较低的劳动者起到主要的吸纳作用；而科技含量较高的资本和知识密集型产品目前也已经开始成长，引导部分民营企业的投资方向发生转变，在未来的发展中这些行业不仅将对原有的劳动密集型工业基础产生重大冲击，也会对产业就业结构产生重大影响，制造业产品技术附加值的提高将使得原先从事农业的低素质劳动者就业转变难度增加，同时，受教育水平较高但一线实践操作技术较低、二次创新能力不足的从业者也将面临行业转换的困境，因而对基础教育和职业培训提出了更全面和更务实的要求。而在服务业方面，区域一体化、全球化为上海市的服务业发展和服务业就业增长提供了得天独厚的发展机遇，尤其是新兴现代服务业的发展，对上海市的产业就业结构提升建立了坚实的契机，金融、保险、房地产等生产性服务业的发展和教育培训、新闻出版、医疗卫生等社会服务业就业份额的增长不仅仅是地区内产业分工的结果，更是产业分工在国内地区甚至国际间发展的成就，因此在理解较发达区域未来产业就业结构变动过程中，区域经济和国际化的影响是不可忽视的外部因素，并且这些因素的辐射作用也将通过相对发达的地区传达给周边经济区。

来自信息技术革命的影响也将对产业就业结构产生影响，未来信息技术将成为工业、农业和服务业等各个产业竞争力的基本支撑，运用现代信息技术改造传统产业，促进产业结构升级将成为普遍的发展战略。这样一种发展模式对产业就业结构的影响有两大方面：一是信息产业会催生出许多新的行业，自己形成一个庞大的产业群，不断吸纳新的劳动力，从而提高生产者服务业的就业比例。建立在现代信息技术基础上的信息产业，属高科技产业和知识密集型产业，具有科技含量大、经济效益好、产业关联度高、对经济带动作用强等特点。它是一个庞大的产业群，主要由信息装备制造业、软件及系统集成业和信息服务业等产业构成，信息产业有可能成为新的就业增长点和 21 世纪的支柱产业。二是通过影响其他产业的劳动生产率从而改变就业结构的比例，这种影响一般都是通过提高相关产业的生产率起作用的，它往往减少相关行业对劳动力数量的需求但对劳动力素质要求却越来越高。如制造加工业，由于企业信息化程度的提高，劳动生产率随之提高，从而减少了对劳动力的需求，最终降低制造加工业的就业比例，但同时对劳动力的技能要求（尤其是一定信息技术的掌握）更高。

从中西部地区的典型省份的发展趋势来看，河南、贵州两省第一产业就业比重较高的状态在未来较长时期内还将持续；第二产业就业增长由于受到区位环境、体制延续性和物质资本、人力资本及其应用的瓶颈制约，在短期内可能无法迅速进入起飞状态，从而使得产业就业结构向现代型转变的过程较慢。而第三产业的发展更多地依赖于专业化和市场化发展，只有在第二产业的就业增长、分工细化得以实现，农业自给自足的生产模式趋于解散的状况下，其就业比重增长才具有持续的保障，虽然由于服务业中传统行业物质资本投资少，人力资源要求不高和收益较快的特征使得这些地区的第三产业就业比重持续增长（贵州省为比较典型的省份），甚至超过了工业就业，但是如果没有较大潜力的新生市场需求的支持，传统第三产业将面临不可持续增长的弊端，尤其是以第二产业增长为依托的现代物流业、金融、保险业等其他生产性服务业，以及与私人产业投资效率密切相关的公共部门社会服务业如果没有获得良性增长，那么传统服务业中超出现实需求的部分将在竞争中退出市场，与此同时，现代服务业的增长又相当缓慢，从而使得目前就业份额增长较快的第三产业面临萎缩的危险。因而在未来的产业就业结构转变过程中，虽然第三产业就业份额的增长对于第一产业劳动力转移和就业结构提升具有重要意义，但促进工业化进程，提升第二产业就业份额，仍然是保持中西部地区未来产业就业结构健康成长的关键。

中西部地区由于资源禀赋条件较好，未来产业发展主要仍然会以资源型产业的发展为主，与沿海和资源稀缺地区的制造业发展路径具有显著的差异，通常是通过特色、优势资源的开发利用来推动经济成长和就业结构转变。但是，资源型发展路径往往具有一次开发和不可持续的特征，因而在保持初级资源性产品开采优势的同时，提高深加工能力，延伸产业链条从而提高资源的利用率和产品的附加值将是这些地区第二产业未来增长的重要途径，产业就业结构也会相应的从侧重开采和初级加工向精加工方向转变，当然，这一转变过程的实现有赖于从业人员素质的提高，因而在短期内实现转变的可能性较小。与物质资源禀赋相似，初级劳动力资源在中西部地区也是比较丰富的，但由于人力资本投资不足，这些劳动力资源在短期内也较难转化为高素质人员，他们的非农就业转移比较困难，地区间工资差异将推动部分初级劳动力向较为发达地区转移，因而劳动力转移对流出地和流入地产业就业结构变动的影响在未来较长的时期内将持续存在。

处于重大产业结构调整期的东北地区，未来产业就业结构的变动方向具有多种可能性。一种可能性是由于工业调整恢复比较顺利，从而使得第二产业就业持续下降的态势得到缓解，重新进入正常的产业就业结构转变过程；

另一种可能性是由于产业结构调整阻力较大，使得目前就业结构退化的状况无法在短期内扭转，从而需要经历较长的工业就业衰退期。虽然处于调整十字路口的区域受到微观企业制度、宏观产业政策和外围地区甚至国际产业结构调整大背景的影响，未来的发展道路具有相对较高的不确定性，但是中央和地方政府目前出台的一系列企业制度改革措施和振兴东北老工业基地的产业政策，有可能为这些地区的未来经济增长和结构转变迎来新的春天。

五、结论与启示

本章研究了全国和六省市的产业就业结构变迁规律，分析其形成原因，并预测了未来的发展趋势，将不同产业和整体的就业结构变迁形态进行概括，并对全国和六省市产业结构变迁所处的阶段进行大致的判断，见表8—3。

表8—3　　全国和六省市产业就业结构变迁概括

	分产业就业结构变迁形态			整体产业就业结构变迁形态（1978—2004年）	产业就业结构变迁所处阶段
	第一产业	第二产业	四项服务业		
全国	↓↓	↑	↑↑	一二三→一三二	中前期
浙江	↓↓↓	↑↑	↑↑	一二三→二三一	中期
广东	↓↓↓	↑↑	↑↑	一二三→三一二	中期
辽宁	∪	∩	↑↑	一二三→二一三→三一二	调整
河南	↓↓	↑	↑	一二三	前期
贵州	↓↓	—	↑↑	一二三→一三二	前期
上海	↓↓	∩	↑↑↑	二一三→二三一→三二一	后期

注：箭头上下指向表示对应项目的增长或下降，∪、∩和—分别表示先降后升、先升后降和基本不变的趋势；箭头数量含义为，1个表示1978—2004年间平均来看下年比上年增长（或下降）的幅度在0.5%以下，2个表示在0.5%～1%，3个表示在1%之上。

我国整体产业就业结构的变动趋势为：农、林、牧、渔和矿产开采加工业的就业比例将延续下降的趋势，而且随着城市化政策的实施和全球化进程的加速，其下降速度会更快；随着技术进步（特别是信息技术的发展）和消费需求结构的升级，制造加工业的就业比例从长期来看将缓慢降低，但在短期内，由于我国整体上处于全球制造业价值链的中低端，且劳动力的低成本优势仍然存在，因而其比例很有可能继续上升，而近期制造业相关的产业政策也有可能促进第二产业就业的增长；包括分配服务业和个人服务业在内的传统服务业就业比例随着消费需求结构的升级可能保持原先平稳增长的态势；生产者服务业和社会服务业的就业比例长期内逐渐上升的趋势不会变，但由于当前劳动力平均受教育水平较低和短期内素质难以提升的限制，因而相应的就业比例不会有迅速提高的可能。

从六省市发展规律来看，各自的演变规律具有很大的差异性。长江三角洲地区和珠江三角洲地区由于区位、人力资源要素禀赋和制度体制的优势，其产业结构升级和发展较快，城市就业型的上海已经顺利完成了产业结构转型，目前正在经历退工业化过程，而浙江和广东两省则处于第二、第三产业就业的快速增长期，劳动力产业间转移的主要问题主要集中在工、农两大产业之间。中西部地区与沿海和大城市的差距比较大，目前仍然以农业就业为主，从河南与贵州两省的状况来看，第二产业的发展相对滞后不但影响了第一产业劳动力的转移，也不利于第三产业的扩张，以第二产业为依托的大量生产性服务业和配送性服务业发展缺乏工业生产行业的支持，其部门扩张和就业吸纳能力无法大规模提高，并且制约了第三产业内部的就业结构水平提升。产业结构重组和产业组织调整较大的东北老工业基地，其产业结构目前处于关键时刻，历史包袱和体制转型中存在的大量矛盾使得从目前就业结构衰退转向新一轮提升的过程比较艰难。

全国和六省市产业结构变迁的研究所蕴涵的政策意义比较丰富，从总的就业结构调整思路来看，产业结构变动仍然是影响就业结构变迁最重要的因素，因而仍然需要坚持以产业结构调整为主线的核心方针；在政策灵活度和协调性上，应该更多地尊重不同地区、产业和职业自身发展的特殊性，在认清全国整体与地区间就业结构调整步伐参差不齐和主导因素差异性较大的情况下，需制定具有地方特色和针对性的措施，发挥地方、部门和企业的能动性。

具体来看，首先，在制造业相关的就业结构调整政策方面，需要在继续发挥劳动力低成本优势的基础上，积极提升产业结构，将中国制造业向全球价值链的高端提升，以应对部分发展较快地区劳动力低成本优势逐渐失去的发展趋势，发挥高水平素质劳动力的重要作用。其次，在发展较快地区产业升级换代过程中，带动中西部地区相对落后的第二产业发展，实现当地劳动力真正的非农就业，在提升这些地区产业就业结构水平的同时缓解劳动力大规模转移而带来的地区和城乡矛盾。最后，在服务业相关的就业结构调整方面，需进一步改革产业垄断经营和行业行政壁垒，加大就业吸纳能力较高的行业开放程度，提高民营资本和外商资本投入的积极性，加快教育卫生、社会保障、社会福利业、新闻出版等社会服务业，以及金融保险、房地产业、科学研究、技术服务等生产性服务业的经营体制和人力资源管理制度改革，发挥这些行业的就业吸纳能力，尤其是在第二产业比较发达和人力资源条件较好的沿海地区，更需加快发展生产性服务业和社会服务业。

第三篇

劳动力市场流动与分割

第九章 中国劳动力市场分割的双重“二元性”[①]

一、中国劳动力市场分割的历史背景

中国劳动力市场分割的产生有其特殊的历史背景。在计划经济时代，为了获取工业化所必要的资金，20 世纪 50—60 年代建立了户籍制度、劳动制度、粮食统购统销制度及农产品定价制度，造就了城市与乡村、居民与农民在地位和身份上的巨大差异，从而形成了具有中国特色的“城乡二元结构”。在这种人为设计的“二元结构”之下，任何资源都不能在地区之间自由流通，尤其是在城市和乡村之间，其中劳动力的自由流动更是严格禁止。总之，在计划经济时代，无论是政治地位还是经济地位，城镇居民比农村居民都高得多，这就是中国劳动力市场演化的初始状况。

1978 年的“改革开放”开启了劳动力资源市场配置的滥觞。在城镇地区，扩大企业自主权、实行劳动合同制、国有企业产权进行改革及企业保险制度等一系列改革措施的出台使得现代企业制度逐步建立和完善，在此过程中，“单位”式的人生依附体制逐渐瓦解，现代意义上的劳动力市场从中诞生，其中最重要的里程碑事件是 1994 年颁布、1995 年起实施的《劳动法》，这一法律所规范的对象包括了不同所有制的企事业单位中的雇佣关系，从法律上规定了所有劳动者的平等权利。在农村地区，实行联产承包责任制，赋予农民的生产经营自主权以及允许农村剩余劳动力到城镇地区务工等一系列改革步骤逐渐实现使得城乡人为完全隔绝的局面逐渐打破。其中，1984 年的《关于农村进入集镇落户的通知》从法律意义上承认了农村劳动力流动的合法性，虽然由于各种原因，户籍制度并未完全取消，但其对农村劳动力流动的影响逐渐减弱。

根据刘易斯的二元经济发展理论，发展中国家的现代化过程就是一个城市化过程，即发展中国家利用本国劳动力资源丰富的优势，通过农村剩余劳

---

① 本章主要内容基于张昭时，钱雪亚. 中国劳动力市场分割的两重“二元性”：理论与现实. 学术月刊，2009 (8)。

动力向城市转移的过程来完成本国的现代化。这一点在我国表现得特别明显，自从 1978 年年底开始农村家庭承包制改革以后，随着激励制度的改变，农业生产率大幅度提高，原来主要集中在农业的劳动力开始向农村非农产业、小城镇甚至大中城市流动。根据国家统计局农村社会经济调查队对农村住户劳动力抽样调查显示：1997—2000 年，所调查样本中农村转移劳动力占农村劳动力的比例从 18.1%上升到了 23.6%。所以，根据 2002 年农村劳动力为 47 962 万人的基础上推算出 2000 年外出人口的规模达到了 11 319 万人。

二、劳动力市场分割的理论解释

如何看待中国这种转型经济条件下的劳动力市场分割？或中国劳动力市场分割的特点是什么？不同的学者从不同的理论角度对此进行了分析。第一，以蔡昉为代表的学者关注的是中国农村劳动力的转移问题，他们以刘易斯（Lewis，1954）的二元经济模型为基础探讨制度性障碍对劳动力流动的影响，其主要观点有：中国劳动力市场的地域分割影响要素配置效率，而由此产生的效率差异正是促成近年来我国地区之间收入差距扩大的深层原因（蔡昉、王德文、都阳，2002）；劳动力市场的城乡间分割的态势，在改革之前是政府推行重工业优先发展战略的需要，改革以来则是受到城市利益集团的影响得以维持。而户籍制度是其中的关键所在（蔡昉、王德文、都阳，2001）。第二，还有许多学者则直接从制度视角来解释中国劳动力市场的分割问题。劳动经济学的制度学派于 19 世纪末 20 世纪初出现在美国，是与新古典的劳动经济学对立的一个学术派别。这个学派认为现实的劳动力市场是由许多被制度或社会组织结构分割的一系列市场构成的，收入差异除了劳动力个体的人力资本差异之外，主要是市场的不同部分存在着不同运行机制所造成的。同时，制度壁垒造成了劳动力流动障碍，使得整个劳动力市场存在永久性的分割现象，这就从理论上否定了人力资本在收入分配中的决定作用，强调了制度在收入分配中的决定性作用。中国的许多学者也采用了制度视角来研究劳动力市场分割问题，代表性的论文有赖德胜（1996）从制度变迁的角度研究了中国劳动力市场分割的演变，朱镜德（1999）将现阶段劳动力市场划分为竞争性和非竞争性，提出了三元劳动力市场的假设，而李建民（2002）认为中国劳动力市场分割既有古典性的又具有制度性的，而后者则是形成劳动力市场多重分割的主要原因；聂盛（2004）用实证结果验证了中国劳动力市场分割从所有制分割向行业分割的演化；张展新（2004）利用 Logistic 回归模型验证不同产业（尤其是国家垄断产业）的分割。

作为劳动力市场分割制度学派代表的二元劳动力市场理论[①]将劳动力市场严格地分割为一级部分（primary sector）和二级部分（secondary sector），两个部分之间不存在劳动力流动；内部劳动力市场（internal labor markets）的全体构成了一级部分，其工资是由显性或隐性的组织规则决定的；外部劳动力市场（external labor markets）的全体构成了二级部分，其工资是由劳动力的供求决定的。一级部分的特点是工作稳定、高收入、高福利、职业发展前景好，教育在此部分有回报，二级部分的特点是工作不稳定、收入低、几乎没有福利待遇、流动性大、职业前景暗淡，教育在此部分回报极少。从理论的产生背景可以知道，二元劳动力市场理论解释的是较高工业化水平之下的劳动力市场分割现象，而中国的劳动力市场恰恰是在工业化达到一个较高水平的条件下开始演化的，因此，本章认为，中国城镇劳动力市场的演化过程也就是内部劳动力市场和外部劳动力市场的形成过程，即城镇劳动力市场一级部分和二级部分的形成过程。

与发达国家不同的是，中国还存在着一个巨大的农村劳动力市场。农村劳动力向城镇的流动会使城镇劳动力市场呈现出极强的不稳定性。所以，必须考虑农村劳动力流动对二元劳动力市场形成的影响。与发展中国家不同的是，中国特有的户籍制度使得迁移到城镇的农村劳动力无法有效地融入城镇劳动力市场中，在其间还存在着巨大的社会经济地位的落差，这说明“城乡二元性”特征并不会随着农村劳动力迁移到城镇就业而自然消失[②]。因此，基于上述特征，本章认为，中国劳动力市场分割是综合了内部—外部劳动力市场形成和“城乡二元经济”特征的制度性分割。以下将从三个方面对此问题进行阐述：第一，具体阐述中国劳动力市场分割的制度性特征，提出两重“二元性”假设，并从劳动力权力演化的角度解释中国劳动力市场分割特殊的“城乡二元性”；第二，利用2006年城镇住户调查数据验证中国城镇劳动力市场分割的两重“二元性”；第三，基于上述理论假设和实证检验，对中国劳动力市场的现状进行评价并提出相应的政策建议。

---

① Dual Labor Market Theory，简称 DLM Theory。参见 Doeringer，P. B.，Piore，M. J.. 1971. Internal Labor Markets and Manpower Analysis. Lexington，MA：D. C. Heath and Company，Revised Edition. 1985. New York：M. E. Sharpe，Inc；Piore，M. J.，1975. Notes for a Theory of Labor Market Stratification. in *Labor Market Segmentation*，Edited by Richard C. Edwards，Michael Reich and David M. Gordon，Lexington，MA：D. C. Heath and Company，125-150.

② 按照 Lewis 的理论，区分农村劳动力还是城镇劳动力是以生产方式为标准，因此，农村劳动力一旦进入城镇劳动力市场，其身份就是城镇劳动力了。而中国的户籍制度使得农村劳动力进入城镇之后，身份依旧是农民，但因其生产方式改变了，所以被称为“农民工”，而正是这个称谓反映了中国特有的“城乡二元性”。

三、双重“二元性”

中国是个转型的发展中大国，其经济特征既包含有市场化的因素也存在着计划经济时代遗留下来的许多人为因素，劳动力市场也不例外。通过对中国劳动力市场的观察，我们可以发现：第一，中国劳动力市场由城镇劳动力市场和农村劳动力市场构成。第二，中国劳动力资源配置的市场化改革是在工业化到一定阶段后开始的，随着“大锅饭”和“铁饭碗”的打破，劳动力市场逐渐演化形成了一级部分和二级部分，前者可以认为由大、中型企业、事业单位的内部劳动力市场构成，其特点是劳动力资源依据内部组织规则配置；后者可以看成是排除了内部劳动力市场的外部劳动力市场构成，其特点是劳动力资源配置由市场决定。第三，农村劳动力迁移的最终目标是城镇地区，而城镇劳动力市场一级部分的劳动力配置基本上在内部劳动力市场进行，对外部劳动力市场的劳动力需求很少①，许多时候单位招聘时还会要求应聘者必须具有当地居民户籍，况且农村迁移劳动力人力资本也比较低下②，在这种情况下，进城务工的农村劳动力进入一级部分就业的几率几乎为零，只能在二级部分就业。第四，由于户籍制度及相关制度的存在，迁移到城镇的农村劳动力与城镇劳动力在社会经济地位上差距非常明显，我们很容易地以户籍特征为标准将“二级部分”的劳动力区分为居民户籍部分和非居民户籍部分。这是具有中国特色的“城乡二元性”（结构图见图 9—1）。

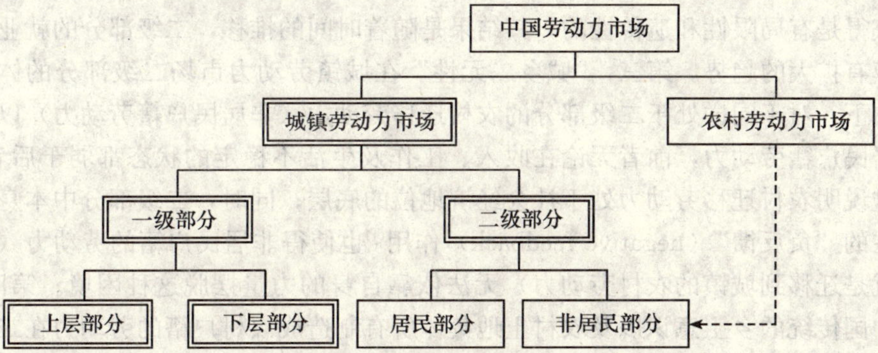

图 9—1　中国劳动力市场分割示意图

---

① 参见 Doeringer，P. B.，Piore，M. J.. The Allocative Structure of Internal Labor Markets. *Internal Labor Markets and Manpower Analysis*，41-63。

② 这实际上和中国的教育制度密切相关，农村户籍的学生一旦考入中专以上水平的学校学习，其户籍将变更为居民户籍，因此，具有农村户籍劳动力的教育水平不会超出高中毕业。

基于上述现象，本章提出以下假设：第一，中国劳动力市场分割的典型特征是两重“二元性”，即在城镇劳动力市场中同时体现了“内外二元性”和“城乡二元性”；第二，两大特征之间存在着“嵌套”（Nesting）关系，即“城乡二元性”体现在“内外二元性”的二级部分（Secondary Sector）中，而户籍制度在其中起了决定性的作用。

如果上述假设成立，中国劳动力市场分割将呈现以下特点：第一，“城乡二元性”强化了“内外二元性”。理论上认为二级部分的工资决定机制是劳动力的供求关系，在农村劳动力供给无限的前提下，会使得二级部分工资有下降的趋势，同时，由于一级部分的工资决定机制是由内部劳动力市场本身所决定的，是独立于二级部分的，因此，农村劳动力的无限供给不会对一级部分的工资产生影响，其结果是一级部分和二级部分的收入差距将变大，即从收入方面衡量，“内外二元性”因“城乡二元性”的存在而被强化。第二，“城乡二元性”扭曲了“内外二元性”。中国特有的户籍制度及相关制度安排使得农村劳动力的人力资本比较低，迁移到城镇之后，无法进入内部劳动力市场的“职业入口”（entry port），只能进入二级部分就业。由于在此部分就业的人力资本投资回报几乎为零，因此，进入城镇的农村劳动力没有内在的动力进行人力资本投资，同时，由于收入低，他们也没有能力对自己后代进行人力资本投资，其结果是农村迁移进入城镇的劳动力及其后代都丧失了进入一级部分的可能性，即农村劳动力迁移到城镇之后，其工作机会的获得是有局限性和遗传性的，其结果是随着时间的推移，二级部分的就业规模有扩大的趋势。第三，“城乡二元性”在城镇劳动力市场二级部分的体现如下：对于同样处于二级部分的农村迁移劳动力（非居民户籍劳动力）以及居民户籍劳动力，前者无论在收入、工作及生活不稳定的状态都弱于后者，这说明农村迁移劳动力处于社会经济地位的底层；同时，二级部分中本身存在的“负反馈”（negative feedback）作用[①]也使得非居民户籍的劳动力（也就是迁移到城镇的农村劳动力）无法依靠自身的力量摆脱这种困境。第四，中国传统的乡土意识以及农村土地集体所有制造成农村户籍的劳动力在二级部分中比居民户籍的劳动力更倾向于临时性就业（contingent employment）或非正规就业（nonstandard employment），结果是这些人就业的稳定性很差，从而造就了中国特有的农村劳动力“候鸟式”流动。

---

① 这种作用类似于中国俗语“近朱者赤、近墨者黑”，前者是正反馈作用，后者是负反馈作用，由于在二级部分中就业，即使是人力资本较高的劳动者也会逐渐沾染上被一级部分雇佣者认为的坏习惯，诸如不守纪律、更换职位频繁以及工作经验积累少等，而正是这种坏习惯，使得一开始就进入二级部分工作的高人力资本的劳动者在工作生涯中进入一级部分工作的可能性极低。

Reich，et al（1973）认为劳动力市场分割是一个历史过程（historical process），在这个过程中政治经济力量（political-economic forces）的变化造成劳动力市场逐渐分割成一个个具有不同市场特性和行为规则的次级市场（sub-markets）①。具有中国特色的“城乡二元性”分割也是在历史中形成并演化的，其核心社会经济因素是城乡间劳动者权利的不平等（姚先国，2007）。从图 9—2 我们可以看到，在计划经济时期，城镇劳动者都依附于单位，农民则依附在土地上，双方在经济政治权利上存在着严重的不平等，城镇职工垄断着社会保险和城市福利，在政治权利上“工人阶级领导一切”，这些权利在改革过程中逐步改变或取消（对应的年份是改革的时间）；而改革开放前农民的应有权利几乎丧失殆尽，左边所列权利基本上都没有，连作为农民最起码的自主生产、自主经营土地的权利也被剥夺，只能听命于行政领导。改革开放的过程，是中国劳动力市场逐步形成的过程，也是这种权利巨大差异双向调整、逐步接近的过程。改革开放 30 余年，农民和国企工人的名义权利和实际权利都发生了变化，而且都是名义权利大于实际权利，但性质不同。对国企职工而言，通过改革实际上已经是劳动力市场上的一个正常劳动者了，但头上还有“光环”，而农民工的名义权利与实际权利的反差，是指法律上规定的他们应该享有的权利大于他们目前实际获得的权利，特别

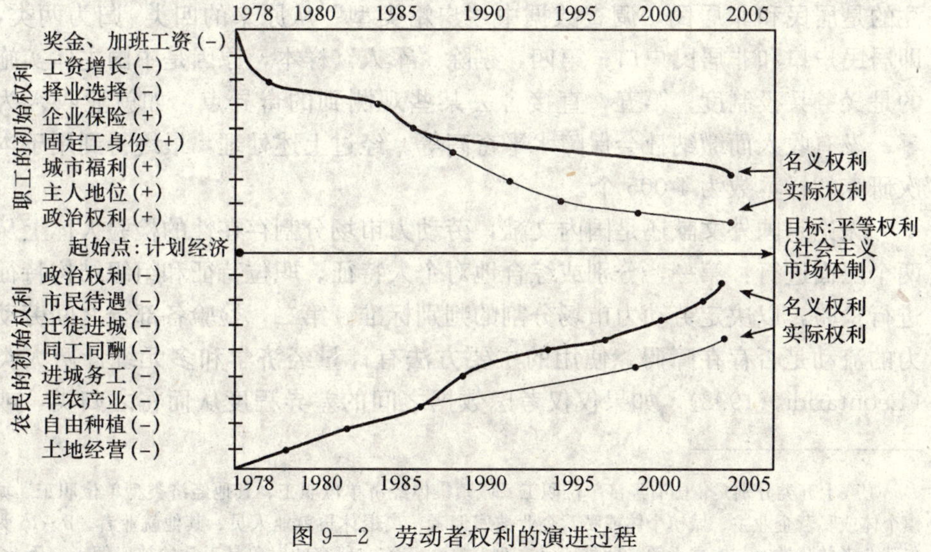

图 9—2　劳动者权利的演进过程

① “We define labor market segmentation as the historical process whereby political-economic forces encourage the division of the labor market into separate sub-markets，or segments，distinguished by different labor market characteristics and behavioral rules”（Reich，et al. 1973，Page 359）。

是农村劳动力进入城镇就业之后，市民待遇中的经济适用房、福利房、低保、子女上学、医保等许多权利自然与他们无缘。总之，城镇劳动力和农村迁移劳动力之间权利的不平等是城镇劳动力市场二级部分存在“城乡二元性”的社会经济原因。

四、双重二元性的实证分析

为了检验中国劳动力市场的两重“二元性”假设的有效性，本章采用2006年中国城镇住户调查浙江省的数据，共计15 687个样本。该样本数据的采集是以城镇地域为界限，包括了居民住户和非居民住户的个人调查数据，因此，可以用它来观测和检验中国城市正规劳动力市场“两重”“二元性”特征的存在性。为了使检验分析更具针对性，有必要对数据做如下取舍：第一，在城市中通常就业年龄为18岁（即高中毕业），而法定退休年龄男性为60岁，女性为55岁，因此，本章取男性的就业年龄段为18～60岁，女性为18～55岁；第二，本章关注的对象是正常的被雇佣者，为此，调查数据中的“就业情况”从十五类减少为五类①，同时，这五类又可以依据所有制类型划分为在国有类型就业和在非国有类型就业两类。通常而言，在国有经济就业比在非国有经济就业稳定性要强得多②；第三，由于身份变量关注的是居民和非居民，调查数据中“户籍类型”从原来的四类③归为两类，即居民户口和非居民户口；第四，剔除“军人”样本，原因是中国主体实施的是义务兵役制度；第五，直接舍去某些观测到的奇异点，如就业收入为零、没有收入而缴纳社会保障水平奇高等。经过上述处理，最终得到用于本次研究的样本数为4 005个。

无论是国外文献还是国内文献，劳动力市场分割存在性的检验大体上从两个层面进行：第一，分别或综合地对个人特征、职位特征和组织结构特征进行检验，以决定劳动力市场分割的判别标准。第二，检验各部分之间劳动力的流动是否存在障碍。使用的主要方法有计量经济学和多元统计两大类（Leontaridi，1998）。如果仅仅考虑数据之间的差异程度从而将之归类，或

---

① 十五类分别是：国有经济单位职工、城镇集体经济单位职工、其他经济类型单位职工、城镇个体或私营企业主、城镇个体或私营企业被雇佣者、离退休再就业人员、其他就业者。8～15为未就业者的分类，与本文无关，此处不一一列举。由于本文研究的对象是正常的被雇佣者，因此，与本文有关的“就业类型”为1～3、5、7，总计五类，国有类型包括1和2，其余为非国有类型。

② 大部分国有经济都集中在关乎国民经济的要害部门，同时大部分都是大型企业，具有垄断性的特征。

③ 四类分别为：本市（县）非农业户口、本市（县）农业户口、外地非农业户口和外地农业户口。

检验差异的存在性，通常采用多元统计的方法，其中的因子分析法（Factor Analysis）和聚类分析法（Cluster Analysis）是文献中使用较为频繁的。如果考虑到归类的有效性，则采用计量经济学的方法，文献中运用较多的是两种方法，即在预先划分样本的基础上利用 OLS 回归模型检验人力资本方程系数差异的显著性，以及转换回归模型（Switching Regression Model）方法。

本章采用多元统计的聚类方法来验证“两重”的“二元性”。它是研究对样品或指标进行分类的一种方法。即在确定度量样品相似程度的一系列变量的基础上，以这些变量为分类依据，把一些相似程度较大的样品聚合为一类，把另外一些彼此相似程度较大的样品又聚合为另一类，相似程度大的聚合在小的分类单位，相似程度小的聚合在大的分类单位，直至将所有样品都聚合完毕。采用聚类分析方法的优点是：第一，不需要预先将样本数据分类，而是根据“类”间差异的实际信息给出划分劳动力市场分割的标准；第二，可以同时考虑许多相关特征，尽可能多地包含所获得的数据信息，即可以将所有影响分类的因素都考虑在内；第三，可以提供分类之间的差异程度指标，这样可以得到较为合理的分类。

依据二元劳动力市场理论，我们从城镇住户调查所提供的数据中选取代表“内外二元性”的职位特征的变量——工薪收入（Wage）、社会保障支出（SocSec）、学龄（依据学历不同换算，EduYear）、工作年数（WorkDur）和所有制类型（CounOwn）；选取户籍性质（Resident）作为代表“城乡二元性”的身份特征变量①。研究数据的基本特征见表 9—1②，其基本情况是，Wage 大于均值水平的个人样本有 2 285 个，超过 10 万元的有 36 个，小于 1 000 元的有 4 个；SocSec 大于均值水平的个人样本有 2 002 个，超过 1 万元的有 139 个，小于 100 元的有 1 082 个；整体受教育情况是，高中毕业及以上的个人样本有 3 066 个，大学毕业及以上的有 629 个，小学毕业及以下的有 125 个。

社会变量之间通常具有较高的线性相关性，本文所采用的六个变量也不例外。表 9—2 给出了六个变量的相关矩阵，可以看出，所有变量间均存在显著的两两相关关系，其中 SocSec 与 Wage、EduYear 与 CounOwn、CounOwn 与 Wage、EduYear 与 Wage 间的相关系数均较高。这些变量之间显著

① 将代表职业的一类变量和代表身份的另一类变量同时引入聚类分析模型，可能存在两类变量之间的交叉影响问题。但由于本文考虑的“二重”分类具有包含关系，因此这种交叉影响不应该对聚类结果产生本质影响。我们将在后续的工作中对此做进一步研究。

② 六个变量的具体说明参见本文附录。

表 9—1　　样本基本统计情况

	单位	Mean	Std. Dev.	Min	Max
Wage	元	29 463.42	21 029.01	500	244 020
SocSec	元	2 941.678	3 270.138	0	30 000
EduYear	年	12.387 02	2.644 246	0	19
WorkDur	年	18.642 45	10.107 02	0	45
CounOwn		0.475 655 4	0.499 469 3	0	1
Resident		0.940 324 6	0.236 914	0	1

表 9—2　　职位变量与身份变量的相关矩阵

VAR	Wage	SocSec	CounOwn	EduYear	WorkDur	Resident
Wage	1.0000					
SocSec	0.5432	1.0000				
	0.0000					
CounOwn	0.3171	0.2818	1.0000			
	0.0000	*0.0000*				
EduYear	0.3959	0.2813	0.3797	1.0000		
	0.0000	*0.0000*	*0.0000*			
WorkDur	0.1490	0.1777	0.0615	−0.1907	1.0000	
	0.0000	*0.0000*	*0.0001*	*0.0000*		
Resident	0.0839	0.1512	0.1407	0.1756	0.0982	1.0000
	0.0000	*0.0000*	*0.0000*	*0.0000*	*0.0000*	

注：第一行值是相关系数，第二行值（斜体）是显著性水平，即 p 值。

的相关性可能会影响聚类分析结果的真实性和客观性，为此在聚类分析之前先做主成分分析，提取反映这些变量主要变化信息的若干主成分。表 9—3 给出了主成分分析的结果。

综合考虑确定主成分的四个标准①，本章确定成分 1～3 为主成分，他们累计解释了 72.54%的变化。其中，主成分 1 解释了六个变量总变化的 37.15%，主成分 2 解释了近 20%，主成分 3 解释了约 16%。基于三个主成分，本章使用中间距离法（Median Linkage）对全部样本个体做聚类分析。为了得到比较合适的分类数，采用三个判别参数相互验证：第一，通过

① 见 *Methods of Multivariate Analysis 2nd Ed* by ALVIN C. RENCHER, John Wiley & Sons, Inc. Page 397。

表 9—3　　主成分分析结果

VAR	COMPONENT NUMBER					
	1	2	3	4	5	6
Wage	0.5219	0.0911	−0.2998	−0.3714	0.2057	−0.6702
SocSec	0.5109	0.2067	−0.1913	−0.2831	−0.5831	0.4895
CounOwn	0.4528	−0.1104	0.0208	0.8323	−0.2220	−0.2010
EduYear	0.4456	−0.4894	0.0758	−0.0423	0.5919	0.4517
WorkDur	0.1100	0.8283	0.0096	0.2223	0.4559	0.2107
Resident	0.2255	0.1056	0.9313	−0.1951	−0.1014	−0.1496
EIGENVALUE	2.2145	1.1777	0.9604	0.7049	0.5406	0.4019
PROPORTION	0.3691	0.1963	0.1601	0.1175	0.0901	0.0670
CUMULATIVE	0.3691	0.5654	0.7254	0.8429	0.9330	1.0000

Calinski & Harabasz pseudo-F index 分析得到最佳的分类个数是 4，次佳是 5；第二，通过 Duda & Hart *Je*（2）/*Je*（1）index 分析得到最佳的分类个数是 5，次佳是 6；第三，通过 Duda & Hart pseudo-T-squared values 分析得到的最佳分类个数是 7，次佳是 5。从中可以看出相对最佳分类个数为 5。

表 9—4 给出了每一类所对应的变量的均值（每类第一行的数据）、标准化后的均值（每类第二行的数据，斜体）以及每类对应的样本数。从中显示出了中国城市劳动力市场分割的基本特征：

表 9—4　　各类对应各变量及变量标准化后的均值

Sec	Clu	Wage	SocSec	CounOwn	EduYear	WorkDur	Resident	样本数
P	1	39467.5320	4270.8230	0.8100	13.8915	19.4939	1	1484
		0.4757	*0.4064*	*0.6693*	*0.5690*	*0.0842*		
S	2	18279.5120	1422.8510	0.2290	11.2898	18.0839	1	2074
		−0.5318	*−0.4645*	*−0.4938*	*−0.4150*	*−0.0553*		
S	3	18248.2390	618.4939	0.0914	9.8171	15.0629	0	175
		−0.5333	*−0.7104*	*−0.7693*	*−0.9719*	*−0.3542*		
S	4	33972.9780	1967.2140	0.4844	12.5313	13.7188	0	64
		0.2144	*−0.2980*	*0.0175*	*0.0545*	*−0.4872*		
P	5	77652.6080	10857.6300	0.8702	14.7115	22.6635	1	208
		2.2916	*2.4207*	*0.7899*	*0.8791*	*0.3978*		

第一，Clu1 与 Clu5 具有相对一致性，将之记做 Sec P，样本个体为 1 692 个，占总样本数的 42.25%。它们与职位相关的五个变量标准化后的

均值全部大于零，即变量的实际水平均在平均值以上。这两类劳动力具有显著的一级部分特征：第一，收入高。Clu1 和 Clu5 的平均收入分别达到近 4 万元和近 8 万元，比 Sec S 高 1～3 倍。第二，高福利。Clu1 和 Clu5 的社会保障支出水平分别为 4 000 元和 1 万元，是 Sec S 的 2～10 倍。第三，工作稳定性高。从 CounOwn 的取值看，Clu1 和 Clu5 大部分在国有制部门工作，考虑到国有部门通常不随意解雇劳动者，可以说明这部分人的工作很稳定。第四，教育程度比较高。其平均教育年限为 14～15 年，说明其平均受教育程度在大专以上，虽然无法从文中数据直接得出教育在 Sec P 有回报的结论，但至少可以说明两者之间有高度相关性。

第二，Clu2、Clu3 和 Clu4 具有相对一致性，将之记做 Sec S，样本个体为 2 313 个，占总样本数的 57.75%。它们与职位相关的五个变量标准化后的均值大部分小于零，即变量的实际水平大部分都在平均值以下。这三类劳动力具有显著的二级部分特征：首先，收入相对低。除 Clu4 外，Clu2 和 Clu3 的平均收入大大低于平均水平。其次，福利相对低。三类的社会保障支出水平均低于平均水平。最后，工作相对不稳定且教育程度相对低，这是相对于 Sec P 而言的。当然，我们也无法从检验结果中直接判断教育是否有回报，但在这部分中教育程度低的样本相对集中却是个事实。

第三，Sec P 中 Clu1 和 Clu5 的差距也比较大，特别是 Wage 和 SocSec 这两个变量，说明从数据本身特征而言，可以区分为两个子部分。Clu1 和 Clu5 的平均教育年数相差仅一年，基本上都在国有部门就业，但两类的工资收入（Wage）相差几近一倍，社会保障支出水平（SocSec）相差高达 1.5 倍。一方面，说明 Clu1 和 Clu5 之间获取经济机会的差距是巨大的，或者说 Clu5 占据了重要的职位；另一方面，也间接说明了国有部门收入的差距比较大。但是，我们无法确定 Clu5 和 Clu1 是否分别属于 Piore（1975）所描述的较高阶层（Upper Tier）和较低阶层（Lower Tier），因为不同阶层之间除了收入和福利存在显著差距之外，最为重要的是较高阶层具有高流动性和高专业性的特点，而这无法依据文中检验结果做出判断。

第四，在二级部分内部，存在着“居民部分”与“非居民部分（即农民部分）”之间的显著差异，表现为二级部分内的“城乡分割”。比较 Clu2 与 Clu3，在 Wage 这个变量二者几乎一样，但是，在 SocSec、CounOwn 和 EduYear 这三个变量上，Clu3 都比 Clu2 小，说明“非居民部分”在福利、工作稳定性以及受教育程度上还是不如“居民部分”。比较 Clu2 与 Clu4，在所有代表职位特征的五个变量上，“非居民部分”都比“居民部分”大，究其原因是，Clu4 的样本代表的是非居民户籍中的精英分子，例如乡镇企业的负责人等，其教育年数比一般的农民阶层要高，收入也高得多。并且，在统计调查登记时，这部分样本按规定归入国有部门和集体经济（Coun-Own=1，即国有制），但其工作稳定性较差。最为关键的是这部分职业是不对拥有居民户籍的人员开放的。也就是说 Clu4 的特殊性正是“城乡分割”所造成的，它代表了农村劳动力市场内部的分割。

第五，劳动力的职业分布进一步印证了上述二重分割特征。国内的职业通常分为八大类，每一大类中含了许多具体的职业。简约的分类造成各职业大类所包含的具体职业在一级部分和二级部分中均有分布，即职业大类和一、二级部分之间不存在一一对应关系。但可以推断，不同职业大类包含的具体职业归属于一、二级部分的比例肯定是不同的，或者说不同职业大类会显示出归属不同“部分”的倾向性。表 9—5 给出了各类所对应的八大类职业的样本数及所占的比例。从中可以看到：第一，一级部分的第 5 类和第 1 类中 A 的样本数占 A 样本总数的比例分别为 8.51%和 55.68%，同样 B 的比例分别为 10.79%和 70.12%，远高于第 5 类和第 1 类占全体样本数的比例 5.19%和 37.05%，可以断定，一级部分所对应的典型职业大类是 A（国家机关党群组织、企事业单位负责人）、B（专业技术人员）。同样道理，二级部分对应的是 D（商业、服务业人员）、E（农、林、牧、渔、水利生

表 9—5　　　　各分类中对应职业的样本数及比例

Sec	Clu	职业							Total
		A	B	C	D	E	F	H	
P	1	569	169	623	28	77	1	17	1 484
		55.68	*70.12*	*39.41*	*7.95*	*12.13*	*6.67*	*10.69*	*37.05*
S	2	330	37	792	293	490	11	121	2 074
		32.29	*15.35*	*50.09*	*83.24*	*77.17*	*73.33*	*76.10*	*51.79*
S	3	18	4	53	25	53	3	19	175
		1.76	*1.66*	*3.35*	*7.10*	*8.35*	*20.00*	*11.95*	*4.37*
S	4	18	5	24	5	11	0	1	64
		1.76	*2.07*	*1.52*	*1.42*	*1.73*	*0.00*	*0.63*	*1.60*
P	5	87	26	89	1	4	0	1	208
		8.51	*10.79*	*5.63*	*0.28*	*0.63*	*0.00*	*0.63*	*5.19*
Total		1 022	241	1 581	352	635	15	159	4 005
		100.00	*100.00*	*100.00*	*100.00*	*100.00*	*100.00*	*100.00*	*100.00*

职业对应：A. 国家机关党群组织、企事业单位负责人；B. 专业技术人员；C. 办事人员和有关人员；D. 商业、服务业人员；E. 农、林、牧、渔、水利生产人员；F. 生产、运输设备操作人员及有关人员；H. 不便分类的其他从业人员。表中 P 代表一级部分，S 代表二级部分。

产人员)、F（生产、运输设备操作人员及有关人员)、H（不便分类的其他从业人员)；第二，第4类在A和B中所占比例较高的原因是村级党政负责人、乡镇企业行政及技术负责人的职业归到这两大类职业中，这从另一方面说明了A、B大类的小部分职业属于二级部分；第三，C职位在各类中的所占比例分别为39.41％、50.09％、3.35％、1.52％和5.63％，与各类在总体样本中所占比例比较接近，说明C（办事人员和有关人员）在两个部分之间的倾向不明显，或者说C大类中的具体职业在两个部分中分布比较均匀。

从实证上看，无论是一级部分和二级部分之间还是各个“部分”的两“小类”之间，代表职位的五个变量均呈同方向变化，可以说，职业特征显示出极强“分割性”，即存在着“内外二元性”。同时，在二级部分中，代表着身份特征的户籍变量能够很好地为本部分划分出两个截然不同的子部分，即“城乡二元性”也很明显。此外，“非居民”和“居民”在劳动力市场的融合只能在二级部分中，一级部分对“非居民”而言存在着不可逾越的鸿沟。实证结果不仅支持了城镇劳动力市场同时存在着“内外二元性”特征和“城乡二元性”特征，而且还支持了他们之间的“嵌套”关系。

五、结论与启示

经过三十余年的改革开放，中国劳动力市场已经初步形成，城乡完全隔绝的局面被打破，农村劳动力向城镇的流动为中国经济注入了活力，也为中国经济的持续快速增长作出了重要的贡献。但同时也应该看到，中国劳动力市场的演化既出现了类似于发达国家存在的“内部——外部劳动力市场的二元性”，又存在因农村劳动力向城镇流动所形成的具有中国特色的“城乡二元性”，两重“二元性”在城镇劳动力市场中交织在一起，形成了一个非常复杂局面。这既是劳动力资源市场化配置发展的结果，同时又是中国劳动力市场发展不完善的表现。如何有效地解决双重“二元性”，尤其是二级部分中存在的“城乡二元性”，实现统一的劳动力市场是摆在政府面前的一项重要任务。

从实证的结果可以看到，城镇劳动力和农村迁移劳动力之间在工资方面的差异缩小了，劳动力市场中的城乡不平等主要集中在社会保障和城市福利之上。同时也说明了农村劳动力向城镇的转移已不是能否的问题，而是要为这些迁移的农村劳动力提供与城镇居民一致的公共服务，即要打破对农村迁移劳动力“经济上接纳，社会性排斥”的局面。此外，各个职业大类中都有非居民户籍的劳动力存在，这说明户籍的藩篱在职业大类中已被打破，但开放程度上还是有所差异，这从另一个角度说明了中国劳动力市场发展的不完善。

中国政府将建立统一劳动力市场，将促进平等就业作为目标。而要实现这个目标，不是简单的一两项措施就能解决的问题，而是一个系统工程。中国劳动力市场分割既有市场演化本身形成的内部——外部劳动力市场的分割，又有计划经济遗留的路径依赖问题，尤其是后者，是劳动力市场一体化建设的主要障碍，要解决这个问题，关键是要解决城镇劳动力和农村迁移劳动力在权利上的落差问题，同时也要解决两类劳动者名义权利和实际权利的落差问题，而这牵涉到劳动者权利的系统性调整：从技术性上看，主要解决的是同工同酬问题；从城市化进程上看，主要解决的是农村移民的市民待遇问题；从法律角度看，要解决切实落实全体公民权利平等问题，即不仅从法律角度而且要采取措施从实际方面消除不同人群之间身份、等级的差别。只有这样，统一劳动力市场的建设才有坚实的社会经济基础，中国社会的长治久安才有保障，和谐社会才能得以建立。

第十章 性别歧视、职业分割及其对工资差异的影响①

在长期的封建社会里，我国存在着严重的重男轻女现象，妇女被视为男性的附属，在政治、经济、教育上受到严重的不平等对待。新中国成立以后，政府大力倡导男女平等，政治上鼓励女性参与，经济上实行男女同工同酬制度，因而男女工资的差异比较小，性别歧视的问题没有暴露出来。

过去三十余年里，我国经历了从中央计划经济逐渐向市场经济的转变过程，政府对企业工资设定的管制越来越弱。企业在工资制定上具有越来越大的自主权，与此同时，人们也观察到，男女之间的工资差异也越来越大，不仅如此，男女之间在职业获得和受教育程度上也存在着巨大差距。

一、中国劳动力市场中性别歧视的一般原因

我国劳动力市场性别歧视问题既有与其他国家的一般共性，也就是把就业性别歧视作为所有国家、所有体制下的经济运行都不可避免的社会现象看待，同时也与我国社会经济转型有关。我国存在与西方相同的就业性别差距问题，即女性在职业选择、收入水平上与男性存在差距，形成差距的原因一般分为两类：一是女性由于体力和生育等生理差距形成的与男性在个人能力方面的差距；二是由于对女性不公正的待遇造成的差距。作为共性特征的性别歧视可以用歧视经济学的社会偏见、统计性歧视、前劳动力市场歧视等理论来解释。我国目前的劳动力市场歧视还与经济体制的变革相联系，这是我国特有的现象，也是计划经济体制的“低工资，高就业”和“统分统配”就业制度和政策向市场型转变的产物，具有社会经济转型时期的过渡性质。具体来说，我国劳动力市场性别歧视的影响因素有以下几方面：

（一）传统文化因素

中国有着几千年的封建传统文化，男性本位的社会性别思想根深蒂固，关于两性的传统观念是“男强女弱”“夫贵妻荣”，女性的理想角色是“贤妻

① 本章主要内容基于黄志岭，姚先国. 教育回报率的性别差异研究. 世界经济，2009 (7)。黄志岭. 中国城镇劳动力市场性别和户籍差异实证研究. 浙江大学经济学院，2009。

良母”“贤内助”。近年来这种传统观念虽然有所改变，但并未从人们的思想深处根本消失，社会对女性的家庭角色期待大大高于对其社会角色的期待。

对两性教育当然也是性别歧视教育（广义教育包括家庭、学校和社会教育），以从人生起点控制女性。其内容包括三方面的不公平：(1) 在教育起点上，对两性进行不同形式或层次的教育。即对男子进行正规的学校教育，包括初等、中等和高等教育三个层次；而对女子一般只进行非正规的家庭教育。(2) 在教育过程中，对两性传授不同的内容。即对男子进行为参加社会工作做准备的各种文化知识和专业技能教育；对女子则只进行为承担家庭角色做准备的遵从女德、取悦男性及操持家务的家政教育。(3) 在教育的结果上，将两性分别塑造成符合传统社会性别制度要求的不同性别角色。即将男性塑造成尊贵的、主控的社会角色，将女性塑造成卑弱的、从属于男性的家庭角色。

社会性别歧视教育不仅使得女性人力资本水平低于男性，而且传统社会性别歧视观念导致女性社会性别自我歧视倾向的形成，影响了女性自我形象和对职业的选择及期望，女性会主动认同男强女弱的观念，避免竞争性的职业，选择简单、灵活、重复操作的工作，并且更容易接受低工资的报酬。另外，由于性别分工模式使社会公众对男女两性的成就期望值产生明显的性别差异，对男性的期望值较高，对女性的期望值偏低。当女性自己的事业和丈夫的事业发生矛盾或自己的事业影响家庭的正常生活时，大多数女性会放弃自己的事业，支持丈夫的事业，照顾好孩子。

（二）国家再分配制度

在改革以前，以劳动力的计划安置和统一的工资福利发放为特征的国家再分配体制，在消除 1949 年前中国的性别歧视上发挥了巨大的作用。在中央计划时期，城市女性劳动力与男性一样，被纳入统一的就业、福利和保障体系之中，并在意识形态上大力宣传男女平等。这样，在不太长的时间内，城市妇女的就业率大幅度提高，并保持了较小的工资分配性别差异。到经济改革开始的年份，中国已经成为世界上男女劳动力两性差距最小的国家之一（蔡昉、王美艳，2004），说明以中国传统文化为基础的对女性的偏见和歧视不再支配妇女就业与收入。

但是，还应注意国家再分配的其他作用。平均化的国家再分配压低了人力资本的经济回报，使人力资本禀赋不高的劳动者实际相对受益，在收入和就业上都取得保障。在这类劳动者之中，女性受益程度还要大些。在计划经济时期下，中国实行重工业导向的发展战略，劳动密集型的工业和第三产业比重较低（林毅夫、蔡昉、李周，1999）。这样的产业结构本来就不利于妇女就业。在这种情况下，同男性相比，女性劳动者就业要更多地依赖国家；为了实现妇女就业目标，国家必须通过计划和行政手段，人为地增加就业和开办企业，安置女性劳动者。此外，在就业场所内部，平均主义的收入分配和福利制度也忽略了女性劳动者在劳动供给上的“折扣”特点，在一定程度上造成了男女“同工不同酬”现象（潘锦棠，2002）。在这两方面，国家都要支付成本。这样，国家再分配体制一方面矫正文化传统上的性别歧视，使全体女性受益；另一方面，这种体制和机制为中低学历和能力的女性劳动者提供了更多的收入和就业保护。

（三）市场机制

在计划经济体制下，实行“低工资、高就业”“统分统配”的劳动就业政策和制度，女性就业没有遇到大问题，改革开放后，社会经济体制转型，在市场经济体制下，由于市场竞争和企业内部机制调整，企业由传统的“管理型”向“利益型”转变，不论是企业让大量隐性失业人口下岗，还是录用新职员，都以收益最大化为目标。企业雇佣女性员工显然要比男性员工多支出额外的自然附着成本（胡安荣，2004），自然附着成本包括以下一些内容：

1. 生育及相关成本

女性工作期间要面临结婚、生育和哺乳等一系列问题。用人单位需要为此付出直接成本和间接成本。我国《劳动法》第51条规定，女职工按规定享受的产假期间，工资照发。用人单位必须支付女性雇员产假期间的工资奖金，承担岗位空缺填补成本，这是用人单位拒招女大学生的最直接的理由。生育问题使女性员工在一定时期内退出劳动力市场，产生工作生涯的中断，而工作生涯的中断，特别是较长时间的中断，会降低雇员的实际挣得能力，难以避免“人力资本折旧现象”。女性受教育程度越高，知识含量越高，人力资本折旧率也会相应越大。当女性雇员重新进入劳动力市场时，需要一段时期的恢复和调整，由于相关法律的制约，重返者的工资水平不能低于退出时的水平，这又给用人单位造成了间接成本的负担。

2. 补偿性工资差别

补偿性工资差别是指在较差的工作条件下为了吸引雇员所必须支付的额外工资，是支付给接受较差或艰苦的工作条件的雇员的一种个人奖励。基于女性的生理特征，她们对于工作条件的要求较高，如工作流动性不能太大，不适宜远距离出差，不能承受体力强度高的工作，人身安全问题等，需要得到企业更多的关怀和照顾。相比之下，男性适应性较强，对工作条件的要求不如女性苛刻，但并不能获得由此而引起的补偿性工资差别，其接受较差工作条件的个人奖励已包含在与女性同等的收入水平之中，此时的男性是一种相对廉价的人工成本。对于有成本节约偏好的理性雇主而言，更愿意雇佣男性。

3. 预期劳动生产率

即使男性女性接受了同等的高等教育，甚至女性表现更为优秀，但雇主仍然会认为：女性的预期劳动生产率将低于男性。较低的预期投资收益率使雇主不愿意录用女性，他主要基于两点考虑：一是女性精力的分散。由于传统两性分工模式的延续，女性承担着大部分的家务劳动，“相夫教子”虽已不是现代女性的专职工作，但仍是一项重要职责。有限的精力在市场劳动和家务劳动中分散，难免会影响其市场劳动生产率。二是女性发展潜力不足。据劳动者年龄—工资报酬剖面曲线的实证研究资料显示，在整个职业生涯中，女性劳动者的年龄工资报酬曲线较为平缓，凸起程度、上升幅度均不如男性。其形成因素是多方面的，如不同的职业领域、培训机会和晋升状况等，它从总体上反映出女性劳动者群体发展潜力低于男性，能给企业带来的预期价值受到限制。

4. 转岗培训成本

知识女性倾向于选择语言类或服务性的专业，以从事具体事务性的、与语言和形象思维有关的工作。专业结构的局限使女性就业适应面窄，也造成了这些职业领域的拥挤。女性角色的传统定位和男强女弱的社会论调，在一定程度上使女性将之内化为自己的价值标准，忽视了动手能力的培养，抑制了自己的竞争意识和创新精神。企业需要的是综合型人才，要求再学习能力、可塑性强，青睐有专业特长的高科技人才。新兴企业的成长是吸纳就业的重要平台，它一般对科技含量要求较高，而女性一般转向科技含量高的岗位较为困难，企业需要付出昂贵的转岗培训成本，所以，雇主当然倾向于有相关专业基础、肯钻研和有创新精神的男性雇员。

5. 提前退休福利成本

从长远来看，女性雇员要比男性雇员提前5～10年退休，而女性的预期寿命一般比男性长。雇佣女性员工即意味着额外工资及福利成本的支出，这也是用人单位偏向男性的一个因素。

因此，企业的性别歧视行为也是市场竞争中的一种理性选择。再加上当前的总体的就业形势是供大于求，企业很容易用男性替代女性。

（四）性别歧视的法律缺陷

在女性就业权利上，国家在一系列重要的法律法规中给予了明确的保障，包括《宪法》《劳动法》《妇女权益保障法》以及《女职工劳动保护条例》《中国妇女发展纲要》等，为消除性别歧视、保障女性劳动者平等实现其劳动就业权发挥了一定的作用。但仍然存在一些缺陷：

1. 现行劳动法律法规的具体性较差，可操作性不强。可操作性是执行法律法规的前提和关键。我国目前有关促进就业的法律、法规多为原则性规定，难以为实际中发生的问题提供具体的依据和指导，因此，应该对有关内容给予更加具体的说明，尤其是对一些抽象或范围不易界定的内容，做出详细的界定，加强法律法规的可操作性。

2. 劳动法律法规缺乏对性别歧视的具体评判标准。现有的法律对如何判定现实中用人单位是否对女性就业实施性别歧视，并没有给予界定。

3. 劳动法律法规的执法和监督力度不够。目前我国之所以不能有效地制止就业性别歧视行为，与执法和监督力度不强有直接的关系。

二、对性别歧视定量研究

对于劳动力市场中的性别歧视问题，经济学家最关心是，男女性别之间工资、岗位、福利及其他差异到底是由于男女自身的个体特征差异造成的，还是由于市场中歧视造成的。

Bauer et al（1992）的研究发现，城市居民中，妇女在受教育机会、劳动参与以及职业获得上处于不利的地位，但由于数据中没有工资收入的信息，作者没有研究男女工资的差异及其性别歧视的程度。Gastafsson et al（2000）运用1988年和1995年中国居民收入调查数据，研究了城市男女工资差异，结论是城市居民的性别工资差距以及歧视程度虽然在增加，但与国外相比，相对较小；谢嗣胜等（2005）也对城市居民的性别歧视做了研究，发现类似的结论。Liu et al（2000）使用1996年上海流动和常住人口数据和济南劳动人口数据研究单位的经济性质对性别歧视的影响，结果表明从国企到集体和私企，性别工资差异是加大的，但歧视在工资差异中的份额是下降的。

然而以上的研究都是采用传统的Blind-Oaxaca方法来分解性别工资差异的，该分解方法将工资差异分为两个部分，一部分归于个体特征因素，另一部分归于劳动力市场中的不平等对待。但由于没能考虑职业分割的问题，将职业获得视为外生的，因此以上的研究不能告诉我们工资差异有多少是由于职业内差异引起的，有多少是由于职业分割造成的。很显然，不同职业下，工资的水平是不一样的，性别的职业分割会影响性别工资差异，而职业选择过程很可能也存在歧视的问题。一些研究表明，考虑职业分割不仅对性别工资差异的影响来说是重要的，而且对于理解职业分割程度本身也是有价值的（Brown et al，1980）。同时区分职业内和职业间的工资差异的重要程度对反歧视政策亦有重要的启示，比如，对于职业分割问题上，职业配额制是一个好的处理方法，而同工同酬更适合于减少职业内的性别工资差异

(Sung et al，2001)。

Meng 和 Zhang (2001) 在研究中国城乡户籍歧视当中，考虑了职业分割，其研究结果表明若采用 Blind-Oaxaca-Cotton 分解 (Cotton，1988)，大约只有 50%的工资差异是由于户籍歧视造成的，而采用 Brown et al 的分解方法后，即考虑了职业分割的时候，发现未解释的部分所占的份额高达 110%，说明在研究歧视的时候考虑职业分割很重要。王美艳 (2005) 考虑了行业分割对性别工资歧视的影响，将行业分割内生化，分解结果表明，男女工资差异主要是由于同类行业内工资差异引起的，由于两者行业分布不同而带来的工资差异不大，但没有考虑职业分割问题。本章采用 2002 年城调队的数据，用 Brown et al. 的分解方法计算城市劳动力市场中的性别歧视程度。试图回答以下问题：男女性别工资差异有多大？工资差异在多大程度上是由于歧视造成的，相对应地在多大程度是由于个体特征差异引起的？男女性别工资差异中，职业内与职业间所造成的差异比重各为多少？同时本章不仅将用这种方法计算的歧视程度与传统的分解方法进行了对比，而且还与国外用同样方法的研究结果进行了对比，发现不同的方法计算出来的歧视程度有差异，同时与国外对比，我国城市中劳动力的歧视程度相对较低，这也许是由于我国现阶段城镇劳动力市场化程度不高引起的。

三、中国劳动力市场中的性别差异：基于大样本数据的统计描述

本章所采用的数据来自于 2002 年国家统计局城市社会经济调查队每年度进行的“中国城镇住户调查”，城镇数据由城镇居民总体随机抽取构成。

我们有 2002 年中国 6 个省市城镇的样本数据，这 6 个省市分别是北京、辽宁、浙江、四川、广东和陕西。样本为 10 710 个住户和 31 025 名个体。数据提供了年龄、经验、性别、受教育程度、职业、就业部门、工资收入以及家庭状况等丰富信息。由于本章关注的是受雇劳动者，按照通常的做法，在样本中排除了雇主、自我雇用者、退休人员、学生以及家务劳动者 (Coleman，1993；Mwabu 和 Schultz，1996)。再者，根据我国劳动法规定，公民最低工作年龄为 16 岁，本章删除了年龄小于 16 岁的样本。同时，由于大多数工人的退休年龄为 60 岁，因而大于 60 岁的群体也没被包括进来。工资收入包括基本工资、奖金、津贴以及其他劳动收入。在这个基础上，除去数据中有缺失的观测值后，样本容量共有 14 770 个，其中男性有 8 104 人，女性有 6 666 人。

表 10—1 报告了按男女分类的职业分布和各职业下的小时工资。从中可以看出，技术人员中，男女比例相差不大；管理人员中男性比例为 7.50%，

表 10—1　　男女在各职业分部比例和各职业的小时工资均值

职业类别	男性工作者（%）	女性工作者（%）	男性小时工资（元）	女性小时工资（元）
技术人员	17.58	17.76	8.79	7.97
管理人员	7.50	2.28	10.41	10.56
办事人员	27.78	29.09	8.09	7.21
商业人员	4.54	8.52	4.96	4.01
服务人员	7.75	19.55	5.44	3.71
生产工人	32.85	20.57	6.20	4.13
其他劳动者	2.00	2.24	4.42	3.40

女性的管理人员比例只有 2.28%远低于男性；女性的职业较多地集中在办事人员（29.57%），而男性较多地集中在生产工人（32.85%）；女性的服务业工作人员比例为（19.55%），远高于男性的 7.75%。

表 10—1 还显示，相同职业中，除了管理人员外，男性职工的工资都比女性高。总的来说，男女之间的职业分布和工资获得上存在着较大差异。这些差异主要是由两个因素造成的：一个是与个体生产力相关的因素造成的；另一个是非生产力因素，比如在本章中研究的性别因素。具有相同的人力资本及其他生产力特征，获得了不同的工资，若导致这种差异与个体的非经济特征（性别、种族、信仰）有系统的联系，就视为歧视（Becker，1957；Stiglitz，1973）。

表 10—2 给出了下文计量分析所涉及变量的均值和比例，按性别分类。用到的变量有年龄、教育、工作经验、地区虚拟变量、行业虚拟变量、就业部门虚拟变量、婚姻状况等。表 10—2 中，我们可以发现男性的小时工资对数高于女性小时工资对数的 31.12%。从性别特征上看：男性的平均年龄和工作经验均大于女性；教育上，男性在本科学历及以上的比率高出女性 4 个百分点左右，大专学历上，男性高出女性 1.6 个百分点；在所就业的行业上，男性在收入较高的垄断、机关部门上的就业比重高于女性，在其他行业上低于女性的比例；在所就业部门上，男性更多地集中在国有部门，比例为 70.2%，而女性这一比例只有 57.6%。

从表 10—1 和表 10—2 来看，虽然男性在职业获得和工资上存在差异，但我们也发现，他们的个体特征也存在着差异。我们并不清楚性别上的职业差异和工资差异有多少是由他们的特征差异造成的，以及在多大程度上是因为歧视。

表 10—2　　按性别分类的变量的均值和比例

变量	男性	女性	变量	男性	女性
小时工资对数	1.681	1.410	北京	0.101	0.112
年龄	42.449	39.763	辽宁	0.325	0.309
工作经验	22.044	18.836	浙江	0.152	0.151
工作经验平方	591.033	448.452	广东	0.167	0.175
小学及以下	0.026	0.029	四川	0.121	0.122
初中	0.280	0.253	陕西	0.135	0.131
高中	0.255	0.295	竞争性行业	0.498	0.565
中专	0.117	0.156	垄断性行业	0.189	0.120
大专	0.223	0.207	事业性行业	0.117	0.158
本科及以上	0.098	0.060	机关性行业	0.142	0.107
已婚	0.894	0.893	其他行业	0.054	0.050
未婚	0.106	0.108	国有单位	0.702	0.576
家庭规模	3.18	3.17	集体单位	0.067	0.097
			其他单位	0.231	0.327

四、男女工资差异的实证分析

（一）模型

传统研究性别工资歧视的时候未考虑男女在职业获得上的差异（Meng，1998）。如果在职业获得上也存在歧视，那么这些方法将低估歧视的程度（Brown et al.，1980；Teo，2003）。Brown et al（1980）扩展了 Blinder—Oaxaca 分解模型，该模型将男女工资差异细分为职业内的差异和职业间的差异，将个体的职业获得视作内生变量，采用两阶段过程将职业分割纳入到性别工资差异模型中。该模型可表述成式（10—1）（Brown et al.，1980；Meng，1998；Meng et al.，2000；Sung et al.，2001；Siew，2003）：

$$\overline{W}_m-\overline{W}_f=\underbrace{\sum P_j^f\hat{\beta}_j^m(\overline{X}_j^m-\overline{X}_j^f)}_{A}+\underbrace{\sum \overline{W}_m(P_j^m-P_j^f)}_{B}+$$

$$\underbrace{\sum P_j^f(\hat{\alpha}_j^m-\hat{\alpha}_j^f)+\sum P_j^f\overline{X}_j^f(\hat{\beta}_j^m-\hat{\beta}_j^f)}_{C}+\underbrace{\sum \overline{W}_m(\hat{P}_j^f-P_j^f)}_{D}$$

（10—1）

其中 j 表示第 j 个职业，上标 m 和 f 分别表示男女职工；P_j^m 和 P_j^f 是观察到的男女分别在第 j 个职业的分布；$\hat{P}_j^f$ 是假定如果女性跟男性有相同的职业选择机会，女性在第 j 个职业应该具有的分布；$\overline{X}_j^m$ 和 $\overline{X}_j^f$ 是男女在第 j 个职业上各解释变量的均值；$\hat{\beta}_j^m$ 和 $\hat{\beta}_j^f$ 以及 $\hat{\alpha}_j^m$ 和 $\hat{\alpha}_j^f$ 是男女分别在第 j 个职业上工资方程回归的系数和截距。

在式（10—1）中男女对数工资的差异包括 4 个部分。Brown et al（1980）将 B 和 D 定义为可解释的职业分布差异和未解释的职业分割（性别歧视造成的），A 和 C 分别表示职业内工资差异可解释的部分和未解释的部分（性别歧视造成的）。解释部分的男女工资差异归结为一些与生产力特征相关因素造成的，而未解释部分的工资差异并不是基于生产力因素差异造成的，通常作为测量劳动力市场的歧视程度。

该分解方法一个重要的内容是计算在没有歧视情况下的女性职业分布结构（$\hat{P}_j^f$）。Brown et al（1980）提出用多元 Logit 选择模型（Multinomial Logit）来估计多个变量如何影响个体 i 进入职业 j 的概率。本章采用了这个方法，该模型如下：

$$P_{ij} = \text{Prob}(occupation_j) = \frac{e^{x_j\gamma_j}}{\sum_{k=1}^{J} e^{x_i\gamma_j}} \qquad i=1,\ \cdots,\ N \qquad J=1,\ \cdots,\ J \tag{10—2}$$

其中 x_i 是一组影响劳动供给和需求的外生变量，首先用男性职工的样本估计该模型的系数，然后用女性的数据带入估计方程，产生女性职业分布的预测值（$\hat{P}_j^f$）。用式（10—1）分解性别工资差异包括三个步骤：第一步，用职业获得的多元选择 Logit 模型（Multinomial Logit）来计算女性职业分布的预测值；第二步，按性别和职业分类估计工资决定系数，获得 $\hat{\beta}_j^m$，$\hat{\beta}_j^f$，$\hat{\alpha}_j^m$ 和 $\hat{\alpha}_j^f$ 估计值；第三步，利用前面两步的信息计算 A，B，C，D，从而计算歧视程度。

（二）按职业分类的决定方程

假定个体 i 在职业 j 上的工资收入方程为：

$$W_{ij} = \alpha_j + X_{ij}\beta_j + \varepsilon_{ij} \qquad i=1,\ \cdots,\ N \qquad J=1,\ \cdots,\ J \tag{10—3}$$

其中 X_{ij} 表示个体特征的一组向量，α_j 和 β_j 为待估参数，ε_{ij} 是随机标准误，J 为职业的组别。本章将估计 Mincer（1974）人力资本收入方程：

$$LnWage = \alpha + b_1 * Exper + b_2 * Exper^2 + \sum c_i Educ_i + \sum d_j Dum_j + \varepsilon \tag{10—4}$$

$Educ_i$ 表示教育的一组虚拟变量，Dum_j 表示婚姻状况、地区、行业、就业部门等虚拟变量。表 10—3 和表 10—4 分别报告了男性和女性按职业分类的工资决定计量结果。

表 10—3　　男性职工工资方程的最小二乘法估计结果

变量	管理人员	技术人员	办事人员	商业人员	服务人员	生产工人	其他劳动者
经验	0.0172 (1.14)	0.0411 (5.38)***	0.0306 (5.09)***	0.0715 (4.48)***	0.0437 (3.40)***	0.0290 (4.61)***	0.0713 (3.18)***
经验平方	−0.0003 (−0.84)	−0.0008 (−4.53)***	−0.0005 (−3.63)***	−0.0015 (−4.06)***	−0.0010 (−3.30)***	−0.0005 (−3.79)***	−0.0016 (−3.09)***
小学	−0.2435 (−0.66)	−0.3448 (−2.25)**	−0.3643 (−2.55)**	−0.2095 (−0.91)	−0.2538 (−1.78)*	−0.2716 (−4.43)***	−0.6772 (−2.64)***
初中	−0.1216 (−1.22)	−0.1917 (−3.22)***	−0.1905 (−4.92)***	0.1636 (1.91)*	−0.0755 (−1.04)	−0.1528 (−5.45)***	−0.3432 (−2.45)**
中专	0.0993 (1.14)	0.0509 (0.92)	0.0874 (2.25)**	0.2110 (1.86)*	0.1737 (1.58)	0.0320 (0.68)	0.2230 (0.98)
大专	0.1495 (2.10)**	0.2129 (4.58)***	0.2130 (6.87)***	0.4698 (3.80)***	−0.0145 (−0.14)	0.1295 (2.33)**	0.1307 (0.43)
本科	0.3014 (3.72)***	0.4288 (8.69)***	0.3594 (8.61)***	1.1145 (5.15)***	0.4830 (2.01)**	0.4501 (2.53)**	0.4828 (1.12)
已婚	0.1184 (0.49)	0.1147 (1.65)*	0.2113 (3.56)***	−0.1373 (−0.91)	0.1453 (1.23)	0.2621 (4.60)***	0.0699 (0.30)
北京	0.5867 (7.98)***	0.5861 (11.45)***	0.5041 (11.33)***	0.7471 (5.03)	0.7465 (8.33)***	0.4993 (11.09)***	1.1118 (4.44)***
浙江	0.6862 (10.35)***	0.6516 (14.06)***	0.6490 (17.11)***	0.6151 (5.85)***	0.7984 (8.59)***	0.5664 (14.76)***	1.0395 (5.07)***
广东	0.6066 (9.13)***	0.6271 (13.82)***	0.6040 (17.89)***	0.6651 (6.57)***	0.5969 (6.85)***	0.4066 (9.91)***	0.5673 (3.51)***
四川	0.1134 (1.51)	0.1577 (3.33)***	0.1217 (3.06)***	−0.0329 (−0.27)	0.1308 (1.28)	−0.0055 (−0.13)	−0.1576 (−0.86)
陕西	−0.1301 (−1.99)**	−0.0103 (−0.20)	−0.1042 (−2.87)***	−0.1672 (−1.31)	−0.2090 (−1.59)	−0.1611 (−4.31)***	−0.0975 (−0.32)
垄断性行业	0.1422 (1.95)*	0.1922 (4.30)***	0.2572 (7.97)***	0.4375 (2.66)**	0.1638 (1.89)*	0.2470 (8.60)***	−0.0920 (−0.29)
事业性行业	0.1850 (2.24)**	0.1656 (4.39)***	0.2393 (5.69)***	0.1045 (0.41)	0.0037 (0.03)	0.1683 (2.20)**	−0.3758 (−0.90)

续表

变量	管理人员	技术人员	办事人员	商业人员	服务人员	生产工人	其他劳动者
机关性行业	0.0627 (1.04)	0.1529 (2.51)**	0.1143 (3.67)***	0.3414 (0.71)	0.1228 (0.77)	0.3493 (3.81)***	0.5725 (0.78)
其他行业	−0.1824 (−1.34)	0.0165 (0.24)	0.0812 (1.41)	−0.3045 (−0.79)	−0.2295 (−1.44)	0.0584 (1.03)	0.2954 (1.97)**
集体单位	−0.3902 (−3.19)***	−0.2784 (−3.73)***	−0.1070 (−2.00)**	0.0570 (0.47)	−0.3389 (−3.12)***	−0.2038 (−4.84)***	0.8106 (2.20)**
其他单位	0.0252 (0.27)	−0.0853 (−1.89)*	−0.0323 (−0.92)	−0.2336 (−2.99)***	−0.3956 (−5.74)***	−0.2015 (−6.63)***	−0.0583 (−0.33)
常数	1.3014 (5.43)***	0.8183 (10.46)***	0.8023 (13.71)***	0.3719 (2.62)***	0.7502 (6.44)***	0.8177 (14.28)***	0.0786 (0.27)
样本观察值	608	1425	2251	368	628	2662	162
A−R^2	0.3200	0.3400	0.3200	0.3400	0.3000	0.2200	0.3700

注：①括号中的数值为T值。

②***，**，*分别表示在1%、5%、10%水平上显著。

表 10—4　　女性职工工资方程的最小二乘法估计结果

变量	管理人员	技术人员	办事人员	商业人员	服务人员	生产工人	其他劳动者
经验	−0.0091 (−0.31)	0.0469 (5.52)***	0.0544 (7.63)***	0.0474 (3.73)***	0.0183 (2.41)**	0.0234 (2.60)***	0.0326 (1.24)
经验平方	0.0005 (0.72)	−0.0008 (−4.10)***	−0.0011 (−6.26)***	−0.0010 (−3.18)***	−0.0003 (−1.51)	−0.0003 (−1.15)	−0.0007 (−0.94)
小学	−0.6013 (−0.88)	0.3843 (0.69)	−0.3617 (−2.23)**	−0.5978 (−3.94)***	−0.2250 (−2.50)**	−0.4548 (−6.03)***	−0.3588 (−1.26)
初中	0.1631 (0.79)	−0.1604 (−1.88)*	−0.1843 (−4.06)***	−0.3380 (−4.64)***	−0.1176 (−2.78)***	−0.1579 (−4.22)***	−0.1033 (−0.61)
中专	0.0723 (0.38)	0.1853 (3.27)***	0.1390 (3.31)***	−0.1739 (−1.65)*	0.1356 (2.20)**	0.0044 (0.07)	0.0052 (0.02)
大专	0.2252 (1.50)	0.2366 (4.23)***	0.2861 (7.85)***	0.1615 (1.52)	0.1675 (2.80)***	0.2537 (3.25)***	0.4821 (1.78)*
本科	0.5349 (2.76)**	0.5251 (8.24)***	0.4962 (8.50)***	0.4703 (1.60)	0.2786 (1.31)	0.5673 (0.95)	0.7714 (0.88)

续表

变量	管理人员	技术人员	办事人员	商业人员	服务人员	生产工人	其他劳动者
已婚	0.3553 (1.06)	0.1016 (1.46)	−0.0313 (−0.52)	−0.0428 (−0.37)	0.0944 (1.32)	0.1445 (1.68)*	0.2698 (0.79)
北京	0.6119 (3.17)***	0.6501 (11.31)***	0.5773 (12.35)***	0.6862 (5.95)***	0.6050 (9.27)***	0.7031 (10.82)***	0.5431 (1.91)*
浙江	0.7491 (4.50)***	0.7533 (13.61)***	0.8267 (17.85)***	0.6022 (6.61)***	0.7498 (13.63)***	0.6609 (11.63)***	0.7532 (3.55)***
广东	0.9409 (5.72)***	0.6084 (12.17)***	0.8771 (21.24)***	0.5611 (6.21)***	0.6392 (11.67)***	0.5416 (9.75)***	0.9539 (5.33)***
四川	0.1299 (0.69)	0.2159 (4.01)***	0.3262 (6.73)***	0.1469 (1.48)	0.1234 (1.89)*	0.1949 (3.52)***	0.2730 (1.12)
陕西	−0.0332 (−0.17)	−0.0405 (−0.77)	0.0341 (0.71)	−0.1859 (−1.75)*	−0.1299 (−1.74)*	0.0497 (1.03)	−0.1572 (−0.38)
垄断性行业	−0.1308 (−0.46)	0.2843 (4.42)***	0.1790 (4.45)***	0.4246 (2.55)**	0.2545 (3.93)***	0.2880 (6.00)***	0.6662 (1.71)*
事业性行业	0.2346 (1.34)	0.1648 (3.69)***	0.1085 (2.19)**	0.3385 (0.82)	0.1381 (1.97)**	0.1516 (1.33)	0.2577 (0.69)
机关性行业	0.0588 (0.41)	0.2339 (2.99)***	0.0344 (0.95)	1.0201 (1.43)	0.2355 (1.42)	0.3798 (1.54)	1.0973 (2.72)***
其他行业	0.1348 (0.34)	−0.1125 (−1.13)	−0.0716 (−1.15)	−0.4540 (−1.77)*	0.2349 (2.26)**	0.0635 (0.69)	−0.0918 (−0.61)
集体单位	−0.3482 (−1.32)	−0.0608 (−0.87)	−0.2388 (−4.66)***	−0.1160 (−1.05)	−0.1591 (−2.31)**	−0.2385 (−5.09)***	0.2080 (0.61)
其他单位	−0.0851 (−0.48)	−0.1559 (−2.82)***	−0.3114 (−8.41)***	−0.2988 (−4.07)***	−0.4254 (−10.00)***	−0.1660 (−3.59)***	−0.2321 (−1.16)
常数	0.9144 (3.02)***	0.5903 (6.66)***	0.6625 (9.55)***	0.7492 (5.79)***	0.6800 (8.68)***	0.5746 (6.01)***	0.0765 (0.20)
样本观察值	152	1184	1939	568	1303	1371	149
$A-R^2$	0.3000	0.3600	0.3500	0.3100	0.3100	0.2500	0.2900

注：①括号中的数值为T值。

②***，**，*分别表示在1%、5%、10%水平上显著。

从中不难看出，各变量对男女工资收入的影响是不同的。工作经验对男女工资均先有促进作用，随后有负的作用，除了技术人员和办事人员外，对男性工资的作用比对女性要大；在分析学历对工资作用时，设定高中组为参照组，在其他条件保持不变的情况下，对男性来讲，其学历在中专及以上的工资高于参照组，初中及以下的低于参照组，且在统计上基本是显著的，对女性来讲，也有类似结果，其学历在中专及以上的工资高于参照组，初中及以下的低于参照组，且在统计上基本也是显著的；地区上，选择的参照组为辽宁，不论男女，结果显示，北京、浙江、广东、四川的居民收入高于参照组，统计上基本是显著的，而陕西的相关数据低于参照组；垄断性行业、事业性行业及机关行业的收入均高于参照组竞争性行业，这与现实生活中的情况是相符的；已婚对男女的工资收入基本上有正的影响，但对女性从事办事人员、商业人员有负的影响，对男性从事商业工作有负的影响。

由式（10—2），按性别分类对职业多元选择 Logit 模型进行分析。表 10—5、表 10—6、表 10—7 分别报告了男女职业获得的多元选择 Logit 模型的结果及两者间的差异。本章选择生产工人为参照组，可以发现男女在职业获得与解释变量之间的关系存在着异同。相对于男性而言，随着年龄的增加，女性更容易进入管理人员、技术人员、办事人员、商业人员以及其他劳动者等职业，这也许是因为从事生产工人职业对体力和体能等生理条件要求较高，女性随着年龄的增长越来越不利于从事这方面工作；从教育角度来讲，女性学历只有在本科及以上的时候，相对于男性才更有可能进入管理人员、技术人员和办事人员等较好的职业，这也许是因为由于女性在本科学历以上的比重较少，在劳动力市场上的供给相对较少的缘故（女性在本科及以上的学历比例为 6.2%，而男性达到 9.8%）。男女劳动者在职业获得上存在着结构性的差异，表明两者在劳动力市场上的职业获得上受到了不同对待（Meng，1998），职业分割也造成了性别工资差异。

表 10—5　男性职业的多元选择 Logit 模型回归结果

变量	管理人员	技术人员	办事人员	商业人员	服务人员	其他劳动者
年龄	0.0927 (12.34)***	0.0314 (5.46)***	0.0359 (7.18)***	0.0009 (0.11)	−0.0039 (−0.57)	0.0092 (0.68)
小学	−2.5841 (−3.45)***	−1.1326 (−3.67)***	−2.1520 (−7.21)***	−0.9922 (−2.67)***	0.1091 (0.48)	0.2174 (0.55)
初中	−0.9749 (−4.72)***	−0.7527 (−6.05)***	−0.8275 (−9.03)***	−0.2739 (−1.95)*	−0.1629 (−1.44)	−0.3647 (−1.61)
中专	1.5255 (7.73)***	1.3858 (10.27)***	0.9208 (8.10)***	0.4675 (2.41)***	0.0255 (0.15)	−0.1654 (−0.46)
大专	3.1533 (17.94)***	2.6190 (19.87)***	2.1609 (18.82)***	0.8241 (3.94)***	0.7387 (4.34)***	−0.2967 (−0.67)

续表

变量	管理人员	技术人员	办事人员	商业人员	服务人员	其他劳动者
本科	4.6909 (13.71)***	4.6590 (14.97)***	3.5153 (11.44)***	1.8697 (4.18)***	0.9286 (2.10)**	1.3365 (1.92)*
已婚	1.5562 (3.47)***	0.3887 (2.29)**	0.1953 (1.33)	−0.3547 (−1.64)*	−0.4272 (−2.45)**	−0.1502 (−0.40)
北京	0.5814 (3.05)***	0.6130 (4.22)***	0.4487 (3.48)***	0.3934 (1.66)*	0.8680 (5.85)***	0.0165 (0.04)
浙江	1.1217 (6.65)***	1.0864 (8.54)***	0.9617 (8.79)***	0.6932 (3.90)***	−0.0544 (−0.37)	−0.2848 (−0.99)
广东	0.9943 (5.88)***	1.0971 (8.63)***	1.2746 (11.86)***	1.2352 (7.17)***	0.5522 (3.91)***	0.2494 (0.89)
四川	0.6461 (3.45)***	0.9221 (6.79)***	0.7813 (6.52)***	0.7672 (3.85)***	0.2731 (1.73)*	0.4626 (1.60)
陕西	0.3865 (2.29)**	0.1802 (1.31)	0.5628 (5.10)***	0.6351 (3.13)***	−0.4080 (−2.13)**	−0.1210 (−0.29)
垄断性行业	0.7926 (5.01)***	0.3178 (3.00)***	0.5165 (6.10)***	−1.7631 (−7.08)***	−0.3649 (−2.84)***	−0.7364 (−1.80)*
事业性行业	1.9000 (8.83)***	2.8362 (18.27)***	1.5528 (9.89)***	−0.4553 (−1.12)	1.3031 (6.24)***	1.4253 (2.60)***
机关性行业	3.7977 (18.90)***	1.4892 (7.51)***	2.9370 (17.33)***	−1.2751 (−1.75)*	1.1678 (4.39)***	0.6798 (0.66)
其他行业	0.6810 (2.31)**	0.7985 (4.51)***	0.6269 (4.00)***	−1.9130 (−3.24)***	−0.1791 (−0.74)	3.3882 (15.79)***
集体单位	0.1857 (0.71)	0.0374 (0.22)	0.1226 (0.91)	0.6360 3.18	0.8008 (4.85)***	0.4878 (0.96)
其他单位	−0.5784 (−2.92)***	−0.0759 (−0.69)	−0.0494 (−0.54)	1.0350 7.74	1.3546 (12.76)***	2.6366 (11.08)***
家庭规模	−0.1597 (−2.11)**	−0.1027 (−1.85)*	−0.0869 (−1.86)*	0.0069 0.09	−0.0523 (−0.86)	0.0103 (0.09)
常数	−8.9387 (−15.31)***	−3.8192 (−12.11)***	−3.0107 (−11.29)***	−2.4169 (−5.73)***	−1.5265 (−4.57)***	−5.1530 (−7.58)***
样本观察值	8104	LR chi2（114）＝6496.64 PseudoR2＝0.245 Loglikehood＝−10029.2				

注：①括号中的数值为Z值。

②***，**，*分别表示在1%、5%、10%水平上显著。

表 10—6　　女性职业的多元选择 Logit 模型回归结果

变量	管理人员	技术人员	办事人员	商业人员	服务人员	其他劳动者
年龄	0.1217 (8.47)***	0.0536 (6.71)***	0.0546 (8.21)***	0.0078 (0.98)	0.0270 (4.29)***	0.0300 (2.12)**
小学	−2.8180 (−2.64)***	−4.0599 (−3.93)***	−2.4758 (−7.60)***	−0.7883 (−3.00)***	−0.7058 (−3.44)***	−0.0891 (−0.20)
初中	−1.3459 (−4.02)***	−1.3013 (−7.15)***	−1.1496 (−10.54)***	−0.4639 (−3.77)***	−0.4675 (−4.79)***	−0.2659 (−1.09)
中专	0.9916 (3.13)***	2.1124 (12.81)***	0.9146 (6.63)***	0.0172 (0.09)	0.1032 (0.68)	0.4895 (1.42)
大专	2.5267 (9.16)***	2.9876 (16.75)***	1.9496 (12.80)***	0.5221 (2.55)**	0.6712 (4.04)***	1.0302 (2.76)***
本科	5.8079 (5.51)***	6.4562 (6.36)***	4.7897 (4.74)***	2.3430 (2.14)**	1.9359 (1.82)*	2.8003 (1.91)*
已婚	−0.8930 (−1.91)*	−0.4497 (−2.05)**	−0.6122 (−3.22)***	−0.9264 (−4.34)***	−0.6319 (−3.37)***	0.4651 (0.97)
北京	−0.1427 (−0.43)	0.1676 (0.88)	0.4910 (3.16)***	0.3588 (1.80)*	−0.3493 (−2.23)**	−2.0290 (−4.87)***
浙江	0.9785 (3.48)***	0.6416 (3.73)***	0.5924 (4.36)***	0.0017 (0.01)	−0.7235 (−5.60)***	−1.0855 (−3.49)***
广东	0.7472 (2.60)***	0.9673 (5.95)***	1.0330 (7.85)***	0.4695 (2.88)***	−0.2666 (−2.04)**	0.0776 (0.28)
四川	0.2651 (0.84)	0.6402 (3.61)***	0.4934 (3.35)***	0.4678 (2.68)***	−0.4705 (−3.26)***	−0.7387 (−2.11)**
陕西	−0.4862 (−1.45)	0.2450 (1.44)	0.0782 (0.56)	0.1151 (0.65)	−1.0068 (−6.84)***	−1.4972 (−2.86)***
垄断性行业	−0.0170 (−0.04)	0.5850 (3.72)***	0.9686 (8.34)***	−1.3706 (−5.43)***	−0.0981 (−0.73)	0.0833 (0.17)
事业性行业	3.0841 (9.19)***	4.1939 (19.02)***	2.3194 (10.69)***	−1.1578 (−1.89)*	1.8815 (8.38)***	2.5522 (5.19)***
机关性行业	5.3972 (11.53)***	3.1825 (7.22)***	4.6095 (11.01)***	−0.8471 (−0.78)	1.2395 (2.53)**	3.5715 (5.58)***
其他行业	0.9256 (1.47)	1.3504 (5.24)***	1.5003 (7.61)***	−1.0773 (−2.73)***	−0.1248 (−0.53)	3.9541 (15.11)***

续表

变量	管理人员	技术人员	办事人员	商业人员	服务人员	其他劳动者
集体单位	0.0343 (0.09)	0.4134 (2.34)**	0.2940 (2.22)**	0.2631 (1.49)	0.1165 (0.85)	0.2084 (0.47)
其他单位	−0.0743 (−0.26)	0.3276 (2.33)**	0.6274 (5.86)***	1.5538 (12.31)***	1.6698 (16.66)***	2.4559 (9.37)***
家庭规模	−0.2252 (−1.65)*	−0.1962 (−2.69)***	−0.1025 (−1.75)*	0.0902 (1.34)	−0.0048 (−0.09)	0.0392 (0.32)
常数	−7.3868 (−9.02)***	−3.7477 (−8.74)***	−2.3837 (−6.87)***	−1.1820 (−2.95)***	−0.7945 (−2.43)**	−5.8067 (−7.36)***
样本观察值	6666	LR chi2 (114) ＝6111.83 PseudoR2＝0.270 Loglikehood＝−8219.52				

注：①括号中的数值为Z值。

②***，**，*分别表示在1%、5%、10%水平上显著。

表 10—7　　男女职业获得多元 logit 模型系数差异

系数差异[a]	管理人员	技术人员	办事人员	商业人员	服务人员	其他劳动者
年龄	0.0290 (1.79)*	0.0221 (2.25)**	0.0187 (2.24)**	0.0069 (0.60)	0.0309 (3.32)***	0.0208 (1.06)
小学	−0.2339 (−0.18)	−2.9273 (−2.71)***	−0.3238 (−0.73)	0.2040 (0.45)	−0.8149 (−2.65)***	−0.3065 (−0.51)
初中	−0.3710 (−0.94)	−0.5487 (−2.49)**	−0.3221 (−2.26)**	−0.1900 (−1.02)	−0.3046 (−2.04)**	0.0988 (0.30)
中专	−0.5339 (−1.43)	0.7266 (3.41)***	−0.0062 (−0.03)	−0.4503 (−1.66)*	0.0777 (0.34)	0.6549 (1.32)
大专	−0.6266 (−1.92)*	0.3685 (1.66)*	−0.2114 (−1.11)	−0.3020 (−1.03)	−0.0676 (−0.28)	1.3269 (2.28)**
本科	1.1171 (1.01)	1.7971 (1.69)*	1.2744 (1.21)	0.4732 (0.40)	1.0073 (0.88)	1.4637 (0.90)
已婚	−2.4493 (−3.78)***	−0.8384 (−3.02)***	−0.8075 (−3.36)***	−0.5717 (−1.88)*	−0.2048 (−0.80)	0.6153 (1.00)
北京	−0.7241 (−1.91)*	−0.4454 (−1.86)*	0.0423 (0.21)	−0.0345 (−0.11)	−1.2173 (−5.65)***	−2.0455 (−3.62)***
浙江	−0.1431 (−0.44)	−0.4448 (−2.08)**	−0.3694 (−2.12)**	−0.6915 (−2.86)***	−0.6691 (−3.43)***	−0.8007 (−1.89)*

续表

系数差异[a]	管理人员	技术人员	办事人员	商业人员	服务人员	其他劳动者
广东	−0.2471 (−0.74)	−0.1298 (−0.63)	−0.2416 (−1.42)	−0.7657 (−3.23)***	−0.8188 (−4.25)***	−0.1718 (−0.43)
四川	−0.3811 (−1.04)	−0.2820 (−1.26)	−0.2878 (−1.52)	−0.2994 (−1.13)	−0.7436 (−3.48)***	−1.2013 (−2.65)***
陕西	−0.8726 (−2.32)**	0.0648 (0.30)	−0.4846 (−2.73)***	−0.5201 (−1.93)**	−0.5988 (−2.48)**	−1.3762 (−2.05)**
垄断性行业	−0.8097 (−1.77)*	0.2673 (1.41)	0.4522 (3.14)***	0.3926 (1.11)	0.2668 (1.43)	0.8197 (1.29)
事业性行业	1.1840 (2.97)***	1.3577 (5.03)***	0.7666 (2.86)***	−0.7025 (−0.96)	0.5784 (1.89)*	1.1269 (1.53)
机关性行业	1.5995 (3.14)***	1.6933 (3.50)***	1.6725 (3.70)***	0.4280 (0.33)	0.0717 (0.13)	2.8917 (2.38)**
其他行业	0.2445 (0.35)	0.5519 (1.76)*	0.8734 (3.47)***	0.8357 (1.18)	0.0543 (0.16)	0.5660 (1.67)*
集体单位	−0.1514 (−0.32)	0.3760 (1.53)	0.1714 (0.91)	−0.3728 (−1.40)	−0.6844 (−3.19)***	−0.2794 (−0.41)
其他单位	0.5042 (1.45)	0.4034 (2.26)**	0.6767 (4.82)***	0.5188 (2.82)***	0.3152 (2.16)**	−0.1806 (−0.51)
家庭规模	−0.0655 (−0.42)	−0.0935 (−1.02)	−0.0156 (−0.21)	0.0833 (0.82)	0.0475 (0.58)	0.0290 (0.18)
常数	−8.9387 (−15.31)***	−3.8192 −12.11	−3.0107 (−11.29)***	−2.4169 (−5.73)***	−1.5265 (−4.57)***	−5.1530 (−7.58)***
样本观察值	14770	LR chi2 (234) =13510.00 Pseudo=0.270 Loglikelihood=−18248.694				

注：①括号中的数值为Z值。

②***，**，*分别表示在1%、5%、10%水平上显著。

③将男女职工数据混合，在表10—5、表10—6变量的基础上，增加了性别虚拟变量（性别为女的话取值1，否则为0）和性别虚拟变量与这些变量交换项，该系数反映各变量的作用因性别的不同而有差异。

为了计算女性在职业获得上受到多大的歧视，本章分别用男性职业获得估计的系数预测了女性的职业分布以及用女性的职业获得多元选择Logit模型估计的系数预测了男性的职业分布。具体见表 10—8。

表 10—8　　男女职业分布的实际值和预测值　　%

	实际值（1）	预测值（2）	差异（2）－（1）
	男职工职业变化		
白领职业	0.2508	0.2050	－0.0458
蓝领职业	0.7492	0.7950	0.0458
	女职工职业变化		
白领职业	0.2004	0.2323	0.0319
蓝领职业	0.7996	0.7677	－0.0319

表 10—8 的上半部分报告了男性职业的实际值与预测值之间差异，下半部分报告了女性职业的实际值和预测值之间的差异。为了更易于比较，笔者将职业分为两大块：白领职业和蓝领职业（将管理人员和技术人员归为白领，其余为蓝领）。表 10—8 的结果表明，如果女性与男性同等对待，将会有 3.2%额外的女性从事白领职业；如果男性与女性同等对待，那么将会有额外的 4.58%的男性从事蓝领职业（胡鞍钢等，2002）。

（三）性别工资差异分解

应用式（10—1）的分解方法，工资差异分解结果见表 10—9。表 10—9 表明，男女性别工资差异为 0.271。工资差异比西方国家要低，比如 Kidd et al（1993）计算 1989 年加拿大的男女性别工资差异为 0.2945，Miller（1987）计算 1980 年英国的男女性别工资差异为 0.495，这也许是因为我国内地劳动力市场市场化程度还不高（2002 年城调队数据显示，国有和集体经济中就业比重仍占 72.61%）。但比我国香港特区要高，Sung et al（2001）报告的香港特区男女性别工资差异在 1991 年和 1996 年分别为 0.2554 和 0.1664。

计算结果表明，总体工资差异中大约有 80%是由于职业内的工资差异造成的，余下的 20%是由职业间工资差异造成的。职业内的工资差异解释了大部分的总体差异。职业内的工资差异（80%）低于先前一些研究，比如文莱（1995 年的 82%）、中国香港特区（1996 年的 117%和 1991 年的 107%）、加拿大（1989 年的 102%）以及英国（1980 年的 87%）。然而职业间的工资差异（20%）高于文莱（1995 年的 18%）、中国香港特区（1996 年的－17%和 1991 年的－7%）、加拿大（1989 年的－2%）以及英国（1980 年的－13%）。

在职业内工资差异中，与个体生产力特征相关的差异解释了 21%，而另外的 79%是由于不平等对待造成的。职业间的工资差异中 59%是由于个

表 10—9　　城镇居民性别工资差异分解结果

	Brown et al 分解			Blind-Oaxaca 分解	
	小时工资对数	总体百分比	次分类百分比	小时工资对数	总体百分比
总体工资差异	0.271	100.00		0.271	100.00
职业内工资差异	0.218	0.804	100.00		
解释部分（A）	0.046	0.169	0.210		
未解释部分（C）	0.172	0.635	0.790		
职业间工资差异	0.053	0.196	100.00		
解释部分（B）	0.031	0.115	0.589		
未解释部分（D）	0.022	0.081	0.411		
总体解释部分（A+B）	0.077	0.285		0.093	0.345
总体未解释部分（C+D）	0.194	0.715		0.177	0.655

体特征差异造成的，而剩余的41%是由差别对待造成的。总体计算起来，工资收入差异中，0.077（28.5%）可以由个人的特征差异解释，而剩下的0.194（71.5%）属于不可解释部分。未解释部分中88.7%来自于职业内，剩余的11.3%来自于职业间。总体中不可解释的部分与加拿大1989年的75%相当，低于中国香港特区的大约90%和文莱1995年的95%。

为了对比传统的分解方法与Brown. et al分解方法的差异，在表10—9的右半部报告了传统的Blind—Oaxaca分解结果，其中65.5%是不可解释的部分，34.5%属于可解释的部分。

以上分析表明，性别工资差异中大部分是不能由个体特征差异解释的，未解释的大部分可能由歧视造成（Brown et al，1980；Sung et al，2001；Meng et al，2001）。

五、结论及政策含义

本章采用Brown et al（1980）的工资分解方法，将职业分布内生化来分解性别工资差异。重要的结论是性别间的工资差异大部分是由于歧视造成的（未解释部分达到72%），这比用传统的Blinder-Oaxaca分解结果的66%要高。职业内未解释的部分达64%左右，职业间未解释部分占了8%左右。劳动力市场上的歧视造成了资源配置的扭曲，经济效率受到损失，也导致了收入的不平等（Meng et al，2001；Cain，1986；Atonji&Blank，1999）。消除劳动力市场上男女工资的差异可以从以下几方面着手：第一，政府可以借鉴西方发达国家的一些做法，比如采取一些“同工同酬”和“可比价值”

等政策来缩小职业内工资中歧视的部分。值得一提的是我国职业内工资的歧视远小于那些颁布了“同工同酬法”（equal pay legislation）的西方国家，比如加拿大和澳大利亚。那么市场化会不会加剧性别歧视呢？这也是个非常有意义的问题，期望今后的研究能解答该问题。第二，针对职业间的性别歧视，可以采用职业配额制来保障妇女在高工资职业上有一定的参与率，减少男女职业分割程度。第三，此外，性别职业内工资差异中的 21.1%（总差异 16.9%），以及职业间的工资差异的 58.9%（总差异 11.5%）是由于人力资本禀赋差异造成的，这说明要减少性别工资差异，提高妇女教育也是一个非常重要的方面。

第十一章　劳动力市场工作搜寻：以农民工和下岗工人为例[①]

自从20世纪80年代以来，随着农村劳动力向城镇和大中型城市的大规模迁移，社会各界对中国农村劳动力流动的关注程度开始不断提高。同时，对农村劳动力流动的研究也逐渐成为目前中国劳动经济学的核心主题之一。而且，研究的范围不断扩展，研究的层次不断深入，研究的方法也日益精巧。从对劳动力流动的原因、意义以及数量规模的一般性分析和描述阶段开始进入到影响和制约劳动力流动的各种因素，特别是户籍制度（蔡昉等，2001）和其他非正式制度（Wang and Zuo，1999）；决定劳动力流动的个体特征，包括教育水平、年龄、婚姻状况等（蔡昉等，2001；Zhao，1999，2000）；流动劳动力的社会经济特征，包括对流动劳动力主要的地理位置、收入差距和职业隔离现象的分析（杨云彦和陈金永，2000；Kenneth D. Roberts，2001）；农村劳动力歧视问题的研究（蔡昉等，2003）；以及流出劳动力的回流现象（赵耀辉，2003）等各项专题。其研究方法也从早期的总体描述性方法开始进入到利用理论模型对各种关键性变量之间的因果关系从实证的角度进行分析。但是，总的说来，对劳动力流动的条件、原因以及流动的影响方面的研究相对较为详尽，但是，对于流动的过程，即农村劳动力流动的渠道、方式和时间方面的分析较为薄弱。

一、农民工工作搜寻的基本概况：数据统计描述

农村劳动力向城市流动的主要目的是受到经济利益的刺激以寻求更好的工作。从本质上说来，农村劳动力向城市的迁徙过程是一个工作寻访的过程。本章试图在工作寻访理论的框架内对农村劳动力流动的过程，特别是进行工作寻访的渠道、寻访的费用与外出农村劳动力职业匹配效率相关的关系进行回归分析。根据中国目前正处于改革的实际情况，在研究的过程中，加入了工作寻访渠道和户籍制度以分析中国目前劳动力市场的市场化程度以及

---

① 本章主要内容基于易君健．中国农村劳动力的流动与就业——基于工作搜索理论的一个实证研究．新政治经济学，2006（1）。

制度性障碍所发生的作用。

本章所采用的数据来自国家自然科学基金重点项目“中国人力资本投资与劳动力市场管理研究”课题组于2004年1—3月所做的以农民工为对象的抽样调查。农民工涉及家庭住户399户，劳动力713人，其中在外打工劳动力420人，占58.09%；在家务农的劳动力293人，占41.91%。调查内容包括了家庭情况、劳动力的教育、就业、收入、工作寻访费用、工作寻访渠道、工作寻访时间以及迁移意向等方面的情况。

由于本章主要目的是对农村劳动力的各项特征，包括家庭特征和个体特征对外出工作寻访意愿的影响，以及工作寻访的费用和渠道对职业匹配效率的影响进行分析，所以本目主要对两个问题进行回归分析。第一，对影响农村劳动力外出进行工作寻访的各种因素与迁徙意愿或者迁徙成功与否的关系；第二，工作寻访的费用和渠道对职业匹配效率的影响。根据研究的目的，我们在调查中所使用的主要变量以及变量的定义如下：

“求职成功与否”被定义为一个二分虚拟变量，如果在我们调查的时候正处于在城市中的就职状况，或者在调查之前的两个月内曾处于城市中的就职状况都称为求职成功，赋值为1。其他情况都赋值为0。在本章数据中，其数目分别为420人和293人。

“寻访费用”被定义为农民在进城寻找工作过程发生的各种费用，包括车旅费、中介费等各种费用，但是不包括农民在进行工作寻访的时间内发生的机会成本。因为根据刘易斯在对印度农村的观察中得到的结果表明：发展中国家里农民的边际生产率几乎等同于零①。虽然此后著名农业经济学家——1979年诺贝尔经济学奖得主舒尔茨对这一论断提出质疑，但是无可否认的是在这些国家的农闲时期，农民的边际生产率接近于零。而在实际发生的各种寻访费用中，主要的费用是车旅费。在本章的调查中，寻访费用的均值为89元。

“寻访渠道”被定义为一定序多分虚拟变量。在问卷中，我们设计了“你是通过____找到目前的工作岗位?”针对该问题，我们提供了三个选项：(1) 通过家庭或者亲戚关系的介绍；(2) 通过本地的职业培训机构或者职业中介机构的推荐；(3) 通过目的地职业介绍部门或者其他渠道。其实，在对问题的设计过程中，我们主要是根据寻访渠道的市场化程度进行定序的。如果选择 (1)，我们就赋值1，表示寻访渠道的市场化程度最低；如果选择 (3)，我们就赋值3，表示市场化程度最高；选择 (2)，我们赋值为2。在本章所调查的420位外出务工的劳动者当中，选择 (1) 的有312人，所占比

① 本文所使用的计量软件均为Stata 7.0。

例为74.29%；选择（2）的有78人，占18.57%；其余的选择（3）。

表11—1描述了外出务工劳动力与在家务农劳动力之间的特征比较。从该表中可以清楚地看出，与在家务农劳动力相比，外出务工的劳动力一般男性所占的比例较大，而且年龄明显低于在家务农的劳动力。从中可以看出在家务农和外出务工的代际差异非常明显，其中的原因一部分是由于心理和生活习惯的不适应，另一部分是年轻人进行迁徙具有更长时间的收益期限。另外，不管从正规的教育还是从技术培训的角度来说，外出务工的劳动力一般具有较高的人力资本积累。农村劳动力向城市迁徙的目的是为了寻访更好的工作岗位，更高的劳动报酬，这一点我们也可以从表11—1中清楚地看出来，外出务工劳动力的年收入远远高于在家务农的劳动力，几乎达2.5倍之多。虽然部分的原因是由于人力资本差距导致劳动生产率的不同，但是毫无疑问的是，农村和城市不同的就业环境是其中的主要原因，同时这也是吸引数以亿计的农民向城市进行迁徙的动力所在。

表11—1　　外出务工劳动力与在家务农劳动力特征比较

	外出务工劳动力		在家务农劳动力	
	均值	标准差	均值	标准差
个人特征				
性别（男性＝1，女性＝0）	0.76	0.53	0.24	0.32
年龄（岁）	27.51	9.45	40.35	18.23
受教育年限（年）	8.24	2.43	5.01	8.54
婚姻状况（已婚＝1，未婚＝0）	0.24	0.23	0.77	0.56
是否学过手艺（是＝1，否＝0）	0.42	0.17	0.19	0.11
是否接受过培训（是＝1，否＝0）	0.26	0.15	0.08	0.06
参加非农工作的年数	4.32	2.21	1.87	0.98
个人年收入（元）	8 113.23	532.22	3 421.65	641.65
家庭特征				
家庭劳动力人数	3.89	2.18	3.21	4.32
家庭耕地面积（亩）	4.76	3.54	5.04	3.78
家庭其他人的收入总和（元）	16 432.02	5 743.33	10 123.84	6 431.45
样本规模（人）	420.00	293.00		

资料来源：浙江大学经济学院“中国人力资本投资与劳动力市场管理研究”课题组于2004年1—3月以农民工为对象所做的抽样调查。

以上数据分析的结果与基本的劳动经济学原理相符，本次调查中的不同之处是对迁徙者家庭中其他人的年收入进行了统计分析，其结果却与基本的理论假设相背。一般说来，具有最强烈迁徙动力的应该是最穷的群体，但是我们的结论却是迁徙者的家庭具有更高的年收入。除了统计样本上的误差之外，可能的解释是人际网络和社会资本的作用。一般说来，在外务工的劳动力可以起到示范和激励的作用，帮助家庭中其他的劳动力也进行迁徙或者鼓励家庭中其他劳动力更加努力地工作。

二、农民工工作搜寻的实证研究方法

根据因变量的性质，本目对所研究的两个问题分别采用二分变量对数回归模型（Binary Logistic Regression Model）和普通线性回归模型。在对工作寻访的个人和家庭特征对迁徙成功与否的相关分析中，由于因变量是0—1变量，为了保证回归的结果能落到0—1区域之内，我们采用了Logistic模型。其回归的模型设定如下：

$$L_i = \ln\left(\frac{P_i}{1-P_i}\right) = \beta_1 + \beta_2 X_i + u_i \qquad (11—1)$$

式（11—1）中，P_i 表示能够找到工作的概率，β_1 为截距项，β_2 为回归系数向量，表示自变量取值每增加一个单位所引起因变量对数比率的变化量，只需要将回归系数向量转化为指数形式，就可以测定比例的变化大小。另外，X_i 表示自变量向量，u_i 为残余项。

自变量向量中主要包括两个大类：劳动力个人特征变量和家庭特征变量。劳动力个人和家庭特征变量见表11—1。

根据定义，职业匹配的效率是指具有不同技能要求的岗位与具有不同人力资本结构的劳动者之间的适合程度。但是，在实际的计量分析过程中，很难找到一个完全等同的变量来描述这种定性的效率概念，所以在分析过程中我们采用了“工资收入”这一变量来替代“匹配效率”。其理论依据为：根据伯德特（Burdett，1978）的研究表明，在不涉及学习曲线的情况下，职业匹配效率与工作年龄以及工资率之间存在着明显的正相关关系。因此，在本目的研究过程中，我们将工资率较高的职位与劳动者之间的匹配视为效率较高的匹配。

在分析农村劳动力进行迁徙过程中工作寻访的费用、渠道以及户籍对匹配效率影响的分析过程中，基于因变量是普通的数量变量，所以采用普通的线性回归模型（OLS）。其回归的模型设定如下：

$$Y_i = \beta_1 + \beta_2 X_i + u_i \qquad (11—2)$$

式（11—2）中 Y_i 表示职位匹配的效率，本目中采用外出务工劳动力的年收入替代，β_1 为截距项，β_2 为回归系数向量，表示自变量每增加一个单位引起因变量数量的变化情况，另外，X_i 表示自变量向量，u_i 为残余项。

其中自变量向量中除了包括式（11—1）中所有的特征变量之外，在个人特征变量中再加入一个虚拟 0—1 变量，如果被调查的迁徙者已经取得了城市户籍，我们赋值为 1，其余均赋值为 0。另外再加上工作寻访行为特征变量：寻访费用、寻访成本以及在过去的一年中是否转换过工作这一虚拟变量。如果曾经转换过工作，赋值为 1，否则为 0。

三、农村劳动力外出工作寻访及匹配效率的实证研究结果

在对个人和家庭特征变量与迁徙成功与否的相关分析中，因为采用的是 Logistic 模型，所以我们主要的检验指标是 Hosmer-Lemeshow Test 中的拟合优度指标 K 方，其次是模型的 Chi 方检验值。当然，我们希望理想的结果是 K 值越不显著越好，而 Chi 方检验值越显著越好。通过 Logistic 回归，得到的结果见表 11—2①。

表 11—2　　农村劳动力外出工作寻访：Logistic 模型估计

因变量为农村劳动力是否外出寻访工作					
解释变量	β 值	标准误	Wald 值	β 均值	
性别	2.214	0.256	6.231	9.152	
年龄	−3.231	0.549	73.217	0.039	
受教育年限	0.352	6.259	28.437	1.422	
婚姻状况	−0.215	0.216	23.167	0.807	
是否学过手艺	0.712	0.405	9.457	2.038	
是否接受过培训	0.154	0.312	2.678	1.166	
家庭劳动力人数	0.214	1.548	79.357	1.239	
家庭耕地面积	−0.201	1.153	35.231	0.818	
家庭其他成员收入总和	2.196	542.279	89.365	8.485	
Constant	2.354	21.332	5.276	10.528	
HLT 拟合优度 K 方	6.742	模型 chi 方	7.214	R^2 值	0.412
显著性水平	0.215		0.011		

回归后的统计指标为：

Hosmer-Lemeshow Test 中的拟合优度指标 K 方值为 6.742，显著性水平为 0.215，因而在统计上是不显著的，说明模型的拟合较好；本模型中的 Nagelkerke 式中的 R^2 为 0.412，说明所选择的自变量对于因变量有着一定的解释能力；另外，模型的 Chi 方检验值为 7.214，显著性水平是 0.011，

① 引自中国劳动统计年鉴 2001［G］. 北京：中国统计出版社，2002。

在统计上是显著的。因此，从以上的三个指标数值来看，该模型的统计特性良好，具有一定的解释能力。

从回归的结果中可以得出：第一，性别与外出务工的可能性存在显著的正相关性，而年龄和婚姻状况与外出务工的概率则存在显著的负相关性，从中可以看出年轻的男性未婚农民外出务工概率最大；第二，人力资本的积累与外出务工存在着明显的正相关性，但是从表 11—2 中可以看出，与技能水平和接受培训的次数相比较，受教育年限对外出务工的影响就不那么显著；第三，在家庭特征变量中，家庭中劳动力的数量与家庭其他成员收入对农民外出务工有着正面的影响，但是家庭的耕地面积却有着负面的影响，其中的原因部分是耕地面积越多则需要更多的劳动力留在家庭中从事农业耕种，另外可能的原因是耕地面积越少则外出务工的压力更大，所以促使了农村劳动力进城务工。

在分析寻访费用、寻访渠道、户籍以及是否转换工作对职位匹配效率的过程中，根据因变量的性质，采用普通的 OLS 进行回归。所以，以主要的检验指标为标准误差（standard error）来测定回归系数的精确度；t 值及其显著性水平来确定其置信区间；R^2 以及经过调整的 R^2 来判定模型的拟合优度。表 11—3 描述了 OLS 回归的结果。

表 11—3　　农民进城务工职位匹配效率分析：OLS 模型估计

解释变量	系数	标准差	t 值	显著性水平
寻访费用	20.342	78.976	0.258	0.000
寻访渠道	−31.325	87.321	−0.359	0.000
是否具有城市户口	112.071	69.352	9.311	0.010
是否转换过职位	34.651	5.245	6.606	0.060
性别	4.346	1.231	3.531	0.000
年龄	32.252	7.352	4.387	0.015
受教育年限	31.007	65.342	3.229	0.006
婚姻状况	9.432	4.241	2.224	0.000
是否学过手艺	121.321	46.322	2.619	0.000
是否接受过培训	99.086	19.536	5.072	0.005
截距项	486.211	176.342	2.757	0.000
R^2	0.418			
经过调整的 R^2	0.409			

从回归后的拟合优度检验指标 R^2 值中可以看出，该模型的拟合优度较好，具有较好的解释能力。另外，从表 11—3 中，主要可以得出：第一，寻访费用与职位匹配效率具有明显的正面影响，因为寻访费用越高，寻访的时

间越长，找到报酬较好并且与之匹配效率较高的岗位的可能性越大，这一点与经典的寻访理论相符；第二，寻访渠道的市场化程度越高，寻访到工作岗位的报酬越低，这也说明了农民进城务工主要还是依靠家庭亲戚以及其他的社会关系进行工作寻访，而社会正式的职业介绍机构对农民工的进城务工所起作用甚微；第三，与经典的工作寻访相符的另外一点是，曾经转换过岗位的农民工具有更高的劳动报酬，其中的原因部分是转换过岗位的农民工一般对城镇的劳动力市场更为了解，所以能够找到更为合适的岗位，其余的原因可能是转换过岗位的农民工经过一段时间的外出务工之后，积累了更多的工作经验和人力资本；第四，户籍仍然是农民工进行更好的工作匹配，获取更好报酬的工作岗位过程中不可逾越的障碍。其中的原因还是与城市户口相联系的一系列显性和隐性的社会福利保障等制度性保护政策。

四、下岗工人再就业工程中的工作寻访

与农民工进城就业问题不同的是，目前国内下岗工人的再就业问题是与中国经济转轨紧密相随的、带有深深的制度烙印的经济现象。这种现象既不是因为需求不足所造成的凯恩斯失业，亦非古典学派范畴内纯粹的摩擦性失业或者结构性失业，而是在目前的条件下，新的市场经济体制尚未完全确立，传统计划经济体制还在某些领域或环节中的滞后所导致的后果。从某种程度上说，国有企业下岗职工的问题是一笔历史遗留的债务。

但是，这一笔债务已经成为了一片挥之不去的阴影，严重影响了改革的进一步深化，并且已经慢慢演变成了一种政治问题。目前，全国国有企业下岗人数不是几百万，而是上千万，有的光一个省就好几百万。虽然自 1998 年以来，全国各地按照中央的要求建立了再就业服务中心，对下岗职工的失业问题起到了一定的缓解作用，但是从长期来看，这也是一种治标不治本的方法。随着大批下岗工人出中心，他们又重新面临着失业的问题。因此，下岗所带来的失业问题给国家的宏观经济运行造成了严重的影响，表 11—4 利用奥肯模型估算了下岗失业问题造成的经济损失：

表 11—4　　下岗失业问题造成的经济损失估算　　%

	GDP 增长率	实际失业率	经济损失占 GDP 的比重
1997	8.60	7.30～7.50	5.20～5.60
1998	7.80	7.50～7.90	5.60～5.70
1999	7.10	7.60～8.20	5.90～7.20
2000	8.00	8.30	7.40

资料来源：中国统计年鉴 2000 [G]. 北京：中国统计出版社，2001。

从表11—4中可以看出，下岗职工问题造成的经济损失越来越大。但是，更加严重的是下岗职工的再就业能力越来越低，已经成为“上不着天(无法进入高收入的专业人才市场)，下不着地（无法与农民工竞争)”的日益被排斥和被边缘化的特殊人群。根据劳动和社会保障部的数据：下岗职工的再就业率从1998年的50%，下降到2001年第一季度的19%。[①] 表11—5描述了我国国有企业下岗职工的个人以及家庭特征。

表11—5　　　我国国有企业下岗职工的特征

	内　容
年龄	平均年龄39岁，45岁以上占23.2%，35～45岁占49.3%
工龄	平均工龄20年，其中工龄在30年以上的占12.9%
文化程度	初中以下占39%，高中占46.7%，大专及以上占14.4%。平均受教育年限11.27年
技能	初级技工占40.7%，中级技工占49.7%
下岗时间	3年以上的占43.1%，1～3年占49.9%，下岗一年以下的占7.1%，长期下岗比例占92.9%
家庭负担	三口之内占74.4%，四口以上占17.9%；家中有孩子正在上学的占76.6%；夫妇双方都下岗或者失业的占33.3%
家庭收入	家庭人均月收入300元以下的占62.2%，300～500元的占25.1%，500元以上的占12.7%

资料来源：劳动保障部规划财务司2001年6月10日对10个城市下岗职工调查。

自从1993年中共十四大作出了《中共中央关于建立社会主义市场经济体制若干问题的决定》之后，随着国有企业下岗问题所带来的一系列不良后果，国有企业职工的下岗问题就成为中国目前宏观经济研究过程中的核心问题之一。其中袁志刚（1994，1998）开始对中国下岗职工的失业问题进行分析，并于1995年提出建立下岗职工再就业中心的建议，并于1998年在全国推行这一计划。胡鞍钢（1999，2001）通过对下岗职工再就业问题的研究，认为应该从更长、更加公平的环境下来看待下岗职工再就业的问题，从被动的下岗工人的保障转向主动的就业创造政策。李培林和张翼（2003）在2002年8—9月对辽宁省4个资源枯竭型城市约1 000个下岗职工抽样调查的基础上研究得出：下岗职工的人力资本状况对其再就业所起作用甚微。但

① 如Card（1992a、b）、Katz and Krueger（1992）、Card，Katz and Krueger（1994）、Card and Krueger（1995）、Card and Krueger（2000）、Abowd et al.　（2000）、Machin and Manning（1994）、Dickens et al.（1999）等的研究。

是，目前大量的文献都是集中于宏观层面对下岗职工的失业问题进行数量、原因或者结果的描述性分析，对失业工人进行再就业的过程、渠道和行为的分析相对来说比较贫乏。

五、下岗工人再就业工程中工作寻访的实证分析

（一）数据及变量定义

鉴于以上的分析，对下岗工人再就业过程中进行工作寻访的方式、渠道以及其个人和家庭的特征对再就业成功与否进行回归分析，从微观层面上来研究下岗工人再就业的市场机理是本目的目的。因为下岗职工失业问题是在中国经济转型过程中特殊的经济现象，即使是“下岗”这一名词也是中国所独有的，所以，在利用工作寻访理论进行回归分析之前，对各种变量之间的因果关系很难预先做出严格的假设。尽管如此，本目还是建立在主要变量的定义基础之上，对可能的因果联系进行了尽可能的实证分析。

“是否重新就业”被定义为一个 0—1 虚拟二分变量，根据我们的研究，被调查的对象如果在下岗之后已经或者曾经在原单位以外的其他工作岗位就职，就赋值为 1，其他情况均赋值为 0。

“下岗时间”是指从正式下岗的日子开始算起到重新就职的这一段时间范围，如果在被调查的时候仍然处于待岗状态，就算到被调查的时候。本目使用的“下岗时间”这一概念与经典工作寻访理论中的“工作寻访时间”存在着一定的差异。因为在新古典的劳动经济学中，失业被定义为目前处于非就职状况，但是具有工作意愿并且做出了工作寻访的努力。而中国的下岗职工由于其特殊的历史原因，他们在一定程度上并不具有工作寻访的意愿，特别是通过市场进行工作寻访的意愿，而寄希望于政府的支持。所以，与经典的工作寻访理论不同的是，“下岗时间”与“寻访成功与否”之间可能并不存在着正相关关系。其原因有两个：下岗职工在某种程度上属于自愿失业的范畴；失业回滞，经过长时间的下岗之后，他们已经丧失了工作寻访的信心，退出了劳动力队伍。

根据中国统计年鉴的口径，“寻访渠道”被分为以下几个类别：（1）委托亲友寻找工作；（2）通过政府的再就业中心或者劳动部门举行的各种培训中心；（3）应答或刊登广告；（4）自己经营。我们将“寻访渠道”这一变量定义为一个多分定序变量，其中如果问卷回答主要通过（1）方式寻找的工作，就赋值为 1，依次类推。其实，我们采用此种定序的原因是根据“寻访渠道”的市场化程度，其中第一种渠道的市场化程度最低，第四种方式的市场化程度最高。但是，我们却很难假定前面系数的大小，或者是渠道之间的区别与寻访成功与否之间的因果关系。因为根据劳动和社会保障部 2004 年

的数据表明：失业人员主要采取的工作寻访方式是委托亲友，但是随着政府再就业工程的推广和对下岗工人自营鼓励政策的出台，自营和政府的再就业中心成为下岗工人工作寻访的主要渠道之一。

除了以上两个主要的自变量之外，本章需要分析的第三个重要的自变量是下岗工人的人力资本状况，包括了受教育的年限，技能水平和接受过培训的次数。其中受教育年限是一个连续变量，技能水平为一个定序多分变量，分为高、中、低三个层次，分别赋值为 3、2、1。接受过培训的次数为一个连续变量。虽然根据经典的工作寻访理论和人力资本理论，人力资本与劳动者能否寻访到工作之间存在明显的正相关关系。但是，由于制度因素的阻碍和心理成本的因素，这种明显的正相关关系在我们的分析过程中可能并不那么显而易见。另外一种可能的解释是，通过计划经济培养的人力资本具有强烈的特殊性，根据姚先国和陈凌（1999）的研究表明：特殊人力资本与劳动力的流动存在负相关关系。因此，对这些变量前面的系数符号无法事先进行假定。

本章研究中的自变量还包括除人力资本之外的其他个人特征变量和家庭特征变量。个人特征变量包括年龄、性别和婚姻情况。家庭特征变量包括家庭中的人口总数和家庭的人均月收入水平。在这些变量中，重点的分析对象是家庭的人均月收入水平，因为根据新古典的劳动力供给理论，应该是越穷的家庭越具有强烈的工作寻访意愿，但是其寻访的前提是具有进行工作寻访的基本费用或拥有关于劳动力市场的一定信息。如果家庭人均月收入水平变量之间的系数表明水平越高越具有工作寻访的意愿，就说明中国目前可能有一定数量的贫穷下岗工人不具备基本的工作寻访条件。对于这一部分下岗工人，政府工作不是急于采取生活保障措施，而是帮助其进行工作寻访。

本章所采用的数据来源于国家统计局城市社会经济调查总队 2001 年在全国城镇住户中所做的抽样调查，从中提取出具有下岗失业特征的样本进行分析。抽取样本总计包括下岗职工 15 795 人，其中已经找到工作的 4 649 人，所占比例为 29.43%；还处于下岗待业状态的 11 146 人，占 70.57%。曾经进入再就业中心的人数是 12 429 人，比例为 78.69%，表示政府在解决下岗职工的问题上还是做出了很大的努力，超过 3/4 的下岗职工都曾得到过政府的帮助。但是，显而易见的是政府所做的努力收效不是很大，从再就业中心出来之后，相当部分下岗工人仍然处于失业状态。

（二）分析结果

在对下岗工人的人力资本状况、家庭收入状况、下岗时间以及工作寻访的渠道对其能否重新就业的回归分析中，因为因变量的性质，我们还是采用 Logistic 模型，其中主要的检验指标仍然是 Hosmer-Lemeshow Test 中的拟合优度指标 K 方、模型的 Chi 方检验值以及模型中 Nagelkerke 式中的 R^2 值。表 11—6 描述了通过 Logistic 模型回归后的结果。

表 11—6　下岗工人再就业过程中的工作寻访：Logistic 模型估计

解释变量	β值	标准误	Wald 值	β均值	
年龄	−1.357	18.235	29.234	0.257	
性别	1.785	0.386	18.246	5.960	
婚姻状况	−1.249	0.572	10.243	0.287	
下岗时间（月）	−2.014	10.246	97.231	0.133	
寻访渠道	0.626	2.542	3.246	1.870	
受教育年限	0.415	5.398	7.357	1.514	
技能水平	0.197	2.148	8.246	1.218	
接受过培训的次数	0.178	2.891	31.002	1.195	
家庭人均月收入水平	1.538	197.150	80.642	4.655	
Constant	−0.895	21.332	36.871	0.409	
HLT 拟合优度 K 方	10.768	模型 chi 方	9.621	R^2 值	0.412
显著性水平	0.09		0.006		

检验统计指标：Hosmer-Lemeshow Test 中的拟合优度指标 K 方值为 10.768，显著性水平为 0.09，因而是统计上不显著的，说明模型有较好的拟合优度；模型中 Nagelkerke 式中的 R^2 值为 0.412，说明模型中所选择的自变量向量 X_i 能解释 41.2%，具有较好的解释能力；模型的 Chi 方检验值为 9.621，显著性水平为 0.006，因而在统计上是显著的。以上的三项指标说明该模型统计性能优良，具有一定的解释能力。

从表 11—6 中可以清楚地看出：(1) 在个人特征变量中，年轻的未婚男性下岗工人重新就业的机会更大，其中男性特征前面的回归系数为正，说明女性下岗工人重新就业的概率更低；(2) 与我们的假定相同的是，寻访的渠道没有非常明显的差异，而且在统计上也是不显著的，说明政府所推行的再就业工程所起的作用并不是非常明显，虽然大多数的下岗工人都曾进入再就业中心；(3) 个人的人力资本状况对再次就业具有一定的正面作用，其中受教育年限所起的作用似乎更为明显，这与培训的专用性之间应该存在着一定联系；(4) 与经典的工作寻访理论结论不同的是，家庭经济状况与下岗工人的再就业存在着明显的正相关关系，这说明相当部分下岗工人不能再就业的原因在于其缺乏基本的工作寻访条件。

六、结论及启示

从短期看，国内消费需求是拉动国民经济快速发展的基础，而农民收入增长缓慢是国内消费需求增长乏力的症结所在。从长期看，农民从农村中第一产业向城市中的第二、第三产业转移是否顺利是关系到我国的城市化和工业化能否实现的关键所在。而解决这两个问题的前提是农民能够在城市中寻访到合适的工作岗位。本章运用 2004 年第一季度对进城务工农民的问卷调查，通过对农民工的户籍、工作寻访费用、渠道、工作转换情况以及个人和家庭的特征变量的分析，探讨了影响农民进城务工以及工作匹配效率的各种因素。本章也运用国家统计局城市社会经济调查总队 2001 年对中国城市住户调查中的部分相关数据，对下岗工人的人力资本状况、家庭经济状况、下岗时间和工作寻访渠道对再就业能否成功进行了相关分析。

我们发现农民工和下岗工人都主要依赖于家庭或亲友进行工作寻访，而且这种最为原始和自然的血缘关系对工作寻访成功的概率以及匹配的效率都存在着非常显著的正面效果。这说明劳动者作为微观经济行为主体在工作寻访过程中所做出来的趋利避害的最优选择渠道仍是社会资本网络，而非市场机制。这种工作寻访渠道社会资本网络化与政府的户籍制度相互强化，极大地压缩了劳动者所面临的就业选择集，最终导致就业市场制度性分割的出现。虽然选择社会资本网络进行工作寻访在较小的范围和较短时期内达成较高的匹配效率，但是就整个劳动力市场而言，这是一种具有强大负外部效应的选择方式，因为这一原始的工作寻访渠道极大地限制了劳动力市场的张力和分工，限制了市场在更大的范围内优化人力资源的配置。因此，采用合适的产业政策鼓励和推动以市场为导向的劳动力中介机构、人才服务中心是建立以市场为导向的就业机制的必由之路，特别是在全国范围内建立劳动力市场供求信息机构是劳动力市场的基础。

第十二章　中国的最低工资对就业的影响：2000—2004[①]

一、最低工资制度

最低工资制度是用来提高穷人的收入，维护工人最基本的权益，改善社会收入分配的重要政策工具。自从新西兰于 1894 年颁布《劳资协调与仲裁法》以来，这一制度在世界上已经经历了一百多年。新西兰颁布《劳资协调与仲裁法》的初衷是为了制止和解决劳资争端，法庭以此为依据有权决定最低工资。新西兰的这一做法迅速被澳大利亚采用，维多利亚州在 1896 年颁布了建立工资委员会制度的法规，以此来消灭“血汗工厂”，维护劳工的最基本权利。随后，英国、法国、美国等资本主义国家也结合本国实际，建立了各自的最低工资制度。目前所有的发达国家和绝大部分发展中国家都建立了自己的最低工资制度。

最低工资制度自从诞生以后就引起了世界各国经济学家、社会学家以及政治家们的广泛关注，在国外有关最低工资的文献可以说是浩如烟海。经济学家们对于这一制度的研究主要集中其经济影响上，即这一制度对社会产生了怎样的经济后果。这些经济后果包括对就业和工作时间的影响、对收入分配的影响、对青少年教育的影响、对在职培训等额外福利的影响以及对产品价格的影响等，其中又以对就业的影响最为关注。到 20 世纪 90 年代初期，人们就这一制度对就业影响的时间序列研究得出了较为一致的结论，即最低工资水平提高 10%，青少年的就业减少 1%～3%（Brown et al.，1982；Brown，1999)。美国在 90 年代以前人们争论的焦点主要集中在最低工资对就业的负面影响是大还是小的问题上，但是随着 90 年代初期几项重要的研究（如 Katz and Krueger，1992；Card，Katz and Krueger，1994；Card and Krueger，1995；Neumark and Wascher，1994 等）使用企业的微观数据，采用最低工资变化前后对比的方法得出了与传统的新古典理论相反的结

① 本章主要内容基于王光新．中国最低工资制度的作用机理与经济效应研究．浙江大学经济学院，2008。

论，人们的视线开始转向最低工资对就业到底有没有负面影响的问题。

我国是属于最低工资制度制定得比较晚的国家。1993 年 11 月当时的国家劳动部颁布了《企业最低工资规定》，宣布自该规定公布之日起，国家开始正式实施最低工资制度。1994 年 7 月颁布的《劳动法》进一步明确了最低工资标准的法律地位："国家实行最低工资保障制度。最低工资的具体标准由省、自治区、直辖市人民政府规定，报国务院备案。用人单位支付劳动者的工资不得低于当地最低工资标准"。

从 1993 年到现在我国实施最低工资制度已有十多年的历史，但是目前国内对要不要实行这一制度的争论颇多。反对这一制度的人们提出的理由基本上都是遵从新古典理论的观点，认为这一制度会造成一定程度的失业，进一步恶化我国的就业形势，丧失我国的劳动力成本优势，影响企业的竞争力，但持这种观点的人们并没有提出自己的经验证据证明我国的最低工资制度是否真的减少了就业。张五常（2004）先生历来反对最低工资制度，他认为工人在有了最低工资的保护之后就没有工资更低的竞争者参与，容易组织起来，导致工人的罢工、争权、大打出手的行为；最低工资本来是要维护低收入的贫困工人，但到头来他们却找不到工作。王一江（2004）认为政府对劳动力市场的干预应该尊重市场规律，政府运用行政和法律手段干预劳动力市场的重点应该在于雇主的短期行为和合同的履行，保障劳动者的安全和健康等；最低工资法和其他各种劳动力市场立法保护的都是主流的劳动力市场，主流劳动力市场在过强的保护下产生的过剩劳动力中的一部分会被推向非主流的劳动力市场，使非主流市场上的劳动力供给增加，导致这个市场上本来就偏低的均衡工资进一步下降，对劳动者的福利造成不利影响。薛兆丰（2001）认为在市场经济里，"供求"先决定最终产品的"价格"，而最终产品的"价格"再决定原材料的"成本"，市场的"供需"是劳动力价格的唯一决定因素，法定最低工资的恶果就是低薪工人失业，低薪求职者再也找不到工作。孔善广（2006）也持有类似的观点，他认为政府无法知道劳动力的均衡价格，目前市场上大量过剩的是低技能的劳动力，最低工资标准只能迫使雇主雇佣高技能的劳动力，这对那些过剩的低技能劳动力更加有害。

赞成这一制度的人们认为在我国实行最低工资制度有利于保护劳动者的权益，有利于缩小贫富差距，有利于产业结构的转换与升级，同时并不会造成失业。如萧剑（2006）认为，工资水平如果与经济发展和公民生存发展成本不相匹配，工资只能维持生计，人力资本增值和产业结构升级等都将成为无源之水、无本之木，最终使整个社会陷入低收入、低素质、低生产率和贫富两极严重分化、国富民贫的"越发展越穷"陷阱。深圳当代社会观察研究所所长刘开明（2006）指出虽然我国 GDP 增长很快，但是工资并没有跟上

GDP 增长的步伐，其中很多收益被企业主所获取，老百姓并没有切实分享到经济增长的好处，国家应出台一个最低工资的强制性措施，使各地的最低工资标准至少应达到一个底线。崔宇（2006）认为最低工资的失业效应只有在“无限制的劳动力市场”上才能成立，而中国的户籍制度以及由此衍生的在社保、医疗和教育方面的歧视性待遇，以及由于中国工会的制度性缺陷使得中国的“均衡工资”必定低于完全市场下的“均衡工资”，而强制性提高最低工资标准反而会“倒逼”劳动力市场更接近均衡状态。

那么我们到底应该怎样看待这些争论？最低工资制度真的会像那些反对它的人们说的那样必定降低社会的就业吗？这一制度的作用机制到底是怎样的？它会对哪些利益团体产生什么样的影响？我国的最低工资制度对我国的就业和收入分配又产生了什么样的效应？到目前为止，国内学者们并没有提出经验研究的证据表明我国的最低工资制度对就业造成了什么样的影响。本章试图对我国的最低工资制度对就业的定量影响做一个尝试性的研究，以为研究者们和政策制定者们提供一个参考。

二、中国的最低工资立法实践

我国现行的最低工资制度起源于 1993 年劳动部颁布的《企业最低工资规定》，但是早在民主革命时期，中国共产党在 1922 年 8 月拟定的《劳动法案大纲》中就提出应制定保障劳动者最低工资的保障法。在第二次国内革命战争时期和抗日战争时期，中国共产党领导下的中央苏维埃政府制定的《中华苏维埃共和国劳动法》明确规定要保证劳动者最低限度的工资。1948 年第六次劳动大会明确规定最低工资要保证包括职工本人在内的两口人的生活需要。1949 年 9 月全国政协通过的《共同纲领》也明确规定人民政府应按照各地企业情况规定最低工资。1984 年 5 月 30 日，国务院宣布承认旧中国 1930 年批准加入的国际劳工组织 26 号公约。但由于种种原因，以上各次规定一直未能以法律形式贯彻落实。[①]

随着改革开放的不断深入，我国经济得到了迅速的发展，国内生产总值增长率居于世界前列，人民的生活也得到了一定的改善，外资企业、民营企业大量涌现。在经济高速增长的同时，我国的通货膨胀率也居高不下，1988 年和 1989 年居民消费价格指数分别达到了 120.7 和 116.3，1993 年和 1994 年的居民消费价格指数更是分别高达 116.1 和 125[②]，居民收入的增长严重滞后于物价的上涨。与此同时我国的劳动力市场制度不够健全，劳动力供求

① 中国统计年鉴（1989 年、1990 年、1994 年、1995 年）。

② 在这之前，珠海市率先于 1989 年实行了当地的最低工资制度。

又严重失衡，与资本相比劳动者明显处于弱势，包括工资在内的劳动者的基本权益经常受到侵犯。正是在这样的宏观环境下，国家于 1993 年 11 月颁布《企业最低工资规定》，还制定了《关于实施最低工资保障制度的通知》《工资支付规定》等配套法规。1994 年 7 月颁布的《劳动法》进一步明确了最低工资标准的法律地位。《劳动法》第 48 条规定："国家实行最低工资保障制度。最低工资的具体标准由省、自治区、直辖市人民政府规定，报国务院备案。用人单位支付劳动者的工资不得低于当地最低工资标准。"第 49 条规定："确定和调整最低工资标准应当综合参考下列因素：（1）劳动者本人及平均赡养人口的最低生活费用；（2）社会平均工资水平；（3）劳动生产率；（4）就业状况；（5）地区之间经济发展水平的差异。"同时对最低工资的构成内容做出了规定，并明确指出不能作为最低工资组成的部分有以下三项：（1）加班加点工资；（2）中班、夜班、高温、低温、井下、有毒、有害等特殊工作环境、工作条件下的津贴；（3）国家法律、法规和政策规定的劳动者保险、福利待遇等。此后中国内地 31 个省、市、自治区在"九五"期间陆续建立起最低工资保障制度。

我国的最低工资制度在其颁布之初并没有引起太多的关注，但是近几年来我国的收入差距日益扩大，各种社会矛盾纷纷涌现，SA8000 在世界范围内的推行以及国内建设和谐社会的全面展开，使得最低工资问题引起了国内各界人士的广泛关注。为了适应社会主义市场经济发展的需要，保障劳动者个人及其家庭成员的基本生活，促进劳动者素质的提高和企业公平竞争，中华人民共和国劳动和社会保障部于 2004 年 1 月 20 日颁布了《最低工资规定》，对原来的《企业最低工资规定》进行修正和补充。新的《最低工资规定》对于我国实施最低工资制度的目的、范围、最低工资的含义、所应包括的内容、形式、调整的频度和依据以及对最低工资规定的执行、检查和处罚等都做出了较为明确的规定。

与 1993 年的《企业最低工资规定》相比，2004 年的《最低工资规定》有以下几个方面的变化：

一是适用范围的扩大。原规定只包括境内的所有企业，即境内的国有企业、集体企业、外商投资企业和私营企业；而新规定将民办非企业单位、有雇工的个体工商户、国家机关、事业单位、社会团体以及与之建立劳动合同关系的劳动者统统都纳入其保护范围之内。

二是对最低工资的内容及标准的调整进行了修改。原规定指出在确定最低工资率时应参考政府统计部门提供的当地就业者及其赡养人口的最低生活费用、职工的平均工资、劳动生产率、城镇就业状况和经济发展水平等因素，高于当地的社会救济金和待业保险金标准，低于平均工资，每年最多调整一次；而新规定则还需要考虑城镇居民消费价格指数及职工个人缴纳的社会保险费和住房公积金，标准至少每两年调整一次。

三是新规定除了将职工在享受探亲假和婚丧假期间视为提供正常劳动以外，还规定劳动者依法享有带薪年假、生育（产）假、节育手术假等国家规定的假期，在此期间视为提供了正常劳动。

四是在月最低工资标准的基础上还制定了小时最低工资标准，月最低工资标准适用于全日制工人，小时最低工资标准适用于非全日制工人。

五是对于处罚力度有所加大。原规定对于企业支付的工资低于法定最低标准的给予差额的20%～100%的处罚，而新规定则按所欠工资的1～5倍进行处罚。

值得引起我们注意的是，原规定列出了国际上通用的八种最低工资的测算方法：恩格尔系数法、比重法、累加法、超必需品剔除法、平均数法、生活状况分析法、分类综合计算法、经济计量分析法，但没有对每种方法都进行全面的介绍。新规定只列出了比重法和恩格尔系数法，对于国际上通用的平均工资法未曾提及。目前我国各省市在制定各自的最低工资标准时都没有使用平均工资法，绝大部分省市的最低工资标准都低于国际上通用的社会平均工资的40%～60%的水平。

到目前为止，全国31个省市自治区都制定了各自的最低工资标准。最低工资制度的实施对于保障劳动者的合法权益发挥了积极的作用，有利于防止和减少雇主克扣工人工资，有利于贯彻效率优先、兼顾公平的原则，维护了社会的稳定。最低工资制度为劳动者的劳动报酬提供了一个法律依据，有利于正确确定企业内部的劳资关系，理顺其内部的分配关系。最低工资标准的确定和调整，有利于政府发挥宏观调控的职能作用，也有利于构建和谐社会。

三、最低工资的理论基础

根据新古典主义的观点，如果劳动力市场处于完全竞争的状态，政府制定最低工资政策（或提高最低工资水平）使得厂商沿着劳动力需求曲线上移，这时厂商利润最大化水平在更低的就业水平处取得，即最低工资政策会减少就业。如果劳动力市场处于买方垄断的状态，这时政府实行最低工资政策（或提高最低工资水平），就会在增加劳动力平均成本的同时降低边际成本，迫使利润最大化的厂商沿着劳动力的供给曲线上移，这时每个劳动力所提供的利润会减少，利润最大化水平在更高的就业水平处取得，即最低工资政策（或最低工资水平的提高）会增加就业。

但是在实际的经济运行中，整个社会的就业水平会受到多种因素的干扰，最低工资水平的提高并不一定会表现为就业水平的降低，因此人们往往从经验研究上来证明自己的观点。在国外关于最低工资经济影响的文献非常丰富，在经济影响中又以对就业的影响最为人们所关注。在国外（主要是在美国）人们研究最低工资对就业的影响主要集中在对青少年的影响上，因为青少年相对来说缺乏技术和工作经验，是挣得最低工资的主要人群。此外他们还按照年龄、性别、种族、行业和企业规模进行分组，分别估计最低工资对这些不同人群就业的影响。

在最低工资对就业影响的时间序列估计中，人们一般采用如下的计量模型：

$$Y_t = \alpha X_t + \beta MW_t + \varepsilon_t \tag{12—1}$$

这里 Y 是被解释变量，一般是指所研究对象的就业人数对其人口的比率。MW_t 是最重要的解释变量，代表最低工资水平，一般是用名义法定最低工资与平均小时工资的比率经过覆盖率加权来代替，它是由 Kaitz（1970）首先设计出来的。X 是一套经济循环指标，包括对经济总体形式的度量和其他相关的控制变量。对经济总体形式，不同的人使用过不同的代理变量，有成年人失业率或黄金年龄段男性的失业率、联邦储备委员会的工业生产指数、实际的和潜在的 GDP 之差等。其他控制变量包括时间趋势变量、参军率、反应总体潜在的劳动力供给的变量等（Brown，1999）。

一直到 20 世纪 90 年代，大多数时间序列研究都表明最低工资增加 10%会使青少年总体就业降低 1%～3%，所有的时间序列研究都发现最低工资对青少年的总体就业具有负面影响（Brown et al.，1982；Brown，1999）。大多数分组的研究都表明，与年龄更大的青少年组相比，最低工资对 16～17 岁青少年的影响更大；与男性相比，对女性的失业影响更大；与白人相比，对黑人的就业和失业的影响更大。但是有些研究（如 Brown et al.，1983 等）的结果表明对白人的影响较大，而对黑人的影响较小。

最低工资对就业影响的另一种研究就是面板数据的研究。早期的面板数据研究（Welch and Cunningham，1978；Freeman，1979；Cunningham，1981 等）基本上支持了时间序列研究的结论，即最低工资增加，使青少年的就业下降，但是具体估计的范围却要大一些。

但是从 20 世纪 90 年代中期开始，人们在研究最低工资影响的方法上出现了一些新的迹象，即“自然试验法”（natural experiment approach）的采用，研究的结果也开始出现了逆转。该方法由 Card and Krueger（1995）首先使用，他们运用最低工资没有变化的邻近的宾夕法尼亚州作为对照组，分析了 1994 年新泽西州最低工资的增加。从根本上来说他们是比较了新泽西州最低工资提高后这两个州就业的增长，他们并没有发现失业效应的证据。

虽然这一结论受到了好几项研究的挑战，但是 Card and Krueger（2000）运用劳动统计局提供的另外一套就业数据重新证实了他们的结论。Card and Krueger（1995）还在另外一项研究中分析了 1991 年德克萨斯州联邦最低工资变化的影响，通过比较工资水平需要提高到新的法定最低水平的餐馆的就业增长和工资水平已经达到新的法定最低水平的餐馆的就业增长之间的差别，他们发现有较弱的证据表明最低工资的增加对就业产生了正的影响。发现最低工资对就业并没有产生负面影响的研究还有 Card（1992）、Katz and Krueger（1992）、Card，Katz and Krueger（1994）、Abowd et al.（2000）等对美国的研究，Machin and Manning（1994）、Dickens et al.（1999）等对英国的研究。

在发展中国家，由于最低工资的执行能力较弱，估计出的最低工资的影响也就可能不太准确，因此研究也就较少。来自家庭调查的个人资料表明，在哥斯达黎加至少有 1/3 的应该受到最低工资法保护的工人没有挣到法定的最低工资，而且在非覆盖部门也大约有 1/3 的工人的工资低于最低工资（Gindling and Terrell，1995）。在墨西哥，1990 年最低工资仅相当于制造业非技术工人平均工资的 13%，并且没有发现就业损失。但是在哥伦比亚，最低工资相当于制造业平均工资的 53%，最低工资对非技术工人的就业弹性约为－2%（Bell，1997）。在印度尼西亚 20 世纪 90 年代前期名义最低工资增长了 2 倍，实际最低工资也翻了一番，最低工资的提升对印度尼西亚的劳动力市场有轻微的影响，使平均工资上升了 5%～15%，城市就业下降了 0%～5%。但就业效果随企业规模的变化而变化：小企业就业有实质性的下降，但一些大企业的就业实际上还在增加（Rama，2001）。

由此可见，到目前为止，最低工资对就业的影响仍然是一个非常具有争议的问题。

四、模型、变量的选取及数据说明

为了估计我国的最低工资对就业的影响，我们选取了全国 30 个省、市、自治区、直辖市（仅西藏除外）作为样本，因此我们选用固定效应模型，即：

$$y_{it} = m + x_{it}\beta + \alpha_i + \gamma_t + u_{it} \quad (12—2)$$

上式中 y_{it} 为被解释变量；β 为 $k\times1$ 维系数向量；x_{it} 是 $1\times k$ 维解释变量。我们用年度虚拟变量来反应时期特有的影响。由于我们选取的样本包括五年的数据，因此设置四个年度虚拟变量，上式变为：

$$y_{it} = m + \delta_1 d1_t + \delta_2 d2_t + \delta_3 d3_t + \delta_4 d4_t + x_{it}\beta + \alpha_i + u_{it} \quad (12—3)$$

其中 $d1_t$、$d2_t$、$d3_t$、$d4_t$ 均为年度虚拟变量。

考虑到时序相关性，我们取其一阶差分，各省份的固定效应以及总体均值截距项被差分掉，方程变为：

$$\Delta y_{it} = \delta_2 \Delta d2_t + \delta_3 \Delta d3_t + \delta_4 \Delta d4_t + \Delta x_{it}\beta + \Delta u_{it} \qquad (12—4)$$

为了 R^2 计算的方便，在式（12—4）中加入一个截距项，因此我们要估计的模型为：

$$\Delta y_{it} = \alpha + \delta_2 \Delta d2_t + \delta_3 \Delta d3_t + \delta_4 \Delta d4_t + \Delta x_{it}\beta + \Delta u_{it} \qquad (12—5)$$

本章的主要目的在于估计我国的最低工资对就业的影响，因此我们所选取的被解释变量就是我国的就业水平，对其取自然对数，包括我国 30 个省市自治区（西藏除外）的从 2000 年到 2004 年的面板数据，数据全部来源于《中国劳动统计年鉴》（2001—2005）。

我们感兴趣的解释变量就是最低工资。最低工资的数据由劳动和社会保障部劳动工资司提供。由于各省市自治区在其辖区内有多个最低工资标准，且每次调整的时间并不一定是在每年的 1 月 1 日，因此必须对其进行一定的处理，将之合并成为一个单一的水平。本章中的最低工资水平的计算方法与 Martin Rama（2001）的方法类似，即采用时间加权平均的计算方法。由于我们的回归中包括了年度虚拟变量，因此最低工资取真实值还是名义值对回归都没有影响，只是会改变截距，因此我们的最低工资变量都取其名义值。

由于各省的就业水平可能与各省的具体特征、各省的冲击以及总体的冲击有关，因此在我们的回归中采用固定效应以捕获各省的具体特征（这里被差分掉了），用各省的 GDP、劳动力供给数量（labor）及消费价格指数（price）来描述各省的冲击，这三个指标都取对数，劳动力供给的数据来源于《中国劳动统计年鉴》（2001—2005），GDP 和居民消费价格指数来源于《中国统计年鉴》（2001—2005），总体的冲击用年度虚拟变量来表示。因此我们最终的回归模型为：

$$\Delta y_{it} = \alpha + \delta_2 d2_t + \delta_3 d3_t + \delta_4 d4_t + \beta_1 \Delta \ln mw_{it} + \beta_2 \Delta \ln gdp_{it} + \beta_3 \Delta \ln labor_{it} + \beta_4 \Delta \ln price_{it} + \Delta u_{it} \qquad (12—6)$$

$$t=1，2，3，4; \quad i=1，2，\cdots，30。$$

上式中，y_{it} 为就业水平，mw_{it} 为最低工资水平，gdp_{it} 为国内生产总值，$labor_{it}$ 为劳动力供给，$price_{it}$ 为消费价格指数。

五、最低工资对就业的影响

（一）对城镇单位总体就业的影响

表 12—1 列出了我国最低工资对城镇单位总体就业影响的估计。所谓单位就业人员是指在各级国家机关、政党机关、社会团体及企业、事业单位中

表 12—1　我国最低工资对城镇（非国有）单位总体就业影响的估计

解释变量	被解释变量：ΔLog［城镇（非国有）单位总体就业人数］					
	A	B	C	D	E	F
ΔLog（最低工资）	0.0361 (1.026)					
ΔLog（最低工资/总体平均工资）		0.0478 (1.176)				
ΔLog（最低工资/总体平均工资）［以 ΔLog（真实最低工资）为工具变量］			0.0394 (0.828)			
ΔLog（最低工资/制造业平均工资）				0.0078 (0.603)		
ΔLog（最低工资/人均工业增加值）					0.1404* (3.715)	
ΔLog（最低工资/人均 GDP）						0.0791** (2.262)
ΔLog（GDP）、ΔLog（劳动力供给）、ΔLog（消费价格指数）	Yes	Yes	Yes	Yes	Yes	Yes
年度虚拟变量	Yes	Yes	Yes	Yes	Yes	Yes
观测值	120	120	120	120	120	120
调整 R^2	0.377	0.377	0.378	0.373	0.453	0.412

说明：括号中的数字为 t 统计量，*表示在 1%的水平上显著，**表示在 5%的水平上显著，***表示在 10%的水平上显著；所有的估计都是截面加权（Cross Section Weights）估计（即先使用相同的权数做最初的回归权数估计，然后再用估计的权数做加权最小二乘）；模型 C 的系数协方差是 white period standard errors & covariance，其余模型的系数协方差是 white heteroskedasticity consistent covariance。

工作，取得工资或其他形式劳动报酬的全部人员。包括在岗职工、再就业的离退休人员、民办教师以及在各单位中工作的外方人员和港澳台方人员、兼职人员、借用的外单位人员和第二职业者；不包括离开本单位仍保留劳动关系的职工。估计包括了对全体人员的估计和分性别的估计。

对于最低工资水平，一种衡量方法就是使用真实最低工资，但是它无法反映真实最低工资水平没有变化而真实的平均工资发生变化的情况，于是我们对最低工资变量采用了两种衡量方法：一是取其名义值，二是取其名义值与劳动生产率的比率。由于我们所有的变量（虚拟变量除外）都采用了对数的形式，因此回归的系数就代表弹性。

对于劳动生产率，我们采用了四个衡量指标，分别反应劳动的边际生产率和平均生产率。我们用各省的总体平均工资和制造业平均工资这两个指标来反应劳动的边际生产率，用各省的人均工业增加值和人均 GDP 来表示劳动的平均生产率。这四个指标的数据均来自于《中国统计年鉴》，将年度数据除以 12 换算成月度数据，以和月最低工资相匹配。

由于我国的情况比较特殊，国家进行经济体制改革，对国有企业实行战略性改组，使国有企业从一些竞争性行业中退出，因此我国的国有企业的就业人数呈现逐年下降的趋势。

从表 12—2 中我们可以看出，与 2000 年相比，2004 年我国城镇国有单位就业人数减少了 1 392万人，减少了 17.181%，平均每年减少 4.295%。而这部分就业人数的减少是由于经济体制改革所致，应该说与最低工资制度关系不大。因此我们在考察我国的最低工资对总体就业的影响时，就把国有企业排除在外。

表 12—2　　我国国有企业 2000—2004 年就业人数及增长率

	2000	2001	2002	2003	2004
就业人数（万人）	8 102	7 640	7 163	6 876	6 710
年增长率（%）		−5.702	−6.263	−4.007	−2.414

资料来源：作者根据《中国劳动统计年鉴》数据计算而得。

在对总体就业的回归中，模型 A、B、D、E、F 的最低工资变量分别采用名义最低工资、名义最低工资与平均工资的比率、与制造业平均工资的比率、与人均工业增加值的比率、与人均 GDP 的比率，并且回归中还包括了反应特定省份冲击的 GDP、劳动力供给及消费价格指数变量和反应总体冲击的年度虚拟变量，最低工资变量的系数全部为正；在模型 C 中，我们用真实最低工资变量作为最低工资与平均工资比率的工具变量，它检验我们所观察到的就业影响是来自于最低工资的变化而不是平均工资的变化，估计的系数仍然为正，并且其大小与模型 B 非常接近。这些回归的结果至少说明我国的最低工资对我国的总体就业并没有产生负的影响。六个模型设定中，我们所关心的变量的系数大部分落在 0.04～0.14 这一范围之内，平均弹性为 0.0584，即如果最低工资提高 10%，就业增加 0.584%。表 12—3 和表 12—4 分别报告了我国的最低工资对男性和女性就业的影响，模型设定与对总体就业的影响一样。从表 12—3 和表 12—4 我们可以看出，我国的最低工资政策对男性和女性就业的影响之间存在着一定的区别，最低工资与男性就业之间存在明显的正相关关系，平均弹性为 0.0653，略高于对总体就业的

表 12—3　我国最低工资对（非国有）单位男性就业影响的估计

解释变量	被解释变量：ΔLog［城镇（非国有）单位男性就业人数］					
	A	B	C	D	E	F
ΔLog（最低工资）	0.0503 (1.323)					
ΔLog（最低工资/总体平均工资）		0.0609 (1.412)				
ΔLog（最低工资/总体平均工资）［以ΔLog（真实最低工资）为工具变量］			0.0548 (0.885)			
ΔLog（最低工资/制造业平均工资）				0.0166 (1.185)		
ΔLog（最低工资/人均工业增加值）					0.1250* (3.326)	
ΔLog（最低工资/人均GDP）						0.0840** (2.235)
ΔLog（GDP）、ΔLog（劳动力供给）、ΔLog（消费价格指数）	Yes	Yes	Yes	Yes	Yes	Yes
年度虚拟变量	Yes	Yes	Yes	Yes	Yes	Yes
观测值	120	120	120	120	120	120
调整 R^2	0.322	0.327	0.325	0.326	0.353	0.344

表 12—4　我国最低工资对（非国有）单位女性就业影响的估计

解释变量	被解释变量：ΔLog［城镇（非国有）单位女性就业人数］					
	A	B	C	D	E	F
ΔLog（最低工资）	−0.0287 (−0.062)					
ΔLog（最低工资/总体平均工资）		−0.0149 (−0.301)				
ΔLog（最低工资/总体平均工资）［以ΔLog（真实最低工资）为工具变量］			−0.0292 (−0.568)			
ΔLog（最低工资/制造业平均工资）				−0.0195** (−1.660)		
ΔLog（最低工资/人均工业增加值）					0.1633* (3.780)	

续表

解释变量	被解释变量：ΔLog［城镇（非国有）单位女性就业人数］					
	A	B	C	D	E	F
ΔLog（最低工资/人均GDP）						0.0285 (0.607)
ΔLog（GDP）、ΔLog（劳动力供给）、ΔLog（消费价格指数）	Yes	Yes	Yes	Yes	Yes	Yes
年度虚拟变量	Yes	Yes	Yes	Yes	Yes	Yes
观测值	120	120	120	120	120	120
调整 R^2	0.255	0.256	0.256	0.264	0.328	0.260

平均弹性；而在对女性就业的回归中，六个模型设定中有四个模型的系数为负，这表明我国的最低工资政策对我国的女性就业产生了轻微的负面影响，这与国外的研究结果一致。国外的研究表明，与男性相比，最低工资对女性的失业影响更大一些（Brown et al.，1982）。在各国劳动力市场上，或多或少可能都存在着对女性的就业歧视。由于生理上的原因，在相同的工资水平下，企业大都愿意雇佣男性员工；当工资水平提高企业不得不裁员时，可能首先解雇的也是女性。因此最低工资对女性就业的影响要大于男性。

（二）对不同性质企业（集体、其他单位）就业的影响

表12—5和表12—6分别报告了我国的最低工资对城镇集体单位和其他单位就业的影响。这里其他单位就业就是在总体就业中，除了国有和集体单位以外的其他所有企业的就业。

表12—5　　我国最低工资对城镇集体单位就业影响的估计

解释变量	被解释变量：ΔLog（城镇集体单位总体就业人数）					
	A	B	C	D	E	F
ΔLog（最低工资）	0.1396* (2.699)					
ΔLog（最低工资/总体平均工资）		0.2209* (4.581)				
ΔLog（最低工资/总体平均工资）［以ΔLog（真实最低工资）为工具变量］			0.1437** (2.164)			
ΔLog（最低工资/制造业平均工资）				−0.0095 (−0.555)		
ΔLog（最低工资/人均工业增加值）					0.1271* (3.059)	

续表

解释变量	被解释变量：ΔLog（城镇集体单位总体就业人数）					
	A	B	C	D	E	F
ΔLog（最低工资/人均 GDP）						0.1633* (3.086)
ΔLog（GDP）、ΔLog（劳动力供给）、ΔLog（消费价格指数）	Yes	Yes	Yes	Yes	Yes	Yes
年度虚拟变量	Yes	Yes	Yes	Yes	Yes	Yes
观测值	120	120	120	120	120	120
调整 R^2	0.538	0.571	0.556	0.519	0.571	0.561

表 12—6　　我国最低工资对城镇其他单位就业影响的估计

解释变量	被解释变量：ΔLog（城镇其他单位就业人数）					
	A	B	C	D	E	F
ΔLog（最低工资）	0.0128 (1.196)					
ΔLog（最低工资/总体平均工资）		−0.0254 (−0.358)				
ΔLog（最低工资/总体平均工资）[以 ΔLog（真实最低工资）为工具变量]			0.0139 (0.188)			
ΔLog（最低工资/制造业平均工资）				0.0370 (1.488)		
ΔLog（最低工资/人均工业增加值）					0.0667 (1.150)	
ΔLog（最低工资/人均 GDP）						0.0653 (0.940)
ΔLog（GDP）、ΔLog（劳动力供给）、ΔLog（消费价格指数）	Yes	Yes	Yes	Yes	Yes	Yes
年度虚拟变量	Yes	Yes	Yes	Yes	Yes	Yes
观测值	120	120	120	120	120	120
调整 R^2	0.356	0.336	0.356	0.360	0.370	0.366

企业的性质不一样，其工资水平和劳动生产率可能存在差别，其劳动力成本在产品总成本中所占的比重也不一样，同样水平的最低工资对其就业的影响也可能不同。中共十五大以后，我国的民营经济得到了飞速的发展。在

我国的非国有和集体企业中，有很大一部分是民营企业，而我国的民营企业大多是劳动力密集型企业，劳动力成本在其总成本中占有相当的比重，因此法定最低工资的提高可能会对其生产经营产生相对较大的影响，这可能会导致非国有和集体企业就业的增长速度相对较低。从表 12—5 和表 12—6 中我们可以看出，我国的最低工资对集体企业的就业弹性要大于其他企业。在对集体企业就业的回归中，除了以最低工资对制造业平均工资的比率为解释变量的模型设定中的系数为负外（而且这一系数的绝对值非常小，在统计上不显著）其他的系数全部为正，平均弹性为 0.1308，要大于对于总体就业的平均弹性，这五个模型的最低工资变量在统计上均在 5%的水平上显著。而在对城镇其他单位就业的回归中，除了一个模型设定的系数为负外，其他模型设定的系数全部为正，但其弹性明显小于对集体企业就业的弹性，因此相对于集体企业，我国的最低工资可能降低了其他企业就业的增长速度。另一种解释就是最低工资对其他企业的就业没有影响，因为六个模型设定在统计上没有一个显著。

（三）对不同行业就业的影响

为了分析最低工资对我国行业就业的影响，我们选取了三个比较典型的行业，即制造业、批发零售业和住宿餐饮业。在国外的有关最低工资对就业影响的文献中，一般都以制造业作为参照对象，因为制造业最能反应一个国家的劳动生产率水平。而批发零售业和住宿餐饮业的劳动多为简单劳动，所需要的技术水平较低，因此这两个行业中的工人很大一部分是低工资工人，是研究最低工资就业效应的比较理想的行业。

从表 12—7 我们得知，在对制造业就业的回归中，有两个模型设定的系数为负，六个模型的系数的绝对值都相对较小，平均弹性只有 0.0235，不到对总体就业影响的平均弹性的一半。在对总体就业的回归中是没有包括国有企业的，而在对制造业的回归中，由于资料的限制，我们无法剔除制造业中的国有企业就业，因此可能使回归产生向下的偏误，降低了最低工资的就业（正的）弹性。

在对批发零售业和住宿餐饮业的回归中（见表 12—8、表 12—9）虽然也存在着和制造业同样的问题，但是由于这两个行业的国有企业所占的比重相对较低，其系数向下的偏误程度应该相对较小，这可以从对这两个行业回归的系数中得到证明。从回归的结果来看，我国的最低工资对这两个行业就业的影响要明显大于对制造业的影响。在批发零售业，最低工资对就业产生了负面的影响，六个模型设定系数全部为负，平均弹性为−0.1025，其中有五个模型设定在 1%的水平上显著，调整 R^2 在 0.67 和 0.709 之间，相对于其他回归较高。但是对住宿餐饮业就业的影响除一个模型设定的系数为负以

表 12—7　　我国最低工资对制造业就业影响的估计

解释变量	被解释变量：ΔLog（制造业就业人数）					
	A	B	C	D	E	F
ΔLog（最低工资）	0.0014 (1.102)					
ΔLog（最低工资/总体平均工资）		0.0359** (2.375)				
ΔLog（最低工资/总体平均工资）[以 ΔLog（真实最低工资）为工具变量]			−0.0005 (−0.020)			
ΔLog（最低工资/制造业平均工资）				−0.0133 (−1.481)		
ΔLog（最低工资/人均工业增加值）					0.1018* (5.427)	
ΔLog（最低工资/人均 GDP）						0.0157 (1.228)
ΔLog（GDP）、ΔLog（劳动力供给）、ΔLog（消费价格指数）	Yes	Yes	Yes	Yes	Yes	Yes
年度虚拟变量	Yes	Yes	Yes	Yes	Yes	Yes
观测值	120	120	120	120	120	120
调整 R^2	0.613	0.584	0.624	0.574	0.583	0.614

表 12—8　　我国最低工资对批发零售业就业影响的估计

解释变量	被解释变量：ΔLog（批发零售业就业人数）					
	A	B	C	D	E	F
ΔLog（最低工资）	−0.1399* (−4.347)					
ΔLog（最低工资/总体平均工资）		−0.0953* (−2.790)				
ΔLog（最低工资/总体平均工资）[以 ΔLog（真实最低工资）为工具变量]			−0.1486* (−4.379)			
ΔLog（最低工资/制造业平均工资）				−0.0385* (−3.610)		
ΔLog（最低工资/人均工业增加值）					−0.0507 (−1.564)	

续表

解释变量	被解释变量：ΔLog（批发零售业就业人数）					
	A	B	C	D	E	F
ΔLog（最低工资/人均 GDP）						−0.1417* (−4.486)
ΔLog（GDP）、ΔLog（劳动力供给）、ΔLog（消费价格指数）	Yes	Yes	Yes	Yes	Yes	Yes
年度虚拟变量	Yes	Yes	Yes	Yes	Yes	Yes
观测值	120	120	120	120	120	120
调整 R^2	0.696	0.693	0.709	0.705	0.674	0.712

表 12—9　　我国最低工资对住宿餐饮业就业影响的估计

解释变量	被解释变量：ΔLog（住宿餐饮业就业人数）					
	A	B	C	D	E	F
ΔLog（最低工资）	0.0395 (0.855)					
ΔLog（最低工资/总体平均工资）		0.0961*** (1.869)				
ΔLog（最低工资/总体平均工资）[以 ΔLog（真实最低工资）为工具变量]			0.0363 (0.511)			
ΔLog（最低工资/制造业平均工资）				−0.0280*** (−1.971)		
ΔLog（最低工资/人均工业增加值）					0.0543 (1.519)	
ΔLog（最低工资/人均 GDP）						0.0930*** (1.920)
ΔLog（GDP）、ΔLog（劳动力供给）、ΔLog（消费价格指数）	Yes	Yes	Yes	Yes	Yes	Yes
年度虚拟变量	Yes	Yes	Yes	Yes	Yes	Yes
观测值	120	120	120	120	120	120
调整 R^2	0.105	0.118	0.111	0.112	0.102	0.108

外其他全部为正，平均弹性为 0.0481，与对总体就业影响的平均弹性接近，有一半的模型设定在 10％的水平上显著，但是其调整 R^2 相对较小，不超过 0.12。

六、结果的进一步讨论

以上的研究结果表明，我们的结论与美国 20 世纪 90 年代以后 Katz and Krueger（1992），Card and Krueger（1994），Card（1992）等的研究结论相似，即我国的最低工资并没有对就业造成负面的影响。之所以出现这样的情况，我们认为可以从以下三个方面得到解释：

第一，无论是完全竞争模型还是垄断模型都表明，当法定的最低工资水平较低，低于完全竞争的水平时，最低工资对劳动力市场不会产生影响。国际上通行的最低工资水平一般相当于平均工资的 40%～60%，我国的最低工资水平从总体上来看是偏低的。根据我们的计算，2000 年我国最低工资达到全省平均工资的 40%的只有山西、内蒙古、黑龙江、安徽、河南和海南六个省，其中最高的是海南，其最低工资相当于该省平均工资的 48.60%，最低的是上海，只相当于该市平均工资的 27.51%，其中绝大部分省份的最低工资与平均工资的比率在 30%～40%，低于 30%的有北京、上海、广西和青海。到 2001 年这一比率超过 40%的就只有安徽和海南，最高的仍然是海南，为 46.87%，最低的是青海，为 22.32%，比率低于 30%的省份增加到 8 个；到了 2002 年和 2003 年，比率超过 40%都只有一个，均为海南，比率低于 30%的分别增加到 11 个和 18 个，最低的均为青海，分别只相当于其平均工资的 19.90%和 18.75%；到了 2004 年全国所有省市自治区的最低工资均低于其平均工资的 40%，低于 30%的省份更是高达 20 个。由此可见，虽然这几年来我国各省市自治区的名义最低工资水平在不断提高，但是其增长速度大大低于社会平均工资的增长速度，全国最低工资与平均工资的比率不断降低，2000 年全国的平均水平为 36.10%，到 2004 年降为 28.15%，平均每年降低 1.9874 个百分点。最低工资水平偏低可能是造成我国最低工资对就业没有产生负面影响的原因之一。

第二，当最低工资制定以后如果企业根本就没有执行，或执行的企业很少，这时最低工资制度对整个劳动力市场的影响就非常小。这里我们虽然没有最低工资执行情况的完整调查数据，但是从一些零星的报道中我们还是可以管中窥豹。河北省总工会对全省各类企业 2005 年执行最低工资标准情况进行了历时 4 个月的专项调查，其结果是在所调查的 1 021 家企业中，42%的企业未执行最低工资标准，76%的职工在节假日加班未享受到国家规定的加班工资。在 267 家公有制企业中，82%达到了最低工资标准；在 754 家非公有制企业中，达到最低工资标准的只有 49%。2005 年度北京家政服务员问卷调查表明北京市半数家政服务人员的工资低于北京市最低工资标准 580 元。上海市各级劳动保障监察部门 2006 年 1—8 月共收到关于最低工资的举报投诉647件，查处支付劳动者工资低于本市最低工资标准案件907件，通过监察为劳动者追回低于最低工资差额665万元，涉及劳动者约2.8万人。哈尔滨市2006年5月对8个行业的1 000名打工者进行走访调查，发现打工者普遍存在超时工作，劳动环境恶劣，工资偏低现象，除建筑和石材加工企业外，其余被访行业的打工者最低工资都未达到590元。这还是2005年和2006年的情况，那么在这之前的情况我们就可想而知了。现实中还有大量的企业将员工的加班加点工资、“三金”及为员工提供的住宿餐饮拿来凑足最低工资。至于对违规企业的处罚，在1993年的《企业最低工资规定》中只对于企业支付的工资低于法定最低标准的给予差额的20%～100%的处罚，加上执法部门监督检查力度不够，法律法规的执行情况普遍比较糟糕，因此可以说这对企业基本上不构成威胁。而新规定则按所欠工资的1～5倍进行处罚，处罚力度有所加大，但这必须要配以严格的监督检查才能奏效。因此由于监督检查不到位和处罚的力度不够所造成的对最低工资规定的执行率偏低可能是造成我国的最低工资对就业没有产生负面影响的另一个原因。

第三，在买方垄断的劳动力市场上，雇主在决定工资方面具有一定的市场力量，因此劳动力的供给是企业所支付工资的增函数。利润最大化的企业按照边际收益等于边际成本的原则决定所需要的劳动力数量及工资率。如果法定最低工资率低于完全竞争时的水平，那么这时最低工资就会在提高劳动力平均成本的同时降低其边际成本，从而工资率和就业水平都会提高。

从理论上来说，现实社会中完全垄断的情况比较少见，它要求在一个地区性的劳动力市场上只有一家企业雇佣劳动力。在我国的地区性劳动力市场上虽然不存在这种完全垄断的“公司镇”，但是我国劳动力的供求严重失衡，供给严重大于需求，这使得资方在劳动力市场上明显处于强势，而劳动者明显处于弱势，因此企业在决定工资方面具有一定的市场力量，这一点与垄断模型是相符合的。再有虽然我国的剩余劳动力较多，劳动力的供给弹性较大，但也并不是具有完全弹性。这几年东南沿海地区出现的民工荒就是明证，当工资低于劳动者的保留底线时，劳动者宁愿留在农村，也不愿意进城打工。

七、结论与启示

我们运用《中国劳动统计年鉴》和《中国统计年鉴》的数据考察了从2000年到2004年最低工资对我国就业的影响。我们得出的结论与新古典主义的预期相反，与美国20世纪90年代以后利用企业微观数据研究的部分结果相似，即从总体上来看我国的最低工资并没有对就业造成负面的影响。最低工资对就业的弹性落在0.04～0.14，平均弹性为0.058 4。但最低工资对男性和女性就业的影响之间存在区别，对女性的就业存在着轻微的负面影响，这与国外的结论一致。由于我国非国有和集体企业中民营经济的比重较大，这使得最低工资对集体企业就业的弹性要大于非国有和集体企业的就业弹性，因而相对于集体企业而言，最低工资可能降低了非国有和集体企业就业的增长速度。在分行业的比较中，最低工资对我国的批发零售业和住宿餐饮业就业的影响较大，其中对批发零售业的就业呈现负面影响。我国的最低工资水平较低，最低工资规定执行的情况不理想以及我国的劳动力市场属于买方市场，雇主对工资具有一定的市场力量这三个原因共同促使了我国的最低工资对总体就业并没有产生负面的影响。

第四篇

劳资关系整合

第十三章　中国劳资关系的城乡户籍差异[①]

一、经济转型中劳资关系的重塑

从 1978 年经济改革以来，中国经济逐渐从一个传统计划经济转向以市场为导向的社会主义市场经济。在过去二十多年里，中国经济改革取得了巨大成就，GDP 以年均 9%的速度持续增长。这一时期中国企业、特别是各类非国有企业的数目大量增加，企业雇用的职工人数也随之急剧膨胀。与此同时，中国企业的劳动关系正在经历着根本性的变化：从传统计划经济条件的劳动关系转向以市场为导向的劳动关系；从劳资双方利益一致、相互合作的劳动关系转向劳资双方利益对立、既冲突又合作的劳动关系；从较为单一的国有企业与职工的劳动关系转向复杂多样的各种所有制企业与不同身份工人的劳动关系。

中国劳资关系正在发生的这种历史性变迁和重塑引起了许多研究者的关注。首先，经济转型和国有企业产权改革对中国企业劳资关系产生的重大影响为众多研究者所关注。一些研究者（Guest，1998；Hill et al，2000）认为，改革后的中国企业在劳资关系的许多方面已经与西方市场国家非常相似。例如劳资双方在谈判地位上的不平等、工作的不稳定、劳动合同不完全等。其中 Cooke（2002）在一项改制企业的案例研究中表明，国企产权的变化对员工产生的结果基本上是负面的，并且劳资双方的利益鸿沟正在扩大。其次，改革开放以来国企之外的其他所有制形式得到巨大发展，国内学者对不同所有制形式企业新出现的市场化劳资关系作了许多研究。一项对中外合资企业劳资关系的调查（周长城，2000）显示，中外合资企业劳资冲突日益表面化，雇主不尊重工人的情况比较严重；另一项对私营企业劳资关系的调查则表明，在资本与劳动的矛盾和冲突中，劳动基本上处于劣势地位（戴建中，1996）。

此外，中国经济的城乡二元结构使得中国的劳资关系问题更趋复杂化。中国的劳资关系不仅在不同所有制企业中存在各自的特征和区别，而且在不

---

① 本章主要内容基于姚先国，赖普清．中国劳资关系的城乡户籍差异．经济研究．2004（7）。

同身份的工人之间也存在不容忽视的差异。我们观察到，即使在同一企业中，工人们也经常被明显地区别对待：一些最重、最脏、最不体面的工作总是被分派给某一类工人；一些工人拥有或多或少的社会福利，而另一些工人则很少或无任何福利；一些工人工作相对稳定，而另一些则必须面临随时解雇的威胁等。然而，这类区别对待并不主要是基于工人们的生产力差别，而主要是基于工人们的身份差别——城市与农村的户籍差别。根据一项研究（蔡继明，1998）表明，城乡户籍歧视解释了中国城乡收入差别中的24.8%。另一项社会学研究（李强，2002）则显示，中国城市农民工就业实际是一种典型的非正规就业，农民工在劳资关系的各个方面都存在严重问题。

毋庸置疑，工人的经济福利状况不仅取决于工资收入，也取决于工人的工作条件、工作稳定性、企业福利等劳资关系因素。若要更准确地理解城乡工人在工作的各个方面的差异，就应该对上述这些劳资关系因素加以全面考虑，否则将低估城镇工人与农民工之间真实经济福利差异。本章将运用经验数据来估计包括工资收入在内的劳资关系因城乡户籍产生的差异，并分析这些差异在多大程度上应归于劳动者本身的人力资本特征和多大程度上归于不合理户籍歧视。

二、农民工与城市工劳资关系比较：基于数据样本的描述

本章使用的数据来源于浙江省企业调查和农村劳动力流动调查。企业调查数据是于2003年10—12月开展的一个全国性企业调查项目的前期部分。调查范围涉及6个地区共9个市县，311家企业，其中随机访谈调查了79个企业中的608名职工；职工调查内容包括职工个人情况、家庭背景、工作经验、劳资关系等方面。

由于企业调查的样本选择主要是具有一定规模的企业，不包括小型企业和个体企业，企业劳资关系的数据可能会存在一定的样本偏差，而且农民工的数量较少（约占37%）。因此，课题组于2004年1—3月作了一次以农民工为对象的分层抽样补充调查，以全面反映各种类型企业中农民工与城市工的劳资关系差异。农民工调查项目涉及家庭住户399户，劳动力713人，其中在外打工劳动力420人；调查内容包括家庭情况、劳动力的教育、就业、收入、迁移意向以及从事非农劳动力所在企业的劳动关系状况等方面。

在整个样本中，具有农村户口的工人有457人，占48.8%，城市户口工人430人，占45.9%，户口变量缺失49人，约占5.3%。表13—1概括了农民工与城市工劳资关系特征，初步统计结果显示农民工与城市工在薪酬、工作时间、福利待遇、劳动合同、工会组织、晋升、培训、离职率等方面均存在显著差别。

表 13—1　　农民工与城市工劳资关系比较

特征	城市工		农民工	
	均值	标准差	均值	标准差
月工资（元）	1 213.21	713.73	981.78	530.77
小时工资（元）	6.10	3.72	4.22	2.72
周工作时间（小时）	48.34	10.63	57.10	14.88
养老保险	0.81	0.40	0.39	0.49
医疗保险	0.65	0.48	0.24	0.43
失业保险	0.52	0.50	0.08	0.28
劳动合同	0.73	0.44	0.54	0.50
参加工会率	0.55	0.50	0.17	0.37
培训	6.27	10.27	3.18	5.77
晋升	0.47	0.50	0.28	0.45
工资拖欠	0.17	0.37	0.27	0.45
离职意愿	0.19	0.39	0.28	0.45

表 13—1 数据显示，城市工人的平均工资是 1 213.21 元，农民工的平均月工资为 981.78 元，农民工的月工资水平低于城市工近 1/5（19.1%）。然而，与此形成鲜明对比的是，农民工周工作时间却反而高于城市工近 1/5（18.1%），经换算后两者小时工资率的差距接近 1/3（30.8%）。同时，农民工与城市工在参加或享受养老保险、医疗保险、失业保险等社会福利保障方面的差距更大，两类工人的享有率差别分别为 42%，41%，44%。另外，农民工与城市工在劳动合同签订率、工会参与率、培训、职业前景、工资拖欠、离职意愿等方面都在统计上存在显著差别。总之，初步统计分析表明，农民工与城市工在劳资关系诸方面均存在一条异常明显的鸿沟，政策制定者及研究者们应当对此予以相当高度的关注。

三、甄别劳资关系城乡差别的模型方法

一般而言，劳资关系的城乡差异来自两个方面：一是工人人力资本特征与所在企业特征所造成的差异；二是城乡户籍歧视所造成的差异。我们运用 Blinder（1973）和 Oaxaca（1973）提出的工资差异分解方法将这两类不同的原因甄别出来。Blinder-Oaxaca 方法在收入歧视研究领域已得到广泛使用。这一方法把工资差别分解为两个部分：一是源自生产率或模型已解释的差异；二是源自模型未能解释的差异，这一部分差异称为歧视。他们的工资差异分解模型形如下：

$$\overline{Y}^H - \overline{Y}^L = (\beta_0^H - \beta_0^L) + (\overline{X}^H - \overline{X}^L)\hat{\beta}^H + \overline{X}^L(\hat{\beta}^H - \hat{\beta}^L) \quad (13—1)$$

在这里，Y 是工资的水平形式或对数形式，X 是解释变量向量，是工资方程 OLS 估计参数，上标 H 表示高工资组，上标 L 表示低工资组。方程右边的第二项归因于人力资本或其他生产率特征的工资差异，第一项和第三项之和则归因于歧视的工资差异。

本章在分析中国劳动力市场中工人的工资户籍歧视的基础上，将这一方法推广运用到社会保险福利、劳动合同签订、工会参与等非工资劳资关系户籍歧视的分析之中。但是，与工资变量不同的是，这里将要分析的非工资劳资关系变量属于二元变量。为了能够运用 Blinder-Oaxaca 方法，我们将使用线性概率模型对城乡工人的非工资劳资关系差异进行估计并加以分解。线性概率回归模型如下：

$$P(y = 1 \mid x) = \beta_0 + X\beta + u \quad (13—2)$$

在这里，y 是二元因变量，X 是解释变量。如果我们对比较城市与农村两个人口组的某些二元因变量的概率感兴趣，我们可以运用式（13—2）为回归方程分别估计两个人口组，然后对得到的两组估计结果相减，得到式(13—3)。

$$\overline{P}^u - \overline{P}^r = (\beta_0^u - \beta_0^r) + (\overline{X}^u - \overline{X}^r)\hat{\beta}^u + \overline{X}^r(\hat{\beta}^u - \hat{\beta}^r) \quad (13—3)$$

在这里，$\overline{P}$ 分别表示城市工和农民工享受社会保险福利、劳动合同签订和工会参与的平均概率，u 表示城市，r 表示农村。方程右边第二项为工人个人特征和企业特征所产生的概率差异，第一项、第三项为常数项和不同系数所产生的未能“解释”的差异，即工人福利等劳资关系因素上的户籍歧视。

需要注意的是，尽管线性概率模型存在两方面的缺陷，但对我们的研究不会产生太大的干扰。第一，线性概率模型的预测值可能大于 1 或小于 0，但由于 Blinder-Oaxaca 分解方法使用的是自变量均值 $\overline{X}$，所以预测的概率不太可能超出正常范围。第二，线性概率模型存在一定的异方差性，但使用 WLS 估计并非没有缺点，所以本章仍然决定使用 OLS 异方差稳健（robust）回归模型。

四、城市工与农民工的劳资关系差异

（一）工资差异

在劳资关系中，工资待遇无疑是最核心的部分。理解劳资关系的城乡户籍差异首先需要回答农民工与城市工在工资待遇上是否存在城乡歧视的问题。我们在明塞尔工资决定方程的基础上增加性别、培训作为人力资本解释变量，增加劳动合同、工会会员、企业规模以及企业所有制性质作为企业特征解释变量。我们采用小时工资率的对数作为工资方程的被解释变量。

表 13—2 估计结果表明，城市工和农民工的工资决定与工人的教育程度显著相关，这与大多数中国教育回报率的研究结果相一致（Liu，1998；Zhang & Zhao，2002）。值得注意的是，城市工的教育回报率明显高于农民工，前者为 8.6%，后者为 4.2%。教育回报率的城乡差异可能是由歧视性人力资本投资造成的。克鲁格（Krueger，1963）认为，公共投资方向的决策中人口占优势群体具有更多的影响决策的权力，在教育投资中人口优势群体就可以在某种程度上垄断教育投资，从而造成教育投资的不平等。最近的一项研究（王德文，2003）证实，中国农村基础教育投入确实低于城镇基础教育投入。农村教育投入不足的直接后果是农村教育质量的降低，低质量的教育其回报必然低于较高质量教育的回报。因此，中国城乡教育回报率之间的差异，极有可能是由于城乡教育投入差异及质量差异所导致的。

表 13—2　城市工与农民工工资模型估计结果

解释变量	城市工		农民工		注释
	系数	t 值*	系数	t 值	
Educ	0.086	6.34	0.042	3.38	教育年数
Exper	0.011	1.19	0.022	1.77	非农工作经验年数
Expersq	−0.000	−0.12	−0.001	−1.74	工作经验平方
Training	0.026	0.38	0.078	1.54	培训，有=1，无=0
Gender	0.186	3.72	0.201	3.65	性别，男=1，女=0
Contract	0.270	4.56	0.068	1.21	劳动合同，有=1，无=0
Union	−0.123	−1.86	0.001	0.01	工会会员，是=1，否=0
Lncomsize	−0.040	−1.49	0.013	0.60	企业人数的对数
Ownership2	−0.351	−3.34	−0.001	−0.01	私营企业=1，其他=0
Ownership3	−0.137	−0.89	0.113	0.85	外资企业=1，其他=0
Ownership4	0.169	0.54	0.053	0.37	个体企业=1，其他=0
Constant	0.713	2.77	0.542	2.49	常数项
Obs.	291		330		
R^2	0.286		0.119		

注：本章所提供的 t 值均为异方差稳健 t 统计量，所作 F 检验为异方差稳健 F 统计量。

工作经验对两类人群的工资都有正的影响，但在统计上并不显著。在两类工人中均存在明显的工资性别差异，分别为 18.6%和 20.1%，表明劳动力市场中存在明显的性别歧视。这与 Liu，Meng & Zhang（2000）、魏众（2004）的研究结果相一致。

在对中国劳动力市场的工资决定研究中，本章首次将劳动合同与工会变量放进工资决定方程。我们发现估计结果相当有趣。第一，对于城市工来说，劳动合同对其工资水平决定有相当大的作用，保持其他因素不变，签订劳动合同的工人比未签订合同者的工资高出27%。但是，对于农民工来说，签订劳动合同者与未签订者并不存在显著差别。第二，工会参与对农民工工资几乎没有任何影响，而对城市工工资的效应却是负的（－12.3%）。这与传统理论预期的工会对工资存在正面作用不相一致。这一反常结果可能与中国工会的特殊角色有关，此点将在后文作进一步分析。

在模型中我们以公司雇用人数的对数作为公司规模变量，发现这一变量对两类工人的工资都不存在显著影响。这可能与中国劳动力市场严重的供大于求状态有关。

另外，模型以国有企业作为参照组考察了不同企业所有制形式对工人工资水平的影响。估计结果表明，城市工在国有企业的工资水平明显高于在私营企业的工资水平；并且从整体上来说，对企业类型所进行的F检验是统计显著的，说明国有企业城市工的工资水平与在其他类型企业的工资水平存在差异。然而，对于农民工来说，上述的这些影响都是不显著的，说明农民工在劳动力市场上的竞争更为充分。

（二）社会保险差异

企业履行社会保险义务与雇员享有社会保险权利是企业劳资关系的重要组成部分。中国社会保险福利制度的整体构建始于20世纪90年代，期间国务院制定颁布了一系列政策文件：包括《企业职工生育保险试行办法》(1994)、《企业职工工伤保险试行办法》(1996)、《国务院关于建立统一的企业职工基本养老保险制度的决定》(1997)、《国务院关于建立城镇职工基本医疗保险制度的决定》(1998) 和《失业保险条例》(1999) 等，初步确立了养老、医疗、失业、工伤和生育等五大险种的社会保险体系。按照这一系列制度安排，农民工不应排除在社会保险体系之外。从政策上讲，农民工享有在企业参加社会保险的权利，就业企业有为其缴纳社会保险费的义务。然而，由于社会保险的地域性、弱势社会地位以及农民工的弱势市场地位，城镇社会保险政策的地方保护主义和企业范围内的社会保险城乡歧视依然存在。

在表13—1中，我们可以看到城市工与农民工在养老、医疗、失业保险上的差异均为40个百分点以上。然而如何看待这一差异的性质是一个难题。一方面，社会保险具有立法强制实施的特点；另一方面，在中国的转型经济中存在执法不力的问题，使得工人的社会保险有某种“市场化”报酬的特征，即人力资本特征和企业特征与政府力量一道发挥作用。如果我们把所有的差别看作执法上的户籍歧视，显然这不符合实际；同样，社会保险也不可能是完全"市场化"的，但其"市场化"的程度不容忽视，这一点在下面的计量模型中将得到进一步验证。

在模型中，我们选取最受关注和最具代表性的养老保险、医疗保险和失业保险作为分析对象。从表 13—3 估计结果看，工人的人力资本状况对享有两大社会保险的影响是显著的。对城市工人来说，教育年数对参与三大社会保险的边际影响为 3.3、3.7、3.6 个百分点，非农工作经验对参与三大社会保险的边际影响较小。对农民工来说，教育年数对参与三大社会保险的边际影响为 2.7、1.1、1.1 个百分点，非农工作经验对参与养老保险影响显著，对其他两大保险没有显著影响。总体来说，人力资本状况似乎对城市工社会保险权利发挥更大的作用。另外，在两组人群中性别对社会保险的影响在经济上和统计上都不显著，这说明工人在享有社会保险权利方面不存在性别歧视。

表 13—3　　社会保险城乡差别的线性概率模型估计结果

解释变量	养老保险				医疗保险				失业保险			
	城市工		农民工		城市工		农民工		城市工		农民工	
	系数	t 值	系数	t 值	系数	t 值	系数	t 值	系数	t 值	系数	t 值
教育	0.033	3.02	0.027	2.14	0.037	3.03	0.011	0.99	0.036	3.21	0.011	1.65
经验	0.010	1.34	0.043	3.75	0.018	2.04	0.012	1.07	−0.008	−0.82	−0.001	−0.06
经验平方	−0.000	−0.12	−0.001	−2.55	−0.000	−0.92	−0.000	−0.52	0.001	2.41	0.000	0.32
培训	0.022	0.39	0.134	2.42	0.066	1.06	0.129	2.56	0.027	0.44	0.044	1.52
性别	−0.028	−0.64	−0.081	−1.44	0.013	0.25	−0.052	−0.96	0.013	0.24	−0.022	−0.65
劳动合同	0.184	2.88	0.130	2.22	0.210	3.02	0.159	3.07	0.246	3.68	0.005	0.15
工会会员	0.051	0.93	0.139	1.78	0.136	2.11	0.114	1.42	0.245	3.64	0.073	1.21
企业规模	0.009	0.41	0.047	2.28	0.018	0.81	0.008	0.39	0.025	1.09	−0.001	−0.08
私营企业	0.050	0.64	0.292	4.21	−0.045	−0.55	−0.177	−1.51	0.070	0.72	0.116	3.29
外资企业	0.022	0.17	0.278	2.74	−0.010	−0.07	−0.247	−1.86	0.037	0.24	0.061	1.51
个体企业	−0.508	−4.11	0.191	2.12	−0.213	−1.19	−0.264	−2.09	−0.007	−0.05	0.054	1.04
常数项	−0.000	−0.00	−0.733	−4.20	−0.344	−1.51	0.038	0.20	−0.550	−2.45	−0.155	−1.20
Obs.	312		267		315		268		315		268	
R^2	0.220		0.282		0.216		0.161		0.280		0.062	

与城乡工人工资决定有所不同的是，我们发现劳动合同和工会均对工人社会保险参与有重要的影响。对于已签订劳动合同的城市工人，享有社会保险的概率平均提高了 20 个百分点以上；对于参加工会的城市工人社会保险的享有率平均提高了 10 个百分点以上。对于农民工来说，劳动合同对其养

老、医疗社会保险享有率的影响为 14 个百分点左右，工会参与对其养老、医疗社会保险享有率的影响为 12 个百分点左右，但两者对农民工失业保险享有率都没有显著影响，这可能与失业保险相对次要以及劳动合同中较少涵盖这一方面有关。

从企业类型角度来看，私营企业、外资企业与参照组国有集体企业在城市工的养老、医疗保险方面不存在显著的区别，但农民工在私营企业和外资企业受到较好的养老保险待遇，这可能与国有企业雇用的农民工多为临时工有关。另外，两类工人在个体企业中的社会保险待遇劣于其他类型企业，这与现实观察相吻合。

（三）劳动合同与工会参与

1994 年颁布的《中华人民共和国劳动法》第 16 条规定，劳动者与用人单位建立劳动关系应当订立劳动合同。随着劳动力市场化程度提高，劳动合同逐渐成为建立正式劳动关系和处理劳动争议的重要依据，成为工人维护自身权益的重要手段。在我们的样本中，城市工的劳动合同签订率为 73%，农民工劳动合同签订率为 54%。相对于其他劳资关系因素，两类工人在这方面的差异较小。

据官方统计，中国现有工会会员 1.2 亿多人，近百万个基层组织。中国于 1992 年制定了《工会法》，并在 2001 年对工会法进行了修订。然而，中国工会无论是在国家、产业层次，还是在企业层次都被批评缺乏独立性，在实际中所发挥的作用极其有限（White，1996；Cooke，2002）。本章的研究在某些方面验证了这种观察：工会在争取工资上升方面几乎没有发挥任何作用。但是，我们也发现工会在维护工人养老保险、医疗保险、失业保险以及劳动合同签订等工人权利方面发挥积极作用的证据。因此，工会目前对改善工人福利状况还是有一定帮助的，不过这种帮助在城市工与农民工之间存有一定的差距。表 13—1 的统计数据显示，城市工人参加工会的比率为 55%，而农村工人参加工会的比率仅为 17%。

表 13—4 提供了城市工与农民工劳动合同签订和工会参与的线性概率 OLS 估计结果。我们发现，对于城市工来说，教育、工作经验、培训对其劳动合同签订均存在显著影响；对于农民工来说，教育对其劳动合同签订的边际影响达到 4.7 个百分点，但工作经验和培训影响则是不显著的。同时，两类工人在劳动合同签订上均不存在明显的性别差异。

企业的雇用规模对两类工人的劳动合同签订在统计上和经济意义上都是显著的，这表明规模较大的企业在劳动合同方面更为规范。另外值得注意的是，国有集体企业、外资企业工人在签订劳动合同方面优于私营、个体企业，而个体企业的劳动合同关系则是最不规范的。

表 13—4　　劳动合同与工会参与线性概率模型估计结果

解释变量	劳动合同				工会参与			
	城市工		农民工		城市工		农民工	
	系数	t 值	系数	t 值	系数	t 值	系数	t 值
教育	0.020	1.79	0.047	4.83	0.038	3.29	0.019	2.18
经验	0.017	1.94	−0.016	−1.67	0.046	5.65	0.001	0.13
经验平方	−0.000	−1.43	0.001	1.99	−0.001	−3.25	0.000	1.03
性别	0.072	1.41	0.070	1.36	0.049	1.06	0.038	0.98
培训	0.127	2.19	−0.021	−0.43	0.074	1.34	0.084	2.42
企业规模	0.052	2.69	0.053	2.63	0.098	4.65	0.040	2.71
私营企业	−0.126	−1.81	0.043	0.47	−0.094	−1.05	−0.108	−1.34
外资企业	0.043	0.44	0.169	1.58	−0.249	−2.00	−0.146	−1.51
个体企业	−0.516	−3.51	−0.140	−1.14	−0.175	−1.33	−0.071	−0.82
常数项	0.030	0.15	−0.131	−0.76	−0.849	−3.92	−0.238	−1.81
Obs.	344		388		344		359	
R^2	0.125		0.147		0.336		0.131	

工会参与模型估计结果显示，教育和工作经验对提高城市工人工会参与率的作用较大，但对农民工工会参与并无多大经济上的重要性。与社会保险、劳动合同一样，两类工人在工会参与方面也不存在性别歧视。这表明中国劳动力市场上的性别歧视更多地表现在工资收入上，而非劳动者权利方面。

工会参与更主要地受到工人所在的企业特征的影响。第一，企业规模对城市工和农民工参与工会有显著的正影响，前者接近 10 个百分点，后者为 4 个百分点。第二，工会参与状况与企业类型紧密相关，其中国有、集体企业工人参与工会的概率最高，外资企业概率最低。这也说明在中国企业工会身上我们依然可以发现计划经济的某些痕迹。

五、劳资关系城乡户籍歧视

有了以上对城市工与农民工劳资关系主要因素的回归结果，我们可以运用 Blinder-Oaxaca 分解方法将城市工与农民工之间的劳资关系户籍歧视计算出来。但需要注意的是，Blinder-Oaxaca 方法存在一个选择权重的问题（Cotton，1988），即利用不同组别估计参数作为权重将得到不同的分解结果。我们认为，城市工的劳资关系状况应该不存在户籍歧视（这是符合实际的），因此，本章将以城市工的估计参数（$\hat{\beta}^u$）为权重计算两类工人劳资关系差异的分解结果。

首先，表 13—5 对城市工与农民工工资收入差异的分解结果表明，人力资本特征与企业特征变量可以解释两者工资收入差异的 70%，户籍歧视所造成的差异占 30%。这一歧视与蔡继明（1998）的估计结果（24.8%）较为接近，但低于蔡昉、都阳、王美艳（2002）的研究结果（76%）。

表 13—5　　城市工与农民工劳资关系户籍差异的 Blinder-Oaxaca 分解结果

	工资	养老保险	医疗保险	失业保险	劳动合同*	工会参与
总差别	0.351 （100%）	0.439 （100%）	0.435 （100%）	0.451 （100%）	0.169 （100%）	0.390 （100%）
已解释部分	0.246 （70%）	0.301 （69%）	0.321 （74%）	0.357 （79%）	0.201 （119%）	0.318 （81%）
未解释部分	0.105 （30%）	0.138 （31%）	0.114 （26%）	0.094 （21%）	−0.032 （−19%）	0.072 （19%）

*注：这里提供的分解结果以城市工为权重，对劳动合同以农民工为权重分解结果为（140%，−40%）。

其次，有些研究者（卢周来，1998；蔡昉，都阳，王美艳，2002）猜测，农民工不仅在工资收入上受到户籍歧视，且在享受福利方面的歧视更大。表 13—5 显示，两类工人在三大社会保险享有率方面的真实差异均达到 45%左右，超过工资差异近 10 个百分点。然而，我们若把中国的社会保险享有率与工人的人力资本特征和企业特征考虑进来，社会保险中分离出来的户籍歧视则与工资户籍歧视持平或略低。人力资本和企业特征变量分别解释了社会保险的 69%、74%、79%，户籍歧视解释的部分各为 31%、26%、21%，并使得农民工社会保险享有率平均降低了 11 个百分点以上。这一结果有力地表明，农民工在享有社会保险福利方面确实存在较为严重的户籍歧视问题。

再次，令人稍觉惊奇的是，两类工人在劳动合同签订方面不存在户籍歧视。我们分别以城市工与农民工作为权重对劳动合同签订差异加以分解，发现在控制了人力资本和企业特征之后，户籍歧视对解释城市工与农民工这一差异的贡献均为负的。这与其他劳资关系因素上存在的户籍歧视形成鲜明对比。为何在劳动合同签订中不存在户籍歧视呢？答案可能与中国企业签订劳动合同的方式有关。中国企业与工人的劳动合同时通常是企业处于主动地位，由企业来决定是否与所有员工签订劳动合同。劳动合同签订与否更主要的是与企业规模、所有制、管理理念等企业特征相关，而与工人的户籍身份相关性不大。

最后，两类工人在工会参与差异上也部分来自企业或工会对农民工的身份歧视。人力资本特征和企业特征解释了这一差异的81%，户籍歧视解释了19%。

六、结论与启示

众所周知，不同群体之间不正常的经济福利差异可能产生经济上的无效率和社会性的严重后果。中国劳动力市场上不仅存在相当大的工资收入城乡户籍差异，而且在就业岗位、福利待遇、工作条件、劳动合同、工会参与等劳资关系各方面也是如此，这确实是一个必须引起重视的经济、社会问题。然而，到目前为止，大多数研究仅关注工资收入差异问题，对非工资待遇的户籍差异问题却没有进行认真的分析。本章正是试图弥补这方面缺憾的一次努力。我们运用最近的企业和农民工调查数据（2003年）探讨了包括工资、养老保险、医疗保险、失业保险、劳动合同签订、工会参与等方面的户籍差异问题。

城乡工人在劳资关系各方面的巨大差异基本上归结于两方面。一是人力资本水平差异和工人就业企业的差异；二是农民工受到的户籍歧视。研究结果表明，前者解释了两类工人劳资关系差异的70%～80%，这说明人力资本和企业状况是决定工人待遇的主要因素。同时，户籍歧视所造成的差距也是不容忽视的，达到20%～30%。除劳动合同方面外，农民工在工资、养老保险、医疗保险、失业保险以及工会参与等方面均遭到相当大的户籍歧视。因此，若不考虑劳资关系的这些方面，仅仅关注工资收入歧视必将低估城乡工人在企业中的真实经济福利差异。另需注意的是，本章仅分析了劳资关系中的部分主要因素，一些其他的重要方面如工作条件、在职培训、晋升等并未细加研究。若将这些因素也考虑进来，则农民工受到的实际歧视还要更大。

本章对城乡工人劳资关系差异的分析不仅有助于从理论和实证经验上弄清这些差异的成因与大小程度，也有助于政策制定者采取针对性措施，有效地缩小城乡工人之间这种不合理的经济福利差异。笔者根据以上分析提出以下建议：

第一，必须采取大力措施减少乃至消除与户籍制度相关的对农民工的歧视性政策。包括改革户籍登记制度、消除农民工进城务工的限制条款、行业限制条款以及取消各种不合理规费。第二，着手建立全国性个人社会保险账户，逐渐消除社会保险方面存在的地方保护主义，确立与落实“谁雇工谁缴费”的原则，切实保障农民工享有社会保险的权利。第三，增加对农民工的人力资本投资，以增强农民工市场竞争能力和保护自身权益的意识与能力。我们看到，教育、工作经验、培训等人力资本因素对于决定工人劳资关系状态具有显著作用，这应当成为政府部门改善城乡工人劳资关系差异的有效手段之一。最后，政府劳动部门还应在加强劳动执法力度、增强工会力量、规范企业行为等方面发挥重要作用。

第十四章　改制企业劳动关系的实证分析①

20世纪70年代末，中国主动迈入了一个长时期的政治经济体制改革进程。国有企业经过放权让利，承包租赁及利改税等多种改革方式后，曾获得过短暂的赢利，之后便开始出现大面积亏损；与此同时，曾经辉煌一时的乡镇企业的运营效率也明显下降，中国经济改革似乎正逐渐形成“路径依赖”。但是，东南沿海地区的私营经济却在没有高素质的职工、简陋的厂房和设备的条件下迅速崛起。面对国企的巨额亏损和私营经济的迅速发展，经济理论界的学者不仅对以往的国企改革模式提出了质疑，更主要地从国企内部的运行机制上，分析国有制导致的企业“所有者缺位”、双重长链条代理、约束和激励不足。国企改革要跳出这个陷阱，就必须进行产权制度改革，在企业内部建立多元化的产权结构，完善治理结构。

伴随着国有企业产权改革，社会保障制度取代了传统的企业福利形式，我们观察到在社会转型过程中所发生的一些重要经济现象：(1) 除了极少数规模较小的商业性国有资产进行公开拍卖外，绝大部分国企都是通过职工购买股份进行产权重组的。(2) 虽然大部分企业都是仿照西方国家的企业制度建立公司制，设立法人代表，建立了董事会和监事会双层治理结构，但是，上市公司的治理失效现象越来越多，“内部人控制”严重损害了中小股东的利益；同时，上市公司成立之初设立的非流通的职工股份都纷纷选择上市流通，这些上市公司主动放弃了建立职工持股制度的机会。(3) 与此同时，职工与用人单位之间的劳动争议与诉讼越来越多。针对这些现象，本章力图回答：(1) 这种职工持股方式能够完善公司的治理机制吗？(2) 转型中的劳动关系发生了哪些变化？职工通过购买股份能够改善企业内的劳动关系吗？

一、劳动契约中的激励机制：理论根据

劳动关系是一种内部化的关系性契约，不仅与市场上以特定物为交易对象的复杂契约不同，也有别于其他的长期关系性契约。重复作用、不完全性和社会嵌入性（社会交换机会）是劳动关系的重要特征。Milgrom & Ro-

---

① 本章主要内容基于姚先国，郭东杰．改制企业劳动关系的实证分析．管理世界．2004 (5)。

berts（1992）认为："大部分雇佣实际上代表着雇主和雇员之间复杂的长期关系"。重复作用可以创造一次性博弈所缺少的激励，命令与被命令、监督与被监督、谈判再谈判等不断发生，人力资本与物质资本在生产中反复地发生分离与结合。同时，长期的劳动契约使双方在不确定的环境下对未来所发生的事情比短期劳动契约更难以预测，契约中会留下更多空白条款，从而再次谈判时容易引发双边的道德风险，这对双方来说成本都是很高的。Falk等（1999）试验发现，在不完全契约博弈中，互利行为在劳动关系中是占优的行为，而且它们中的大多数是内生的互利行为。如果生产力的相当大部分是由互利考虑所激发的，雇主可以通过改变报酬的大度行为来改变工人合作的程度。然而，与其他契约不同的是，职工在契约执行过程中可以改变自己的努力行为，对此，监督和激励仍是提高雇员努力水平的手段，两者只有相容，才会达到帕累托最优（Geest，2001）。工人的行动对股东来说是观察不到的，在员工行为影响公司价值的地方，激励契约应该被用来避免道德风险，期望员工承担企业价值变化的风险显然是合理的（Scholes & Wolfson，1990）。但是，有效的劳动契约需要在风险和激励之间平衡。由于员工与股东相比是更典型的风险规避者，如果他们暴露在超出他们控制范围的风险之下，就需要另外的补偿。我们认为，获得剩余权利就是职工承担更大风险的补偿。Holmstrom & Milgrom（1994）把企业作为一个激励装置来看待，认为最直接的激励就是基于绩效计量之上的报酬支付，然而，由于监督的不完全，报酬支付效果有时不明显，所以资产所有权则是第二个更有力的激励装置，它使所有者可以获得剩余收益，增加谈判势力；第三个激励装置就是工作程序，包括工作描述、禁止的活动、工作纪律等。三种激励装置只有平衡使用，才能创造出最优的激励机制，这些组织的激励机制也正是劳动关系不同于市场上其他契约关系的主要特征。

我们知道，对劳动数量和质量的考核，对团队中个人产出品的评估，对违反契约的损害赔偿等，都导致劳动契约具有很大的不确定性。严密的监督虽然是激励雇员付出较高努力程度的方法之一，但是，这种监督可能摧毁专业化的优势，而且，监督者并不可能在所有的情况下都能获得相关的信息（Nagin et al. 2002）。监督者本人常常也是代理人，如何激励监督者努力，避免监督者与被监督者串谋在一起损害雇主的利益，也是非常困难的事情。既然严密的监督也无法做到使委托人与代理人的利益完全一致，一种最重要的工资激励机制——效率工资被设计了出来。然而，效率工资面临着两个普遍的问题：一是所有劳动报酬体系都应该满足劳资双方的要求，特别是不确定性风险的分担问题。如果当前的工资完全根据未来产出确定，把产出的波动风险都强加于工人身上，风险回避型的工人就不愿意工作；倘若雇主向雇员支付的工资与他们的产出关系不大，雇主就面临着工人的道德风险问题。二是绩效工资应该建立在能够将雇员的努力与雇主的目标很好地结合在一起的措施基础之上。Lazear & Rosen（1981）曾建立了一种个人激励契约，按工人的相对产出来支付报酬。他们假设劳动力市场上的工人是处于互相竞争的地位，具有较高劳动生产率的工人获得较高的报酬。通过扩大高低收入的差距，就提供了一种增加工人努力的刺激。这种收入差距的一个原则是使工人努力的边际成本与边际收益相等。但是，这种方法有可能破坏互相竞争的工人之间的合作，抑制那些在需求和技术快速变化的环境中日益需要的合作和团队工作，甚至发生故意破坏竞争对手的工作来提高自己的劳动效率的现象，或在职的经理通过各种手段阻挠潜在的竞争者。于是，为了对付这种现象，Holmstrom（1982）认为，如果产出水平能够被观察，报酬可以建立在产出的平均水平上，那么就能激励高效率的职工产出。然而，企业是几种要素投入所有者的团队生产组织，产品的不可分离性增加了测量这些资源的单独贡献的成本。因此，个人工资激励计划也总是面临一些普遍的问题：产品质量的维持，团队精神的培养，机器设备的合理使用，工资率的确定，以及产出的衡量等。所以，在上述一些问题变得严重时，尤其是当个人的努力对于团队工作的外部人来说非常难以监督，使用团体激励就可以节约监督成本（eoy and Kraft，1987）。这些计划将工人的工资与企业利润的某些组成部分（如集体生产率、质量与成本）联系起来，或者是直接将工资与企业的整体利润挂钩。

团队激励计划之所以越来越普遍地被采用，是因为它至少将个人工资同群体生产率的提高、成本的降低、产品质量的提高及其他衡量群体成就的标准联系起来。Cable & Fitzroy（1980）调查发现，通过消除传统的工人与企业之间的冲突，收益分享、利润分享和 ESOPs 基本上可以改善工厂的劳动关系。工人为了最大化共同财富，合作自然提高了工人的努力水平。因此，Weitzman（1984）极力提倡利润分享代替传统的固定工资，刺激工人努力工作和增加就业。不少实证研究发现，利润分享与红利支付可以提高公司长期业绩（Cable & Wilson，1990）。Osterman（1994）进行的一项调查表明，美国有 15%的雇主实行了收益分享计划，45%的雇主实行了利润分享计划。Fitzroy & Kraft（1995）进而比较了不同的激励选择对生产率的影响效果，认为利润分享的影响很大程度上取决于组织无法观察到的特征，单独地实施利润分享是值得怀疑的。许多团体激励机制配套设计，效果会更好。Ohkusa & Ohtake（1997）发现引入利润分享制的企业的产量提高约 9%，并且发现利润分享制对生产效率的作用可因 ESOPs 和信息共享的存在而增强。然而，团体激励计划存在严重的“搭便车”问题：处于集体中的个人将会发现，自己努力的结果将要与其他成员一起分享，如果自己不付出任何额外的努力就可以获取别人努力的成果，而如果自己付出额外努力的成果大部分被其他人享有，他们最终会以消极怠工的方式欺骗他们的同事，导致集体激励有时根本就不会达到理想的效果（Kandel & Lazear，1992）。这些搭便车问题也是以分享制的“1/n”而出名，即使工人的内疚感和互相监督压力也许能改善搭便车行为。Holmstrom（1982）暗示分享制应该与小企业密切相关，因为小群体容易克服搭便车问题。事实上，即使在非常小的公司里，“1/n”问题也是不可克服的。然而，一些大公司看起来能够克服这个问题而使生产率和利润增加，日本实行的红利支付就是一项成功的利润分享制度。Weitzman & Kruse（1990）对此的解释是内部重复博弈可以创造一次性博弈所缺少的激励而部分解决“1/n”问题。

实际上，利润分享对公司绩效影响的实证分析结果也是模棱两可的。Meade（1986）认为，利润分享制的优势必须克服那些对工人生产率可能产生负面影响的努力，尤其是，与利润相关的支付必须足够大才能对工人提供诱导努力的刺激。Kruse（1993）调查了 26 项研究资料发现，大约 10%的报告认为是显著的负相关结果，而另外 30%的研究结果是显著正相关的，其他则是不显著的。这些报告所涉及的利润分享企业中，有 1/4 的公司绩效没有提高。而且发现，给工人提供较大比例的利润分享的公司并不一定有较大的收益增长。Kelly & Kelly（1991）对 17 项关于利润分享企业里的劳资关系满意度的研究资料调查发现，其中只有 4 项报告清楚地显示劳资关系满意度是较低水平，其他则相反。Sobel & Takahashi（1983）解释说，利润的真正实现常常被企业私下拥有，工人是观察不到的。利润分享比例越高，企业越有动机隐藏他们的真实利润水平。因此，利润分享制同样导致企业一方的道德风险问题。Mishra & Morrissey（1990）指出，员工对分享的真正感觉将决定他们对利润分享制和分享大小的反应程度，特别是，努力水平关键依赖于员工是否被公正地对待，公平的补偿必须建立在公司真正的会计利润基础之上。不幸的是，上述大部分实证研究的确发现，利润分享企业中的大部分员工认为他们没有被公平地对待，我们认为，主要原因在于这些企业仍然实行传统的单边治理模式，职工没有参与到企业的治理中，其人力资本产权的剩余控制权利无法实现，就有可能导致他们的剩余索取权遭到侵害。Chang（2003）等发展了一个包含双边道德风险问题的效率工资模型对此问题进行分析，得出以下几个有趣的结果：第一，如果工人的努力是不可观察的和企业能够隐藏真实利润，较高的利润分享既可以提高也可以降低努力水平。然而，如果公司是诚实的，分享系数的上升将清晰地提高努力水平。第二，由于双边道德风险问题的存在，利润分享对就业有一个模糊的影响，它取决于利润分享对努力水平的影响。如果企业一方的道德风险问题不存在，较高的利润分享将刺激企业雇用更多的工人，失业率就会下降。因此，为了获得利润分享的生产率增长和就业提高，企业与工人之间的相互信任是必要的，特别是，管理层的诚信是利润分享制影响生产率和就业的决定性因素。两个实际的方法可以减轻这个问题：一是让工人代表参加董事（监事）会，以诱导企业遵守利润分享承诺，例如德国的共同参与制；二是基于股份基础之上的利润分享使工人的努力同企业绩效直接挂钩，例如 ESOPs 直接或间接地提供给雇员股份。我们认为，Holmstrom 强调的资产所有权并非是组织生存的唯一要素，它必须与人力资本相结合，才能创造价值，因此，劳动关系的核心表现为物质资本产权与人力资本产权之间的关系。那么，在劳动契约安排中，就不但要照顾物质资本所有者的利益，也必须充分考虑到人力资本产权经济收益的重要性，给予人力资本产权所有者相应的剩余控制权和剩余索取权。结合上述两种方式的优点，我们认为，职工持股共同治理模式下的利润分享制，才真正能够实现人力资本产权的经济利益，满足最优契约的三个条件：经营者与职工的利益更趋一致，都为工资领取者和剩余索取者。由于工人之间人力资本的异质性，利益的一致性可能促使他们更团结地合作，形成一个紧密的团队。Lazear（2000）认为，通过允许每个工人积累专职的人力资本或鼓励可能对其他成员有价值的特殊信息的转移，团队可以从工人之间的互补性生产获得利益。虽然许多人都强调团队生产中的道德风险问题，但是，实际生活中越来越多的企业运用团队激励来促进效率。对此，Hamilton（2003）等对团队激励机制进行了实证方面的分析，他们的结论是工人之间人力资本的异质性和工人的积极参与是团队成功的基础：第一，工人的异质性可以通过相互学习或影响群体生产的规范而增加收益，采用团队激励机制的企业的生产率平均提高了 14%；初始小规模的团队生产率提高最大，人数越多生产率增加就越少；而且，团队的平均能力一致时，成员之间的差异性越大，生产率提高得越多，这与相互学习和知识转移的解释是一致的。第二，共同治理可以实现各方的自我约束和相互监督，在一定程度上双方都会减少隐藏行动（Kandel & Lazear，1992）。而且，由于职工之间的重复接触还能够降低机会主义行为，这种监督比单纯的经营者监督更有效率（Che & Yoo，2001）。第三，报酬结构安排不仅根据人力资本的异质性使固定工资因人而异，也造成职工的持股比例不一样，从而形成两方面的收入差异。特别是经营者和职工都对剩余收益的不确定性非常敏感，对应持股比例的不同，根据边际效用理论，就可能造成大家对风险的敏感程度是相同的。由此，本章提出以下论点：基于股份基础上的共同治理可以降低劳动契约的不完全程度，减少双边道德风险，改善劳动关系。

二、影响劳动关系的控制变量选择

企业一旦在劳动力市场雇用了工人，隐含的劳动契约就形成了。在这个长期的博弈过程中，无论是隐藏信息还是隐藏行动，对于签约双方来说，某种程度上都是存在的，由此造成的机会主义行为是双边的。由于现代劳动法的严格制约，或出于对自身名誉的考虑，企业通常会遵守自己的承诺。特别是在共同治理模式下，工人有自己的代表参与公司监事会，进一步限制了企业一方的机会主义，因此，我们假设企业对工人总是完全满意的。相反，工人则受到劳动法的保护，甚至违约也不用为对雇主造成的损失进行赔偿。更重要的是，团队生产中单个工人的产出水平无法计量，而个人的投入努力程度又难以监督，工人会存在更多的隐藏行动和隐藏信息。由此，我们就可以根据工人对劳动关系的满意度来间接度量劳动契约的不完全程度。众所周知，如果签约双方对两者的劳动关系感到非常满意时，无论是否存在资产专用性，任何一方都不愿意贸然破坏一体化契约，双方的机会主义行为自然就会减少，导致交易费用的节约，劳动契约的不完全程度就会降低。反之，如果签约双方都对他们之间的劳动关系感觉很不满意时，任何一方都有破坏一体化契约的倾向，双方的机会主义行为自然增加，交易费用就会上升，劳动契约的不完全程度也就提高了。当然，还存在一种可能是，双方对他们之间的劳动契约的满意度不一致时，那么，满意度低的一方必然比满意度高的一方存在更大的机会主义倾向。总的来说，我们认为下列因素对劳动关系的影响是至关重要的：第一，工资契约是劳动关系中的核心，包括各种形式的奖金。工资奖金通常是工薪阶层最主要的收入来源，它的多少极大地影响着职工的劳动行为。Akerlof（1982）就认为，给职工支付高的工资将激励他们按照相关的礼物交换规则行动，互惠和共同责任的意识将减少机会主义。而且实证研究发现，绩效工资与雇员生产率关系密切，也同样影响劳资之间的合作关系（Lazear，2000）。第二，职工持有的股份，如果效益好，分红应该是工人除了工资奖金之外从企业获得的最多收入。我们强调的是，职工股份应来自于企业的收益分享，而不是工人们自有财产的投入。只有这样，人力资本产权的收益权利才会完全得到实现。恰恰相反，在我国改制企业里，职工股份全部来源于工龄补偿和现金购买，职工仍然是凭借物质资本投入来获得组织剩余的，这就使得职工持股制度难以像美国的 ESOPs 一样，在现实中被广泛地、持久地运用，其对劳动关系的影响力也必然受到一定的限制。第三，职位是影响劳动关系满意度的一个重要因素。不仅是因为职位越高所得报酬越多，而且，职位的作用主要表现在非经济利益上，如人们通常把地位、权力和荣誉作为自我价值实现的标志等。此外，在职消费是高职位的员工获得利益（效用）的一个途径，特别是在中国的改制企业里，职位高低通常会带来显著的隐形收入。第四，职工对管理层的满意度。劳动关系的实质是资方与工人之间的劳资关系，不仅表现在管理层的经营效率上，也表现为他们对工人的公平性和关心程度。因此，管理经营的好坏和管理层对职工的态度直接影响职工到工人的利益和感觉，进一步影响到他们的行为。传统的激励模型是建立在特殊的动机理论之上的，即职工是“理性欺骗者”，当边际收益超过边际成本时，他们能够预期到行为和偷懒的结果。但是，这种假设的合理性常常受到人力资源管理者和劳动关系专家的怀疑（Kreps，1997）。如果职工是理性的欺骗者，给定激励报酬安排的条件，监督的减少将导致偷懒的增加。Nagin 等（2002）通过试验发现：当监督明显放松时，有很大一部分职工的机会主义行为增加，符合“理性欺骗者”模型。然而，也有很大比例的职工并没有对监督的放松作出任何反应。行为差异的原因在于职工对管理层的评价不同，那些机会主义行为水平高的职工通常认为管理层不公平或对其不关心。因此，Nagin 等认为，一方面，监督和激励策略可以系统地管理那些具有机会主义的职工；另一方面，管理的策略需要维持那些不偷懒的职工的动力，管理层对待职工的同情和公平性可以在减少工厂的机会主义方面发挥重要的作用。第五，对工会的满意度。在转型期间，我国工会的职能并没有完全转变过来。总工会在法律上虽然仍是全体工人阶级利益的代表，企业工会是本企业范围内职工代表大会的常设机构，代表本企业全体职工的利益。但是，总工会更大程度上是政府的附属机构，企业工会也只能为工人发出一丝微弱的“声音”，因为很少有工会能够真正地进行集体谈判。同时，工会领导兼任监事会主席，起着监督管理层的重要作用。从上述两方面来看，工人对工会信任的程度和工会组织表现的好坏，将直接影响职工对本企业内劳动关系的满意度。第六，在本企业的工作时间。工作时间长短不仅仅对工资有重要的影响（Hutchens，1989），也会改变劳资之间的关系。一般来讲，长期在某个企业工作，无论是在同事之间还是与管理层，都会建立一种默契。例如，日本工龄较长的工人就把企业当做自己的家庭一样看待。但是，在改制企业里，由于工龄长的工人的利益受到损害，有可能降低他们对劳动关系的满意度。第七，对于改制为职工持股的企业，协会是企业的重要所有者，有代表参与董事会和监事会，是保证职工实现人力资本产权的剩余控制权利的重要组织。因此，协会是否真正代表持股职工的利益，在企业决策和运营上发挥有效的作用，成为职工对劳动关系满意度评价的一个重要因素。第八，对企业的发展前景的看法，企业的发展前景将会使工人有一个理性预期。工人对管理层与企业的主观评价和认识，某种程度上决定工人的努力水平（Macleod，2003）。如果工人们感觉企业的发展前景非常暗淡，他们就会丧失对未来的追求，也就没有动力增加自己的努力。第九，对于近两年改制的企业，改制方案公平与否，将会长期影响工人的劳动行为，因为他们能够感觉到自己的公民权利是否得到有效保护（Moorman，1991）。

除了上述因素之外，诸如福利水平、工作环境、行业性质、企业规模以及职工人数等，虽然在某种程度上会对劳动关系造成影响，但是，这些影响与上述因素相比处于更次要的地位。例如，传统的企业福利转为社会保障制度之后，国家鼓励各类企业都应给工人提供劳动保障，而且，福利水平基本上是与工资挂钩的；工作环境，主要有车间和办公室之分，这可以在职位中考虑；再如，由传统国有企业改制为有限责任公司，工作环境基本上没有变化，各个企业差别不大。

浙江的国有企业改制大都采用了不同类型的职工持股制度。笔者调查了10家改制企业，涉及化工、仪器制造、原料销售、肉类加工、驾校培训等行业。根据各企业的职工总数，以不同的比例确定每家企业的职工调查数量。总共调查了600名不同层次的对象，包括高层管理、中层干部、技术骨干、普通职工等，收回有效问卷539份。其中高层管理人员36份，中层干部97份，技术骨干111份，普通职工295份。在初步进行回归分析测试时，并没有得出预期的效果，分析原因在于高层管理人员调查样本偏少，影响了结果。此外，高层管理人员一般被看做是企业的代表，持有本企业较多的股份，对他们的调查并不能反映职工的劳动关系状况。因此，应把高层管理从样本中删除，剩下的最终有效样本是503份。对于个别问题的调查，只有持股职工才能回答的问题，最终有效样本是466份，见表14—1。

表14—1　全部调查样本中有关模型变量的统计描述

变量	样本数	平均值	标准差	最小值	最大值	说明
满意度	503	61.53	16.97	0	100	完全不满意为0分，完全满意为100分，分为10个等级
年工资奖金	503	2.268	0.8288	0.6	6	年工资奖金收入，不含股票红利
持股数量	503	3.890	3.979	0	29	指职工持有本企业股份的绝对数量
持股比例	503	2.952	4.297	0	25.61	职工持有企业股份与总股本的比例
职位等级	503	1.606	0.7909	1	3	职工为1，技术骨干为2，中层干部为3

续表

变量	样本数	平均值	标准差	最小值	最大值	说明
工龄	503	18.34	9.112	2	36	职工在本企业的工作年数
对管理层的满意度	503	2.990	0.8734	1	5	很不满意为1，较不满意为2，一般为3，比较满意为4，非常满意为5
对工会的满意度	503	2.876	0.9258	1	5	
对改制方案的满意度	503	3.322	0.7439	1	5	
对协会是否信任	466	0.4828	0.5002	0	1	0为不信任，1为信任
对长远发展的信心	503	0.7057	0.4561	0	1	0为没有信心，1为有信心

从统计数据来看，对劳动关系的满意度均值为61.53，表明企业的劳动关系刚好“及格”，全部职工的平均工资奖金为2.27万元，平均持有股份数量为3.89万股。我们增加一个持股比例的变量，便于不同企业的职工进行比较。从统计上看，其均值为2.95‰，表明职工持股企业的股权是非常分散的。对于其他的变量，都比较容易理解，在此不再赘述。为了比较不同等级的职工对劳动关系满意度的差别，分析哪些因素比较显著地影响劳动关系，表14—2分别对普通工人、技术骨干和中层干部的统计数据进行了统计分析。从中不难发现，除了工龄之外，其他变量的平均值都随着职位等级的增加而变大，其中满意度、工资、持股数量、持股比例的平均值的变化较大。

表14—2　普通工人、技术骨干和中层干部各职位级别调查样本中有关变量统计描述

变量	普通工人（职位等级＝1）			技术骨干（职位等级＝2）			中层干部（职位等级＝3）		
	样本数	平均值	标准差	样本数	平均值	标准差	样本数	平均值	标准差
满意度	295	54.33	16.27	111	66.30	10.69	97	77.93	10.40
年工资奖金	295	1.816	0.3468	111	2.426	0.5082	97	3.464	0.9090
持股数量	295	2.202	1.321	111	3.582	2.536	97	9.378	5.547
持股比例	295	1.764	2.820	111	3.498	4.790	97	5.942	5.673
工龄	295	18.21	10.11	111	17.38	7.553	97	19.84	7.230
对管理层的满意度	295	2.766	0.9013	111	3.135	0.6534	97	3.505	0.7517
对工会的满意度	295	2.698	0.9334	111	2.882	0.8283	97	3.412	0.8004
对协会是否信任	264	0.3333	0.4722	106	0.6037	0.4914	96	0.7604	0.4290
对改制方案满意度	295	3.145	0.7840	111	3.387	0.5747	97	3.783	0.5632
对长远发展的信心	295	0.6101	0.4885	111	0.7657	0.4254	97	0.9278	0.2601

三、职工持股企业劳动关系影响因素

我们采用分步估计分析的方法。

第一，职工对劳动关系的满意度通常取决于以下 4 个关键变量：工资奖金（wage）、持股数量（stock）、职位层次（rank）和工龄（workage）。公式如下：

$$y_{sat}=a_0+a_1\ln wage+a_2 stock+a_3 rank+a_4 workage+a_5 workage^2+\varepsilon \tag{14—1}$$

第二，在式（14—1）中，增加一些影响劳动关系满意度的虚拟变量，如对经营管理层的满意度（对管理层的满意度）和对工会的满意度（union），形成式（14—2），用来检验这些变量与劳动关系满意度的关系。

$$y_{sat}=a_0+a_1\ln wage+a_2 stock+a_3 rank+a_4 workage+a_5 workage^2+a_6 manager+a_7 union+\varepsilon \tag{14—2}$$

第三，由于职工持股企业都是近三年才刚刚由国有企业改制而来，改制方案的公平与否至今仍影响着职工对企业的看法，以至于影响双方的劳动关系，因此，在式（14—3）中增加一个对改制方案的看法的虚拟变量（对改制方案的满意度）。同时，改制公司普遍设立了协会，这通常是一个法人团体。因此，协会能否真正代表持股职工的利益，参与公司的决策，监督经营者的行为，也是影响劳动关系的一个重要原因，因此，再增加一项对协会的信任程度的虚拟变量（对协会是否信任）。另外，原国有企业改制为公司，成为市场的独立法人。国家不再进行财政补贴，各种融资也变得困难了，企业开始独立承担风险。所以，职工们是否对改制企业的长远发展充满信心，也必然影响到职工的士气。因此，有必要再加上职工对企业长远发展是否有信心的虚拟变量（对长远发展的信心），而且，改变量也在一定程度上反映了企业运作的效率和竞争能力。最终形成式（14—3），从而更符合改制不久的职工持股企业的现实状况。

$$y_{sat}=a_0+a_1\ln wage+a_2 stock+a_3 rank+a_4 workage+a_5 workage^2+a_6 manager+a_7 union+a_8 association+a_9 reform+a_{10} hope+\varepsilon \tag{14—3}$$

第四，我们利用 Stata 统计软件，对全部样本数据的 Ordered Logit 模型进行估计。表 14—3 是分步估计分析的结果，不难发现，模型中所有自变量对劳动关系满意度都存在显著性的影响。此外，笔者采用 Wald test 的方法对模型的整体拟合效果进行检验。结果显示，在给定的 0.05 的显著性水平下，从式（14—1）到式（14—2），以及从式（14—2）到式（14—3），统计量所对应的对数似然比检验的显著性指标 P 值都小于 0.05，表明新增自变量作为一个整体对因变量有显著性影响。相对式（14—1）和式（14—2）而言，式（14—3）具有更优的拟合结果。

表 14—3　职工持股企业劳动关系影响因素的估计分析结果（持股数量）

解释变量	式（14—1）			式（14—2）			式（14—3）		
	系数	t 值	显著水平	系数	t 值	显著水平	系数	t 值	显著水平
工资对数	2.2163	5.55	0.000	1.3825	3.42	0.001	1.0129	2.40	0.017
持股数量	0.20616	5.77	0.000	0.18360	5.28	0.000	0.12979	3.77	0.000
职位等级	0.46864	2.66	0.008	0.53125	3.07	0.002	0.55094	3.05	0.002
工龄	0.21324	5.12	0.000	0.17994	4.25	0.000	0.12997	2.77	0.006
工龄^2	−0.0052	−4.79	0.000	−0.0042	−3.81	0.000	−0.0027	−2.18	0.029
对管理层的满意度				1.1761	9.20	0.000	0.97384	6.63	0.000
对工会的满意度				0.55000	5.19	0.000	0.46508	3.96	0.000
对协会是否信任							0.68175	3.21	0.001
对改制方案的满意度							0.47899	3.08	0.002
对长远发展的信心							1.2921	5.25	0.000
Pseudo R^2	0.181			0.265			0.303		
Observations	503			503			466		
Log likelihood	−783.2			−702.8			−596.5		

借助于表 14—3 的估计结果，我们发现，职工对劳动关系的满意度与持股数量之间是显著的正相关关系，图 14—1 是这种关系的直接性描述。我们的结论同 Blinder（1992）和 Kaufman（1997）的研究结果一致，证明上述论点是成立的。而且，在职工对于持有股票数量多少这一问题的回答上，本次的调研结果显示，55.3%的人认为太少，41.4%的人认为适当，只有 3.4%的人认为偏多。由此看来，绝大多数职工还是愿意购买较多股份的。可能的原因主要有三个：首先是职工都希望成为剩余利润的索取者，从而增加自己的利益和谈判势力，在竞争激烈的劳动力市场上，稳固自己的岗位；其次是职工对企业的发展前景比较看好，希望能够长远获利；最后是国有资产在转制过程中价值可能被低估。调查发现，79.9%的人表示有了股份会更

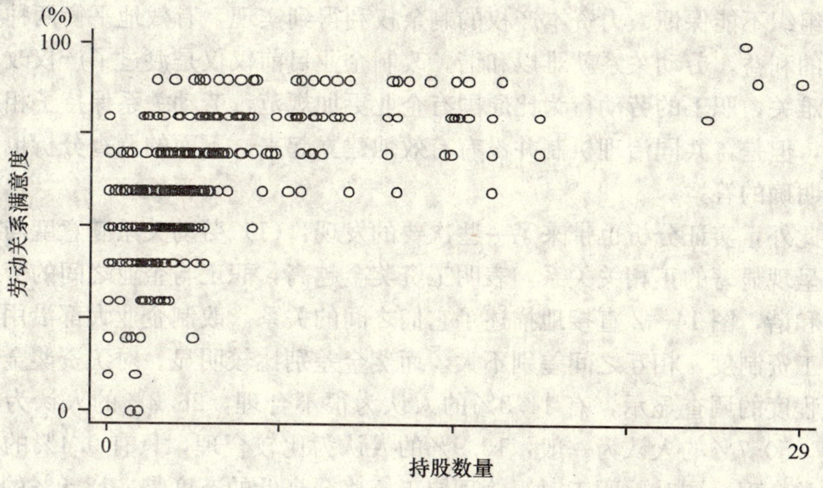

图 14—1　劳动关系满意度与持股多少之间的关系

努力工作，另外有 20.1％的人表示不会较原来更努力工作，不会更努力的原因应该在于持股数量太少，或者是持股职工的权利可能无法保障。例如，对持股职工行使权利状况的调查表明，38.4％的人表示“是”，61.6％的人回答了“否”；对持股职工在协会是否有发言权利的调查结果，42.5％的人回答“有”，57.5％的人回答“无”，两者结果比较一致。造成此种状况的原因主要有两方面：一是传统的工业独裁仍然存在，持股职工参与企业治理的权利意识可能没有提高，即使有所提高，很多权利也无法得到保证；二是绝大部分改制企业的职工持股协会实行的是会员代表制，因此，一些不是代表的职工的权利可能无法实现。特别是前面已经提到，改制企业职工股份都来自于工龄补偿和现金购买，而不是他们的人力资本产权收益所得。既然这些股份是通过物质资本的投入所得，那么组织剩余的分享也仍然不是人力资本产权剩余索取权利的实现。虽然职工购买股份可以实现国有资本的退出，有可能增加了持股职工的谈判势力，提高他们的收入，暂时稳定劳动关系，但是剩余往往仍是根据物质资本多少进行分配的。因此，改制企业所实行的职工持股制度不是我们认为的“职工持股共同治理模式下的利润分享制”，并不能从根本上解决劳动问题。在调查中发现，国有企业改制过程中存在三个突出的问题：一是许多职工是被迫购买股份的，工人不愿意购买股份的原因不外乎缺少资金或者怕承担风险；二是购买股份多少往往是根据职位高低进行的，而不是根据人力资本差异进行的，前面的统计分析给了我们证明，特别是，职工持股更不能搞平均化，否则激励机制就无法发挥作用；三是大量的职工由于种种原因没有购买股份，他们的劳动权益如何保障？我们认为，如果组织不能保证人力资本产权的剩余权利得到实现，有效地平衡两种资本产权的利益，劳动关系就难以和谐。改制企业目前仅仅是渡过了产权改革初期的难关，职工的劳动行为比原国有企业更加规范，劳动关系保持了相对稳定性，但是，共同治理机制并没有有效地建立起来，下面的调查分析也给了我们明确的答案。

此外，实证分析也带来了一些次要的发现：(1) 劳动关系满意度与工资奖金呈现显著的正相关关系，表明工资奖金越高，职工与企业之间的劳动关系越和谐，图 14—2 直接地描述了它们之间的关系。改制企业大都沿用了原有的工资制度，相互之间差别不大，而奖金差别比较明显。对工资奖金结构合理程度的调查显示，有 11.3%的人认为很不合理，26.2%的人认为较不合理，50.7%的人认为一般，10.9%的人认为比较合理，只有 0.4%的人认为非常合理。同时，职工对于管理层工资奖金高低的态度是，18.9%的人认为太高，33.4%的人认为较高，40.6%的人认为一般，5.8%的人认为较低，只有 1.4%的人认为太低。可见，改制企业面临的一项重要任务就是报酬激励的优化设计问题，如何把企业的工资水平同劳动力市场工资水平有机结合起来。(2) 劳动关系满意度与职位级别存在显著的正相关关系，表明职位越高，从本企业所获得的经济利益和效用越大。职位越高，就更认同企业领导的一些做法，职工与企业高层管理人员的个人关系质量就越好，进而他与企业之间的劳动关系更融洽。(3) 职工在本企业的工作时间，同样对劳动关系影响很显著。但是，笔者发现它们之间是倒 U 字形关系（见图 14—3）。可能的解释如下：理论上，职工在一个企业里工作的时间越长，不仅在工资奖

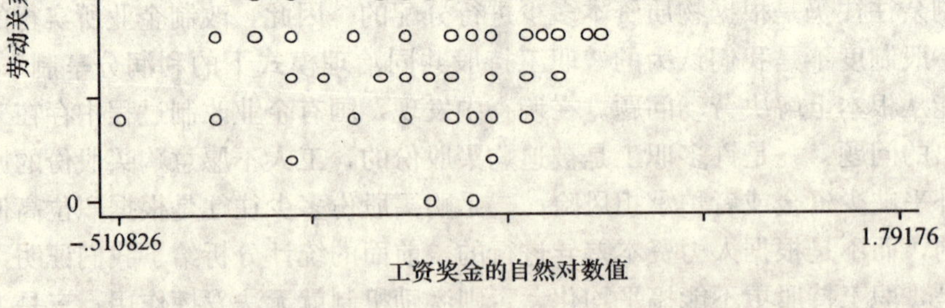

图 14—2　劳动关系满意度与工资奖金的自然对数值之间的关系

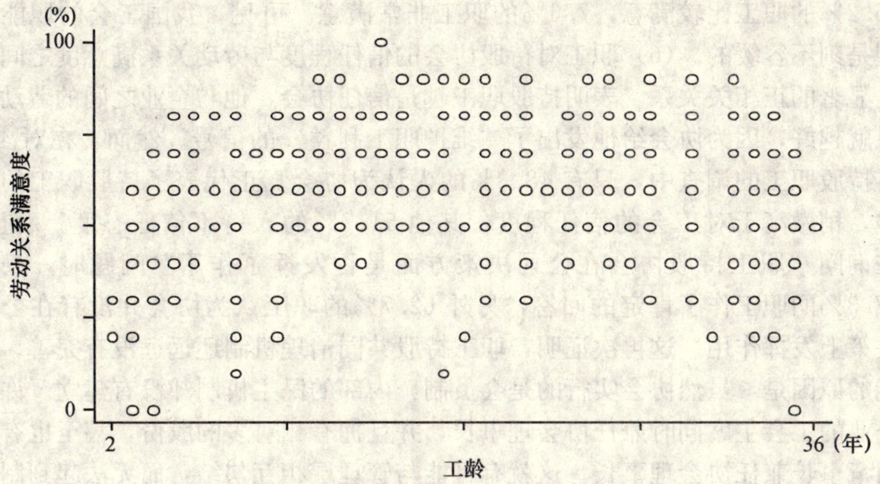

图 14—3　劳动关系满意度与工龄之间的关系

金、职位层次上可能更上一层楼，他对本企业的经营管理也更熟悉，应该是对企业更有感情。然而，在改制企业里，工龄买断的补助是非常少的。工龄越长的职工（管理者除外），利益损失越大。而且，工龄在 30 年以上的职工，人力资本存量很少，在供大于求的劳动力市场上，很难重新签约，造成工龄越长的职工对企业改制的认同度偏低。(4) 劳动关系满意度与职工对管理层的态度也是正相关关系，并且在所有的变量中影响是最显著的，反映了劳资冲突的核心。Blanchflower & Oswald (1988) 发现，实行利润分享制企业的员工对劳动关系质量的满意程度并不高，一个主要的原因就在于管理层并没有完全获得职工的信任。对于企业一方的道德风险问题，Kelly & Kelly (1991) 和 Gross & Bacher (1993) 研究发现，在利润分享制中，雇主与员工之间的关系只能在某些条件实现的情况下才能得到改善，对管理层的信任是一个重要的因素。然而，关于职工对经营管理层的态度方面的调查显示，2.0%的人表示对管理层很不满意，25.0%的人较不满意，48.9%的人认为一般，17.9%的人比较满意，6.2%的人非常满意。职工的赞同率并不高，表明高层管理人员的经营方式和对待员工的关心程度仍需提高。(5) 职工对工会的态度与劳动关系的满意程度之间也是显著的正相关关系。这表明，工会是否真正代表工人的利益，也是影响劳动关系质量的一个重要因素。由于各方面的原因，转型过程中工会还缺少独立性，传统职能没有完全转变过来。本次调查显示，只有 36.8%的职工认为工会真正代表了工人的利益，另外 63.2%的职工作了否定的回答。在对工会运行的态度方面，有 1.8%的职工很不满意，24.5%的职工较不满意，41.0%的职工认为一般，

25.2%的职工比较满意，7.6%的职工非常满意。可见，我国工会的职能转型是刻不容缓的。(6) 职工对持股协会的信任程度与劳动关系满意度之间也是显著的正相关关系。表明持股职工越是信任协会，他与企业之间的劳动关系就越好，因为协会给他发出了“维护职工利益”的信号。然而，在对466名持股职工的调查中，只有48.3%的人认为协会真正代表了持股职工的利益，稍微高于对工会的信任程度，其他51.7%的人持不信任态度。而且，在询问“职工持股协会在公司决策方面是否发挥了作用”问题时，只有37.3%的职工作了肯定的回答，另外62.7%的职工认为协会并没有在公司决策上发挥作用。这再次证明，职工持股共同治理机制还远远没有完善。可能的原因是，虽然协会实行的是会员制，内部的民主机制却没有建立。许多企业的工会主席同时兼任协会理事长，并且拥有相对多的股份，甚至也有公司董事长兼任协会理事长。这就有可能与管理层相互勾结，而无法起到制衡的作用，从而导致了协会在会员中信任程度降低。因此，如何完善职工持股协会的制度建设，将是持股职工共同治理实现的前提，也是企业劳动关系保持和谐的基础。(7) 对于新近改制的企业，职工对劳动关系的评价与他对企业改制方案的态度紧密相关。对改制方案越满意，他对劳动关系的满意度越高。然而，我们发现，只有0.6%的职工对改制方案非常满意，比较满意的占13.5%，大部分职工认为一般（40.4%）和较不满意（44.1%），还有1.4%的职工表示很不满意。调查结果反映了企业内部职工利益冲突的实际情况，经济转型总是给人们带来利益上的调整和意识上的不习惯。(8) 对改制企业的长期发展是否有信心是个虚拟变量，0为没有信心，1为有信心。估计系数是正值，并且影响显著。我们的调查结果非常令人兴奋，有70.6%的职工都表示对企业的长远发展充满信心，远远优于前面一些问题的回答。

此外，对比式（14—1）、式（14—2）、式（14—3）的估计结果发现，在控制了对经营管理层的满意度、对工会的满意度、对协会的满意度和对改制方案的满意度以及对改制企业的长期发展是否有信心等五个变量后，持股数量的估计系数变小，但是仍是显著的。这和预测是一致的，因为对经营管理层的满意度等变量与劳动关系的满意度变量是正相关的同时，也与持股数量正相关。改制企业的所有权安排对职工持股数量有严格的规定，大部分企业根据工龄、职位级别来分配，也有极少部分企业对此无规定。表14—4说明它们之间的相关系数都是正的。这必然导致式（14—1）中对持股数量系数可能高估，对这些变量的控制将使对持股数量系数进行更精确的估计成为可能。而且从表14—4不难发现，持股数量与持股比例的关联性并不高（相关系数为0.513）。原因在于各个企业的规模不同，注册资本也不一样。为

表 14—4　　模型中各变量的相关系数矩阵

	年工资奖金	持股数量	持股比例	职位等级	工龄	对管理层的满意度	对工会的满意度	Ass	对改制方案的满意度	对长远发展的信心
年工资奖金	1.000									
持股数量	0.612	1.000								
持股比例	0.284	0.513	1.000							
职位等级	0.756	0.651	0.362	1.000						
工龄	0.105	0.098	0.114	0.046	1.000					
对管理层的满意度	0.354	0.364	0.220	0.348	0.004	1.000				
对工会的满意度	0.342	0.283	0.289	0.289	0.073	0.437	1.000			
Ass	0.346	0.3002	0.140	0.354	0.019	0.382	0.354	1.000		
对改制方案的满意度	0.338	0.308	0.223	0.326	−0.001	0.555	0.464	0.312	1.000	
对长远发展的信心	0.311	0.299	0.112	0.272	0.041	0.442	0.328	0.454	0.369	1.000

了进一步验证上述发现，我们有必要以持股比例替代持股数量来进行 Odered Logit 模型估计分析，表 14—5 是估计分析结果。比较表 14—3，两者的结果是一致的，只是系数大小不同。

表 14—5　　职工持股企业劳动关系影响因素的估计分析结果（持股比例）

解释变量	式（14—1）			式（14—2）			式（14—3）		
	系数	t 值	显著水平	系数	t 值	显著水平	系数	t 值	显著水平
工资对数	2.7100	7.12	0.000	1.8396	4.71	0.000	1.2931	3.13	0.002
持股比例	0.07484	3.56	0.000	0.05551	2.61	0.009	0.05786	2.67	0.008
职位等级	0.73093	4.42	0.000	0.76440	4.65	0.000	0.70760	4.12	0.000
工龄	0.21360	5.09	0.000	0.18296	4.29	0.000	0.12422	2.62	0.009
工龄^2	−0.0052	−4.77	0.000	−0.0043	−3.84	0.000	−0.0025	−2.03	0.042
对管理层的满意度				1.2373	9.66	0.000	1.0042	6.83	0.000
对工会的满意度				0.48041	4.49	0.000	0.40456	3.41	0.001

续表

解释变量	式（14—1）			式（14—2）			式（14—3）		
	系数	t 值	显著水平	系数	t 值	显著水平	系数	t 值	显著水平
对协会是否信任							0.69364	3.27	0.001
对改制方案的满意度							0.48869	3.13	0.002
对长远发展的信心							1.4326	5.79	0.000
Pseudo R^2	0.167			0.252			0.299		
Observations	503			503			466		
Log likelihood	−796.6			−715.1			−600.6		

四、不同职别员工劳动关系的影响因素

为了进一步分析职工持股企业中，不同职位层次内的职工对劳动关系满意度的影响因素，我们利用本次调查的样本，把职工分为三个等级（rank），分别为普通职工、技术骨干与中层干部，这也是国有企业内部职工等级划分的一个常用方法。我们已经知道，改制企业的职工股份并不是来自剩余收益，数量多少也不是根据人力资本的异质性来确定的。绝大部分的国有企业在设计产权多元化方案时，一般参照职工的职位等级和工作年龄，允许其按一定的比例购买企业股份。当然，有的国有企业资产巨大，为了实现国有资本的完全退出，政府鼓励职工买得越多越好，没有过多的限制。也有一些企业效益非常差，发展前景不好，职工不愿购买股份（调查中发现，有一家效益较差的企业，只有30%的职工持有股份，而且大部分是各级管理者）。同时，各个职位等级的职工，工资奖金差别不大，对劳动关系满意度的差异将会更真实地反应改制企业存在的问题。因此，我们可以更进一步通过分层估计分析，来研究改制企业中的劳动关系的影响因素。

从表14—6的数据来看，比较式（14—3）估计分析的结果，我们发现：在普通职工中，除了工资奖金和对协会是否信任等两个变量的影响不显著之外，其他变量的影响都是显著的，而且，持股数量的影响显著性最高，这就说明了持有股份对普通职工来说是非常重要的，提高了普通职工对企业的认同感，改善了他们与企业之间的关系。在技术骨干中，有持股数量、对管理层的满意度、对工会的满意度和对企业的长远发展是否有信心等四个变量影响是显著的，其他变量的影响是不显著的；在中层干部中，只有持股数量、

表 14—6　　普通职工、技术骨干和中层干部分层估计分析结果

解释变量	普通职工（rank=1）			技术骨干（rank=2）			中层干部（rank=3）		
	系数	t 值	显著水平	系数	t 值	显著水平	系数	t 值	显著水平
ln 年工资奖金	0.75999	1.26	0.208	1.6515	1.55	0.120	0.60664	0.73	0.464
持股数量	0.74147	5.75	0.000	0.20173	1.96	0.050	0.08482	1.94	0.052
工龄	0.15119	2.65	0.008	0.04533	0.34	0.734	0.22641	1.47	0.140
工龄^2	−0.0038	−2.53	0.011	−0.0016	−0.46	0.646	−0.0032	−0.87	0.384
对管理层的满意度	0.81057	4.34	0.000	0.90087	2.34	0.019	1.0947	3.20	0.001
对工会的满意度	0.36289	2.35	0.019	0.96573	3.32	0.001	0.00256	0.01	0.993
对协会是否信任	0.38043	1.36	0.174	0.57033	1.13	0.258	1.2973	2.50	0.012
对改制方案的满意度	0.61353	3.09	0.002	0.43735	1.13	0.260	0.32711	0.80	0.422
对长远发展的信心	1.3871	4.62	0.000	2.0214	3.12	0.002	1.0308	1.11	0.267
Pseudo R^2	0.257			0.289			0.196		
Obs	264			106			96		
Log likelihood	−350.4			−103.6			−109.1		

对管理层的满意度和对协会的信任程度等三个变量的影响是显著的，其中对管理层的满意度的影响最显著，证明了职位越高，与企业之间的关系就可能越好，所获得的在职消费就越多。通过比较分析，可以看出，工资奖金之所以在分层研究中的影响不显著，是与改制企业实行的工资政策有关，即各个级别内的职工的工资奖金差别不大。其他一些变量的影响也都是正相关关系，显著性的变化比较难以解释。但是，分层估计分析的一个重要发现就是，持股数量和对管理层的满意度两个变量在各个职位级别的职工中，对劳动关系的影响都是最显著的。

五、结论与启示

经济体制改革的本质就是系统地变革生产关系，使其适应生产力的发展，其核心则是实现人力资本产权个人所有制，在契约自由的原则下实现人力资本产权与物质资本产权的有机结合。由于企业内劳动关系的核心是物质资本产权与人力资本产权之间的利益关系，要改善劳动关系，就必须放弃传统的物质资本产权所有者单边治理和独占剩余的做法，照顾到两种资本产权的利益。从本质上说，职工持股是职工凭借其长期人力资本投入所形成人力资本与股权资本结合起来参与企业治理、分配企业剩余的一种制度安排。实行职工持股，不仅可以优化劳动者与生产性资源的结合方式，更有利于在社会主义市场经济条件下形成合理的收入分配关系，在企业内部建立良好的激励机制：共同的获利动机促使职工自我监督，从根本上改变了古典企业资产所有者监督人力资本所有者所形成的对抗性劳动关系。然而，我国改制企业实行的并不是我们所强调的职工持股共同治理模式下的利润分享制，股份来自于人力资本产权应得的企业剩余，而是一种通过财产投入间接地增加职工谈判实力的方式，职工实际上成为企业的“小资本家”，其人力资本产权收益仍然没有完全得到实现。而且许多改制企业雇有大量非持股职工，他们既不能参与企业治理，也不能够分享剩余，势必会影响到他们的努力行为。虽然实证研究发现，职工持股极大地缓解了国有企业产权多元化改革给劳动关系带来的潜在冲突，为经济发展提供了一个稳定的环境。但是，许多问题仍然困扰着改制企业，刚刚“及格”的劳动关系表明，这种职工持股模式并不能从根本上解决劳动问题。我们不仅需要从法律上保障劳动者的各项基本权利，更需要从组织上保护人力资本产权的经济利益，构建一种职工持股共同治理模式下的利润分享制。

第十五章　从工会现状看劳资关系：来自浙江省的实证①

自从邓小平南巡谈话刺激中国经济飞速发展后，劳动力市场的地方分权也越来越明显。劳动力市场不再是“中央下达地方，地方严格执行”的计划方式。企业自身的灵活度也增强不少，包括工资设置、工作时间、雇员裁员、内部管理、员工培训等。正是因为劳动力市场的巨大变化，劳资关系也显得越来越重要：高度计划时期企业自身在很多人事方面的决定权很小，现在多数都可以在符合《劳动法》的前提下自由决策。而经济转型过程中出现的很多问题，包括下岗、内退、包分配工作到双向选择等问题，也使得劳资关系的重要性更加突出。曾经出现的一些员工罢工、去当地政府集会甚至发生暴力事件，就是劳资关系发生矛盾的集中体现。近年来中国企业的劳动纠纷量持续上升。国家统计局数字显示，从 1994 年到 2003 年，劳资纠纷由 1.9 万件增长为 22.6 万件，参与劳动纠纷的总人数由 7.78 万人增长为 80 万人。两个数字都增长逾 10 倍。还有一点需要引起关注：集体件数只占劳动纠纷总数量的 6%左右，但集体劳动纠纷人数却占劳动纠纷总人数的 2/3 左右。这些纠纷是由劳动者自发提起的，而非工会组织。很具体地说明了目前工会与劳动者之间的关系状况，也说明了中国工会在劳动关系中的地位和作用（常凯，2005)。

劳资关系直接影响企业的生产率和安全稳定，对于经济发展的作用毋庸置疑。而工会是劳资关系的基础和桥梁，而且相对容易观察和量化，所以国外研究工会的文献很丰富。然而，关于中国内地劳资关系情况的研究却非常欠缺，已有文献也是以案例和论证为主，缺乏足够的实证支持。本章将会从各个角度对于工会进行详尽的分析：什么样企业更可能设立工会？工会会员有没有额外的回报？以及工会在改善员工福利方面到底起了怎样的作用？本章的主要贡献在于：使用全新的具有完全代表性的经济普查数据，首次对于为什么设立工会、哪些人参加工会、工会的作用等问题进行了全面系统的实

---

① 本章主要内容基于姚先国，李敏，韩军．工会在劳动关系中的作用——基于浙江省的实证分析．中国劳动关系学院学报．2009 (1)。

证分析，从而弥补了以往文献缺乏对于这个问题进行科学实证的不足。通过这些细致的实证分析，我们希望通过工会的发展现状对于劳资关系有个全面了解，并提出合理的政策建议。

一、浙江省经济普查数据

本章使用的数据来自浙江省 2004 年经济普查。由于是普查数据，意味着我们的结果具有完全代表性。虽然这是浙江省数据，但是浙江经济在全国处于领先地位，所以我们的研究结果对于别的省份具有指导意义。

2004 年浙江省经济普查对象是第二和第三产业所有行业的全部法人单位、产业活动单位和个体户。普查内容涉及单位基本属性、就业人员、财务状况、生产经营情况、生产能力、原材料和能源消耗、科技活动情况等。普查数据经过严格的质量控制。数据处理工作按照“统一组织、统一程序、分级汇总、逐级上报”的原则进行，从县级开始进行录入、审核、汇总。各级普查机构建立数据质量控制岗位责任制，制定质量控制工作细则，对方案设计、业务培训、单位清查、调查登记、收表审表、数据处理等各环节工作，实行全过程的质量控制。普查机构还采取随机抽查与重点抽查相结合的办法，进行事前、事中和事后的质量控制与检验，并且按照规定对普查数据进行分析评估，从而确保了普查数据的质量。

普查数据中，共有法人单位 40.38 万个，占全国的 7.8%，仅次于广东和江苏，其中企业法人单位共 30.93 万个；个体经营户共 276.26 万户。企业法人单位中，私营企业共 21.86 万个，占 70.7%。共吸纳从业人员 2300.58 万人，占全国的 7.5%，其中单位就业人员 1570.10 万人，占 68.2%；个体户从业人员 730.48 万人，占 31.8%。从业人员中，高中和大专学历分别占 27%和 9.5%，大学及以上学历占 5.4%。

数据的基本结构如下：首先是法人单位基本情况，我们使用的关于企业基本情况，包括所有制、工会设立情况、从业人员数、教育和技术分布情况、计算机使用情况都是从这部分得来；然后是产业活动基本情况，我们使用的企业行业情况、企业成立时间、营业状态是从这部分得到的；经济普查数据调查内容是规模以上工业企业的生产经营财务以及各种生产经营情况的调查，这部分资料比较详尽，我们研究中的工会经费、职工教育费，劳动、待业保险费，养老保险和医疗保险费、住房补贴和住房公积金、福利费等数据都是从这部分得到的。需要指出的是，对于规模以下企业，由于普查数据没有提供关于工会和员工福利情况，所以在第四目讨论工会对于员工福利影响时，我们只考察了规模以上企业，样本量相应会减少。尽管因为数据限制导致第四目分析不那么具有代表性，但是总体来看，我们对于规模以上工业企业的分析也同样可以推广到别的类似企业。而且参加工会的员工主要集中在规模以上工业企业，所以我们的结论一样具有参考价值。

二、企业设立工会情况以及工会在工人中的覆盖率

根据普查数据的初步统计，企业设工会的比例约为17.1%，个人参加工会的比例约为12.5%。这两个数字的差异来自于大小企业设立工会的情况不同，而且每个企业内部工会的覆盖率都不尽相同。那么是哪些因素影响企业设立工会情况以及工会在工人中的覆盖率呢？在本章中，我们将通过估计一个Probit模型来回答上述问题。模型设定如下：

$$\Pr(y=1 \mid x)=\Phi(xb) \tag{15—1}$$

y指是否设立工会（设立为1，不设立为0），Φ是标准正态分布累计函数。x为解释变量，包括企业不同教育水平比例、技术职称比例、技术等级比例、企业所有制、员工数、年龄及其平方、企业技术（采用人均拥有计算机数量来衡量）、经营状态和企业的行业类型。b是估计系数。估计结果见表15—1。

表15—1　企业是否设立工会的Probit估计（设立为1，不设立为0）

	(1)	(2)	(3)	(4)
教育（初中以下为比较组）				
研究生及以上学历人员比例	−1.331	−0.569	−0.662	−0.796
	(5.11)***	(1.74)*	(1.92)*	(2.27)**
大学本科人员比例	−0.053	0.330	0.373	0.326
	(0.82)	(4.04)***	(4.30)***	(3.70)***
大专人员比例	−0.350	0.155	0.199	0.228
	(10.04)***	(3.57)***	(4.36)***	(4.93)***
高中人员比例	−0.235	−0.062	−0.012	0.009
	(16.23)***	(3.79)***	(0.70)	(0.53)
专业技术职称（无职称为比较组）				
高级	0.793	0.702	0.608	0.582
	(6.19)***	(4.81)***	(4.11)***	(3.91)***
中级	0.480	0.485	0.443	0.418
	(7.42)***	(6.59)***	(5.90)***	(5.53)***
初级	0.754	0.604	0.579	0.571
	(21.17)***	(15.48)***	(14.67)***	(14.36)***

续表

	(1)	(2)	(3)	(4)
技术等级（无技术等级为比较组）				
高级技师	−0.516	−0.502	−0.496	−0.523
	(1.98)**	(1.75)*	(1.72)*	(1.82)*
技师	0.167	−0.050	−0.096	−0.018
	(1.22)	(0.33)	(0.63)	(0.12)
高级工	1.081	0.676	0.619	0.693
	(9.66)***	(5.46)***	(4.93)***	(5.51)***
中级工	0.524	0.266	0.217	0.253
	(10.02)***	(4.66)***	(3.77)***	(4.39)***
初级工	0.183	0.120	0.099	0.107
	(7.80)***	(4.80)***	(3.92)***	(4.23)***
所有制（公有制为比较组）				
私营	−0.399	−0.070	−0.080	−0.085
	(48.60)***	(7.44)***	(8.37)***	(8.82)***
港澳台	0.275	0.170	0.162	0.139
	(14.63)***	(7.87)***	(7.45)***	(6.35)***
外资	0.238	0.174	0.161	0.147
	(12.64)***	(8.02)***	(7.41)***	(6.71)***
员工数		0.004	0.004	0.004
		(108.66)***	(105.11)***	(102.32)***
企业年龄		0.055	0.056	0.057
		(58.98)***	(59.93)***	(59.72)***
企业年龄平方		−0.000	−0.000	−0.001
		(24.11)***	(23.92)***	(24.19)***
人均拥有计算机量			0.066	0.084
			(3.93)***	(5.15)***
营业状态	否	否	是	是
行业类型	否	否	否	是
常数项	−0.675	−1.438	−1.089	−0.776
	(82.31)***	(123.47)***	(5.03)***	(1.68)*
观察值数量	188 632	178 933	178 919	178 915

注：括号内为 t 检验值的绝对值。*表明在 10%的水平上显著；**表明在 5%的水平上显著；***表明在 1%的水平上显著。

表15—1的第一列控制了企业不同教育水平比例、技术职称比例、技术等级比例和企业所有制，第二列比第一列多控制了员工数、年龄及其平方，第三列较为第二列加上了企业技术（采用人均拥有计算机数量来衡量）和经营状态，第四列较之第三列额外控制了企业的行业类型。从表15—1我们看出企业是否设立工会和多项因素显著相关，下面我们逐一讨论。

教育：从第一列和第二列的结果可以看出，是否控制企业规模（员工数）和企业年龄，对于教育构成影响的估计很大。第一列基本上都是负值，但是第二列有些变为正值，到了第三列和第四列，高中的影响变得不显著。第三列和第四列结果类似，由于控制了各方面情况，比较准确。综合来看，企业学历水平构成里面，学历越高企业越可能设立工会。然而一个例外就是研究生以上学历呈现显著负面影响，即便是控制了所有制行业等。这个结果看似奇怪实则正常，因为研究生以上学历的人多从事在企业地位和收入较高的工作，不需要通过工会来获取权益。毕竟研究生以上学历的人懂得通过法律等途径来保护自己权益，所以研究生以上学历的人越多的企业设立工会的可能性越小。

技术职称和等级：从技术职称来看，职称高的员工比例越大的企业，设立工会可能性越大；而技术等级虽然总体上也是等级高的员工比例越大企业设立工会可能性越大，但是对于高级技师却是负面影响，技师也是不显著影响。造成这种现象的原因和教育最高比例的负面影响类似：高技能人才在企业地位收入相对较高，自己的能力也相对较强，不需要通过工会来保护自己权益。

所有制：本来以公有制作为比较组（base或者comparison group），按照一般理解，公有制企业最可能设立工会，但是结果不尽然。从回归结果来看，私营企业确实为显著负面影响，为－0.08左右。但是港澳台企业和外资企业却是显著正面影响，这意味着港澳台和外资企业比公有制企业更可能设立工会。这是令人惊讶的结果，但是确实是从工业普查得出的结论。为什么会有如此令人惊讶的结论呢？其实港澳台和外资企业比公有制企业更强调企业凝聚力，通过工会活动等恰恰可以增强企业凝聚力。这是企业自身增强生产效率的需要。另外一方面，也是当地政府的需要。总体来看，港澳台和外资企业在工资设定和工时、内部管理方面都有严格设定的标准。但是曾经发生的类似于台商剥削工人等情况，也使得当地政府倾向于要求港澳台和外资企业设立工会，以在适当的时候保障工人权益。

企业规模和企业年龄：总体来看，企业规模越大，越倾向于设立工会，这是容易理解的。因为规模大的企业管理困难，更需要工会来协调劳资关系。同时，大企业提高企业凝聚力，也需要借助于工会组织。通过工会来组织定期活动和学习培训等，对于提高企业生产力比较有效。企业年龄对于设立工会的影响，则是正向影响，而且是凹的影响，意味着企业历史越悠久，设立工会的边际意愿虽然为正，但是递减。历史悠久的企业更可能设立工会，因为工会也是历史悠久，一直传下来的。新生企业设立工会的意愿反而略低。

企业技术：我们使用人均拥有计算机数量作为企业技术的替代变量，因为计算机使用情况和企业技术变化（skill-biased technology change）息息相关。通过回归结果，我们发现企业技术革新对于工会设立也有正面影响。当然这个变量具有一定内生性，有可能是因为设立了工会，企业更可能去满足工人要求来提高技术，多配置计算机设备。但是无论如何，技术进步和劳资关系还是紧密联系，互相促进的。

通过以上分析，我们发现工会的设定受多方面因素影响，有的合乎预期，有的出乎意料。这也正是为什么我们需要采用一套完全有代表性的数据来进行实证分析：有时候主观想象是不准确的。我们观察到企业设立工会的情况，那么工会在工人中的覆盖率又是怎样的呢？下面我们采用和表 15—1 使用相同解释变量，但是被解释变量换成企业的工会覆盖率：就是该企业参加工会人数除以企业总员工数，如果该企业未设立工会，那么相应的，该企业工会覆盖率为 0。至于回归方法，我们也相应调整为普通最小二乘法（OLS），回归结果在表 15—2 中给出。

表 15—2　　工会覆盖率的 OLS 估计

	(1)	(2)	(3)	(4)
教育（初中以下为比较组）				
研究生及以上学历人员比例	−0.165	−0.065	−0.065	−0.087
	(4.26)***	(1.23)	(1.23)	(1.65)*
大学本科人员比例	0.013	0.103	0.105	0.091
	(1.07)	(6.83)***	(6.88)***	(5.98)***
大专人员比例	−0.042	0.036	0.037	0.038
	(6.88)***	(4.71)***	(4.81)***	(4.92)***
高中人员比例	−0.024	−0.000	0.009	0.011
	(9.38)***	(0.08)	(3.12)***	(3.72)***
专业技术职称（无职称为比较组）				
高级	0.129	0.114	0.096	0.089
	(4.90)***	(3.99)***	(3.39)***	(3.13)***
中级	0.101	0.096	0.086	0.080
	(7.88)***	(6.82)***	(6.12)***	(5.73)***

续表

	(1)	(2)	(3)	(4)
初级	0.180	0.144	0.137	0.130
	(24.29)***	(18.97)***	(17.98)***	(17.17)***
技术等级（无技术等级为比较组）				
高级技师	−0.117	−0.127	−0.128	−0.135
	(2.46)**	(2.56)**	(2.59)***	(2.74)***
技师	0.051	0.020	0.014	0.027
	(1.90)*	(0.75)	(0.51)	(0.98)
高级工	0.267	0.203	0.191	0.205
	(11.10)***	(8.28)***	(7.80)***	(8.36)***
中级工	0.120	0.077	0.069	0.076
	(11.03)***	(7.05)***	(6.33)***	(6.93)***
初级工	0.033	0.023	0.020	0.020
	(6.92)***	(4.99)***	(4.24)***	(4.27)***
所有制（公有制为比较组）				
私营	−0.076	−0.015	−0.016	−0.016
	(46.05)***	(8.26)***	(9.12)***	(8.91)***
港澳台	0.040	0.067	0.064	0.059
	(9.84)***	(15.39)***	(14.75)***	(13.59)***
外资	0.034	0.065	0.061	0.059
	(8.38)***	(14.95)***	(14.14)***	(13.49)***
员工数		0.000	0.000	0.000
		(73.55)***	(71.87)***	(70.65)***
企业年龄		0.011	0.011	0.011
		(59.35)***	(60.05)***	(59.42)***
企业年龄平方		−0.000	−0.000	−0.000
		(15.42)***	(15.57)***	(15.88)***
人均拥有计算机量			0.015	0.020
			(4.26)***	(5.56)***
营业状态	否	否	是	是
行业类型	否	否	否	是
常数项	0.166	0.049	0.144	0.128
	(100.28)	(23.26)***	(3.25)***	(0.00)
观察值数量	187 948	178 250	178 237	178 237
R^2	0.03	0.09	0.10	0.10

注：括号内为 t 检验值的绝对值。*表明在10%的水平上显著；**表明在5%的水平上显著；***表明在1%的水平上显著。

从表15—2中，我们发现对于工会覆盖率的影响因素，结果和表15—1中是否参加工会的结果类似。这也意味着我们对于为什么设立和参加工会的分析结果是非常稳健的（robust），当然系数会稍有差异。此外，高中教育比例也呈现非常正面的影响。除了最高的研究生以上教育以外，别的教育水平影响的层次感更强：系数随教育正向增长，意味着教育水平越高，工会覆盖率越大。应当说，表15—2的结果比表15—1更清晰，两个表类似的结果完全支持了我们的观点，而且说明我们的结果比较可信，不是因为测量误差（measurement error）等而造成的。在考察了企业设立工会和工会总体覆盖率以后，我们来分析工会本身对于员工工资会有什么影响。

三、工会的工资回报

西方研究显示工会有正向的工资回报（Linneman，1982；Card，1996），已有中国方面的研究也显示出类似结论（胡建国和刘金伟，2006）。那么工会有没有回报呢？我们通过有代表性的经济普查数据来测试一下，模型设定为：

$$\ln(W) = G\alpha + X\beta + \varepsilon$$

其中W是企业平均工资，G代表该企业工会覆盖率，X包括其他解释变量，譬如企业不同教育水平比例，技术职称比例，技术等级比例，企业所有制、员工数、年龄及其平方，企业技术，经营状态和企业的行业类型。方法依然是OLS，我们的做法和以前结果不同就在于：我们使用企业层面数据来探讨企业工会覆盖率对于企业平均工资的影响，而并非以往那些个人参加工会的工资回报。以往分析有个很明显的问题：工会这个变量具有内生性，因为工人有可能为了更高工资而选择参加工会。通过企业层面的分析，我们基本上减轻了这个内生性问题。回归结果见表15—3。

从表15—3我们可以看出：企业工会覆盖率对于企业平均工资有个非常正的影响。第二列系数比第一列下降很多，主要原因是企业规模和工资是正相关，而企业规模和工会覆盖率两者相互之间也是正相关，所以忽略企业规模的话，会导致估计出来的系数被高估。后三列结果类似，为0.12左右。这个结果说明一个企业工会覆盖率多1%的话，那么其平均工资一般也会高0.12%。应当说，这个结果基本符合实际情况。

当然我们也可再来看看别的因素对于企业平均工资的影响。教育显然有正向影响：教育水平越高，平均工资也相应增加。研究生、本科生、大专、高中生相对于初中生以及以下水平的回报依次为：0.44，0.54，0.19和0.04。高水平教育回报远远抛离低水平教育回报。为什么研究生回报反而低于本科生呢？由于我们对于各个教育水平的工作经验缺乏相关信息，所以并

表 15—3　　工会工资回报的 OLS 估计

	(1)	(2)	(3)	(4)
工会覆盖率	0.166	0.130	0.124	0.121
	(56.94)***	(43.43)***	(41.78)	(40.85)
教育（初中以下为比较组）				
研究生及以上学历人员比例	0.357	0.456	0.425	0.442
	(5.91)***	(6.52)***	(6.09)***	(6.37)***
大学本科人员比例	0.524	0.593	0.553	0.543
	(27.70)***	(28.91)***	(26.83)	(26.34)
大专人员比例	0.138	0.213	0.199	0.192
	(14.48)***	(20.49)***	(19.02)	(18.42)
高中人员比例	0.020	0.043	0.046	0.038
	(5.52)***	(11.43)***	(12.25)	(10.23)
专业技术职称（无职称为比较组）				
高级	0.181	0.150	0.127	0.108
	(5.10)***	(4.11)***	(3.50)***	(2.99)***
中级	0.052	0.039	0.028	0.024
	(2.95)***	(2.15)**	(1.58)	(1.34)
初级	0.111	0.098	0.092	0.086
	(11.50)***	(10.12)***	(9.59)***	(8.93)***
技术等级（无技术等级为比较组）				
高级技师	0.063	0.031	0.029	0.008
	(0.99)	(0.49)	(0.46)	(0.13)
技师	−0.007	−0.043	−0.042	−0.038
	(0.21)	(1.23)	(1.21)	(1.12)
高级工	0.186	0.155	0.137	0.116
	(5.95)***	(4.95)***	(4.40)***	(3.73)***
中级工	0.094	0.070	0.063	0.050
	(6.75)***	(5.08)***	(4.57)***	(3.62)***
初级工	0.008	0.003	0.001	−0.003
	(1.30)	(0.54)	(0.13)	(0.44)
所有制（公有制为比较组）				
私营	−0.056	−0.034	−0.035	−0.030
	(26.06)***	(14.98)***	(15.50)	(13.20)

续表

	(1)	(2)	(3)	(4)
港澳台	0.185	0.188	0.185	0.194
	(34.39)***	(34.11)***	(33.75)***	(35.40)***
外资	0.243	0.250	0.245	0.256
	(45.64)***	(45.57)***	(44.93)	(46.91)
员工数		0.000	0.000	0.000
		(37.04)***	(36.40)	(37.65)
企业年龄		0.004	0.004	0.004
		(16.64)***	(17.36)	(17.15)
企业年龄平方		−0.000	−0.000	−0.000
		(8.98)***	(9.17)***	(9.02)***
人均拥有计算机量			0.079	0.076
			(17.04)	(16.44)
营业状态	否	否	是	是
行业类型	否	否	否	是
常数项	2.267	2.225	2.244	2.211
	(1028.22)	(820.49)	(39.94)	(0.00)
观察值数量	177015	173798	173785	173785
R^2	0.08	0.09	0.10	0.11

注：括号内为 t 检验值的绝对值。*表明在 10%的水平上显著；**表明在 5%的水平上显著；***表明在 1%的水平上显著。

没有控制相应工作经验。我们相信由于中国近年来高等教育的迅猛发展，研究生多为年轻人，而本科生则是各年龄层都有，所以造成研究生回报反而有一点点低于本科生的情况。但是总体结果差别并非很大，所以基本符合实际情况。

再来看企业所有制对于平均工资的影响。由于第四列结果比前三列更有说服力（控制了行业等），我们来分析第四列的企业所有制回报的结果。相对于公有制企业，私营企业平均工资在控制了别的因素情况下低 3%。就员工工资水平来说，公有制企业确实比私营企业更有优势。但是这种 3%的差距总体来说并不算大，而且私营企业发展也很快，相信不久之后，私营企业在企业竞争力和人才吸引力上面也不亚于公有制企业。港澳台企业和外资企业的工资相对于公有制企业而言，就非常具有竞争力，分别高 19.4%和 25.6%。应当说，这个差距还是非常大的。在人才吸引力等方面，港澳台和外资企业也确实比公有制企业和私营企业强很多。虽然港澳台和外资企业一般工作强度更大，但是企业本身运营效率等也会造成工资的显著差异。所以公有制企业和私营企业在人才吸引力方面与其他企业相比还有很大差距，仍然需要改进。

看完了工会的工资回报以后，我们关心的是工会到底在工人别的相关福利方面有没有改善。已有的观点是工会形同虚设，只是组织活动而已。那么工会在工人实质性福利，譬如职工教育、劳动、待业保险、住房公积金和住房补贴以及别的福利方面有没有影响。

四、工会对于员工福利的影响

从总体上看，我们对于规模以上工业企业的分析也同样可以推广到别的类似企业。而且参加工会的员工主要集中在规模以上工业企业，所以我们的结论一样具有参考价值。

如果按照已有观点，工会只是组织活动，而并非为员工谋利益的话，那么工会就不会在别的关系员工切身利益的方面有实质性作用。如果有的话，那么就不能说中国的工会只是形同虚设，毕竟工会职能的转变还需要一段转型时间，不可能一蹴而就。那么工会在员工福利方面有没有影响，有多大影响呢？这是本章需要回答的问题。回归方法和表 15—3 类似，被解释变量也都去了常用对数。需要说明的是：我们控制了员工人数，在此情况下，企业规模相当于控制了，虽然被解释变量采用了总金额，但是回归结果和被解释变量采用人均金额的情况是一致的。首先我们来看工会支出和覆盖率的关系(见表 15—4)。

表 15—4　工会经费的 OLS 估计［被解释变量：log（企业工会经费）］

	(1)	(2)	(3)	(4)	(5)
工会覆盖率		0.511	0.442	0.441	0.431
		(17.32)	(16.04)	(15.95)	(15.57)
教育（初中以下为比较组）					
研究生及以上学历人员比例	1.121	1.134	0.886	0.580	1.087
	(0.81)	(0.82)	(0.69)	(0.45)	(0.84)
大学本科人员比例	3.173	3.102	2.485	2.299	2.253
	(10.16)	(9.93)***	(8.58)***	(7.49)	(7.30)***
大专人员比例	1.771	1.701	1.730	1.680	1.581
	(9.20)***	(8.77)***	(9.64)***	(9.20)	(8.56)***
高中人员比例	0.564	0.509	0.508	0.504	0.481
	(9.33)***	(8.39)***	(9.04)***	(8.95)	(8.48)***

续表

	(1)	(2)	(3)	(4)	(5)
专业技术职称（无职称为比较组）					
高级	−2.246	−2.093	−1.152	−1.247	−1.086
	(3.75)***	(3.51)***	(2.09)**	(2.25)**	(1.96)**
中级	0.097	−0.183	0.302	0.283	0.250
	(0.29)	(0.54)	(0.97)	(0.91)	(0.80)
初级	0.502	0.286	0.281	0.267	0.186
	(3.12)***	(1.77)*	(1.88)*	(1.78)*	(1.24)
技术等级（无技术等级为比较组）					
高级技师	0.418	1.335	1.215	1.317	1.533
	(0.36)	(1.17)	(1.15)	(1.24)	(1.45)
技师	0.598	0.621	0.653	0.685	0.782
	(1.02)	(1.06)	(1.20)	(1.26)	(1.44)
高级工	1.149	1.036	0.296	0.305	0.226
	(3.02)***	(2.61)***	(0.81)	(0.82)	(0.61)
中级工	1.321	1.218	0.876	0.862	0.791
	(7.14)***	(6.52)***	(5.05)***	(4.97)	(4.55)***
初级工	−0.001	−0.013	0.019	0.024	0.020
	(0.01)	(0.16)	(0.26)	(0.32)	(0.27)
所有制（公有制为比较组）					
私营	−0.543	−0.510	−0.349	−0.348	−0.337
	(22.08)	(20.68)	(14.78)	(14.71)	(14.11)
港澳台	0.060	0.078	0.056	0.055	0.054
	(1.41)	(1.82)*	(1.40)	(1.36)	(1.32)
外资	0.194	0.206	0.160	0.157	0.169
	(4.54)***	(4.80)***	(3.96)***	(3.89)	(4.14)***
员工数			0.001	0.001	0.001
			(53.18)	(53.15)	(52.17)
企业年龄			0.016	0.016	0.014
			(6.47)***	(6.52)	(5.77)***
企业年龄平方			0.000	0.000	0.000
			(0.42)	(0.34)	(0.41)
人均拥有计算机量				0.185	0.069
				(1.78)*	(0.64)

续表

	(1)	(2)	(3)	(4)	(5)
营业状态	否	否	否	是	是
行业类型	否	否	否	否	是
常数项	2.359	2.080	1.634	0.800	−0.543
	(91.08)	(68.78)	(49.15)	(1.76)*	(0.51)
观察值数量	19 001	18 709	18 707	18 702	18 702
R^2	0.10	0.11	0.24	0.24	0.25

由于分析工会经费情况，而且只有规模以上企业才提供此类信息，这里我们只考虑设有工会的规模以上企业。从表15—4结果我们发现，工会经费和工会覆盖率完全正相关，这是符合预期的结果。即便是控制了工会覆盖率，我们仍然发现教育、技术对于工会经费有显著影响，说明两个企业哪怕工会覆盖率和企业规模乃至于行业等变量都一样，教育和技能构成仍然直接影响工会发展的程度：总体来说，教育和技能水平越高，该企业的工会越重视工会，工会发展越健全。

同样，我们看到即便是其余相关变量尤其是工会覆盖率已经控制的情况下，私营企业相对而言不太重视工会：－34％说明别的情况完全一致的情况下，私营企业的工会开支低了1－exp（－0.34）＝29％。这种差距还是很明显的，说明私营企业相对公有制企业而言不太重视工会的作用，相对而言工会在私营企业并没有得到很有效的发展。港澳台企业的工会支出相对公有制企业而言是非显著的正向影响，相对公有制企业而言，外资企业的工会支出大大增加，这也说明外资企业对于工会作用的重视。虽然工会在中国不一定像西方那样是代表劳方和资方谈判斗争的重要工具，但是企业重视工会的话，一样可以协调好劳资关系。工会至少可以成为劳资双方沟通的有效桥梁，所以我们看到外资企业如此重视工会也就不难理解为什么外资企业可以达到更有效率的生产，获得更高工资，甚至在比公有制等企业劳动强度大得多的情况下也能改善劳资关系。从这方面来说，工会的作用功不可没。现代生产活动趋势不再以个体生产为主，而是越来越趋向于团队生产。所以说劳资关系以及劳动者内部相互之间的关系都显得越来越重要。虽然工会在中国有其特殊性，但是处理得好可以产生一样的效果：促进劳资关系和劳劳关系和谐，从而达到提高效率的目的。

从工会经费可以看出一个企业工会的受重视程度以及发展情况，那么工会力量对于员工真正的福利等方面有没有影响呢？这是我们关心的问题。既然中国的工会以往被很多观点认为形同虚设，那么理应对于工人福利状况没有实质性影响，只是偶尔组织活动等的话，不会影响到员工培训、社会保障、住房及其他福利。那么事实是否如此呢？我们需要通过实证来考察一下。实证模型依然和前面表 15—4 相同，只是被解释变量换成了各种福利的自然对数。

表 15—5 结果说明：工会在职工教育费，劳动和待业保险费，养老保险和医疗保险费的作用上还是很明显的，在保障工人利益方面还是起了非常积极的作用的。通过实证结果，我们发现以往关于工会的认识存在误解，事实上工会不仅仅组织活动，而且也干了实事，在培训员工、保障员工利益方面起了很重要的作用。从员工这三类福利来说，工会起的作用不尽相同：职工教育费作用最小，劳动和待业保险费比较高，而养老保险和医疗保险费最高。这说明工会在保障员工最有效的利益方面，起的作用最大。

表 15—5　职工教育费，劳动、待业保险，养老保险和医疗保险的 OLS 估计（被解释变量：相应变量取自然对数）

	职工教育费	劳动、待业保险	养老保险医疗保险
工会覆盖率	0.364	0.603	0.730
	(16.80)***	(21.01)***	(42.63)***
教育（初中以下为比较组）			
研究生及以上学历人员比例	1.004	−1.460	0.456
	(1.17)	(1.39)	(0.67)
大学本科人员比例	1.893	2.296	2.187
	(8.19)***	(8.04)***	(11.71)***
大专人员比例	0.843	1.256	0.730
	(5.81)***	(6.81)***	(6.24)***
高中人员比例	0.362	0.514	0.324
	(7.77)***	(8.57)***	(8.92)***
专业技术职称（无职称为比较组）			
高级	−0.306	−1.836	−0.597
	(0.73)	(3.45)***	(1.65)*
中级	−0.569	0.050	−0.159
	(2.33)**	(0.16)	(0.82)
初级	0.025	0.716	0.663
	(0.21)	(4.47)***	(6.85)***
技术等级（无技术等级为比较组）			
高级技师	0.412	0.787	−3.401
	(0.48)	(0.70)	(4.43)***

续表

	职工教育费	劳动、待业保险	养老保险医疗保险
技师	0.325	0.568	−0.062
	(0.74)	(0.96)	(0.17)
高级工	0.777	0.781	0.797
	(2.65)***	(2.13)**	(3.10)***
中级工	0.495	0.715	0.561
	(3.40)***	(3.87)***	(4.69)***
初级工	−0.033	−0.073	−0.157
	(0.52)	(0.90)	(3.16)***
所有制（公有制为比较组）			
私营	−0.105	−0.353	−0.321
	(5.14)***	(12.84)***	(19.39)***
港澳台	−0.256	−0.015	0.220
	(7.16)***	(0.37)	(8.38)***
外资	−0.119	0.063	0.252
	(3.48)***	(1.57)	(9.65)***
员工数	0.001	0.001	0.002
	(56.12)***	(45.23)***	(74.18)***
企业年龄	0.019	0.029	0.048
	(8.92)***	(11.71)***	(29.11)***
企业年龄平方	−0.000	0.000	−0.000
	(3.52)***	(0.04)	(10.82)***
人均拥有计算机量	0.001	0.116	0.286
	(0.01)	(1.11)	(4.00)***
营业状态	是	是	是
行业类型	是	是	是
常数项	−0.126	3.303	0.983
	(0.16)	(4.08)***	(1.16)
观察值数量	21 226	16 038	31 351
R^2	0.21	0.29	0.36

教育水平对于职工教育费、劳动和待业保险费、养老保险和医疗保险费的影响几乎一致：企业平均教育水平越高，企业员工在这几项福利获益越多。唯一例外依然是研究生以上水平效果不显著，原因可能是研究生以上水

平学历的员工绝大多数为年轻人，而经济普查缺乏企业内各学历层次年龄段分布。所以未能控制年龄状况，导致研究生以上学历这项结果并不一致。

技术职称的影响则是相反：职称越高的员工越多，也就是技术密集型企业，这些福利越低。因为职称高意味着此类员工已经不需要再接受培训教育，所以职工教育费低一些。也正是因为工资货币化，高职称员工越多的话，员工自身负担的保险费比例更高一些，而企业越容易结束这笔开支。从这个意义上来说，技术职称和企业支付职工教育费、劳动和待业保险费、养老保险和医疗保险费呈现负相关，也是可以理解的。

再来看企业所有制对于职工教育费、劳动和待业保险费、养老保险和医疗保险费的影响。不同福利在不同所有制情况下截然不同。但是私营企业普遍低了很多，说明私营企业不仅不重视工会作用，而且在员工相关福利方面都比较差。而职工教育费方面，公有制企业是最多的，无论私营企业还是港澳台和外资企业都差了一些。从这个意义来说，公有制企业还是最愿意培养员工的。但是港澳台与外资企业招人的标准往往是进来就能很快干活，而且即便是培养也更讲究效率。所以从绝对金额来说，不及公有制企业。但是从效果来说，港澳台与外资企业干中学的效果也许更强。不管怎样，至少公有制企业在这方面还是优于港澳台与外资企业，所以对于缺乏工作经验等的员工来说，确实还是更有利的。但是劳动和待业保险费，除了私营企业明显低以外，这几种所有制类型的影响差不多，外资企业略高但是不太显著。养老保险和医疗保险费则不同：港澳台与外资企业非常重视此类保障，开支相对而言只多不少。这一点也可以看出港澳台与外资企业和公有制企业在员工福利理念的差异：开支对于员工的福利更加实用，也更能有效保障员工利益。

下面我们再来看关于住房和福利费的情况，表 15—6 列出了企业住房公积金和住房补贴、福利费的影响因素。工会也都显然起了非常正向的作用，其中对住房公积金和住房补贴的作用最大，不仅仅超过了对福利费，而且超过了表 15—5 中工会对于职工教育费，劳动、待业保险费，养老保险和医疗保险费的影响。由此可见，工会对于员工住房福利的影响非常大，由于住房问题关系工人的切身利益，而且近年来房价飞涨，住房问题对于工人越来越显得重要。从这个意义来说，工会的作用得到了集中体现。此外，工会对于发放员工福利费也有比较大的正面影响。综合表 15—5 和表 15—6 来看，工会并非形同虚设，虽然我们观察不到工会是否代表劳方利益来和资方谈判，但是从福利来判断，我们还是发现工会起了不可抹杀的作用。中国工会和西方确实不同，但是只要能够为工人带来更高的福利，那么工会在劳资关系中的作用确实还是非常重要的。

表 15—6　住房公积金和住房补贴、福利费的 OLS 估计
（被解释变量：相应变量取自然对数）

	住房公积金和住房补贴	福利费
工会覆盖率	1.004	0.411
	(14.95)***	(28.13)***
教育（初中以下为比较组）		
研究生及以上学历人员比例	−5.037	1.084
	(3.25)***	(1.85)*
大学本科人员比例	3.208	1.990
	(7.42)***	(12.63)***
大专人员比例	0.363	0.458
	(1.13)	(4.77)***
高中人员比例	0.228	0.110
	(1.68)*	(3.64)***
专业技术职称（无职称为比较组）		
高级	−2.662	−0.740
	(2.82)***	(2.57)**
中级	−0.484	−0.401
	(0.92)	(2.51)**
初级	0.221	−0.008
	(0.81)	(0.10)
技术等级（无技术等级为比较组）		
高级技师	−6.510	−0.204
	(2.30)**	(0.36)
技师	−0.008	0.161
	(0.01)	(0.51)
高级工	0.484	0.574
	(0.95)	(2.68)***
中级工	1.441	0.482
	(4.71)***	(4.78)***
初级工	−0.288	0.011
	(1.53)	(0.27)
所有制（公有制为比较组）		
私营	−0.587	−0.174
	(8.34)***	(12.58)***

续表

	住房公积金和住房补贴	福利费
港澳台	−0.133	−0.285
	(1.58)	(12.15)***
外资	0.286	−0.222
	(3.74)***	(9.52)***
员工数	0.001	0.002
	(20.43)***	(95.39)***
企业年龄	0.035	0.020
	(8.59)***	(13.90)***
企业年龄平方	−0.000	−0.000
	(3.80)***	(5.86)***
人均拥有计算机量	0.317	−0.329
	(2.10)**	(5.61)***
营业状态	是	是
行业类型	是	是
常数项	1.306	1.949
	(0.77)	(2.99)***
观察值数量	3 353	38 638
R^2	0.41	0.28

注：括号内为 t 检验值的绝对值。*表明在 10％的水平上显著；**表明在 5％的水平上显著；***表明在 1％的水平上显著。

教育和技能对于企业住房公积金和住房补贴、福利费的影响和表 15—5 中对于职工教育费、劳动和待业保险费、养老保险和医疗保险费的影响类似。但是所有制的影响略有不同。当然私营企业依然在两项影响上面显著为负值，证明私营企业在各项员工福利方面都落后于别的所有制企业。在住房公积金和住房补贴上，港澳台企业系数是不显著的负值，而外资企业是显著正值，说明港澳台和外资企业在住房公积金和住房补贴上面略有差异，外资企业依然最保障员工的住房公积金和住房补贴方面利益。而福利费方面，所有别的类型企业相对公有制企业而言，都是显著负向影响。这个印证了公有制企业的中国特色：依然有很多津贴（bonus and subsidies）未曾工资化。此类津贴在港澳台和外资企业早就计入工资收入，而公有制企业仍然是工资很低，但是设立很多津贴不计入工资收入。虽然这方面依然对员工有利，但是很大情况下流动性不高，譬如经常发些物品或者购物券等，反而不及直接货币化更有利于工人福利。

综上所述，我们发现工会在中国的作用不容忽视，虽然其职责和西方不同，但是在保障工人利益方面，还是起了不可小觑的影响。通过这几章的分析，我们也得出了一些很有趣的结论：有些合乎预期，有些则截然相反。在我们对于中国工会有了一定印象之后，我们将在下一目对于分析得出的结论提出相关政策建议。

五、工会、劳资关系以及员工利益的政策建议

根据前面实证结果的发现，我们可以根据结果提出相应的政策建议。我们的政策建议涉及工会、劳资关系以及员工利益，具体如下：

所有结果显示，工会并非如一般认识那样形同虚设，而是确实起了改善劳资关系的作用。从工资回报到各项福利，工会都在一定程度上提升了员工利益。此外，我们的实证研究还表明，资方也乐意设立工会以及给工会拨经费，因为工会改善劳资关系，增强企业凝聚力，从而提高生产效率。既然工会对于改善劳资关系比较有效，而且中国工会发展明显不足（企业设立工会比例 17%，工会在员工中的覆盖率仅 12%），那么发展工会的余地仍然比较大。当然这仅仅属于建议，具体哪些企业设立工会，哪些工人参加工会等要根据实际情况确定。

总体来看教育和技能越高的企业越倾向于设立工会，而且员工覆盖率比较高。但是工会的作用其实更需要保障教育和技能相对差一些的员工。从前面的结果也可以看出，往往教育和技能高的工人自由度大，不需要通过工会来保障自己权益。而在企业属于低技能的工人更需要工会的保障。所以就目前工会的发展来说，趋向于高端也许不能实现最优的工会设置，合理发展低端也很重要。

实证结果显示，大企业往往设立工会，覆盖率也较高。而中小企业却差一些。大企业需要工会，但是中小企业员工一样需要，甚至更需要工会。毕竟大企业员工数目较多，哪怕没有工会工人自发组织的谈判能力也相对较强。但是中小企业尤其是小企业员工的谈判能力就很差，所以说中小企业很需要工会保障权益。哪怕规模太小自己不设立工会，也可以通过提高加入当地地区总工会的覆盖率，适当时候可以保护自身权益。

港澳台和外资企业在工会设置以及工会职能方面，显得更有效率。无论在工资设置、工会经费安排，还是直接关系到员工利益的职工教育费，劳动、待业保险费，养老保险和医疗保险费，住房公积金和住房补贴，福利费等，港澳台和外资企业都能采取更有效的方法来增强企业凝聚力，提高生产效率。从这方面来说，公有制企业和私营企业的管理层和工会都需要学习一

下，如何提高工会的职能，改善劳资关系和劳劳关系。

私营企业在设立工会、工会覆盖率、工会职能等方面远逊于公有制企业，更不用说和港澳台及外资企业相比了。虽然设立工会等属于自愿，但是从我们的分析可以看出设立工会对于管理层管理、提高生产效率都有好处。增强企业凝聚力会为劳资双方都带来利益，不设立虽然节省了工会费用成本，但是对于生产效率也可能会有一定损失。当然这个只是政策建议，私营企业也可以适当根据自身情况，作出最合理有效的决策。此外，私营企业在工资以及员工福利等方面也都落后于其他企业，这点使得私营企业在人才的竞争力上削弱不少。私营企业要提高自身竞争力的话，人才是必不可少的要素，这方面我们提出的政策建议是私营企业适当缩小和别的类型企业在员工待遇福利等方面的差距。目前私营企业发展速度较快，但是私营企业要持久快速发展的话，人才将会带来重要的机遇，增强企业竞争力。

中国的工会虽然和国外相比差别较大，但是发展得当一样可以促进劳资关系，提高生产效率。中国的工会有中国特色，但是国外的先进经验也可以适当借鉴。目前来看，中国工会在保障工人权益方面起了一定作用，但是在关键时候譬如劳资矛盾冲突的时候，能否充分体现出工会的职能，目前还有所欠缺。既然工会是为了保障工人权益协调劳资关系而生，那么就要充分发挥其作用。中国工会在这方面来说，任重而道远。

六、结论与讨论

本章使用 2004 年浙江省经济普查数据，对于工会在劳资关系的作用进行了详尽的分析。结论主要如下：

工会并非如一般认识那样形同虚设，而是确实起了改善劳资关系的作用。从工资回报到各项福利，工会都在一定程度上提升了员工利益。此外，我们的实证研究还表明，资方也乐意设立工会以及给工会拨经费，因为工会能改善劳资关系，增强企业凝聚力，从而提高生产效率。

总体来看教育和技能越高的企业越倾向于设立工会，而且员工覆盖率比较高。港澳台和外资企业比公有制企业更可能设立工会，因为港澳台和外资企业比公有制企业更强调企业凝聚力，通过工会活动等恰恰可以增强企业凝聚力。

企业工会覆盖率对于企业平均工资有个非常正的影响。一个企业工会覆盖率多 1%的话，那么其平均工资一般也会高 0.12%。教育水平越高，平均工资也相应增加。相对于公有制企业，私营企业平均工资在控制了别的因素情况下，低 3%。港澳台企业和外资企业的工资相对于公有制企业而言，就非常具有竞争力，分别高 19.4%和 25.6%。所以公有制企业和私营企业与其他企业相比在人才吸引力方面还有很大差距，仍然需要改进。

工会经费和工会覆盖率完全正相关。总体来说，教育和技能水平越高，该企业的工会越重视工会，工会发展越健全。私营企业相对而言不太重视工会。港澳台企业的工会支出相对于公有制企业而言是非显著的正向影响。相对于公有制企业而言，外资企业的工会支出大大增加，这也说明外资企业对于工会作用的重视。虽然工会在中国有其特殊性，但是处理得好可以产生一样的效果：促进劳资关系和劳劳关系和谐，从而达到提高效率的目的。

工会在职工教育费、劳动和待业保险费、养老保险和医疗保险费的作用还是很明显的正向影响，从员工这三类福利来说，工会起的作用不尽相同：职工教育费作用最小，劳动和待业保险费比较高，而养老保险和医疗保险费比较高。在企业住房公积金和住房补贴、福利费的影响因素中，工会也都显然起了非常正向的作用，其中对住房公积金和住房补贴的作用最大，不仅仅超过了对福利费的影响，而且超过了工会对于职工教育费，劳动、待业保险费，养老保险和医疗保险费的影响。

应当说，伴随着中国的经济转型，工会的职能也发生了重大变化。虽然现在很多企业尤其是国有企业的工会仍然保留一些计划经济时代的工会特征。但是从总体来看，工会已经不再只是充当组织文娱活动类似的角色了，而是切切实实或多或少在为工人谋福利，协调劳资关系和劳劳关系，增强企业的凝聚力。由于劳资关系对于劳动力市场发展非常重要，更何况还是处于中国经济转型期，所以工会在全民经济和谐健康发展的要求下，任务也会越来越艰巨。中国工会未必一定要完全学习西方，但是一定要保障工人利益，处理好劳资关系。目前来看，中国工会的发展任重而道远。同样，关于中国工会的实证研究也是少之又少，我们采用了普查数据进行统计分析，所以对于结果比较有信心，分析过程中也尽量保证客观。但是数据信息上面的一些不足还有自身的一些疏忽也可能导致某些不尽如人意的情况。我们希望后面的相关研究能够更进一步，提高研究的广度和深度。当然也希望能够让更多人来关注中国的工会和劳资关系，也有更多研究来参与相关问题的理论和实证分析。

第十六章　民营经济发展与劳资关系调整：浙江劳动争议情况透视[①]

随着中国经济改革的深入，劳资关系问题也凸显出来。劳资矛盾突出表现在两方面：一是国有企业改制引发的劳资矛盾，包括实施劳动合同制、打破“铁饭碗”、工人下岗解雇等造成的工资福利、社会保障等问题。二是民营经济发展中的劳资矛盾与冲突。例如众所关注的拖欠工资、虐待工人、劳动安全保障等问题。

近几年来，国有企业改革不断深入，国有经济比重下降，国有企业劳资关系趋于平和；而民营经济呈现蓬勃发展之势，民营经济中的劳资矛盾和劳资纠纷也日益增多，值得我们高度重视。

一、浙江劳资关系的基本态势

民营经济发达是浙江特色，广义的民营经济是指包括城镇集体经济、乡镇企业、个体、私营经济、“三资”企业在内的所有非国有经济。狭义的民营经济主要指个体、私营经济。到 2002 年，浙江非国有经济占 GDP 比重为 76.7%，其中个体、私营经济占 47.1%[②]。民营经济的快速发展不仅形成了多轮驱动的经济增长格局，带动了浙江经济的持续快速增长，而且形成了不同经济成分的市场竞争格局，促进了市场经济的发育，形成了浙江的体制优势。据研究测度，浙江市场化指数为 9.10，市场化进程在全国仅次于广东，排名第二（樊纲、王小鲁，2003）。

“成也萧何，败也萧何”。浙江经济的繁荣得益于民营经济的发展，浙江的矛盾和问题也同样与民营经济有关，劳资矛盾和冲突就是一个突出的表现。有不少理论家曾经“论证”说，我们有共产党领导，有社会主义制度的优越性，私营经济的发展不会造成两极分化，不会有剥削，私营企业主与工人的关系是新型的互助合作关系，一部分人先富起来是先富与后富的关系等，现在看来并不是那么一回事。

---

① 本章主要内容基于姚先国．民营经济发展与劳资关系调整［J］．浙江社会科学，2005（2）．

② 浙江非国有经济年鉴编辑部．浙江非国有经济年鉴 2003［G］．北京：中华书局，2003：11．

劳资矛盾与冲突在整个中国都是加剧之势。浙江因为民营经济的比重大，问题就更严重一些，从劳动争议的成倍增长可以看出这一点。

浙江省劳动争议案件从 1987 年的 180 件上升到 2003 年 34 386 件，增长了 190 倍，年均递增约 1 117.8%，远远超过 GDP 增长速度，也比全国平均增长速度快。从 1994 年到 2001 年，全国劳动争议案件年均递增 34.86%，而浙江同期案件数则每年递增 52.30%。浙江劳资纠纷案件总数占全国的比重也由 1994 年的 7.4%增加到 2001 年的 17.4%，足足增加了 10 个百分点，比重上升了一倍还多（见表 16—1、表 16—2）。

表 16—1　劳动争议案件数　单位：件

年度	合计	仲裁委立案数	案外调解数	乡镇调解数
1987	180	180		
1988	392	392		
1989	458	458		
1990	483	483		
1991	267	267		
1992	302	302		
1993	1 104	554	550	
1994	1 422	841	581	
1995	2 824	1 204	1 620	
1996	3 193	1 691	1 502	
1997	4 674	2 496	2 178	
1998	8 144	3 536	4 608	
1999	14 531	5 568	3 955	5 008
2000	21 494	6 454	5 328	9 712
2001	27 023	8 902	5 589	12 532
2002	28 344	10 928	3 863	13 553
2003	34 386	12 263	5 263	16 860

资料来源：浙江省劳动厅。

表 16—2　1994—2001 年全国与浙江劳动争议案件总体增长对比情况

年度	案件总数（件）		年增长百分比（%）	
	全国	浙江	全国	浙江
1994	19 098	1 422	—	—
1995	33 030	2 824	72.95	98.59
1996	47 951	3 193	45.17	13.06

续表

年度	案件总数（件）		年增长百分比（%）	
	全国	浙江	全国	浙江
1997	71 524	4 674	49.16	46.38
1998	93 649	8 144	30.93	74.24
1999	120 191	14 531	28.34	78.42
2000	135 206	21 494	12.49	51.04
2001	155 000	27 023	14.6	25.72
1994—2001 年平均增长率			34.86	52.30

资料来源：1995—2001 年《中国劳动统计年鉴》《2001 年度劳动和社会保障事业发展统计公报》。

需要指出的是，劳动部门出面处理的劳资纠纷仅仅是实际劳资纠纷的一部分。据温州劳动局负责人估计，只占 10%左右。大量劳资纠纷和侵权行为都采取私了方式或不了了之，很少向劳动部门报告。

浙江民营企业发生的劳资冲突事件常常被媒体曝光，引起公众的广泛关注。早几年诸暨市李字集团实行“监狱式管理”，工头们欺压工人太甚，引起 1 000 多名安徽籍农民工和几千名当地群众于 2000 年 7 月和 10 月两次坐轨拦车，导致浙赣线火车中断运行三个多小时，造成重大损失，全国震惊。还有台州的大量雇用童工事件，湖州织里镇多次发生的老板卷款潜逃、赖掉工人血汗钱事件等，都造成很坏影响。2005 年的五一节期间，浙江又再度“扬名”全国，央视“焦点访谈”节目曝光温州“黑心作坊”漠视劳工安全保障，半数企业职工有职业病。永昌研磨厂 17 名工人染上矽肺，老板不闻不问，已有 4 名工友相继死亡。有关报道如此描述：“粉尘弥漫令人窒息，工作环境人间地狱。伤心民工苟延残喘，求医无钱索偿艰难。黑心老板漠视生命，监督部门放任不管。”读来令人义愤填膺。在“五一”期间，省内外报纸又报道：温州黄龙住宅区工地的 4 名农民工向老板催讨工资未果，爬到双层楼高的环吊长臂上，声称不给钱就跳下去。结果，在警察的帮助下，工钱是讨到了，但这几个民工却被警察抓起来拘留 3～7 天。

这一系列事件和频频报道，在国内外引起了强烈反响。不仅严重影响了浙江形象，而且损害了投资环境和社会稳定，使许多投资者和劳动者都望而生畏，成为经济和社会发展的重大障碍。

尤其值得重视的是，近年来劳资冲突有向群体化发展的趋势，往年集体冲突事件一般一年只有一两次，但 2004 年达到 38 起。劳资关系的严峻形势，必须引起浙江省各级政府的高度重视。

二、劳资纠纷的若干特点

分析浙江省劳动争议案件，可以发现以下特点：

1. 从企业类型看，私营企业劳资争议最为集中，而且所占比例上升（见表16—3）。个体私营企业、联营企业及股份制企业案件数的比例，三年分别为50.4%，53.5%和68.0%；占涉案劳动者人数比例分别为43.8%，57.9%和70.4%。如果考虑到乡村集体企业中相当一部分实际上是私人控制企业，这一比例还要高。当然我们也注意到，外商和港台企业的劳资纠纷也在增长。

表16—3　　劳动争议发生单位所有制结构

用人单位类别	案件数			劳动者当事人人数		
	2000	2001	2002	2000	2001	2002
合计	6 454	8 902	10 928	21 175	18 575	22 751
国有企业	962	857	919	2 669	1 915	1 623
城镇集体企业	921	664	810	2 397	2 111	1 789
乡村集体企业	581	539	338	5 757	1 233	622
外商及港澳台投资企业	555	749	1 222	895	1 511	2 434
私营企业	1 826	3 045	4 045	6 360	6 959	10 242
联营及股份制企业	1 054	232	2 775	2 161	3 242	4 950
个体工商户	372	473	611	687	551	815
机关社团事业单位	124	197	202	124	351	270
其他	105	46	6	125	112	6

资料来源：浙江省劳动争议仲裁委员会。

从三年劳动争议的发展情况看，国有企业、城镇集体企业、乡村集体企业、机关社团、事业单位的案件数和劳动者当事人数都保持基本稳定，而民营经济的争议案和当事人数都大幅增长，其中私营企业案件数增长最快，2002年为2000年的2.22倍。而外商及港澳台投资企业劳动争议涉及的劳动者人数增长最快，2002年为2000年的2.72倍。

2. 从立案处理情况看，劳动者胜诉率不断提高，表明所发生的劳动纠纷越来越多的是侵犯劳动者权益（见表16—4）。其中私营企业的劳资纠纷中，用人单位的胜诉率最低，2000—2002年分别为2.7%、3.3%和2.5%。劳动仲裁处理结果为劳动者挽回经济损失，2000—2002年分别为15 751.89万元、14 797.84万元和17 624.16万元，而为单位挽回损失三年分别为1 255.84万元、1 485.44万元和1 886.52万元，单位损失只有劳动者损失

表 16—4　　　　　　　　　　**仲裁立案处理情况**

年份	裁决结案数	调解结案数	结案率（%）	上诉率（%）	劳动者胜诉率（%）	用人单位胜诉率（%）	申诉经济标的（万元）	仲裁调解经济标的（万元）
1987	2	132	100	100	13.3	19.4		
1988	16	230	100	50	27.3	25.5		
1989	49	241	98.3	38.8	38.2	21		
1990	72	268	97.1	30.6	32.5	27.9		
1991	48	165	94.8	35.4	27	30.3		
1992	66	170	93.7	7.6	24.8	31.8		
1993	74	252	91.2	36.4	29.6	21.7		
1994	146	452	92.2	27.4	26.6	12.8		
1995	254	663	95.2	23.63	33.5	14		
1996	425	869	91	14.1	46.8	15		
1997	683	1 110	93.6	19.5	47.4	12.2		
1998	1 037	1 892	94.3	17.5	57.4	10.2		
1999	1 629	2 368	95.8	17.5	48	11.6	16 091	10 461
2000	1 980	2 555	94.6	17.8	43.5	10.8	22 973	17 008
2001	2 962	3 620	94.3	20.6	45.8	9.4	26 948	16 283
2002	3 513	4 987	94.3	12.2	51.7	10.3	31 412	19 510
2003	5 928	3 478	94.2	22.5	43	8.7	44 213	25 760

资料来源：浙江省劳动争议仲裁委员会。注：结案率＝结案数/（当年立案数＋上年结转案件数）；劳动者胜诉率＝劳动者胜诉数/结案案件数；用人单位胜诉率＝用人单位胜诉数/结案案件数；上诉率＝不服裁决向法院起诉案件数/裁决案件数。

的10%左右，说明劳资纠纷受损的是劳动者。

3. 劳资纠纷发生的原因很多，主要集中在劳动报酬、保险福利、劳动保护和解除劳动合同四大问题上（见表16—5）。

从表16—6可以看出，劳动报酬问题又特别突出。考虑到更大数量的非立案劳资纠纷，大约70%的劳动争议与劳动报酬有关，其中最引人注目的是拖欠工资问题。据估计，全国拖欠农民工工资至少在1 000亿元以上（一说是3 000多亿元），其中70%集中在建筑业。对浙江900多家企业的调查表明，农民工人均被拖欠1 000元以上，尽管党和政府高度重视，每年年底都要掀起“清欠风暴”，但收效甚微。每年因欠薪引发的恶性事件层出不穷，引发命案的报道常常见诸报端，充分反映出了问题的严重性。

表 16—5　　浙江省劳动争议原因分类（2002 年数据）

用人单位类别	执行劳动合同				变更劳动合同	解除劳动合同	终止劳动合同	其他
	劳动报酬	保险福利	劳动保护	职业培训				
合计	3 372	2 968	2 133	28	54	1 333	469	569
国有企业	256	206	75	8	21	183	91	79
城镇集体企业	243	229	101	11	8	113	52	52
乡村集体企业	74	179	67		2	14	1	2
外商及港澳台投资企业	315	364	87	1	1	194	84	186
私营企业	1 467	989	1 045	4	5	361	63	111
联营及股份制企业	796	264	539	4	17	376	154	125
个体工商户	200	182	208			11	1	7
机关社团事业单位	19	64	11			99	22	7
其他	2	1				2	1	

资料来源：浙江省劳动争议仲裁委员会。

表 16—6　　1997—2000 年全国按争议原因分类的劳动争议案件情况

年度	案件总数（件）	劳动报酬保险福利（件）	所占比例（%）	劳动保护（件）	所占比例（%）	变更解除终止合同（件）	所占比例（%）	其他（件）	所占比例（%）
1997	71 524	41 145	57.53	2 256	3.2	18 673	26.1	9 450	13.2
1998	93 649	51 602	55.1	6 931	7.4	20 661	22.1	14 455	15.4
1999	120 191	73 522	61.17	7 820	6.5	29 608	24.63	9 241	7.7
2000	135 206	73 021	54.01	13 008	9.6	35 794	26.47	13 383	9.9

资料来源：1998—2001 年《中国劳动统计年鉴》。

三、劳资冲突的经济社会后果

不断加剧的劳资矛盾，对我国的经济社会发展所造成的负面影响十分严重。

1. 扩大收入差距，影响正常消费，妨碍经济发展

中国近几年通货紧缩，物价下跌，大量商品供过于求。需求不足成为影响经济增长的主要因素。而需求不足的主要原因在于农民消费水平低下，人均消费量只有城市居民的 1/3 左右。要扩大内需，必须提高农民收入和消费。由于农业经营规模太小，单纯做农业文章难以提高农民收入。提高农民收入的主要途径是增加非农收入，外出打工是最简单、最容易见效的增收方

式。但从现有资料来看，打工工资十多年没有或很少增加。据国家统计局农调总队调查，2002 年农民外出打工平均月收入 582 元，其中 400 元以下占 26.9%，平均月支出在 400 元以下占 88.5%。在杭州这样的高消费城市，据我们对 400 多个打工者的调查，人均月消费额只有 500 元左右，不到杭州居民消费水平的 1/3。占人口大多数的农民收入低下，外出打工也摆脱不了低收入、低消费境况，必然造成内需不足。收入的两极分化将最终导致生产无限扩大趋势与有支付能力的消费需求日益缩小趋势之间的矛盾，酿成生产过剩危机，阻碍国民经济持续发展。

2. 阻碍农村劳动力转移，影响现代化进程

产业结构与就业结构的偏差，是二元经济的典型特征。2002 年我国三大产业的产值结构是 15.4∶51.1∶33.5，而就业结构为 50.0∶21.4∶28.6，偏差系数很大。一般统计，目前农村至少有 1.5 亿名劳动力要从农业生产转向非农产业，农民市民化也必须相伴而行。加速现代化必须加速农村劳动力向城市、向非农产业转移。但民营企业对劳动者权益的侵犯使农民工望而却步，只好“以脚投票”，选择劳资关系比较平和，职工待遇有基本保障的地区和单位。

可资佐证的是“民工荒”现象。2009 年以来沿海地区主要是粤、闽、浙三省破天荒地普遍出现农民工短缺的现象。这是改革开放以来首次出现的新情况。广东短缺劳工 200 多万名，浙江外地劳工比去年减少 15%～20%。春节过后杭州外来劳动市场登记用工的单位 2 月 2 日就达到了 5 455 家，提供了 56 841 个就业岗位，但各大劳动力市场的求职登记只有 7 195 人。宁波劳动力市场进场人员 42 145 人，只有 14 703 人登记求职，台州、温州、绍兴等地也出现同样情况。其主要原因，一是浙江生活费用高；二是对私营老板不放心、不信任。由于工资低、开支大，加上常被拖欠工资，所以农民工不愿来。凡是生活费用上涨快的地方，凡是劳资关系差的地方，“民工荒”就特别严重。湖州织里镇就是典型例证。该镇 2004 年有 20 多个老板逃跑赖账被曝光，2005 年来打工的人显著减少。5 700 多家童装生产企业，短缺农民工上万人，以致出现“抢民工”现象。几百家企业老板等在汽车站，一有农民工下车就一拥而上，抢夺行李，争相拉客，互不相让，甚至大打出手，把那些打工妹吓得哇哇大哭。

3. 加剧社会冲突，影响社会稳定

浙江由于劳资矛盾造成的恶性事件层出不穷，城市刑事案件中，70%是外来人员作案。而且心理上的对立情绪在加深，有可能重新走上阶级对立、“阶级斗争”。网上有人发邮件询问劳动争议方面的问题，署名就是“我恨资本家”。媒体报道的河南一杀人惯犯，流窜四省杀死十多人，震惊全国，其

仇视社会的心理就是从他在广东打工，老板赖账，不给工钱的痛苦经历中形成的。《青年时报》2003 年 6 月 29 日报道劳资冲突事件，标题为“前一天工人杀经理，第二天经理杀工人”，叫人看得心惊肉跳。地点同在萧山，起因都是源于工资纠纷。类似的事件经常见诸报端，可见绝非个别现象。

可以说，愈演愈烈的劳资冲突，将是埋在我国经济社会发展进程中的定时炸弹。

四、转型时期劳资关系的特殊性

在雇佣制度条件下，劳资冲突具有内在的必然性。企业主是资本人格化的代表。资本必然追逐利润最大化。在产出既定的条件下，成本与利润成反比。企业主为了获取足够多的利润，必须努力降低成本，包括劳动成本。劳动者的工资具有两重性，对于劳动者是收入，对于企业家则是成本。劳动者追求收入最大化，资本家则追求成本最小化，这就必然形成劳资矛盾。有的人问，现在的老板也是工人、农民出身，为什么对工人这么狠？这个问题让人觉得不可思议。实际上，这是由于劳资双方内在的利益冲突所决定的，而与当事人的出身无关，马克思很早就回答了这个问题。尽管改革开放前中国已没有什么资本家，现在的私营业主基本上是这一二十年从工人、农民、干部中演化而来，但一旦承担了“资本家”这一社会角色，追求剩余价值最大化的冲动和外部的市场竞争压力都会驱使他们尽力压低劳动成本。如果没有来自外部的有效约束，这种逐利行为就会导致侵犯劳动者的正当权益。这是雇佣劳动制度的题中应有之意。

同时我们又要看到，在中国的特殊条件下，现行的劳资关系又具有不同于资本主义社会劳资关系的特征。

一是中国劳动力市场的特殊性。由于劳动力总体上大大超过需求，且供给质量不高，劳动者人力资本缺乏。这种状态使得劳动者，尤其是文化、技术素质较低的那部分劳动者在与资本结合过程中总体上处于弱势地位，缺乏与资本抗衡的力量，使得中国劳动力市场运行处于严重失衡状态。

二是制度规范的特殊性。中国是社会主义国家，而社会主义的核心理念是平等。但中国作为初级阶段的社会主义，社会平等和社会公正的制度建设都处于严重缺损的状态。农民和农民工受到强烈的制度歧视，用胡鞍钢的话说是“一国两制”。在民营企业工作的农民工享受不到国民待遇，缺乏有效的制度保护，加上劳动力市场上的供求失衡，由此造成其双重的弱势地位。

三是中国民营企业的特殊性。讲到民营企业劳资关系时，人们往往对民营企业老板的压榨行为义愤填膺，痛责老板“黑心”。殊不知，民营企业的老板也有一肚子苦水。简单地用“强资本、弱劳动”来概括民营企业的劳资关系并不准确。因为中国的民营企业是在多重挤压的夹缝中顽强生长的，他们的生存环境同样恶劣。在意识形态上，姓社姓资的争论时起时伏，“资本主义”的阴影长期笼罩在他们头上，一有风吹草动，这种阴影就变成大棒向他们挥来。在政策待遇上，民营企业与国有企业、外资企业相比，长期处于不利地位。在获得生产要素、市场准入、产权保护等许多方面都受到歧视。在竞争实力上，民营企业资本规模小、技术水平低、要素禀赋差，难以与国有企业和外资企业匹敌。民营企业的唯一优势是机制灵活，生命力旺盛，以此弥补其实力的不足，在严酷的环境中艰苦求生、顽强成长。

民营企业的劳资关系，与其说是“强资本、弱劳动”，不如说是“相对的弱资本与绝对的弱劳动”。劳动者地位之弱不必说，民营资本的弱首先是相对于国资、外资的市场实力而言，其次是相对于政府的管制力量而言，它们起步晚、起点低、实力差，地位孱弱，却要生存，于是“抽刀向更弱者”，把成本和损失转嫁到比他们更弱的劳工身上，由此造成对劳动者，尤其是对农民工的压迫和伤害。

因此，我们考察民营企业劳资关系，必须将之纳入中国经济发展的大环境和经济转型的大背景中进行深入分析，不能孤立地就劳资关系讲劳资关系，简单地讲谁对谁错，然后惩罚了事。这于事无补。而且我们还要清醒地看到，我国民营经济将成为支撑中国经济发展的主要力量。我们必须促进而不是限制其发展。既要保护民营经济，又要缓解劳资矛盾，唯一的“解”就是在加强对民营企业的产权保护，促进民营经济不断提高效率和竞争力的同时加强对劳动者权益的保护，解决好劳资双方权利界定和利益分享问题。也只有通过加快发展、“做大蛋糕”才能为“分享蛋糕”、实现双赢创造条件，从而实现中央提出的建设和谐社会的目标。

五、关于劳资关系调整的若干建议

妥善处理劳资关系，化解社会矛盾，是贯彻党中央、国务院提出的科学发展观，实现经济社会统筹发展的重要环节。妥善处理劳资关系矛盾，既是体现“以人为本”原则，保护劳动者合法权益的需要，也是为民营经济发展创造良好的社会环境，保证浙江经济继续发展的需要。各级领导应该高度重视这一问题，切实采取措施，遏止劳资关系恶化势头，并创造出化解劳资矛盾，实现社会和谐的新的经济社会运行机制。

一方面我们要看到劳资关系的严峻形势，另一方面又应该敏锐地认识到，当前出现了有利于解决劳资矛盾的极好机遇。一是“科学发展观”日益深入人心，保护劳工权益的呼声日益高涨，为缓解劳资矛盾提供了有利的宏观政策环境和舆论支持；二是国际上关于企业社会道德责任的运动正在兴起，SA8000 等国际认证标准正在逐步推行。浙江作为出口大省，出口企业将越来越多地感受到调整劳资关系的外在压力，这将成为改善劳工待遇，实现劳资和谐的新契机；三是“民工荒”的出现，将迫使民营企业和外资企业感受到恶待劳工的现实危害性，对劳资关系进行反思和重新定位。浙江省作为具有市场化先发优势的发达省份，应抓住这一时机适时调整劳资关系，完善劳动力市场。

企业的劳动雇佣制度，实际上是人力资本产权与物资资本产权的一种特殊契约关系。市场经济作为建立在自愿选择、平等交换基础上的经济体制，必须以交易双方的权利明确界定和有效保护为前提。鉴于现阶段民营经济的特殊性，调整劳资关系必须以两种产权同等保护，两种产权平等交易作为根本指导思想。劳动者拥有人力资本，企业主拥有物资资本，这两种产权必须得到国家同等的法律保护，不可厚此薄彼。在市场交易过程中，这两种资本必须具有平等的权利。任何一方都不能凭借自己有利的市场地位而恃强凌弱，欺压对方。根据这一原则，我们的当务之急，一是要消除民营资本与国有资本、外商资本之间的不平等待遇，消除政府对民营资本的歧视性政策和霸道作风（如政府拖欠工程款），为民营经济发展创造公平竞争的条件；二是要消除劳动力市场上的身份歧视，给予城乡劳动者以同样的“国民待遇”。通过劳动力市场整合而促进城乡一体化。三是构建人力资本产权与物质资本产权相互结合、相互制衡、相互转化的企业产权模式和相应的治理机制，真正创造出劳资合作，共享发展收益的新型劳资关系。

为此，特提出几条建议，供各级领导决策参考。

1. 在各级政府内部统一思想。主管经济发展的部门，劳动部门以及其他执法部门应达成共识，纠正重招商引资、轻劳工保护的倾向，澄清保护劳工权益将会加大劳动成本，不利于吸引投资的错误观念，确立“以人为本”“执政为民”的观念，树立改善劳资关系有利于改善投资环境，有利于减少社会成本，有利于经济社会全面发展的新思维，努力实现经济发展与社会稳定的统一。

2. 把调整劳资关系与建设“信用浙江”有机结合起来。以清理工程拖欠，工资拖欠为突破口，加强浙江省社会信用体系建设和市场秩序建设。要加强劳动执法的力度，对侵犯劳动者人身权利和正当经济收益的违法行为严加惩处。对拖欠工资行为要采取强有力的手段彻底根治。建议以 2005 年为界，对老的拖欠工程款和工资款加快清欠步伐，对新的拖欠款则按照国家规定处以罚款。如果仍然坚持拖欠甚至是抗拒，则可仿照银行罚息的做法，以日计算，累进加罚，罚款部分作为给被拖欠者的补偿。让恶意欠款、欠薪者不仅无利可图，而且赔上血本，从而杜绝此类行为。同时政府自己以身作则，带头归还拖欠的工程款，并且做到没有新的拖欠。把建设单位拖欠工程款与企业主、包头工拖欠工人工资同等看待、同样处理，既体现了对民营企业财产权和劳动者人力资本产权同等看待、同样保护的原则，又能从源头上制止对劳动者合法利益的损害。

3. 利用省政府即将推出的“民营企业家培训工程”计划，加强对企业家的劳动法制教育，把遵守有关劳动就业和社会保障的法律法规、尊重劳动者人身权利和财产权益作为培训的重要内容，使企业主充分认识到妥善处理劳资关系的重要性。要抓住国际认证机构推行出口产品劳动标准认证的机会，加强企业社会道德责任的宣传教育，加强社会主义市场经济伦理道德的教育。把社会道德责任运动从出口企业推广到一般企业，使企业既从社会主义道德准则，又从企业国际化发展的客观需要出发，充分认识劳资关系和谐的必要性和重要性，增强社会责任意识，强化道德约束，自觉、主动地尊重劳动者的人格尊严和合法权益，不断调整和改善劳资关系。

4. 把劳动者能力建设纳入“人才强省”战略框架，加大对一般劳动者的人力资本投资。从长期来看，人力资本是改善劳动者地位最根本、最有效的措施。鉴于目前民营企业的职工中 90%是农民工和外来农民工，因此，必须把农民工和外来农民工的培训问题统筹考虑。这种培训的重点应是两方面：一是劳动技能的培训；二是劳动者权益及其实现途径的教育。事实证明，很多劳工利益受到侵犯是他们缺乏自我保护意识和相关的法律知识造成的。目前，农民工培训的内在需求很大，关键是经费问题如何解决。农民工自己出不起钱，企业和当地政府不愿出钱，从而使得农民工培训的内在需求难以成为现实需求。要在调查研究的基础上，提出解决经费问题的可行办法。按照衢州市农民技能培训、政府买单的模式，每个农民的培训费用大约为 150 元/年。如果筹资 1 亿～2 亿元，一年可培训农民工上百万人，这笔钱也可由政府、企业共同负担。从理论上讲，外来农民工为浙江省经济发展作了贡献，地方税收中也有他们的功劳。浙江省作为经济发达地区，从公共财政中拿出部分经费用于他们的技能建设和素质提高，应是一种经济补偿和利益均衡的措施，情理上说得通，实际上负担得起。采取这样的举措，可反映出浙江省的气度和胸襟，也有利于消除过去因劳资冲突事件造成的不良影响，改善浙江形象。

5. 进一步完善社会保障制度。按照“先工伤，后医疗，再养老”的顺序，加快社会保障体制建设，探讨更加符合实际的社会保障措施。由于农民工的流动性强，目前单一的个人账户养老方式不适应实际需要。企业不愿出，很多农民工个人也不愿投保。一旦流动到其他企业，农民工往往要求退保，但只能退回个人投保部分，企业投的部分等于白交。有鉴于此，可考虑两种方式并行。稳定性强、素质高的职工继续采用现行方式，流动性强的农民工可采用退职金的养老方式。按照其在企业工作时间长短，比照养老保障标准发放退职金，用于个人储蓄性养老。这样做，更加公平合理，且操作方便，容易被企业和职工双方接受，建议进一步研究实施。

6. 加强民营企业的工会建设，使之真正发挥团结工人群众，保护劳动者利益，制衡资本侵权的有效作用。根据我们的实证研究，目前工会对争取工资上升没有什么影响，但在维护劳动者社会福利保障、劳动合同签订等权益方面具有积极作用。问题在于，一是工会独立性不够，总体上影响力不强；二是工会作用对城市工和农民工存在差异，农民工参加工会的比率低，工会对农民工的权利保障也更薄弱。

今后在加强工会建设方面，要突出工会的代表性和独立性，让工会真正成为工人意志和利益的代表，通过民主选举把有胆识、有能力、有正义感的工人选拔到工会领导岗位上来。要在制度上保护工会领导人的权利和利益，不允许企业主通过解雇工会领导人和工会积极分子削弱工会的制衡力量。建议明确规定企业对工会委员的解雇必须提出的理由和条件，并经劳动部门批准。同时进一步完善集体谈判和劳资协商制度，要给予工会组织罢工的权利。罢工尽管会有负面影响，但是一则是对企业主侵犯工人权益的有效制约；二则影响的是企业生产和经营，其损失主要是企业承担，比起工人采取卧轨、堵塞公路交通、自杀、自焚等极端手段来，所产生的社会负面影响要小得多。

7. 进一步加强劳动执法监督和劳动仲裁制度。民营经济发达地区如温州等普遍反映劳动执法力量不够，劳动仲裁人均工作量太大，难以承担工作负荷，造成执法效率和质量下降。可考虑对民营经济发达地区适当增加劳动执法和劳动仲裁力量，有关部门应积极支持他们行使权力。也可借鉴深圳等地的经验，建立兼职的劳动巡视员、工资巡视员队伍，加强日常管理和监督，防患于未然，把劳动纠纷和劳资冲突消灭在萌芽状态之中，防止演化成恶性事件。

参考文献

蔡昉．1998．二元劳动力市场条件下的就业体制转换［J］．中国社会科学（2）．
蔡昉．2003．中国人口与劳动问题报告：转轨中的城市贫困问题［M］．北京：社会科学文献出版社．
蔡昉．2006．全球化、经济转型与中国收入分配优化的政策选择［J］．改革（11）．
蔡昉，都阳，王美艳．2001．户籍制度与劳动力市场保护［J］．经济研究（12）．
蔡昉，都阳，王美艳．2003．劳动力流动的政治经济学［M］．上海：上海人民出版社．
蔡昉，王德文．1999．中国经济增长的可持续性与劳动贡献［J］．经济研究（10）．
蔡昉，王德文，都阳．2002．劳动力市场扭曲对区域差距的影响［J］．中国社会科学（2）．
蔡昉，王美艳．2004．中国城镇劳动参与率的变化及其政策含义［J］．中国社会科学（4）．
蔡继明．1998．中国城乡比较生产力与相对收入差别［J］．经济研究（1）．
常凯．2005．全球资本下的工会如何发挥作用［J］．南风窗．
陈钊，陆铭，吴桂英．2004．经济转型中的婚姻家庭与女性就业：对相关事实的经济学理解［J］．中国社会科学评论（1）．
戴建中．1996．私营企业雇工及劳资关系调查报告［J］．社会学研究（6）．
戴园晨．1994．中国劳动力市场培育与工资改革［M］．北京：中国劳动社会保障出版社．
丁元竹．2003．正确认识当前“大学生就业难”问题［J］．宏观经济研究（3）．
樊纲，王小鲁．2003．中国市场化指数［M］．北京：经济科学出版社．
樊桦．2001．农村居民健康投资不足的经济学分析［J］．中国农村观察（6）．
樊明．2002．健康经济学——健康对劳动市场表现的影响［M］．北京：社会科学文献出版社．
符钢战．1992．中国劳动力市场发育的经济分析［M］．上海：上海人民出版社．
龚幼龙．2000．社会医学［M］．北京：人民卫生出版社．
广东农民工联合课题组．1995．在流动中实现精英移民——广东外来民工调研报告［J］．战略与管理（5）．
郭克莎．1999．我国产业结构变动趋势及政策研究［J］．管理世界（5）．
侯风云．2004．中国农村人力资本投资收益率研究［J］．经济研究（12）．
胡安荣．2004．企业拒绝女大学生的经济学分析——贝克尔歧视理论的拓展和运用［J］．财经科学（4）．

胡鞍钢，程永宏，杨韵新. 2002. 扩大就业与挑战就业：中国就业政策评估（1949—2001）[M]. 北京：中国劳动社会保障出版社.
胡鞍钢，门洪华. 2002. 中美日俄印综合国力的国际比较 [J]. 战略与管理（2).
胡建国，刘金伟. 2006. 私营企业劳资关系治理中的工会绩效 [J]. 中国劳动关系学院学报（3).
黄涛，陈良焜，王丽艳. 2002. 中国行业吸纳就业的投入产出分析 [J]. 经济科学（1).
江燕. 2004. 大学毕业生工作搜寻研究 [D]. 北京：北京师范大学经济学院.
蒋永萍. 2003. 关注劳动力市场中的性别平等——"中国妇女就业论坛"综述 [J]. 妇女研究论丛（2).
瞿振元，谢维和，陈曦. 2001. 2000—2002 年中国高等学校毕业生就业形势的分析与预测 [M]. 北京：北京师范大学出版社.
赖德胜. 1996. 论劳动力市场的制度性分割 [J]. 经济科学（6).
赖德胜，田永坡. 2005. 对中国"知识失业"成因的一个解释 [J]. 经济研究（11).
李建民. 2002. 中国劳动力市场多重分隔及其对劳动力供求的影响 [J]. 中国人口科学（2).
李培林. 2000. 中国就业面临的挑战和选择 [J]. 中国人口科学（5).
李强. 2004. 农民工与中国社会分层 [M]. 北京：社会科学文献出版社.
李强，唐壮. 2002. 城市农民工与城市中的非正规就业 [J]. 社会学研究（6).
李实，别雍·古斯塔夫森. 1999. 中国城镇职工收入的性别差异分析 [D]. //中国居民收入分配再研究. 北京：中国财政经济出版社.
李卫平，石光，赵琨. 2003. 我国农村卫生保健的历史、现状与问题 [J]. 管理世界（4).
李仲生. 2003. 中国产业结构与就业结构的变化 [J]. 人口与经济（2).
林毅夫，蔡昉，李周. 1999. 比较优势与发展战略——对"东亚奇迹"的解释 [J]. 中国社会科学（5).
刘国恩，William H. Dow，傅正泓等. 2004. 中国的健康人力资本与收入增长 [J]. 经济学（季刊）(1).
刘远立，饶克勤，胡善联. 2001. 论建立中国农村健康保障制度之必要性和相关的政策问题 [C]. 中国农村基本保障问题国际研讨会.
卢周来. 1998. 当前我国劳动力市场中的歧视问题透视 [J]. 经济体制改革（3).
陆学艺. 2005. 农民工问题要从根本上治理 [C]. //"三农"新论——当前中国农业、农村、农民问题研究. 北京：社会科学文献出版社.
马歇尔. 1890. 经济学原理 [M]. 北京：商务印书馆.
孟庆国，胡鞍钢. 2000. 消除健康贫困应成为农村卫生改革与发展的优先战略 [C]. 中国农村卫生改革与发展国际研讨会论文.
聂盛. 2004. 我国经济转型期间的劳动力市场分割 [J]. 当代经济科学（2).
潘锦棠. 2002. 经济转轨中的中国女性就业与社会保障 [J]. 管理世界（7).
潘锦棠. 2002. 养老社会保险制度中的性别利益——兼评关于男女退休年龄的讨论 [J].

中国社会科学（2）.
蒲艳萍. 2005. 产业结构变动对就业增长影响及国际比较［J］. 现代财经（2）.
钱永坤. 2001. 搜寻理论与下岗职工再就业［J］. 中国矿业大学学报（1）.
舒尔茨. 1990. 论人力资本投资［M］. 北京：北京经济学院出版社.
孙立平. 2003. 断裂——20世纪90年代以来的中国社会［M］. 北京：社会科学文献出版社.
谈松华. 1999. 高等教育运行机制与大学生就业制度改革［J］. 教育发展研究（1）.
汤敏. 经济学家汤敏解析大学生就业为什么这么难［EB/OL］.（2003-10-15）［2009-11-1］http://edu.sina.com.cn/l/2003-10-15/54740.html.
万晓玲，吴松，邵松林. 2006. 印度高校毕业生就业状况评估及启示［J］. 比较教育研究（2）.
王爱文，莫荣. 1995. 中国就业结构问题研究［J］. 管理世界（4）.
王德文. 2003. 中国农村义务教育：现状、问题与出路［J］. 中国农业经济评论（1）.
王检贵. 2002. 劳动与资本双重过剩下的经济发展［M］. 上海：上海人民出版社.
王亮. 2003. 人生命的经济价值思想述评［J］. 经济学动态（4）.
王美艳. 2005. 中国城市劳动力市场上的性别工资差异［J］. 经济研究（12）.
王曲，刘民权. 2005. 健康的价值及若干决定因素：文献综述［J］. 经济学（季刊），第5卷.
王小强，白南风. 1986. 富饶的贫困［M］. 成都：四川人民出版社.
魏众. 2004. 健康对非农就业及其工资决定的影响［J］. 经济研究（2）.
吴伟斌. 2004. 公共卫生产品的基本属性与供求均衡分析［J］. 中华医院管理杂志（12）.
吴忠民. 2003. 中国究竟有多少贫困人口［N］. 中国经济时报，2003-5-16.
谢嗣胜，姚先国. 2005. 我国城市就业人员性别工资歧视的估计［J］. 妇女研究论丛（6）.
徐晓军. 2002. 大学生就业过程中的双重机制：人力资本与社会资本［J］. 青年研究（6）.
阎文学. 1994. 富饶的贫困——掣肘与成因［M］. 北京：社会科学文献出版社.
姚先国. 1992. 社会主义企业收入分配论［M］. 杭州：浙江大学出版社.
姚先国. 2007. 中国劳动力市场演化和政府行为［J］. 公共管理学报（2）.
姚先国，赖普清. 2004. 中国劳资关系的城乡户籍差异［J］. 经济研究（7）.
姚先国，翁杰. 2005. 企业对员工的人力资本投资研究［J］. 中国工业经济（2）.
姚战琪，夏杰长. 2005. 资本深化、技术进步对中国就业效应的经验分析［J］. 中国工业经济（1）.
岳昌君，丁小浩. 2003. 受高等教育者就业的经济学分析［J］. 高等教育研究（6）.
岳昌君，丁小浩. 2004. 影响高校毕业生就业的因素分析［J］. 国家教育行政学院学报（2）.
曾湘泉. 2004. 变革中的就业环境与中国大学生就业［J］. 经济研究（6）.

张车伟．2003．营养、健康与效率——来自中国贫困农村的证据［J］．经济研究（1）．

张车伟，吴要武．2003．城镇就业失业和劳动参与：现状、问题和对策［J］．中国人口科学（6）．

张元红．2004．农村公共卫生服务的供给与筹资［J］．中国农村观察（5）．

张展新．2004．劳动力市场的产业分割与劳动人口流动［J］．中国人口科学（2）．

赵耀辉．2003．中国人口迁移与收入差距——一个基于五普资料的研究［C］．工作论文．

郑合明，王羽，李小峰．1994．碘缺乏病防治对社会经济文化综合影响的研究．河南预防医学杂志（4）．

郑勤华．2005．印度的高等教育扩展与知识失业［J］．教育与经济（1）．

周长城．2000．关于中外合资企业中劳资关系的调查［J］．社会学研究（2）．

周若愚，周立群．2005．产业结构调整中的就业结构优化问题研究——以天津市为例［J］．理论与现代化（1）．

周正平．2003．1亿农民工成为推动中国经济发展的新兴力量［EB/OL］．（2003-8-22）［2009-11-1］http://www. southcn. com/news/commnnity/shzt/cpw/contribution/200504190575. html.

朱镜德．1999．中国三元劳动力市场格局下的两阶段乡一城迁移理论［J］．中国人口科学（1）．

朱玲．2000．政府与农村基本医疗保健保障制度选择［J］．中国社会科学（4）．

朱明芬．2004．农户家庭劳动力非农就业史的调查分析——以浙江为例［J］．中国农村经济（10）．

朱庆生．2000．中国卫生改革与可持续发展［C］．加入WTO和中国的可持续发展国际研讨会论文．

王检贵．2002．劳动与资本双重过剩下的经济发展［M］．上海：上海人民出版社．

Akerlof, G.. 1982. Labor contracts as partial gift exchange [J]. *Quarterly Journal of economics*, 97, 543-569.

Alba-Ramírez A.. 1993. Mismatch in the Spanish Labor Market: Over-education? [J]. Journal of Human Resources, 28, 259-278.

Allen, Steven G.. 2001. Technology and the Wage Structure, *Journal of Labor Economics* [J]. 19 (2): 440-483.

Altman, M.. 2001. A behavioral model of labor supply: casting some light into the black box of income-leisure choice, *Journal of Socio-Economics*. 33, 199-219.

Anderson, K. H. and R. V. Burkhauser. 1984. The Importance of Measure of Health in Empirical Estimates of the Labor Supply of Older Men, *Economics Letter* [J]. 16: 375-380.

Andrew Dabalena, Bankole Onib and Olatunde A. Adekolac. 2001. Labor market prospects for university graduates in Nigeria, *Higher Education Policy*. 14 (2): 141-159.

Appleton, Simon, John Knight, Lina Song and Qingjie Xia. 2002. Labor Retrenchment in China Determinants and Consequences，*China Economic Review* [J]. 13：252-275.

Ashenfelter，Orley and Alan B. Krueger. 1994. Estimating the Returns to Schooling Using a New Sample of Twins. *American Economic Review*. 84：1157-1173.

Ashenfelter，Orley and Cecilia Rouse. 1998. Income，Schooling and Ability：Evidence from a New Sample of Identical Twins，*Quarterly Journal of Economics*. 113：253-284.

Autor，David，Alan Krueger and Lawrence Katz. 1998. Computing Inequality，Have Computers Changed the Labor Market?，*Quarterly Journal of Economics* [J]. 113：1169-1214.

Bartel，Ann P，and Nachum Sicherman. 1999. Technological Change and Wages an Inter-Industry Analysis，*Journal of Political Economy* [J]. 107：285-325.

Bartel，Ann P.，and Frank Lichtenberg. 1987. The Comparative Advantage of Educated Workers in Implementing New Technology，*Review of Economics and Statistics* [J]. 69：1-11.

Barzel，Yoram.，and McDonald，R. J.. 1973. Assets，subsistence and the supply curve of labor [J]. *American Economic Review* 63，September：621-633.

Bauer. J.，Feng w.，Riley. N. E，and Zhao. X. H.. 1992. Gender inequalily in urban china [J]. *Modern china* 18：333-370.

Becker，Gary S.. 1957. The Economics of Discrimination [M]. 1st ed. Chicago：University of Chicago Press.

Becker，Gary S.. 1962. Investment in Human Capital，a Theoretical Analysis [J]. *Journal of Political Economy*，70：9-49.

Becker，Gary S.. 1975.

Becker，Gary S.. 1981. A Treatise On The Family [M]. Cambridge，MA：Harvard University Press.

Becker，Gary S.. 1993. *Human Capital：A Theoretical and Empirical Analysis，with Special Reference to Education* [M]. Chicago，IL：University of Chicago Press.

Behrman，Jere R. and Mark R. Rosenzweig. 1999. 'Ability' Biases in Schooling Returns and Twins：a Test and New Estimates [J]. *Economics of Education Review* 18：159-167.

Behrman，Jere R. and P. Taubman. 1976. Intergenerational Transmission of Income and Wealth [J]. *American Economic Review* 66，436-440.

Behrman，Jere R.，Mark R. Rosenzweig and P. Taubman. 1994. Endowments and the Allocation of Schooling in the Family and in the Marriage market：The Twins Experiment [J]. *Journal of Political Economy*，102：1134-1174.

Behrman，Jere R.，P. Taubman，T. Wales，and Z. Hrubec. 1977. Inter-and Intragenerational Determination of Socioeconomic Success with Special Reference to Genetic Endowment and Family and Other Environment. Mimeo. University of Pennsylvania.

Berg, Elliot J.. 1961. Backward-sloping labor supply functions in dual economies-The Africa case. *Quarterly Journal of Economics* 75: 468-492.

Bergmann, Barbara R.. 1981. The Economic Risks of Being a Housewife [J]. American Economic Review, 71: 81-86.

Berman, Eli, and Stephen Machin. 2000. Skill-biased Technology Transfer around the World [J]. *Oxford Review of Economic Policy*, 16: 12-22.

Berman, Eli, John Bound and Stephen Machin. 1998. Implications of Skill-Biased Technological Change, International Evidence [J]. *Quarterly Journal of Economics*, 113: 1245-1280.

Berman, Eli, John Bound and Zvi Griliches. 1994. Changes in the Demand for Skilled Labor within U. S. Manufacturing Industries [J]. Evidence from the Annual Survey of Manufactures, *Quarterly Journal of Economics*, 109: 367-365.

Bhargava, A. and D. T.. 2001. Modeling the Effects of Health on Economic Growth [J]. *Journal of Health Economics*, 20: 423-440.

Bian, Yanjie and John Logan. 1996. Market Transition and Persistence of Power: The Changing Stratification System in Urban China [J]. *American Sociological Review* 61, 739-758.

Blanchflower, D. and Oswald, A.. 1988. Profit-related pay: Prose discovered? [J]. *Economic Journal*, 98: 720-730.

Blaug, M., Layard, R. and Woodhall, M.. 1969. *the Causes of Graduate Unemployment in India*, in Richard Layard: Tackling Unemployment [M]. New York: ST. Martin's Press, 289-292.

Blinder, Alan. 1973. Wage discrimination: reduced form and structural estimations [J]. *Journal of Human Resources*, 8: 436-455.

Blinder, Alan. 1992. *Maintaining Competitiveness with High Wages* [J]. ICS Press, San Francisco, CA.

Bloom, D. E., C. David and J. Sevilla, The Effect of Health on Economic Growth: Theory and Evidence. NEBR Working Paper Series 8587.

Bonjour, Borothe, Lynn F. Cherkas, Jonathan E. Haskel, Denise D. Hawkes and Tim D. Spector. 2003. Returns to Education: Evidence from U. K. Twins [J]. *American Economic Review*, 93: 1799-1812.

Bound, John and George Johnson. 1992. Changes in the Structure of Wages in the 1980s, an Evaluation of Alternative Explanations [J]. *American Economic Review*, 82: 371-92.

Bound, Jone and Gary Solon. 1999. Double Trouble: On the Value of Twins-Based Estimation of the Return to Schooling [J]. *Economics of Education Review*, 18: 169-182.

Brown, Charles. 1999. Minimum Wages, Employment, and the Distribution of Income. Handbook of Labor Economics [J]. Vol. 3, ed. by O. Ashenfelter and D. Card:

2101-2163.

Brown, Charles, Curtis Gilroy and Andrew Kohen. 1982. The Effect of the Minimum Wage in Employment and Unemployment [J]. *Journal of Economic Literature*, 20: 487-528.

Brown, Charles, Curtis Gilroy and Andrew Kohen. 1983. Time-Series Evidence of the Effect of the Minimum Wage on Youth Employment and Unemployment [J]. *Journal of Human Resources*, 18: 3-31.

Brown, Philip and Albert Park. 2002. Education and Poverty in Rural China [J]. *Economics of Education Review* 21: 523-541.

Brown, R. S., M. Moom and B. S. Zoloth. 1980. Incorporating Occupational Attainment in Studies of Male Female Earnings Differentials [J]. Journal of Human Resources. 15: 3-28.

Burdett, Kenneth. 1978. A Theory of Employee Job Search and Quit Rates [J]. *American Economic Review* 68: 212-220.

Byron, Raymond P. and Evelyn Q. Manaloto. 1990. Returns to education in China [J]. *Economic Development and Cultural Change* 38: 783-796.

Cable, J. and Fitzroy, F.. 1980. Cooperation and productivity: Some evidence from West German experience [J]. *Economic Analysis and Workers' Management*, 14: 163-180.

Cable, J. and Wilson, N.. 1990. Profit sharing and productivity: Some further evidence [J]. *Economic Journal*, 100: 550-555.

Card, David and Alan Krueger. 1995. Myth and Measurement: The New Economics of the Minimum Wage [M]. Princeton: Princeton University Press.

Card, David and Lemieux T.. 2001. Can Falling Supply Explain the Rising Return to College for Younger Men? [J]. A Cohort-Based Analysis, *Quarterly Journal of Economics*, 116: 705-746.

Card, David. 1999. The Causal Effect of Education on Wages. Ashenfelter O., Card D. (ed.) Handbook of labor economics [J]. North-Holland: Elsevier, Vol. 3A: 1801-1863.

Card, David, Lawrence Katz and Alan Krueger. 1994. Comment on David Neumark and William Wascher, Employment Effects of Minimum and Subminimum Wages: Panel Data on State Minimum Wage Laws [J]. *Industrial and Labor Relations Review*, 47: 487-497.

Castells, Manuel and Aoyama, Yuko. 1994. Towards the Informational Society: Employment Structure in G-7 Countries 1920-90 [J]. International Labor Review, 133: 5-33.

Chang, J., Lai, C. and Lin, C.. 2003. Profit sharing, worker effort, and double-sided moral hazard in an efficiency wage model [J]. *Journal of comparative Economics*,

31：75-93.

Che，Y. and Yoo，S.. 2001. Optimal Incentives for teams. *American Economic Review* [J]. 91：525-541.

Chen，Baizhu and Yi Feng. 2000. Determinants of economic growth in China：Private enterprises，education，and openess [J]. *China Economic Review*，11：1-15.

Coleman，Mary T.. 1993. Movements in the earnings-schooling relationship [J]. 1940-88. *Journal of Human Resources*，28：660-680.

Cooke，Fang Lee. 2002. Ownership Change and Reshaping of Employment Relations in China：a Study of Two Manufacturing Companies [J]. *the Journal of Industrial Relations*，44：19-39.

Cotton，Jeremiah. 1988. On the Decomposition of Wage Differentials [J]. *Review of Economics and Statistics*，70：236-243.

Currie，J. and B. C. Madrian. 1999. Health，Health Insurance and Labor Market [J]. *Handbook of Health Economics*，3310-3416.

Curtis J. Simon. 1988. Frictional Unemployment and the Role of Industrial Diversity [J]. *Quarterly Journal of Economics*，103：715-728.

Daly M. C.，Buchel F.，Duncan G. J.. 2000. Premiums and Penalties for Surplus and Deficit Education：Evidence from the United States and Germany [J]. *Economics of Education Review*，19：169-178.

deBrauw，Alan D.，and Scott Rozelle. 2004. Reconciling the returns to education in rural China [N]. Working Paper.

Deolalikar，Anil B.. 1993. Gender differences in the returns to schooling and in school enrollment rates in Indonesia [J]. *Journal of Human Resources*，28：899-932.

Dessing，Marke.. 2002. Labor supply，the family and poverty：the S-shape labor supply curve [J]. *Journal of Economic Behavior and Organization*，49：433-458.

Doeringer，P. B.，Piore，M. J.. 1971. Internal Labor Markets and Manpower Analysis [J]. Lexington，MA：D. C. Heath and Company，Revised Edition 1985，New York：M. E. Sharpe，Inc.

Doeringer，P. B.，Piore，M. J.. The Allocative Structure of Internal Labor Markets [J]. *Internal Labor Markets and Manpower Analysis*，41-63.

Dolan，P.. The Measurement of Health-Related Quality of Life [J]. *Handbook of Health Economics*，New York：2000：1749-1755.

Dolton P，and Vignoles A.. 2000. The incidence and Effects of Overeducation in the U. K. Graduate Labour Market [J]. *Economics of Education Review*，19：179-198.

Doms，Mark，Timothy Dunne，and Kenneth R. Troske. 1997. Workers，Wages，and Technology [J]. *Quarterly Journal of Economics*，112：253-290.

Duncan G，Hoffman S.. 1981. The Incidence and Wage Effects of Overeducation [J]. *Economics of Education Review*，1：75-86.

Dunn, L. F.. 1978. An empirical indifference function for income and leisure [J]. *Review of Economics and Statistics*, 60: 533-540.

Falk, A., Gachter, S. and Kovacs, J.. 1999. Intrinsic motivation and extrinsic incentives in a repeated game with incomplete contracts [J]. *Journal of Economic Psychology*, 20: 251-284.

Feenstra, Robert C. and Gordon H. Hanson. 1996. Globalization, Outsourcing, and Wage Inequality [J]. *American Economic Review*, 86: 240-245.

Fei, John C. H. and Gustav Ranis. 1964. *Development of the Labor Surplus Economy: Theory and Policy* [J]. Homewood, Ⅲ. Richard D. Irwin.

Ferraro, K. F.. 1980. Self-ratings of Health among Old and Old-Old, *Journal of Health and Social Behavior*, 21: 377-383.

FitzRoy, F. and Kraft, K.. 1987. Cooperation, Productivity and Profit Sharing [J]. *Quarterly Journal of Economics*, 102: 23-36.

Fitzroy, F. and Kraft, K.. 1995. On the Choice of Incentives in Firms [J]. *Journal of Economic Behavior and Organization*, 26: 145-160.

Fleisher, Belton M. and Jian Chen. 1997. The Coast-noncoast Income Gap, Productivity, and Regional Economic Policy in China [J]. *Journal of Comparative Economics*, 25: 220-236.

Fleisher, Belton M. and Xiaojun Wang. 2004. Skill Differentials, Return to Schooling, and Market Segmentation in a Transition economy: The Case of Mainland China [J]. *Journal of Development Economics* 73, 315-328.

Fogel, Robert W. 2004. Health, Nutrition, and Economic Growth [J]. *Economic Development and Cultural Change*, 52 (3): 643-58.

Freeman R. B.. 1975. Overinvestment in College Training? [J]. *Journal of Human Resources*, 10: 287-311.

Freeman R. B.. 1979. The Effect of Demographic Factors on Age-Earnings Profiles. Journal of Human Resources, 14: 289-318.

Geest, G., Siegers, J. and Vandenberghe A.. 2001. The expectation measure, labor contracts, and the incentive to work hard [J]. *International Review of Law and Economics*, 21, 1-21.

Gerber, Theodore and Micheal Hout. 1998. More Shock than Therapy; Employment and Income in Russia [J]. 1991—1995. *American Journal of Sociology*, 104: 1-50.

Giles, John, Albert, Park and Fang Cai. 2006. in press How has economic restructuring affected workers in urban China. *The China Quarterly*, 177: 61-95.

Glick, P. and Sahn, D.. 1998. Maternal labour supply and child nutrition in West Africa [J]. Oxford Bulletin of Economic Statistics, 60: 325-355.

Goldin, Claudia and Lawrence F. Katz. 1998. The Origins of Technology-Skill Complementarity [J]. *Quarterly Journal of Economics*, 113: 693-732.

Gorseline, D. W.. 1932. *The Effect of Schooling upon Income*. Bloomington: Indiana Univ. Press.

Gould, Eric D.. 2002. Rising Wage Inequality, Comparative Advantage, and the Growing Importance of General Skills in the United States [J]. *Journal of Labor Economics*, 20: 105-147.

Gould, Eric D.. 2005. Inequality and Ability [J]. *Labour Economics*, 12: 169-189.

Gould, Eric D., Omer Moav and Bruce A. Weinberg. 2001. Precautionary Demand for Education, Inequality, and Technological Progress [J]. *Journal of Economic Growth*, 6: 285-315.

Griliches, Zvi, Capital-Skill Complementarity, *Review of Economics and Statistics*, 1969, 51: 465-468.

Gross, S. and Bacher, J.. 1993. The New Variable Pay Programs: How Some Succeed, Why Some Do Not [J]. *Compensation and Benefits Review*, 25: 51-56.

Grossman, M.. 1972. On the Concept of Health Capital and the Demand for Health [J]. *Journal of Political Economics*, 80: 233-255.

Guest, David. 1998. Is the Psychological Contract Worth Taking Seriously? [J]. *The Journal of Organizational Behavior*, 19: 649-664

Gustafsson, Bjorn and Shi Li. 2000. Economic transformation and the gender earnings gap in urban China [J]. *Journal of Population Economics*, 13: 305-329.

Haddad, L. and H. Bouis. 1991. The Impact of Nutritional Status on Agricultural Productivity: Wage Evidence from the Philippines [J]. *Oxford Bullentin of Economic and Statistic*, 53: 45-68.

Haizheng Li and Jeffrey S. Zax. 2003. Labor Supply in Urban China [J]. *Journal of Comparative Economics*, 31: 795-817.

Hamilton, B., Nickerson, J. and Owan, H.. 2003. Team Incentives and Worker Heterogeneity: an Empirical Analysis of the Impact of Teams on Productivity and Participation [J]. *Journal of Political Economics*, 111: 465-497.

Hartog J.. 2000. Over-education and Earnings: Where are we, Where should we go? [J]. *Economics of Education Review*, 19: 131-147.

Heckman, James and Xuesong Li. 2004. Selection Bias, Comparative Advantage and Heterogeneous Returns to Education: Evidence from China in 2000 [J]. *Pacific Economic Review*, 9: 155-171.

Heckman, James J., Lance Lochner, and Christopher Taber. 1998. Explaining Rising Wage Inequality, Explorations with a Dynamic General Equilibrium Model of Labor Earnings with Heterogeneous Agents [J]. *Review of Economic Dynamics*, 1: 1-58.

Heckman, James. 2005. China's Human Capital Investment [J]. *China Economic Review*, 16: 50-70.

Heckman, James. 2003. China's Investment in Human Capital [J]. *Economic Develop-*

ment and Cultural Change 51：795-804.

Helpman，Elhanan and A. Rangel. 1998. Adjusting to a New Technology，Experience and Training [J]. *Journal of Economic Growth*，4：359-383.

Hertz，Thomas. 2003. Upward Bias in the Estimated Returns to Education：Evidence from South Africa [J]. *American Economic Review*，93：1354-68.

Hill，S.，McGovern P.，Mills C.，Smeaton D. and White，M.. 2000. Why Study Contract? Labor contracts，Psychological Contracts and the Changing Nature of Work [J]. *Presented to ESRC Conference*，*London School of Economics*.

Holmstrom，B. and Milgrom，P.. 1994. The firm as incentive system [J]. *American Economic Review*，84：972-991.

Holmstrom，B.. 1982. Moral hazard in teams [J]. *Bell Journal of economics*，13：324-340.

Huang，Yukon.. 1976. Backward-bending Supply Curves and Behavior of Subsistence Farmers [J]. *Journal of Development Studies*，12：191-211.

Hunt-McCool J. and Bishop D. M. 1998. Health Economics and the Economics of Education：Specialization and Division of Labor [J]. *Economics of Education Review*，17：237-244.

Hutchens，R.. 1989. Seniority，Wages and Productivity：a Turbulent Decade [J]. *Journal of Economic Perspectives*，3：49-64.

Isacsson，Gunnar. 1999. Estimates of the Return to Schooling in Sweden from a Large Sample of Twins [J]. *Labour Economics* 6：471-489.

Iyigun，M. F. and A. L. Owen. 1999. Entrepreneurs，professionals，and growth [J]. *Journal of Economic Growth* 4：213-232.

Jamsion，D. T.，J. D. Sachs and Jia Wang，The Effect of AIDS Epidemic on Economics Welfare in Sub-Saharan Africa. CMH Working Paper Series.

Jean-Jacques Paul and Jake Murdoch. 2000. Higher Education and Graduate Employment in France [J]. *European Journal of Education*，35：179-187.

Johnson，Emily N. and Gregory C. Chow. 1997. Rates of return to schooling in China [J]. *Pacific Economic Review* 2：101-113.

Juhn，Chinhui and Kevin M. Murphy and Brooks Pierce. 1993. Wage Inequality and the Rise in Returns to Skill [J]. *Journal of Political Economy*，101：410-442.

Juhn，Chinhui and Murphy，Kevin M. 1997. Wage Inequality and Family Labor Supply [J]. *Journal of Labor Economics*，15：72-97.

Kandel，E. and Lazear，E.. 1992. Peer Pressure and Partnerships [J]. *Journal of Political Economy*，100：801-817.

Katz L. F. and Murphy K. M.. 1992. Changes in Relative Wages，1963—1987：Supply and Demand Factors [J]. Quarterly Journal of Economics，107：35-78.

Katz，Harry C.. 1993. The Decentralization of Collective Bargaining：A Literature Review and Comparative Analysis, *Industrial and Labor Relation Review*, 47: 3-22.

Katz, L. F. and A. B. Krueger. 1992. The effect of the minimum wage on the fast food industry [J]. *Industrial and Labor Relations Review*, 46 (1): 6-21.

Kaufman, B.. 1997. ESOPs' Appeal on the Increase [J]. Nations Business, 85: 43-44.

Kelly, J. and Kelly, C.. 1991. "Them and Us": Social psychology and "The new industrial relations" [J]. *British Journal of Industrial Relations*, 29: 25-48.

Kler P.. 2005. Graduate Overeducation in Australia: A Comparison of the Mean and Objective Methods [J]. Education Economics, 13: 47-72.

Knight, John and Lina Song. 1991. The determinants of urban income inequality in China [J]. *Oxford Bulletin of Economics and Statistics*, 53: 123-154.

Knight, John and Lina Song. 1993. Why urban wages differ in China. In: Griffin, K. B., and Zhao, R. (Eds.) [J]. *The Distribution of Income in China*. *St.* Martin's Press.

Knight, John and Lina Song. 1995. *Toward a labor market in China*. Oxford Review of Economic Policy 11 (4): 97-117.

Knight, John and Lina Song. 2003. Increasing Wage Inequality in China: Extent, Elements and Evaluation [J]. *Economics of Transition* 4: 597-620.

Kreps, D.. 1997. Intrinsic Motivation and Extrinsic Incentives [J]. *American economic review*, 87: 359-364.

Krueger, Alan. 1993. How Computers Have Changed the Wage Structure, Evidence from Micro-data, 1984—1989. *Quarterly Journal of Economics*, 108: 33-60.

Krueger, Anne. 1963. The Economics of Discrimination [J]. *Journal of Political Economy*, 481-486.

Kruse, D.. 1993. Profit Sharing: Does It Make a Difference? The Productivity and Stability Effects of Profit-Sharing Plans. W. E. Upjohn Institute for Employment Research, Kalamazoo, MI.

LaRue A., Bank L., Jarvik L., Hetland M.. 1979. Health in Old Age: How Physicians' Ratings and Self-ratings Compare [J]. *Journal of Gerontology*, 34: 687-691.

Lazear, E. and Rosen, S.. 1981. Rank order tournaments as optimum labor contracts [J]. *Journal of Political Economy*, 89: 841-864.

Lazear, E.. 2000. Performance Pay and Productivity [J]. *American economic review*, 90: 1346-1361.

Leontaridi, R. M.. 1998. Segmented Labor Markets: Theory and Evidence [J]. *Journal of. Economic Surveys*, 12: 63-101.

Lewis, Oscar. 1966. The Culture of Poverty [J]. *Scientific American*, 215: 19-25.

Lewis, W. A.. 1954. Economic Development with Unlimited Supplies of Labor, *Man-*

chester School，22：139-191.

Li，Haizheng. 2003. Economic transition and returns to education in China [J]. *Economics of Education Review* 22：317-328.

Li，Shi. 2003. A Retrospect and Prospect of Individual Income Distribution in China [J]. *China Economic Quarterly*，2：379-404.

Li，Tianyou and Junsen Zhang. 1998. Returns to Education under Collective and Household Farming in China [J]. *Journal of Development Economics*，56：307-335.

Lillard，Lee A. and Tan，Hong W.. 1992. Private Sector Training，Who Gets It and What Are Its Effects [J]. *Labor Economics*，13：1-62.

Linneman，Peter. 1982. The Economic Impacts of Minimum Wage Laws：A New Look at an Old Question，*Journal of Political Economy*，90：443-469.

Lippman S. and McCall J.. 1976. The Economics of Job Search：A Survey [J]. Part Ⅰ and Ⅱ. *Economics Inquiry*，14：155-189，347-368.

Liu，Pak-wai，Meng Xin and Zhang Junsen. 2000. Sectoral Gender Wage Differentials and Discrimination in the Transitional Chinese Econnomy [J]. *Journal of Population Economics*，13：331-352.

Liu，Z.. 1998. Earnings，Education，and Economic Reforms in Urban China [J]. *Economic Development and Cultural Change*，46：697-725.

Liu，Zhiqiang. 1998. Earnings，Education and Economic Reforms in Urban China [J]. *Economic Development and Cultural Change*，46：697-725.

Liu. P. W.，Meng. X.，and Zhang. J. 2000. Sectoral Gender Wage Differentials and Discrimination in the Transitional Chinese Economy [J]. *Journal of Population Economics*：331-352.

Lucas，R. E. Jr.. 1988. On the Mechanics of Economic Development [J]. *Journal of Monetary Economics* 22，S. 3-42.

MacDonald，Glenn and Weisbach，Michael. 2004. The Economics of Has-Beens [J]. *Journal of Political Economy*，112：289-310.

Machin，Stephen and John Van Reenen. 1998. Technology and Changes in Skill Structure，Evidence from Seven OECD Countries [J]. *Quarterly Journal of Economics*，113：1215-1244.

MacLeod，B.. 2003. Optimal Contracting with Subjective Evaluation [J]. *American Economic Review*：216-240.

Maurer-Fazio，Magaret. 1999. Earnings and Education in China's Transition to a Market Economy Survey Evidence from 1989 and 1992 [J]. *China Economic Review*，10：17-40.

Mayer，Jörg. 2000. Globalization，Technology Transfer and Skill Accumulation in Low-Income Countries [J]. *UNCTAD/OSG/DP*/150.

McCall J J.. 1965. The Economics of Information and Optimal Stopping Rules [J].

Journal of Business, 300-317.

Meade, J.. 1986. *Alternative Systems of Business Organization and of Workers' Remuneration* [J]. Allen and Unwin, London.

Mellor, J. W.. 1963. The use and productivity of farm family labor in early stages of agricultural development [J]. *Journal of Farm Economics*, 45: 517-534.

Meng, Xin and Kidd, Michael P. 1997. Labor Market Reform and the Changing Structure of Wage Determination in China's State Sector During the 1980s [J]. *Journal of Comparative Economics* 25: 403-421.

Meng, Xin. 1998. Mele-female Wage Determination and Gender Wage Discrimination in China Rural Industrial Sector [J]. *Labor economics*, 5: 67-89.

Meng, Xin. 2000. *Labour Market Reform in China*. Cambridge University Press, Cambridge.

Meng. X. and Zhang. J.. 2001. The two-tier Labor Market in Urban China Occupational Segregation and Wage Differentials Between Urban Residents and Rural Migrants in Shanghai [J]. *Journal of Comparative Economics*, 29: 485-504.

Milgrom, P. and Robert, J.. 1992. *Economics, Organization and Management* [J]. Englewood Cliffs, Prentice-Hall.

Miller, P., C. Mulvey and N. Martin. 1995. What Do Twins Studies Reveal About the Economic Returns to Education? A Comparison of Australian and U. S. Finding [J]. *American Economic Review* 85: 586-599.

Mincer, J.. 1958. Investments in Human Capital and Personal Income Distribution [J]. *Journal of Political Economy*, 56: 281-302.

Mincer, J.. 1962. Labor Force Participation of Married Women [J]. in H. G. Lewis (ed) *Aspects of Labor Economics*, Princeton University Press.

Mincer, J.. 1974. Schooling, Experience and Earnings. New York: Columbia University Press.

Miracle, Marvin P., and Fetter, Bruce.. 1970. Backward-sloping Labor-supply Functions and African Economic Behavior [J]. *Economic Development and Cultural Change* 18: 240-251.

Mishra, J. and Morrissey, M.. 1990. Trust in employee/employer relationships: A survey of West Michigan managers [J]. *Public Personnel Management*, 19: 443-486.

Moorman, R.. 1991. Relationship Between Organizational Justice and Organizational Citizenship Behaviors: Do Fairness Perceptions Influence Employee Citizenship [J]. *Journal of Applied Psychology*, 76: 845-855.

Mortensen, D.. 1986. Job Search and Labor Market Analysis. Ashenfelter O., Layard R. (ed.) [J]. *Handbook of Labor Economics*, North-Holland: Elsevier Science Publishers, 2: 849-920.

Murane, Richard J., John B. Willett and Frank Levy. 1995. The Growing Importance of Cognitive Skills in Wage Determination, *Review of Economics and Statistics*, 77: 251-266.

Mwabu, Germano and Schultz, T. Paul. 1996. Education Returns across Quantiles of the Wage Function: Alternative Explanations for the Returns to Education in South Africa [J]. *American Economic Review* 86: 335-339.

Nagin, D. S., Rebitzer, J. B., Sanders, S. and Taylor, L.. 2002. Monitoring, Motivation, and Management: the Determinants of Opportunistic Behavior in a Field Experiment [J]. *American Economic Review*, 92: 850-873.

Nelson, Richard and Edmund Phelps. 1966. Investment in Humans, Technological Diffusion and Economic Growth [J]. *American Economic Association Papers and Proceedings*, 56: 69-75.

Neuman, Shoshana and Avi Weiss. 1995. On the Effects of Schooling Vintage on Experience-earnings Profiles: Theory and Evidence [J]. *European Economic Review*, 39: 943-955.

Neumark, David and William Wascher. 1994. Employment Effects of Minimum and Subminimum Wages: Reply to Card, Katz, and Krueger [J]. *Industrial and Labor Relations Review*, 47: 497-512.

Neumark, David. 1999. Biases in Twin Estimates of the Return to Schooling [J]. *Economics of Education Review* 18: 143-148.

Nina, Pavcnik. 2000. What Explains Skill Upgrading in Less Developed Countries? [J]. *NBER Working Paper*, No. 7846.

Nishida, Kazushi. 2002. Youth Employment Measures in Japan, International Affairs Division, Ministry of Health, Labor and Welfare, Japan.

Oaxaca, Ronald. 1973. Male-female Wage Differentials in Urban Labor Markets [J]. *International Economic Review*, 14: 693-709.

Ohkusa, Y. and Ohtake, F.. 1997. The Productivity Effects of Information Sharing, Profit Sharing, and ESOPs [J]. *Journal of the Japanese and International Economies*, 11: 385-402.

Osterman, P.. 1994. How Commons is Workplaces Transformation and Who Adopts It? [J]. *Industrial and Labor relations Review*, 47: 173-188.

Parish, William L. and Ethan Michelson. 1996. Politics and Markets: Dual Transformations [J]. *American Journal of Sociology*, 101: 1042-1059.

Park, Albert, Xiaoqing Song, Junsen Zhang and Yaohui Zhao. 2004. Rising Return to Skill, Labor Market Transition, and the Growth of Wage Inequality in Urban China, 1988 to 2001. Working Paper.

Patrinos H. A. Overeducation in Greece. International Review of Education. 1997, 43 (2-3): 203-223.

Piore, M. J.. 1975. Notes for a Theory of Labor Market Stratification [J]. in *Labor*

Market Segmentation, Edited by Richard C. Edwards, Michael Reich and David M. Gordon, Lexington, MA: D. C. Heath and Company, 125-150.

Psacharopoulos, George. 1992. Returns to education: A further international update and implications [J]. *International Library of Critical Writings in Economics* 17, 102-123.

Psacharopoulos, George. 1992. Returns to Education: A Further International Update and Implications [J]. *International Library of Critical Writings in Economics* 17, 102-123.

Psacharopoulos, George. 1994. Returns to investment in education: A global update [J]. *World Development* 22, 1325-1344.

Quinn M. A. and Rubb S. 2006. Mexico's Labor Market: The Importance of Education-Occupation Matching on Wages and Productivity in Developing Countries [J]. *Economics of Education Review*, 25: 147-156.

Ram, Rati, and Schultz, Theodore W.. 1979. Life Span, Health, Savings, and Productivity [J]. *Economic Development and Cultural Change* 27: 399-421.

Reich, M.; Gordon, D. M., Edwards, R. C.. 1973. A Theory of Labor Market Segmentation [J]. *American Economic Review*, 63: 359-365.

Rissman, Ellen. 2003. Can Sectoral Llabor Reallocation Explain the Jobless Recovery [J]. *Chicago Fed Letter*.

Robbins, Donald J.. 1996. Evidence on Trade and Wages in the Developing World [J]. *OECD Technical Paper*, No. 119.

Romer, P. M. 1986. Increasing Returns and Long-Run Growth [J]. *Journal of Political Economy*, 94, 1002-1037.

Romer, P. M. 1990. Endogenous Technological Change [J]. *Journal of Political Economy*, 98, 71-102.

Rona-Tas, Akos. 1994. The First Shall Be Last? Entrepreneurship and Communist Cadre in the Transition from Socialism [J]. *American Journal of Sociology* 100, 40-69.

Rumberger R. W.. 1987. The Impact of Surplus Schooling on Productivity and Earnings. *Journal of Human Resources*, 22, 24-50.

Rutkowski, Jan J.. 2001. Earnings inequality in transition economies of central Europe: Trends and patterns during the 1990s [J]. World Bank Social Protection Discussion Paper No. 0117.

Scholes, M. and Wolfson, M.. 1990. Employee Stock Ownership Plans and Corporate Restructuring: Myths and Realities [J]. *Financial Management*, 19: 12-28.

Schultz, T. P.. 2005. Productivity Benefits of Improving Health: Evidence from Low-income Countries [J]. Center Discussion Paper No. 903, Yale University.

Schultz, Theodore W.. 1960. Capital Formation in Education [J]. *Journal of Political Economy*, 68: 571-83.

Schultz，Theodore W.. 1964. Transformation Traditional Agriculture [M]. New Haven：Yale University Press.

Schultz，Theodore W.. 1975. The Value of the Ability to Deal with Disequalibria，*Journal of Economic Literature*，13：827-846.

Sharif，Mohammed.. 1991. Poverty and the Forward-falling Labor Supply Function：A microeconomic analysis [J]. *World Development* 19：1075-1093.

Sicherman N.. 1991. Overeducation in the Labor Market [J]. *Journal of Labor Economics*，9：101-122.

Smith，TP.. 1999. Healthy Bodies and Thick Wallets：The Dual Relation between Health and Economics Status [J]. Journal of Economic Perspectives，13：145-166.

Sobel，J. and Takahashi，I.. 1983. A Multistage Model of Bargaining [J]. *Review of Economic Studies*，50，411-426.

Stephan Weiler. 2000. Industrial Structure and Unemployment in Regional Labor Market [J]. *Industrial Relations*，39：336-359.

Stigler G.. 1961. The Economics of Information [J]. *Journal of Political Economy*，69：213-225.

Stiglitz J. E.. 1973. Approaches to the Economics of Discrimination [J]. *American Economic Review* 63，287-295.

Strauss，J.. 1986. Does Better Nutrition Raise Farm Productivity? [J]. *Journal of Political Economics*，94：297-320.

Sung，Y. W.，Zhang，J. and C. S. Chan. 2001. Gender Wage Differentials and Occupational Segregation in Hong Kong [J]. 1981—1996，*Pacific Economic Review*，345-359.

Svejnar，Jan. 2002. Transition Economics：Performance and Challenges [J]. *Journal of Economic Perspective*，10：3-28.

Svenjar，Jan. 1999. Labor Markets in the Transitional Central and European Economies. In：O. Ashenfelter and D. Card (Eds.) [J]. *Handbook of Labor Economics*，Vol. 3B. Chapter 42. North-Holland.

Szelenyi，Ivan and Eric Kostello. 1996. The Market Transition Debate：Toward a Synthesis [J]. *American Journal of Sociology* 101：1082-1096.

Taubman，Paul. 1976a. The Determinates of Earnings：Genetics，Family and Other Environments，a Study of White Male Twins [J]. *American Economic Review*，66，858-870.

Taubman，Paul. 1976b. Earnings，Education，Genetics，and Environment [J]. *Journal of Human Resources*，11，447-461.

Tress，R. C.. 1938. Unemployment and the Diversification of Industry [J]. *Manchester School*，IX，140-152.

Walder，Andrew. 1996. Markets and Inequality in Transitional Economics：Toward

Testable Theories. *American Journal of Sociology* 101：1060-1073.

Wang Feng and Xuejin Zuo. 1999. History's Largest Labor Flow：Understanding China's Rural Migration [J]. *American Economic Review*，89：276-80.

Weil，David N.. 2005. Accounting for the Effect of Health on Economic Growth [J]. *NBER Working*，Paper 11455.

Weiss，Yoram and Lee A. Lillard. 1978. Experience，Vintage，and Time Effects in the Growth of Earnings American Scientists [J]. 1960—1970，*Journal of Political Economy*，86：27-447.

Weitzman，M. and Kruse，D.. 1990. Profit sharing and productivity，in "*Paying for Productivity*：*A Look at the Evidence*" Blinder [J]. A.，（Ed.），Brookings Institution，Washington，*DC*.

Weitzman，M.. 1984. *The share economy* [M]. Cambridge. Mass：Harvard University Press.

White，H.. 1980. A Heteroskedasticity-consistent Covariance Matrix Estimator and a Direct Test for Heteroskedasticity [J]. *Econometrica* 48：817-838.

Wolfe B. L.. 1985. The Influence of Health on School Outcomes：a Multivariate Approach [J]. *Medical Care*，23：1127-1138.

Woodridge，Jeffrey. 2002. *Econometric analysis of cross section and panel data* [M]. Cambridge，Massachusetts：MIT Press.

World Bank. 2001. World Development Indicator [M]. Oxford University Press，48-50.

Wren，Colin. 1999. Industrial restructuring and regional policy [N]. Oxford Economic Papers，3-51.

Xie，Yu and Emily Hannum. 1996. Regional Variation in Earnings Inequality in Reform-Era Urban China [J]. *American Journal of Sociology* 102：950-992.

Yamauchi，Futoshi and Yoshihisa Godo. 2003. Human Capital Accumulation，Technological Change and International Spillovers [J]. Comparative Growth Experience from Japan，Korea and the U. S.，*FASID Working Paper*.

Yang，Dennis T. 1994. *Knowledge spillovers and labor assignments of the farm household* [J]. Univ. of Chicago Ph. D. Dissertation.

Zhang，Junsen and Zhao Yaohui. 2002. Economic Return to Schooling in Urban China [J]. 1988—1999，*Working Paper*.

Zhang，Junsen，Yaohui Zhao，Albert Park and Xiaoqing Song. 2005. Economic Returns to Schooling in Urban China，1988 to 2001. Journal of Comparative Economics.

Zhao，Yaohui. 1995. Labor Mobility and Migration and Returns to Education in Rural China. University of Chicago Ph. D. Dissertation.

Zhao，Yaohui. 1997. Labor migration and returns to rural education in China. *American Journal of Agricultural Economics* 79：1278-1287.

Zhao，Yaohui. 2002. Earnings Differentials between State and Non-state Enterprises in Urban China [J]. *Pacific Economic Review*，7：181-197.

Zhou，Xueguang. 2000. Economic Transformation and Income inequality in Urban China [J]. *American Journal of Sociology*，105：1135-1174.

Zveglich，J.. 2004. Occupational Segregation and the Gender Wage Gap in a Dynamic East Asia Economy [J]. *Southern Economic Journal*，70：850-875.

课题组主要研究论文成果

方阳春，姚先国．高新企业薪酬制度研究［J］．科研管理．2007（5）：115-120.

方阳春，姚先国，赖普清．上市高新企业高管薪酬及其效应的实证研究［J］．科研管理．2007（4）：126-133.

郭东杰，谭岚．劳动合同法律的经济学分析［J］．社会科学战线．2006（5）：78-83.

郭继强．企业制度中的组织剩余［J］．学术月刊．2004（8）：59-65.

郭继强．中国城市次级劳动力市场中民工劳动供给分析［J］．中国社会科学．2005（5）：16-26.

郭继强．专用性资产特性、组织剩余分享与企业制度［J］．经济学家．2005（6）．68-74.

黄志岭，姚先国．教育回报率的性别差异研究［J］．世界经济．2009（7）：74-83.

赖德胜，吉利．大学生择业取向的制度分析［J］．宏观经济研究．2003（7）：34-38.

赖德胜，孟大虎．专用性人力资本、劳动力转移与区域经济发展［J］．中国人口科学．2006（1）：60-68.

赖德胜，田永坡．对中国“知识失业”成因的一个解释［J］经济研究．2005（11）：111-119.

赖普清，姚先国．企业的性质再考察［J］．世界经济．2007（12）：75-83.

李宏彬，李杏，姚先国，张海峰，张俊森．企业家的创业与创新精神对中国经济增长的影响［J］．经济研究．2009（10）：99-108.

孙百才．中国教育扩展与收入分配研究［J］．统计研究．2005（12）：20-23.

谭岚，姚先国，郭东杰．企业参与普通培训动因的理论解释与述评［J］．技术经济与管理研究．2005（4）：121-122.

田永坡，和川，于月芳．人力资本投资软环境研究：基于社会保障制度和劳动力市场分割的视角［J］．中国人口、资源与环境．2006（5）：103-107.

翁杰. 企业的人力资本投资和员工流动 [J]. 中国人口科学. 2005 (6): 65-73.

谢联瑞，陈志辉. 企业家人力资本积累的实现机制与模式研究 [J]. 经济体制改革. 2004 (5): 95-98.

谢嗣胜，姚先国. 劳动力市场中统计性歧视的模型分析 [J]. 数量经济技术经济研究. 2004 (9): 111-119.

谢嗣胜，姚先国. 农民工工资歧视的计量分析 [J]. 中国农村经济. 2006 (4): 49-55.

徐林. 民营企业中雇主与职业经理人的“死锁”效应及其原因 [J]. 社会科学战线. 2004 (5): 47-51.

姚先国. “企业本位论”反思 [J]. 中国工业经济. 2004 (4): 76-81.

姚先国，高怿. 雇佣关系、剩余分割与企业的雇佣效率 [J]. 财经研究. 2007 (3): 113-122.

姚先国，高怿. 中国收入分配结构变动及其对经济增长的约束 [J]. 重庆大学学报. 2007 (2): 19-25.

姚先国. 民营经济发展与劳资关系调整 [J]. 浙江社会科学. 2005 (2): 78-86.

姚先国. 人力资本与劳动者地位 [J]. 学术月刊. 2006 (2): 93-97.

姚先国，温伟祥，任洲麒. 创业导向与企业绩效的关系：国外研究进展 [J]. 技术经济. 2008 (4): 35-39.

姚先国，温伟祥，任洲麒. 企业集群环境下的公司创业研究——网络资源与创业导向对集群企业绩效的影响 [J]. 中国工业经济. 2008 (3): 84-92.

姚先国，张海峰. 教育、人力资本与地区经济差异 [J]. 经济研究. 2008 (5): 47-57.

姚先国. 中国劳动力市场演化与政府行为 [J]. 公共管理学报. 2007 (3): 13-21.

姚先国，方阳春. 企业薪酬体系的效果研究综述 [J]. 浙江大学学报. 2005 (3): 74-81.

姚先国，郭东杰. 改制企业劳动关系的实证分析 [J]. 管理世界. 2004 (5): 97-107.

姚先国，郭东杰. 论劳动制度与政策对转型国家宏观经济的影响 [J]. 经济学家. 2004 (2): 75-81.

姚先国，郭东杰. 世界转型经济绩效差异的比较制度分析 [J]. 世界经济与政治. 2004 (5): 59-64.

姚先国，来君．二元社会结构中的工资决定模型与人口流动——当前“民工荒”现象分析［J］．财经研究．2005（8）：68-75.

姚先国，赖普清．中国劳资关系的城乡户籍差异［J］．经济研究．2004（7）：82-90.

姚先国，黎煦．长期雇佣与激励机制［J］．社会科学战线．2004（3）：255-257.

姚先国，黎煦．劳动力市场分割：一个文献综述［J］．渤海大学学报．2005（1）：78-83.

姚先国，李晓华．工资不平等的上升：结构效应与价格效应［J］．中国人口科学．2007（1）：36-43.

姚先国，李晓华．市场化与工资不平等增长：变动程度及影响因素［J］．浙江大学学报．2007（1）：161-167.

姚先国，谭岚．家庭收入与中国城镇已婚妇女劳动参与决策分析［J］．经济研究．2005（7）：18-27.

姚先国，谭岚．中国经济转型中城镇女性劳动供给分析——兼论动态博弈框架下教育决策的内生性问题［J］．经济论坛．2005（8）：33-37.

姚先国，翁杰．工资结构、雇佣关系的稳定性和企业的人力资本投资［J］．石油大学学报．2005（6）：14-19.

姚先国，翁杰．企业对员工的人力资本投资研究［J］．中国工业经济．2005（2）：87-95.

姚先国，谢嗣胜．职业隔离的经济效应——对我国城市就业人口职业性别歧视的分析［J］．浙江大学学报．2006（2）：73-79.

姚先国，俞玲．农民工职业分层与人力资本约束［J］．浙江大学学报．2006（5）：16-22.

姚先国，张海峰．中国教育回报率估计及其城乡差异分析［J］．财经论丛．2004（6）：1-7.

姚先国，周礼，来君．技术进步、技能需求与就业结构—基于制造业微观数据的技能偏态假说检验［J］．中国人口科学．2005（5）：47-53

赵宏斌，赖德胜．个体教育投资风险与教育资产组合决策［J］．教育研究．2006（8）：34-41.

赵丽秋．人力资本投资与收入不平等——教育质量不平等的影响［J］．南方经济．2006（4）：15-23.

Hongbin Li，Jie Zhang，Junsen Zhang．Effects of longevity and dependency rates on saving and growth：Evidence from a panel of cross countries，Journal of Development Economics，2007，84（1）：138-154.

Hongbin Li, Junsen Zhang. Do High Birth Rates Hamper Economic Growth, Review of Economics and Statistics. Review of Economics & Statistics, 2007, 89 (1): 110-117.

Hongbin Li, Lingsheng Meng, Junsen Zhang. Why do Entrepreneurs Enter Politics? Evidence from China, Economic Inquiry. 2006, 44 (3): 559-578.

Hongbin Li, Xianguo Yao, Junsen Zhang, Li-an Zhou. Parental Childcare and Children Educational Attainment: Evidence from China, Applied Economics, 2005, 37: 2067-2076.

Junsen Zhang, Yaohui Zhao, Albert Park, Xiaoqing Song. Economic Returns to Schooling in Urban China, 1988 to 2001, Journal of Comparative Economics. 2005, 33: 730-752.

Junsen Zhang, Hongbin Li, Pak Wai Liu, and Ning Ma. Economic Returns to Communist Party Membership: Evidence from Urban Chinese Twins, Economic Journal, 2007, 117: 1504-1520.

Junsen Zhang, Jun Han, Pak-Wai Liu, Yaohui Zhao. Trends in the Gender Earnings Differential in Urban China, 1988-2004. Industrial & Labor Relations Review, 2008, 61: 224-242.

Yao Xianguo, Sheng Le. Analysis of the Differences in Economic Efficiency of Human Capital Property Rights Between State, Township, and Village Enterprises, The Chinese Economy. 2004, 37 (2): 56-75.